本书为河北大学哲学社会科学重点培育项目"中国古代学校教材史专题研究"
（项目编号：2019HPY034）最终成果

中国古代学校教材史

吴洪成　张美玲　等　著

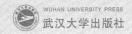

WUHAN UNIVERSITY PRESS
武汉大学出版社

图书在版编目(CIP)数据

中国古代学校教材史/吴洪成等著.—武汉：武汉大学出版社,2024.6
ISBN 978-7-307-24306-4

Ⅰ.中…　Ⅱ.吴…　Ⅲ.教材—教育史—中国—古代　Ⅳ.G423.3-092

中国国家版本馆 CIP 数据核字(2024)第 046456 号

责任编辑:郭　静　　　责任校对:汪欣怡　　　版式设计:韩闻锦

出版发行:**武汉大学出版社**　　(430072　武昌　珞珈山)
　　　　　(电子邮箱:cbs22@whu.edu.cn　网址:www.wdp.com.cn)
印刷:武汉邮科印务有限公司
开本:720×1000　1/16　印张:30　字数:446 千字　插页:1
版次:2024 年 6 月第 1 版　　2024 年 6 月第 1 次印刷
ISBN 978-7-307-24306-4　　定价:99.00 元

前　　言

　　中国古代学校教材主要包括中国自奴隶制度确立以来至鸦片战争前后转向半封建半殖民地社会之前各个历史时期官、私学及书院在教育教学活动中所使用的课本、讲义或其他有教育价值的课程资源与各类读物等，是完成各级各类学校教学任务、实现教学目标以及人才选拔要求的重要媒介或载体。从教育教学各个因素组成的结构分析，教材虽然处于微观及媒体技术的层面，但却与整个教育系统不可分割。为了实现课题创新性，本书将聚焦于文教政策、科举考试以及学术文化思想三个维度下各级各类学校教学中学科教材的探讨，并以此把握传统教育课程及教材的发展线索、主要内容、历史经验及时代局限。

　　中国古代学校教材主要是指古代官学、私学及书院所使用的教材，也适当涉及与学校相关的家庭、民间社会及民族宗教的知识传承及道德教化的文本资源。由于官学、私学及书院教育层次、类型各异，在以科举考试为中心的人才选拔制度、教育目标背景下，课程计划及内容叠相变化，因而教材的变迁也极为复杂。正因为如此，迄今未有明显或系统的成果问世。

　　纵观国内目前与此相关的研究成果主要有三类：

　　1. 中国教育史与中国经学史的有关著作中交织着古代学校教材的内容

　　典型著作如毛礼锐、沈灌群主编的《中国教育通史》第 1 卷至第 3 卷(华东师范大学出版社 1985 年版)，王炳照、李国钧主编的《中国教育制度通史》第 1 卷至第 5 卷(山东教育出版社 2000 年版)，周洪宇等主编的《中国教育活动通史》第 1 卷至第 4 卷(山东教育出版社 2017 年版)，许道勋、徐洪兴合著的《中国经学史》(上海人民出版社 2006 年版)、皮锡瑞著的《经学历史》(中华书局 1959 年版)等。主题内容是由对象决定的。这类著作只围绕学校制度或儒学经典及流派传承的部分材料加以叙述。

2. 学科教育史涉及古代学校部分学科的教材

代表性的成果有：赵承富、班华、郭齐家主编的《中国小学各科教学史》(含道德、语文、数学、常识四科，山东教育出版社 1996 年版)、马忠林著的《数学教育史》(广西教育出版社 2001 年版)、魏庚人著的《中国中学数学教育史》(人民教育出版社 1987 年版)、王松泉著的《中国语文教育史简编》(社会科学文献出版社 2002 年版)、张隆华等著的《中国古代语文教育史》(四川教育出版社 2000 年版)、张志公著的《传统语文教材初探》(上海教育出版社 1962 年版)。这种分科介绍的方式必然带有片面以及随意之偏，但仍从学科分化视角提供可贵资料。

3. 中国古代学校教材史论著

这类成果极少，而且存在零碎、片断以及孤立等不足之处。代表性的如熊承济著的《中国古代学校教材研究》(人民教育出版社 1996 年版)，主要论及古代历史时期小部分官、私学及专业学校的教材，属专题论文的汇集。课程申请者早在 20 世纪末就著有《中国学校教材史》(西南师范大学出版社 1998 年版)，古代学校教材作为其中一部分，但叙述材料相对粗糙和简略。20 年后又重新关注这一领域，著作改写以后《中国古代学校教材史论》(河北大学出版社 2016 年版)问世，然而仍存在内容不够完整、偏于文化学术史之局限等问题。在此基础上，两年以后重新创作《中国学校教材史》(人民教育出版社 2018 年版)，对此有所充实和弥补。但由于该著作是作为高校文科教材体例和结构的要求编写的，因此在注重史实内容准确性的同时，学术思想深度空缺极多，学科专题教材缺乏，需进一步扩展与补缺。

　　我国港台学者及国外汉学界对该课题缺乏专门、深入及有价值的探讨，与中国古代学校教材联系的儒学经典、科举考试及学校教学等相关内容交织于教育、古代历史的章节中，如李泓祺著的《学以为己：传统中国的教育》（华东师范大学出版社 2017 年版）、王德昭著的《清代科举制度研究》（中华书局 1981 年版）、［美］费正清主编的"剑桥中国史研究"（中国社会科学出版社陆续出版）、庞朴等主编的"海外中国研究丛书"（江苏人民出版社陆续出版）等都是如此。

　　由于中国古代学校教材史历史久远，资料分散，研究难度极具挑战性。因此，本书的研究可以说是一种冒险和困惑当中的挣扎，是需要一种顽强毅力与课题价值自信的心理认识的。我们认为本书相对已有研究具有独到的学术价值和应用价值，我们的努力是有意义的，这是支撑我们勉励前行、不断探索的一种力量来源。以下就其价值意义叙述如下：

　　1. 学术价值

　　（1）中国古代学校教材作为主流教育教学内容，在古代各历史时期发挥了培养人才、传承文化以及建设社会精神文明的作用。古代教材史与官学、私学、书院的变迁，制度设计及内容要求密切结合。在不同历史时期，社会文化发展水平有所差异，政治、经济对人才培养的质量、规格不同，有关学术思想和教育理论也有变化。所以，即使在秦汉以后超稳定的大一统封建社会结构下，学校教材仍然不断嬗变，并呈现出不同时期的特点和风格。已有成果主要表现出对教育制度、教育思想的依附，或依据学校类型、课程设计的差异加以简要描述、介绍，这是远远不够的。本课题将在此基础之上，加强教材学科分类与专题研究，这不仅有中国课程教材专题史的意义，而且有助于古代教育学术思想认识的深化。

　　（2）中国古代学校教材是以儒家典籍、经史著作、文学诗赋及八股制艺为主的，这是受人文主义教育与科举八股取士制度规范和限制的产物。但是，古代学校教材的类型、内容及体例等方面并不局限于此。姑且不论广义教育喻义下的社会教育教材，就制度化学校教材而言，官学教育(自先秦至清代)层次结构、培养方案及课程编制不断变化，中央官学、地方官学，主流区域、少数民族之间皆有明显差异。同时，各家学派思想及教材讲义在官私学与书院中十分多见。古代教育重视自学辅导，学生课外阅读自学的教材资源十分丰富。因此，学校教材的学科专业及思想内容有待重构。

2. 应用价值

(1)弘扬优秀传统文化，建设富强国家。中国古代学校教材包含传统文化丰富的社会道德、知识智慧、礼仪风俗等广泛内容。中国特色社会主义现代化建设的重要途径在于继承优秀传统文化与吸收西方现当代科技成就的统一。我国十九大提出的社会主义新时代要求培养具备包括传统民族文化智慧在内的创新型人才。古代学校教材专题探索挖掘与新时期的教育改革直接相关。

(2)开发经典教育资源，服务学校教学课程改革。当前学校教育不断探讨的热点之一是国学课程计划及各科教材的编写设计原理及方法。这是加强学生优秀传统道德养成、提升国民素质的重要方略。中国古代学校教材专题史恰能为此提供有益资源，并从中阐发经验价值，以促进当前学校教学改革。

通过两年多时间聚焦于中国古代学校教材的探索和心理体验，我们形成如下几点认识，既有观点总结的成就，也有其中的困惑和无奈，百感交集，真有剪不断、理还乱、梦无端的感受。在此，将这些理解和困境表述为如下内容。

中国古代教育不像近现代教育有严格的制度体系、管理规章、升级及考评制度，无论是教育组织、课程编制、教材使用，还是教育评价都有其综合及自由的一面。因此，对古代学校教材的考察和分析除各科教材文本外，需要结合学校及其他社会组织机构的教学活动、课程内容及教学过程加以理解和体会。可以认为，许多教师在实际教学过程中是根据人才选拔制度，尤其是科举考试的要求、国家文教政策的规定，以及自己的专业特长选编讲稿，或通过与学生的交流，引导学生阅读、自学来完成教学任务的。这就会带来教材体系、内容、目标及程度要求等方面的差异，也使许多教材淹没在教育行为及活动过程中。为此，研究者加以体验理解和建构是还原教材历史面貌所必需的。这在专业教材中表现尤为突出。

中国古代学校教材纸质文本主要以经、史、子、集四部分类，与当今学科类别划分存在差异；同时，学校制度与近代引进西方工业化教育体制嬗变而成的当代学制之间并不对等。因此，如何对教材加以合理解释及转型是非常必要的；与此相应，学校教材的专门化分类是本课题特色，怎样对当前一般论著或史料所呈现的学校教材内容及体系加以重组，这对教材史研究质量十分重要。

中国古代学校教材是各级各类教育机构所使用的的文本资源与实物载体，而古代书籍的表现方式、书写技术的改进甚为复杂，尚需对青铜、竹简、木刻、砖瓦石及墓志铭等体裁内容加以挖掘和利用。这会让梳理和探讨异常困难，同时需要运用相关教育人类学或考古学的思想方法加以体验和建构。

中国古代的学校教材与古代学校的课程教学内容以及教学测评的要求具有综合性及笼统性；同时，一些讲学活动、流派传承、讲学讨论的学术资源都有教材的意义。因此，一方面要界定它们之间的关系及区别，另一方面要扩大学科专业教材的种类和资源。而上述种种之间的关系和界限很难清晰把握和明确描述，存在的模糊交叉性实在有些令人迷茫。

由于该论题的研究正处于我国当今新课程改革进入深水区，核心素养和教学考一体化正在推进实施之时。在这种新的时代任务下，不能停留在以往文献搜求和分析的传统模式研究，古代教材的现代主题视域分析要求方法的多样化运用。因此本书的研究方法有所创新，具体采用文献研究法、案例研究法及比较研究法，探索中国古代学校教材的历史嬗变、主要类型、教材思想内容、阶段特点、基本线索及规律性认识，尤其突出古代专门学科八类教材专题研究，多维及开放式丰富、拓展教材史中的多学科内容以及微观、具体内容素材，加强分析深度并着眼于教材的内涵价值及教育意义的深层阐释。

　　需要说明的是，由于时间精力的限制以及书稿篇幅的要求，有些内容并不全面和深刻，尤其是在书院教材和学科专题教材方面有局部的薄弱，同时，也有一些各章之间选材的随意性存在。这是我们有所认识，但时间仓促、多重任务压力下无法达成预设目标的反映，对此请相关学者和读者给予见谅和包涵，我们将以专题论文或其他形式给予充实和弥补。

吴洪成

2023 年 4 月 21 日于古城保定

河北大学悦学楼教育科学研究所

目　　录

第一章 先秦的学校教材

我国原始社会末期即出现学校教育的萌芽，萌芽形态的学校教材也相应出现。奴隶社会夏、商、西周时期文字和书籍的产生推动了学校教育的发展和教材的使用。春秋战国时期，学术下移，学校形式和教育内容逐步多元化，《史籀篇》及其同类读物作为蒙学主要教材，诸子讲学使用的教材各家有所不同，其中，儒家教育主要以孔子整理的"六经"为基本教材。

中国的学校教育产生很早，可以与古代印度、巴比伦和埃及相比肩。学校源于四大文明古国，学校教育的出现为学校教材的产生提供了依托，同时学校教材的使用也推进着学校教育的进步。作为中国古代思想、文化及教育的奠基时期，先秦的学校教材值得我们探究。

第一节 远古人类的教育活动

教育是人类生产劳动的产物，文字的出现对教育的发展和教材的产生起到推动作用。远古时代的生产力水平低下，教育发展处于萌发状态，没有专门的教育机构与教师，缺少文字与教材的支撑。由于距今久远，加之文献资料匮乏，对当时的教育活动深入研究颇为困难。随着考古的发展，我们可以在此基础上探源溯流。

一、人类远古的教育活动

教育的产生与发展与人类社会的生产生活密切相关。原始社会末期，已出现学校教育的萌芽"虞庠之学"与"成钧之学"。原始社会生产力低下，以石器劳作为主，无法与大自然进行斗争。为保障生存，原始人群必须相互交流，共同劳动，传授生产及生活经验。正是在极其艰苦的集体生产和生活过程中，创造出了人类原始形态的教育。劳动和生活的过程，即为学习的过程，受教育的过程，父母长辈及周围的长者都是教师，猎场、农田、牧地、采集场均为学习的场所，其中的要义即是通过耳提面命言传身授以及模仿学习，进行成人生产和生活经验的传递和保存。

原始社会缺乏书面语言和纸质传播媒介，尚无独立、专门形态的教材。但那时的一些诗歌艺术、神话故事在某种意义上起到了教材的作用。

歌舞作为艺术表现的形式，在古代以"乐"统称，这也即传统意义的乐教。《吕氏春秋·古乐》载："昔葛天氏之乐，三人操牛尾，投足以歌八阕：一曰《载民》，二曰《玄鸟》，三曰《遂草木》，四曰《奋五谷》，五曰《敬天常》，六曰《建帝功》，七曰《依地德》，八曰《总禽兽之极》。"①从这段记载能够想象到葛天氏之民手操牛尾、踏着脚步、且歌且舞的情景。八首歌的题目表明，此时期已有比较丰富的农业、畜牧业知识，甚至还懂得只有顺应气候的变化，才能使谷物丰收，禽畜兴旺。儿童们在观看和参加这类原始歌舞表演的过程中，就可学到一些农作与畜牧知识，熟悉各种植物的形状特征，懂得某些生产经验，实习生产的操作方法。

《弹歌》相传为黄帝时"古之孝子"所作，歌词称："断竹，续竹，飞土，逐宍。"其大意是：砍下竹子，经过断长续短的制作工夫，做成弹弓，飞快地弹出丸土块，去击打禽兽。②歌谣简练朴素，节奏明快，铿锵有力，可歌能舞，是先民长辈对少年儿童进行生产劳动教育、在歌舞中传授射猎经验的生活教材。

---

① 杨荣春．先秦教育论著选[M]．北京：人民教育出版社，1997：576.
② 陈汉才．中国古代教育诗选注[M]．济南：山东教育出版社，1985：2.

二、文字的产生及其教材意义

我国文字，依传统说法，为黄帝的史官仓颉所创造。仓颉作书的传说，战国时已在流行，这是文字学最初的雏形。许慎《说文解字·序》："古者庖牺氏之王天下也，仰则观象于天，俯则观法于地，视鸟兽之文与地之宜，近取诸身，远取诸物。于是始作易八卦，以垂宪象。及神农氏，结绳为治，而统其事。庶业其繁，饬伪萌生。黄帝史官仓颉，见鸟兽蹄远之迹，知分理之可相别异也，初造书契。"①

《说文解字》

文字的产生，是我国文化教育史上一桩大事。它是社会经济发展的产物，同时也是按其自身历史逻辑演变的结果，绝非仓颉一个人所独创。仓颉其人，自古就有不同的说法。《荀子·解蔽》云："好书者众

---

① 熊承涤. 秦汉教育论著选[M]. 北京：人民教育出版社，1986：313.

矣，而仓颉独传者，壹也。"①荀子的说法，或许更接近于史实。

文字学家认为，中国汉字的发明，应从陶符讲起，并且与记事符号有一定的关联。关于原始记事方法，则主要有：一是物件记事，即以实物来记录数字或表达思想感情的方法。二是符号记事，即以物件为标志或在物件上刻出一些符号以表达思想，结绳记事是符号记事的一种。《周易·系辞下》说："上古结绳而治，后世圣人易之以书契。"②结绳在我国许多民族中使用过。唐代学者李鼎祚在《周易集解》卷15所引虞郑《九家易》说："古者无文字，其有约誓之事。事大，大其绳；事小，小其绳。结之多少，随物众寡，各执以相考，亦足以相治也。"有的民族还利用刻木帮助记事。清人严如煜在《苗疆风俗考》中记载：苗民"惧有忘，则结于绳，为契券，刻木以为信，太古之意犹存"。三是图画记事，即用摹绘事物的形象来记录事情和表达思想感情，也称"图画文字"。象形文字是从图画文字演化来的。东汉许慎《说文解字》把"象形"解释为"画成其物，随体诘诎"。图画文字只能称"文"，而不能称"字"。

文字的产生是人类迈入文明时代的伟大标志。恩格斯在《家庭私有制和国家的起源》一文中说："从铁矿的冶炼开始，并由于文字的发展及其应用于文献记录而过渡到文明时代。"③文字作为一种有形的载体，可以记录、保存、传递上古时代的生产生活经验，保存人类的灿烂文明。文字的产生也推动了教材的萌生。同时，文字也促进着人类思维的发展，随着人类运用文字水平的提高，人类的思维也愈发缜密。抽象符号的概念、术语，及其构建的理论体系是教材的主要内容及体例，人类文化传递及文明提高有赖于学校教材的间接经验发挥教育、学习的作用。

---

① (清)王先谦. 荀子集解(下)[M]. 沈啸寰，王星贤，点校. 北京：中华书局，1988：401.

② 郭彧译注. 周易[M]. 北京：中华书局，2006：385.

③ 中共中央马克思恩格斯列宁斯大林著作编译局. 马克思恩格斯选集(第4卷)[M]. 北京：人民出版社，1972：21.

第二节　夏、商、西周时期的学校教育内容及教材

我国奴隶社会大致分为三个时期：夏（公元前 21 世纪至前 16 世纪）、商（公元前 16 世纪至前 11 世纪）、西周（公元前 11 世纪至前 7 世纪）。在这里，我们考察其学校教育内容及其教材使用的状况。

一、夏代的学校教育内容及其文献典籍

夏代是我国历史上第一个奴隶制王朝，它的建立是社会生产力提高的结果。夏代农业生产有了一定的规模，生产工具已由木器、石器向青铜时代转化。农业经济的发展，文化的积累，文字的形成，促成了夏代学校的产生。在先秦的文献中，有关夏代学校的材料较少，如《孟子·滕文公上》："设为庠序学校以教之，庠者，养也；校者，教也；序者，射也。夏曰校，殷曰序，周曰庠；学则三代共之，皆以明人伦也。"[①]宋代理学家朱熹在《四书集注》中解释："校以教民为义。"又道："伦，序也。父子有亲，君臣有义，夫妇有别，长幼有序，朋友有信。此人之大伦也。庠序学校，皆以明此而已。"[②]由此可见，夏代学校以伦常作为教育内容。

我国书籍最早出现于何时，现在很难做出较准确的结论。因为并非有了文字就形成图书，这也需要很长一段历史过程。根据有关文献判断分析，我们还是可以得出这样一个推论：在夏朝这一历史时期完成了由文字到文献典籍这一历史性的转变。[③]

据古籍记载，夏代典籍有《夏书》《夏时》等，春秋战国时期的文献

① 杨伯峻译注. 孟子译注[M]. 北京：中华书局，1960：118.

② （宋）朱熹. 四书章句集注[M]. 北京：中华书局，1983：255.

③ 肖东发. 中国图书出版印刷史论[M]. 北京：北京大学出版社，2001：16-17.

典籍《左传》《国语》《墨子》等多次提到《夏书》并引其文，如《春秋左传注·昭公十七年》载："故《夏书》曰：'辰不集于房，瞽奏鼓，啬夫驰，庶人走。'"①《国语·晋语九》载："《夏书》有之曰'一人三失，怨岂在明？不见是图。'"可见《夏书》在春秋战国时还流行于官府诸子之中，可惜今已亡佚，只有《甘誓》篇被认定为夏代留存下来的文献。我们可以从先秦及后世典籍中，间接了解一些夏代文献的名称，如《孟子·梁惠王下》提到《夏谚》。《春秋左传注·昭公六年》记"夏有乱政而作《禹刑》"②。《史记·夏本纪》记夏禹时作乐《箫韶》，启时作《甘誓》，太康时作《五子之歌》，仲康时作《胤征》。

二、商代的学校教育内容及教材

根据科学考证和史料说明，商朝已经形成了比较成熟的文字。河南安阳小屯出土的甲骨文字，是商朝文字的代表。在"卜辞"中有笔字作"尹"，像手持笔形；像把一长一短的竹木简捆在一起，甲骨文多次出现了"教""学""师"等字。甲骨文除"卜辞"外，还有"记事刻辞""甲子表"和"习刻文字"，说明甲骨文字已用作记事和写历书，同时也表明了有人学习刻写文字的事实。

甲骨文字不仅有关于商代学校的记载，而且还证明此时已有大学建立。《小屯南地甲骨》第60片首先问祭典是否常行，然后问何时祭典，最后问在何地祭典？所举地点分祖丁神坛、宗庙中庭神坛和大学三处。

商朝学校教学内容主要是祭祀的"习礼""习乐"和军事的"习射""习御"等。商王朝是一个以氏族血缘关系为纽带的种族奴隶制国家，大小贵族和百官都是商氏族的成员，为了加强氏族内部的团结，必须学习礼。礼，在这时主要是对祖先的崇拜和源于宗法血缘联系的孝道。同

---

① 杨伯峻. 春秋左传注[M]. 北京：中华书局，1981：1385.
② 杨伯峻. 春秋左传注[M]. 北京：中华书局，1981：1275.

时商朝贵族在打仗或祭祀祖先时还要唱歌奏乐，以振奋人心，表示祭祀的庄严，所以习乐和习舞也是学校教学内容之一。商朝是依靠军事镇压来进行统治的，当时战争的主要形式是车战与箭击，因此把射、御的训练作为重要的课程。

从甲骨文和古籍所载可以断定，商代学校会进行读、写、算的教学。社会成员在实际生活中使用文字，就需要掌握阅读和书写技能。甲骨中发现不少练字的骨片，上有五行字，重复刻着从甲子到癸酉十个干支，细加比较，其中有一行刻得整齐精美，其他四行则字迹歪斜不整，中间夹杂着两三个刻得整齐的字，显得格格不入。据郭沫若分析，那一行整齐优美的字是教师刻的字范，另外四行是学生的练习，当中的几个整齐的字，则可能是教师手把手教的，这成为商代学校识字习字教学的实际物证，体现了当时课业的情形。商代数学水平随着生产力的发展而提高，殷墟出土的甲骨文，已有十进位值计数法，用一至十及百、千、万来表示任意自然数，甲骨文中最大的数是三万，这种计数法便于算术四则运算，也能有效地学习和运用。数学上的成就，影响了学校的教学内容，数量计算成为学校教学内容之一，《说文解字》中有"数，计也"，即是学习计算之意。殷墟甲骨文中刻有成套的一至十的数字表，有的还刻有反复练习刻写数字的痕迹，这可能是商代传授数字的一幅图画。

三、西周的学校教育内容及教材

西周是奴隶制的全盛时期，奴隶制学校教育建立起完整的体制。西周的学校分为两类：一类是专为统治阶级的上层子弟设立的国学，按年龄和课程难易度分为大学和小学两级；另一类是为乡之民设立的乡校，称作庠、序。

《礼记·内则》记载："六年教之数与方名。七年男女不同席，不共食。八年出入门户及即席饮食，必后长者，始教之让。九年教之数日。十年出就外傅，居宿于外，学书计……朝夕学幼仪，请肄简谅。

十有三年学乐，诵诗，舞勺。成童舞象，学射御。二十而冠，始学礼。"①说明学生学习具有年龄差异，不同年龄阶段学习的内容和重点是不同的。

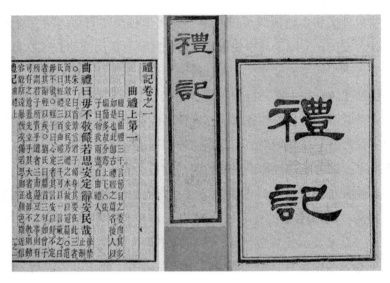

《礼记》

《大戴礼记·保傅篇》和《汉书·食货志》则叙述了十五岁进入少年以后的学习内容。"及太子少长知妃色，则入于小学，小者所学之宫也。……古者年八岁而出就外舍，学小艺焉，履小节焉。束发而就大学，学大艺焉，履大节焉。""十五入大学，学先圣礼乐，而知朝廷君臣之礼。"②大学的教育内容为六德、六行、六艺，称"乡三物"。六德指知、仁、圣、义、忠、和，六行指孝、友、睦、姻、任、恤，六艺指礼、乐、射、御、书、数。《周礼·地官·保氏》篇中说："而养国子以道。乃教之六艺：一曰五礼，二曰六乐，三曰五射，四曰五驭，五曰六书，六曰九数。"③六德和六行是进行品德教育的内容，六艺主要是进行

① 礼记·内则(卷28)[M].阮元刻本，1815.

② (汉)班固.汉书·食货志[M].北京：中华书局，1962：1122.

③ 杨天宇.周礼译注[M].上海：上海古籍出版社，2004：200.

知识技能教育的内容。

汉代一般把"六经"称作"六艺",这在《史记》的《伯夷列传》《李斯列传》《儒林列传》《滑稽列传》《太史公自序》中都可以发现,而其中又以《滑稽列传》所记为直接标以"六艺"之名且较详,其云:

> 孔子曰:"六艺于治一也,《礼》以节人,《乐》以发和,《书》以道事,《诗》以达意,《易》以神化,《春秋》以义。"①

以后,刘歆在《七略》中著录"六经"经籍,也名之曰"六艺略",班固的《汉书·艺文志》则完全袭用其名。

实际上,"六艺"就是"六经"更早的名称,只不过"六艺"也有其自身的演变过程。在孔子以前,早就有了"六艺",但经由孔子编集"六艺"新课本,在经过数百年的传授与不断修订,到战国晚期才基本固定化,开始被人们称为"六经",但"六艺"之名仍然未废。② 下面着重谈谈"六艺"教育的主要知识内容:

1. 礼、乐

西周学校首先设置礼、乐科目。礼,包括礼仪、等级名分、伦理规范;乐,指音乐教育,还包括诗歌、舞蹈、戏剧等内容。礼、乐互相配合,贯穿整个社会活动,对青年一代进行思想政治、道德品行的教育和培养。西周提倡礼教,以"礼""乐"为教民之本,二者相辅相成,维护社会人伦和谐。

2. 射、御

射,即射箭;御,驾驭战车。射、御属军事体育科目。"射",在国学或乡学都是重要的学科,有固定的训练场所。西周时甲士需要在战车上射击敌人,驾车成为贵族子弟学习的必修课程,如"师氏""保氏"教的"五御",即"鸣和鸾""逐水曲""过君表""舞交衢""逐禽左"等。

---

① (汉)司马迁. 史记·滑稽列传[M]. 北京:中华书局,1959:3197.

② 许道勋,徐洪兴. 中国经学史[M]. 上海:上海人民出版社,2006:22-23.

西周初期，由于政权尚未稳固，学校教育重视射、御技能的训练，力图把学生培养成"执干戈以卫社稷"的武士。西周后期，政权趋于稳定，学校教育的重心转向礼、乐，出现重文轻武的倾向。射御课程的教学偏向礼乐化，如"鸣和鸾"的"和""鸾"，是安装在车上的响铃，行车时，铃声响动而有节奏。"舞交衢"，意为车行于交衢，旋转快慢适度，如合舞蹈节奏。

3. 书、数

书、数为日常生活必备知识，力求普及。

（1）书

"书"指书写文字。商代已有教字、习字的"书学"，西周获得发展。《汉书·艺文志》载："古者八岁入小学，故周官保氏掌养国子，教之六书，谓象形、象事、象意、象声、转注、假借，造字之本也。"[1]

西周的文字教学是按汉字构成的方法，以六书分类施教，使知字音、字形、字义，其中穿插着天文地理与日常生产生活的知识教学。

（2）数

数学知识到西周有更多的积累，为系统教学创造了必要条件，拓宽了数学知识的教学和计算练习。

西周"数"的教学，内容丰富，具备一定程度的系统性和规范化。王应麟《困学纪闻》称："六年教之数与方名。数者，一至十也。方名，《汉志》所谓五方也。九年，教数日，《汉志》所谓六甲也，十年，学书计。六书，九数也。计者，数之详，百千万亿也。《汉志》六甲、五方、书计，皆以八岁学之。"[2]《礼记·内则》说："六年教之以数与方名"，"九年教之数日"，"十年出就外傅"，"学书计"。[3] 这里的"数"，包括

---

① （汉）班固. 汉书·艺文志［M］. 北京：中华书局，1962：1720.

② （宋）王应麟. 困学纪闻·礼记（卷5）［M］. 孙海通，校点. 沈阳：辽宁教育出版社，1998：106.

③ 据考释，西周时6岁儿童开始学数数，从1至10的数目。9岁儿童学"数日"，即学记日记法，先学甲子纪日，然后逐渐增加。10岁儿童开始学习"书计"，即一般计算能力。

后来属于数学、天文、历法、占卜等方面的知识内容，涵盖当时已知的数学和自然科学知识等。文中所指"数日"即计日法，包括干支计日法，还包括月的计数——大月、小月和闰月等有关历法知识及朔望等天文知识；"书计"的"计"则是所谓的"一般计算能力"①，实际上应包括十进位值制计数法、计算方法、用计算来解决实际问题的方法等。

除了以上所述教育内容及教材外，成书于西周的《史籀篇》对当时及后世影响颇大。"《史籀篇》者，周时史官教学童书也，与孔氏壁中古文异体。"②同时记载说《史籀》十五篇"，班固自注曰："周宣王太史籀作大篆十五篇，建武时亡六篇矣。"③许慎《说文解字·序》也说："宣王太史籀著大篆十五篇，互与古文或异。""秦始皇帝初兼天下，丞相李斯，乃奏同之，罢其不与秦文合者。斯作《仓颉篇》，中车府令赵高作《爰历篇》，太史令胡毋敬作《博学篇》，皆取《史籀》大篆，或颇省改，所谓小篆也。"④许慎所云与班固基本一致。他们告诉我们这样一个事实，即《史籀篇》十五篇，为周宣王太史籀所作，大篆字体，周代曾作为儿童教材使用。

第三节　春秋战国时期的教育内容及学校教材

春秋战国(约公元前 770—前 221 年)是我国历史上大分裂、大动荡、大变革的时期。社会的变革、经济的发展推动了思想文化领域多元价值观产生，教育领域反映为官学衰落，学术下移，私学兴盛，形成了百家争鸣的局面，各家各派人才辈出，教育内容不尽相同，所涉及的学校教材观也呈多元化特点。

---

① 李俨，杜石然．中国古代数学简史(上)[M]．北京：中华书局，1963：30.

② (汉)班固．汉书·艺文志[M]．北京：中华书局，1962：1721.

③ (汉)班固．汉书·艺文志[M]．北京：中华书局，1962：1719.

④ 孟宪承，陈学恂，张瑞璠，等编．中国古代教育史资料[M]．北京：人民教育出版社，1961：138.

一、文化教育的变革与学校教材

春秋时期，社会生产力有了很大的发展，奴隶制的"土地国有"受到了新兴地主阶级"土地私有"的挑战。伴随新兴地主阶级经济实力的强大，周天子渐失"天下共主"的地位。这种新的生产方式同时也制约着教育方式，使奴隶主贵族学校教育向平民化私学教育转变，"学在官府"转向"学在四夷"，官学开始衰落，学术走向民间。奴隶制官学"六艺"教材受到冲击，出现调整，并被迫转移变迁，私学流派所选用教材颇有差异。

(一) 官学衰落与宫廷教育的教材

各诸侯国为了巩固政权，对宫廷教育十分重视。许多王子、太子，甚至公卿子弟都有专职的师、保、傅负责他们的教育。虽然这种教育形式学习年限及学业程度不详，但其中相当分量属初等教育的范畴。从史籍中可以找到春秋时期晋、齐、鲁、楚等国设置师、保、傅的若干记载，他们的职务是教育太子，多选有资望的近臣担任。具体教育科目在《国语·楚语》(上)中有所反映：楚庄王任命士亹作太傅，士亹坚辞不就，于是去请教贤大夫申叔时。申叔时讲到太子应习的科目如下："教之春秋，而为之耸善，而抑恶焉，以戒劝其心；教之世，而为之昭明德，而废幽昏焉，以休惧其动；教之诗，而为之导广显德，以耀明其志；教之礼，使知上下之则；教之乐，以疏其秽，而镇其浮；教之令，使访物官；教之语，使明其德，而知先王之务，用明德于民也；教之故志，使知废兴者，而戒惧焉；教之训典，使之族类，行比义焉。"①这里设计了9门课程，并分别说明了其功能价值。

1.《春秋》：其作用在奖善抑恶，"劝诚其心"；2.《世》(贵族宗

---

① (春秋)左秋明. 国语[M]. 焦杰，点校. 沈阳：辽宁教育出版社，1997：122.

谱）：说明有德者世显，昏乱者世废，以为鉴戒；3.《诗》：培养道德情感和意志；4.《礼》：使知"上下之则"；5.《乐》：除去邪念和浮躁情趣；6.《令》：了解百官职责和施政原则；7.《语》（贵族言论的记录）：说明先王如何发扬德治，使心归附；8.《故志》（旧史）：使知道国家的兴废，心存戒惧；9.《训典》（即《尚书》的主要内容）：使知族类亲疏，以区别对待。

这九种课程囊括政治、伦理、历史和文艺等方面的内容。就文化修养层面来说，比传统的"六艺"更为丰富。

（二）私学兴起与典籍扩散

春秋战国时期"士"阶层的崛起对于社会各方面的冲击尤为强大，各诸侯国为了在争霸中取胜，大多注重养"士"。要成为"士"就必须接受教育，因此伴随"士"阶层的兴起，私学得以产生。私学有众多派别，《吕氏春秋·当染》记载："孔墨之后学，显荣于天下者众矣，不可胜数，皆所染者得当也。"①除儒墨显学外，道、法、名、阴阳、农诸家都有私学，形成了百家争鸣的景象。

西周官学学生所学的教材主要是训典经籍，或由国家发给书册，或由教师口头传授，或命学生各自传抄记录。训典经籍，全部收藏在官府，由专门的官吏负责收藏，不能轻易流传。而当时制作简牍和书写工具不易取得，即便有人口授，也无法记录。春秋战国时代，冶铁业得到发展，普遍应用于农业生产，一些小手工业发达起来，开始制造一些文具用品，如刀削等。这样，书写传抄经籍就比过去方便多了。书籍流播民间，又称"竹帛下移"，私家藏书开始出现，民间讲学、私人或团体办学的知识传媒、书籍文本提供支撑，两者的交互关系从而更为广泛地形成。

二、诸子学派学校教材观

春秋战国时期，文化教育领域出现了"官学衰落""私学兴起"的局

---

① 杨荣春. 先秦教育论著选 [M]. 北京：人民教育出版社，1997：650.

面，春秋时期，儒墨影响较广，迨至战国诸子百家纷起，各家各派都提出了教育内容的主张，其中可折射出学校教材观。

(一)孔子

孔子(公元前 551—前 479 年)，名丘，字仲尼，儒家私学的首创者，史称他有"弟子盖三千焉，身通六艺者七十有二人"[①]。他的弟子或再传弟子中，更不乏以传授儒学而名世者。

根据《论语》，人们可以从不同的角度概括孔子的教学内容，一曰："子以四教：文、行、忠、信。"[②]以文学、品行、忠诚和信实教育学生，是指教学内容包括四个基本方面；二曰：礼、乐、射、御、书、数，是指孔子教学的主要科目；三曰：《诗》《书》《礼》《乐》《易》《春秋》这"六经"是经由孔子修订加工的文化典籍，是他教育学生所使用的基本教材。总之，孔子的教学内容包括道德教育、文化知识教育和技能技巧的培养等三个部分。

孔子所创儒家私学，从其程度水平而论，当属高等教育，基本课程有诗、书、礼、乐"四术"，《礼记·王制》又云："乐正崇四术，立四教，顺先王，诗、书、礼、乐以造士。"[③]与"小学"相比，"诗"是新设的课程；"书"不再仅是孩子所学的"六书"造字原则，而是读训典之类(历史文献)；"礼"与"乐"也不仅是礼仪、音乐，而且还要学习理论。在"大学"里，既然是理论学习，不可能全凭口耳相传，只听教师的讲课，一定还会依托课本。从西周到春秋末期数百年间，尽管各诸侯国教育制度变化多样，"辟雍"与"泮宫"兴废无常，但官学仍然存在，以"诗、书、礼、乐"为主要课程也是沿袭不变的。大约后来又陆续加进了《易》和《春秋》(泛指哲学、历史)两门课。

---

① (汉)司马迁. 史记·孔子世家[M]. 北京：中华书局，1959：1938.
② 论语·述而[M]. 阮元刻本，1815.
③ 礼记·王制[M]. 阮元刻本，1815.

(二)孟子

孟子(约公元前 372—前 289 年)，名轲，战国时期思想家、教育家。孟子发展了孔子的"礼治"和"德政"思想，提倡"王道"，主张"仁政"，并以此游说诸侯，晚年专心从事教育活动，作《孟子》七篇。

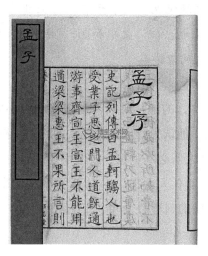

《孟子》

孟子注重伦理道德教育，明确提出"学则三代共之，皆所以明人伦也。人伦明于上，小民亲于下"①。可见，其教育目的在于"明人伦"。他所设计的教育内容也主要以学生伦理道德的形成为主体，据《史记·孟轲列传》中所说孟轲仕途多艰，"所如者不合，退而与万章之徒，序《诗》《书》，述仲尼之意"②可知，他的"得天下英才而教育之"以《诗》《书》等儒家经典为教材。

(三)荀子

荀子(约公元前 313—前 238 年)，名况，战国末期思想家、教育

---

① 孟子·滕文公章句上[M].阮元刻本，1815.
② (汉)司马迁.史记·孟轲列传[M].北京：中华书局，1959：2343.

家。他著有《荀子》一书，共20卷，32篇。

荀子为了培养"法后王"而"一制度"的人才，重视读经。他注意到了诸经不同的教育作用：

> 故《书》者，政事之纪也；《诗》者，中声之所止也；《礼》者，法之大分，类之纲纪也。故学至乎《礼》而止矣，夫是之谓道德之极。《礼》之敬文也，《乐》之中和也，《诗》《书》之博也，《春秋》之微也，在天地之间者毕矣。①

在诸科目中，《礼》的地位最高，是学习的核心内容。荀子非常强调《乐》的教育作用。他认为音乐是表现人的快乐情感的一种重要方式，"乐者，乐也，人情之所必不免也，故人不能无乐"。音乐的作用很大，"声乐之入人也深，其化人也速"。② 从荀子开始，儒学被称为经学。自此以后，在中国长期的封建社会里，"五经"几乎一直是学校教学的主要教材。

(四)墨子

墨子(约公元前468—前376年)，名翟，春秋战国时期思想家、教育家，在当时儒墨并称，号为"显学"。吕不韦曾盛称墨子"从属弥众，弟子弥丰，充满天下，王公大人从而显之，有爱子弟者随而学焉，无时乏绝"。又说："孔墨之后学显荣于天下者众矣，不可胜数。"③可见，其影响之大。

与其他学派不同，墨子尤其注重自然科技教育和军事教育，主张培

---

① 孟宪承选编，孙培青，注释. 荀子·劝学[A]. 中国古代教育文选[C]. 北京：人民教育出版社，2003：83.
② (清)王先谦. 荀子·乐论[A]. 荀子集解(下)[C]. 沈啸寰，王星贤，点校. 北京：中华书局，1988：379-380.
③ 杨荣春. 吕氏春秋·当染[A]. 先秦教育论著选[C]. 北京：人民教育出版社，1997：560.

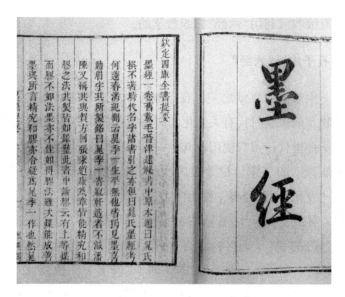

《墨经》

养"兼相爱""交相利"的"兼士"，为了实现"为义"的理想，所选用教材，偏向与生产有关的实用科学知识和技能。在他所著的《墨经》中，详载有关力学、几何学、光学等的研究记录，尤其在光学方面，对光线的照射，物体的阴影倒影以及平面镜、球面镜等记载很多。《墨子》一书中的《备城门》《备高临》《备梯》《备水》等12篇都是有关防守方面的器械和使用技术等军事知识，他的这些具有科学价值的记载，为古代学校教材当中科技与军事内容的引进及编排作出了独特的贡献。

三、孔子与"六经"教材

春秋时代已经存在两种层次的教育和两种层次的教材：一种是低级的启蒙教育，主要是教会蒙童识字写字，课本便是《史籀篇》及其"礼""乐""书""数"类基础读物；另一种是高等教育，即孔子、墨子等大师们进行的私家讲学专业教育，在知书识字的基础上学习"六艺"之类的课程。各家大师的教材并不一样，儒家的教材便是"六经"，其他各私学门派也有吸收或利用"六经"组织教学的。

（一）孔子编订"六经"

孔子一生最大的贡献之一，在于删改六经，整理并保存了"三代"的典章文物。奴隶制时代有关文化的典籍、器物，都由官府掌握，专供少数贵族子孙世代传习与使用，其他一般平民很难接触到。孔子博学多才，曾搜集周、鲁、宋、杞等故国文献，整理出一套《易》《书》《诗》《礼》《乐》《春秋》六种经典，称为"六经"。

《诗》《书》《礼》《乐》《易》《春秋》六经作为教材，于《论语》中略见痕迹，如《子路》说："诵《诗》三百，授之以政"①，指的是《诗》三百篇。《宪问》的"高宗谅阴，三年不言"②，即本《尚书·无逸》。《子路》"不恒其德，或承之羞"，语见《易·恒》卦的爻辞。司马迁说孔子"笔则笔，削则削，子夏之徒不能赞一辞"③，则是指《春秋》之教。礼、乐之教在《论语》中说得很多，如"《诗》《书》执礼"④，"文之以礼乐"⑤。

作为教授弟子的教材，"六经"对封建社会的政治文化起了指导作用，促进了中国古代文化的传播，为后代学者研究中国古代哲学、政治、历史、文学提供了丰富的材料。后来由于《乐》经失传，所以又把它称为"五经"。在中国封建社会中，历代的封建统治者都根据他们的政治需要来解释"五经"，并利用"五经"为教材来培养新的统治者。同时，也用它的思想和观点，对劳动人民进行教化，以麻痹劳动人民的思想意识，不至于起来犯上作乱，以巩固其统治政权。

（二）"五经"教材内容考析

孔子从浩瀚芜杂的古籍文献中整理出《诗》《书》《礼》《乐》《易》《春

---

① 论语·子路[M].阮元刻本，1815.
② 论语·宪问[M].阮元刻本，1815.
③ （汉）司马迁.史记·孔子世家[M].北京：中华书局，1959：1944.
④ 论语·述而[M].阮元刻本，1815.
⑤ 论语·宪问[M].阮元刻本，1815.

秋》等六经，组成了自己的学术体系，并以此为教材，聚徒讲学，传授其道，为我国经学教材编纂之始。由于《乐》经在暴秦焚书或西楚霸王项羽烧毁阿房宫中佚失，后世只残留"五经"，下面对"五经"的基本内容作一简介：

1.《诗》

《诗》，即流传至今的《诗经》，是我国第一部诗歌总集，共收入自西周初期(公元前11世纪)至春秋中叶(公元前6世纪)500余年间的诗歌305篇。《诗经》是贵族教育中普遍使用的文化知识教材，学习《诗经》是贵族子弟必需的文化道德素养。

《诗经》是孔门弟子道德修养的教科书。孔子说："《诗》三百，一言以蔽之，曰：'思无邪'。"①何谓"思无邪"？何晏认为就是"归于正"的意思。所谓"正"，指孔子倡导的道德准则，所谓"邪"则指违背儒家道德准则的东西。

《诗经》成为孔门弟子从事社交活动和获取功名利禄的必读书。春秋时期，各国君臣在各种社会活动中常常"赋诗言志"，或者通过"赋诗"来"观人""知志""知行"，以致形成一种风气。

两千多年前的孔子就大量地从事了"诗教"的活动，开了我国古代"以诗为教"，用诗歌进行道德教育、知识教育和艺术教育的先河。比古希腊教育家柏拉图用"荷马史诗"作为教材，对学生进行教育还要早一百余年。孔子倡行的诗教，对后世教育家产生了广泛的影响。

2.《书》

《书》，即《书经》，《尚书》。《尚书》是古称，汉代尊为经，后称《书经》。"尚"通"上"，"书"即古人所谓"书以道政事"之义。《尚书》是我国第一部辑存下来的唐、虞、夏、商、周五代的历史文献。其中《尧典》《皋陶谟》《禹贡》《洪范》等是后来儒家补充进去的。《尚书》有"古文"本和"今文"本。《今文尚书》比《古文尚书》出现早，篇幅也少，共28篇，文句与《古文尚书》也有不同。现在通行的《十三经注疏》本

---

①　论语·为政[M].阮元刻本，1815：509.

《尚书》，是《今文尚书》与东晋梅赜所献的《古文尚书》合编而成。

《尚书》

孔子以《书》为教材，《论语》有确凿的证据，"子所雅言，《诗》《书》、执礼，皆雅言也"。① 从内容上看，大致有三方面：第一，讲尧、舜、禹、汤、文、武的德政和任贤的政绩。第二，竭力赞美尧、舜、禹、汤、文、武的为人和用人，以及其德政的历史功绩。第三，突出奴隶制社会历史中所包含的道德和政治理想。孔子说："《书》云：'孝乎？唯孝，友于兄弟；施于有政，是亦为政，奚其为为政？"②他以为实行这种孝友的道德教育本身就是政治工作。所强调的是《书经》中所包含的道德教训。

3.《礼》

《礼》，也称《礼经》，一般指《周礼》《礼记》《仪礼》，简称"三礼"，由孔子及其后学和汉代学者刘向、戴德、戴圣等陆续编纂而成。有两种文本，一为戴德辑录的《大戴礼记》，现存 39 篇；一为戴圣辑录的《小戴礼记》，现存 49 篇。

---

① 张燕婴译注. 论语[M]. 北京：中华书局，2006：913.
② 论语·为政[M]. 阮元刻本，1815：19.

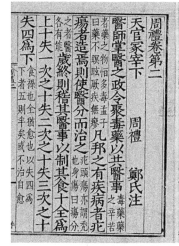

《周礼》

《周礼》是一部讲官制的书，共分《天官》《地官》《春官》《夏官》《秋官》《冬官》，共6篇，但《冬官》已佚。《礼记》，指《小戴礼》或《小戴礼记》，秦、汉以前各种礼仪论著的选集。相传西汉戴圣编纂，今本为东汉郑玄注本。有《曲礼》《檀弓》《王制》《月令》《礼运》《学记》《乐记》《中庸》《大学》等49篇。大概是孔子弟子及其再传、三传弟子等所记，也有讲礼的古书，是古代学校教学的教材或参考书，反映了古代社会情况、儒家学说的文物制度的重要资料。《仪礼》，简称《礼》，亦称《礼经》《士礼》，是周代各种礼制的汇编，包括冠礼、婚礼、士相见礼、乡饮酒礼、聘礼、丧礼、乡射礼等，共17篇。

4.《易》

《易》，又名《易经》《周易》。"易"有变易（穷究事物之变化）、简易（执简驭繁）和不易（永恒不变）三义。相传为周人所作，故名《周易》，内容包括《经》《传》两部分。

《周易》通过八卦的形式，推测自然和社会的变化，认为阴阳两种势力的相互作用是产生万物的根源，进而提出了"刚柔相推，变在其中"等有着朴素辩证法的观点。卦辞爻辞里记有殷周以来渔猎、畜牧、

21

《周易》

农业等生产情况，保存了古人对自然界观察、解释及探索的思想资料，包含有观察和实验思想的萌芽。

《周易》比较深奥难懂，年龄较小、才性较低的学生不适宜学习。只有那些进德修业程度已经较高，具有一定抽象思维能力的学生才能学习。关于孔子传《易》之事，据汉代史学家司马迁的考证：

> 商瞿，鲁人，字子木，少孔子二十九岁。孔子传《易》于瞿；瞿传楚人馯臂子弘；弘传江东人骄子庸疵；疵传燕人周子家竖；竖传淳于人光子乘羽；羽传齐人田子庄何；何传东武人王子中同；同传菑川人杨何。①

上述所记《周易》经过孔子的传授，从春秋末年，直到汉初，其师承关系的本末可以说是有所根据的。当然，孔子传《易》决不仅限于商瞿一人。

---

① （汉）司马迁. 史记·仲尼弟子[M]. 北京：中华书局，1959：2211.

5.《春秋》

《春秋》，原为周末鲁国史书的旧名，相传经孔子删定整理，遂成儒家经典之一。《春秋》文字简短，相传寓有褒贬之意，后世称为"春秋笔法"。解释《春秋》的有《左氏》《公羊》和《穀梁》等三传。唐以后"三传"成为儒家"九经"的组成部分，亦成为学校的重要教材。

《春秋》

《春秋》记载了当时政治、经济、军事、天文、地理、灾异等方面的材料，共有1232条。《春秋》作为一部历史教材，主要是提纲挈领的教学大纲。

孔子作《春秋》，是想通过具体的历史事实，进行"大一统"和"正名"的说教。因此，作为政治色彩非常浓厚的历史教材，孔子的爱憎、好恶、褒贬以及取舍，都很巧妙地从字里行间流露出来，他字斟句酌其间蕴涵的"微言大义"，这也就是司马迁说的"约其文辞而旨博""子夏之徒不能赞一辞"的缘由。孔子也说："后世知丘者以《春秋》，而罪丘者亦以《春秋》。"①可见《春秋》一书体现了他的价值判断及主体认识。由于《春秋》所采用笔法是"微言大义"，使得《春秋》"约而不速"，一般速度的人是不易把握的，这就使之不同于其他教材，如"礼乐法而不说，《诗》《书》故而不切"②。

原始社会末期，已出现了作为学校的萌芽"虞庠之学"与"成钧之学"。原始社会尚无独立形态的教材，那时的一些文学艺术、神话故事和歌舞在某种意义上起到了教材的作用。奴隶社会时期，夏代出现了学校，商代形成了比较成熟的文字，而西周建立较完善的奴隶制学校教育体制。当时学校教育主要分为小学、大学，出现了以《史籀篇》为代表的小学识字教材；以礼、乐、射、御、书、数"六艺"教育分科设教。春秋战国时期，我国由奴隶制向封建制过渡，官学衰落，学术下移，私学兴起，诸子百家各按自己设计教育目标的理念采用不同的教材进行讲学，其中儒、墨两家影响较大。儒家学派的教育主要以孔子整理编订的《诗》《书》《礼》《乐》《易》《春秋》"六经"作为主要教材。秦汉之际，《乐》经失传，在此后中国长期的封建社会里，"五经"一直是学校教育的主要教材。

---

① （汉）司马迁. 史记·孔子世家[M]. 北京：中华书局，1959：1944.
② 杨荣春. 先秦教育论著选[M]. 北京：人民教育出版社，1997：479.

第二章　秦汉时期的学校教材

公元前 221 年，秦国结束了春秋战国纷争的局面，建立了统一的中央集权制国家。汉承秦制，进一步完善机构的设置，将大一统的局面维持了数百年之久。秦汉时期学校教材正式步入封建时代的开创期。秦代统一文字，实行"焚书坑儒""以法为教，以吏为师""书同文"等文教政策，法家典籍、法令规章成为学校教材，本章以《为吏之道》为例作了介绍。汉代"独尊儒术"的文教政策，促进了儒学的发展，中国以儒学为主导的正统思想逐渐确立，经学成为学校教材的主要内容。汉代的官私学教材各有特点，私学教材的编纂体例及思想内容对后世尤有影响。

第一节　秦代的学校教材

秦代(公元前 221—前 206 年)国祚虽短，却是中国历史上第一个中央集权的封建王朝。为巩固政权，统一思想，秦始皇实行了旨在统治思想的文教政策，主要包括"焚书坑儒""以法为教，以吏为师""书同文，言同一"等，这些文教政策影响了学校教材的变化。

一、秦代的文教政策与学校教材

秦灭六国，建立了统一的专制主义中央集权的封建王朝。列国争霸时期的私学林立、百家争鸣的思想自由已经不能适应封建的统治需要了。秦朝的文化专制政策拉开序幕。为适应统一的封建政治需要，秦始皇采取了一系列维护国家统一的文教政策及措施。

(一)"书同文""行同伦"

"书同文"即推行共同文字,创"小篆",亦称"秦篆",以消除战国"言语异声,文字异形"的现象。以小篆为文字形体的标准,进行文字改革和文字统一,这是秦代立国之初推行共同文字和规范社会伦理、行为习俗的文教政策。秦统一六国之前,周代使用的文字为"大篆"、或称"籀文",其字形复杂,笔画繁多,不易书写。战国时期,由于割据分裂,各国文字也不尽相同。秦统一后,为了消除这种现象,丞相李斯建议秦始皇进行文字的整理和统一工作,将"大篆"和"古文"综合改造,减省笔画,使之简单易写,形成新的文字"小篆",又称"秦篆"。秦代"书同文"的文教政策,不仅使汉字在走向统一、规范化、定型化过程中迈出了关键性的一步,对中国文化教育的发展具有重大贡献,而且对维护中国政治上、思想上的统一,形成中华民族统一的文化心理也有不可轻视的作用。

为了推动"书同文"在全国范围内的有效实施,秦王朝统一文字后,立即组织编写字书颁发全国。字书是以"小篆"为字体编写的儿童或民众教学教材,包括李斯编写的《仓颉篇》。正是在这种条件下,才出现了以小篆为字体的小学教材,包括李斯编写的《仓颉篇》,中车府令赵高编写的《爰历篇》,太史令胡毋敬编写的《博学篇》。这三本教材的基本内容是教授写字、识字,书写姓名,熟悉语法和认识名物等,识字教学中交织着基本文化知识的学习。《仓颉》《博学》《爰历》三种都是用来教学童的。这些书是秦朝政府官员编纂的,当然不会焚烧,直到汉代这些书还用来做儿童的识字课本。

秦代学塾之类的机构是否存在,难以确考。惟秦设有"三老",执掌教化,啬夫职听讼,收赋税。"游徼,徼循禁备盗贼。"①"三老"大概是有文化知识的人,所谓"宗祝在庙,三公在朝,三老在学"。② 三老作

---

① (汉)班固. 汉书·百官公卿表[M]. 北京:中华书局,1962:742.
② (元)陈澔注. 礼记集说[M]. 上海:上海古籍出版社,1987:128.

为地方基层组织的学官，有相应的教育活动，依《汉书·艺文志》所载：
"汉兴，闾里书师合《仓颉》《爰历》《博学》三篇，断六十字以为一章，
凡五十五章，并为《仓颉篇》。"①《仓颉》《爰历》《博学》既然都是秦时编
的文字课本，各地必当用来教育学童，而执其事者可能就是"三老"。

(二)崇尚法家思想，重用法典

"乱世用重典"成为"战国七雄"之一秦国的首选。在形成大一统国
家秦帝国之后，为了适应封建中央集权的需要，仍需制定国家、社会、
个人共同遵守的法律法规。秦有重刑传统，早在商鞅改法为律时就已经
奠定。

> 法已定矣，而好用六虱者亡。民毕农，则国富。六虱不用，则
> 兵民毕竞劝而乐为主用，其竟内之民争以为荣，莫以为辱……六
> 虱：曰礼、乐，曰《诗》《书》，曰修善，曰孝弟，曰诚信，曰贞廉，
> 曰仁、义，曰非兵，曰羞战。国有十二者，上无使农战，必贫至
> 削。十二者成群，此谓君之治不胜其臣，官之治不胜其民，此谓六
> 虱胜其政也。②

有许多书籍中记录了秦代这种思想，《汉书·刑法志》："秦用商
鞅，连'相坐'之法，造'参夷'之诛；增加肉刑大辟，有'凿颠''抽胁'
'镬亨'之刑。"③恰是商鞅、韩非一脉相承。当秦王朝建立后已经不是
法律规定的层面，司法苛酷成为时代的象征。《史记·秦始皇纪》载：
"刚毅戾深，事皆决于法，刻削毋仁恩和义，然后合五德之数。于是急
法，久者不赦。"④《史记·李斯列传》载："夫贤主者，而必且能全道而

---

① 孟宪承，陈学恂.中国古代教育史资料[M].北京：人民教育出版社，
1961：139.

② 周晓露译注.商君书译注[M].上海：上海三联书店，2018：120-122.

③ (汉)班固.汉书·刑法志[M].北京：中华书局，1962：1096.

④ (汉)司马迁.史记·秦始皇本纪[M].北京：中华书局，1959：238.

行督责之术者……书奏，二世悦。于是行督责益严……刑者相半于道，死人日成积于市。杀人众者为忠臣。"①

秦因法家获得天下，于是对法家思想颇为赞赏，但是如何将法家思想渗透到社会的各个角落呢？则需有人传授法律、法术的思想内容，迥异于以往教授儒家思想为主的学校教育。为此，采取西周"官师合一""以吏为师"的办法来教化民众，如李斯曾向始皇建言："若欲有学法令，以吏为师。"②秦始皇接受此建议，从而强化法制教育。"以法为教，以吏为师"的"吏师"制度实施，使得法家思想在教育内容中一枝独秀，必然使教育上出现一种法律之外无学、官吏之外无师的局面。

据文献披露，秦代的法治定于一尊并非唯一或绝对，前者主要出于政治统治需要，尤如汉代中后期"独尊儒术"并非唯有儒术而涤除其他文化思想是出于社会巩固稳定一样，"以法为教"，推崇法家作为主流思想，但在教育和社会俗理习俗方面仍有大量儒学和其他诸子学派因素。这在秦代学校教材内容中有所反映。尤其是秦始皇东游南巡(如秦皇岛，泰安，最南至绍兴)的祭天地、神灵以权封禅刻石的活动记录中均有明显体现。泰山封禅刻碑的篇章文字中更有儒学经典和文化传理的主张。这些都应当是教学教材的重要资源素材，不仅作用于学校教育，而其更是民众读物。

(三)"焚书坑儒""以吏为师"

秦王朝丞相李斯主张追求政权的稳固和学术的统一，进而提出"颁挟书令""禁游宦"和"禁私学"。私学是传播学术思想的途径，书籍是文化知识的载体，禁绝私学，就必然要取缔在民间收藏流传的各种文献典籍。李斯称：

> 五帝不相复，三王不相袭，各以治。非其相反，时变异也……

---

① (汉)司马迁. 史记·李斯列传[M]. 北京：中华书局，1959：2554-2557.

② (汉)司马迁. 史记·秦始皇本纪[M]. 北京：中华书局，1959：255.

今诸生不师今而学古，以非当世，祸乱黔首……臣请史官非《秦纪》皆烧之。非博士官所职，天下敢有藏《诗》《书》、百家语者，悉诣守、尉杂烧之。有敢偶语《诗》《书》者弃市，以古非今者族。吏见知不举者与同罪。令下三十日不烧，黥为城旦。所不去者，医药卜筮种树之书。若有欲学法令，以吏为师。①

为了达到禁学焚书的目的，秦王朝用诸如"弃市"（在大街上杀头示众）、"族"（满门抄斩）、"黥为城旦"（在脸上刻上记号后罚做苦役）等酷刑来恫吓民众。随着"焚书"政策的实行，儒法矛盾更加尖锐。秦始皇三十五年（前212年）又爆发了更为残暴的"坑儒"事件。"焚书坑儒"是秦始皇在文化教育领域推行文化专制主义的产物。秦王朝统治者规定凡秦纪以外的历史书和非博士官所藏的诗书、百家著作，一律送官府焚毁（医药、卜筮、农用书除外），有欲学法令者，以吏为师，并下逐令，驱逐游宦。

当然，平心而论，对于秦代"焚书"的残酷不能做夸大估计，汉代仍有大量儒经乃至诸子典籍问世，因此，在历史事实上，并未因秦代的文化专制而使典籍荒芜一方，荡然无存。《史记·五帝本纪》以黄帝为五帝之首，司马迁在篇末有一段话，说明他的取材根据之丰富多样，并且存在典籍资源的延续性。

太史公曰：学者多称五帝，尚矣。然《尚书》独载尧以来；而百家言黄帝，其文不雅驯，荐绅先生难言之。孔子所传《宰予问五帝德》及《帝系姓》，儒者或不传。余尝西至空桐，北过涿鹿，东渐于海，南浮江淮矣，至长老皆各往往称黄帝、尧、舜之处，风教固殊焉，总之不离古文者近是。予观《春秋》《国语》，其发明《五帝德》《帝系姓》章矣，顾弟弗深考，其所表见皆不虚。《书》缺有间矣，其轶乃时时见于他说。非好学深思，心知其意，固难为浅见寡

---

① （汉）司马迁．史记·秦始皇本纪［M］．北京：中华书局，1959：254-255．

闻道也。①

透露了司马迁所见的许多古书，不仅有《尚书》，还有"百家言黄帝"，有"时时见于他说"，都记载五帝的事迹，可见司马迁所依据的，不仅是口传，也不仅是《尚书》，还有其他典籍。

秦代"代吏为师"的秦博士所执掌的儒家"六经"及诸子典籍仍然保留，提供参考。不少经典是学者背着秦律私下保藏下来的，到秦亡才献出来。康有为在《新学伪经考》卷一中专列"秦焚六经未尝亡缺考"一节，对此加以考订。这就为秦汉之际包括儒学在内诸家学派教材存在的应然状态和实际选择及采用提供了背景或条件。

二、秦代的学校教材

秦因法家获得天下，于是对法家思想颇为赞赏，但是如何将法家思想渗透到社会的各个角落呢？则需有人传授法律、法术的思想内容，迥异于传统教授儒家思想为主的学校教育。为此，采取西周"官师合一"之以吏为师来教化民众，如李斯曾向始皇建言："若欲有学法令，以吏为师。"②秦始皇接受此建议，从而强化法制教育。"以法为教，以吏为师"的"吏师"制度实施，使得法家思想在教育内容中一枝独秀，教材多注重培养官吏，其中蕴含丰富的法家思想。

（一）官吏教育教材

"秦朝实行'以吏为师，以法为教'的政策，禁毁私学，使宦学几乎成为唯一的教育形式。当时还设立了专门训练吏员的机构——'学室'"。③ 睡虎地秦简中的《为吏之道》是秦朝训练官吏子弟的教材，多

---

① （汉）司马迁. 史记·五帝本纪[M]. 北京：中华书局，1959：46.
② （汉）司马迁. 史记·秦始皇本纪[M]. 北京：中华书局，1959：254.
③ 路宝利. 中国古代职业教育史[M]. 北京：经济科学出版社，2011：99.

注重培养官吏职业道德，为我们提供了官吏的任用、培训、处罚等方面的素材。

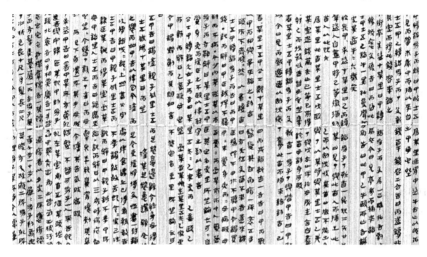

《为吏之道》

《为吏之道》就是供为吏者学习使用的文化课本或政治课本。简文开头有"凡为吏之道"一句，故取为篇名。所谈的多是为官的道德箴规和处世哲学，其体例与《仓颉篇》《博学篇》《爰历篇》有些相类似。总括其思想内容，大概有如下几个方面：①

秦吏的善恶标准，《为吏之道》篇说：

吏有五善：一曰忠信敬上，二曰清廉毋谤，三曰举事审当，四曰喜为善行，五曰恭敬多让。五者毕至，必有大赏。

吏有五失：一曰夸以迣，二曰贵以泰，三曰擅裚割，四曰犯上弗知害，五曰贱士而贵货贝。

一曰见民倨傲，二曰不安其朝，三曰居官善取，四曰受令不

① 缪全吉. 秦简《为吏之道》简析[A]. 林徐典编. 汉学研究之回顾与前瞻(下, 历史哲学卷)[C]. 北京：中华书局，1995：49-52.

偻，五曰安家室忘官府。

　　一曰不察所亲，不察所亲则怨数至；二曰不知所使，不知所使则以权衡求利；三曰兴事不当，兴事不当则民伤指；四曰善言惰行，则士毋所比；五曰非上，身及于死。

　　上述"五善"仅有一种，而"五失"则有三类，其三类之分，究有何种来源，不得而知。按其说法，取向虽不同，而过失之本质仍同属五项，谅系流行于当时官僚体制中之通则，应属无疑。

　　良吏"五善"与恶吏"五失"之排比，其项目正好与现代人事考核之五大项目(1. 思想，亦称忠诚，为国家(当时以君上为代表)与组织之认同；2. 品德，亦称操守；3. 才能，亦称工作能力或专业技能；4. 关系，亦称分工合作关系，或待人接物关系；5. 态度，亦称服务态度)若合符节。

　　关于秦吏善恶的价值取向，《为吏之道》说：

　　　　凡为吏之道，必精洁正直，慎谨坚固，审悉无私，微密纤察，安静毋苛，审当赏罚。严刚毋暴，廉而毋刖，毋复期胜，毋以忿怒决，宽容忠信，和平毋怨，悔过勿重。慈下勿陵，敬上勿犯，听谏勿塞。审知民能，善度民力，劳以率之，正以矫之。反赦其身，止欲去(愿)。中不方，名不章，外不圆。尊贤养孽，原野如廷。断割不刖。怒能喜，乐能哀，智能愚，壮能衰，勇能屈，刚能柔，仁能忍，强良不得。审耳目口，十耳当一目。安乐必戒，毋行可悔，以忠为干，慎前虑后。君子不能病殿也，以其病病也。同能而异。毋穷穷，毋岑岑，毋衰衰，临财见利，不取苟富；临难见死，不取苟免。财富太甚，贫不可得；欲贵太甚，贱不可得。毋喜富，毋恶贫，正行修身，祸去福存。

　　《为吏之道》提出了良恶吏的评判标准。良吏四条：明法律令，事无不能；廉洁敦悫；不独任而有公心；自端而不争。恶吏则反之……全篇自"发语"后之文字，则是评判恶吏的具体办法，是吏员必须学习的。《为吏之道》的内容多为官吏常用词语，也是供学吏之人学习为官之道的绝好材料，同时还是吏员的文化知识课本。篇中列举官吏做人治事的"五善""五失"教导官吏要做到"除害兴利，兹（慈）爱百姓"，以及注意教育民众，即"民之既教，变民习浴（俗）"等。全篇概括了为吏的政治道德修养和应担任的事务，其思想内容超过"以法为教"的范围，其中"宽裕忠信，和平毋怨，恭敬多让"等语句带有儒家色彩，可见，秦法家思想中吸收了儒家思想的成分，以便更好地为封建统治阶级服务。

（二）书写能力教育的教材

睡虎地秦简发掘出大量的法律条文和律法文书写作教材。当时公文已有明确分类，这对于官吏的书写能力提出了严格的要求，这是需要专业教材教学活动加以培养和训练的。

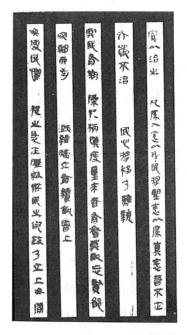

（睡虎地秦简）

从睡虎地秦简来看，秦代的文书教学写作教材大致有以下几种：1. 命书，又称制书。是指皇帝下发的文书。《行书律》中有："行命书及书署急者，辄行之。""为（伪）听命书，法（废）弗行，耐为侯（候）；不辟（避）席立，资二甲，法（废）。"始皇改"命为制"后称为"制书"。2. 恒书。恒书是介绍案件及判决情况的文书。《封诊式·迁子》记载，士伍丙因犯罪，官府将丙流放到蜀地，"令吏、徒将传及恒书一封诣令史"。3. 爰书。"爰书"是审理案件的记录。《封诊式·讯狱》中规定，拷打犯人后要记录："爰书：以某数更言，毋（无）解辞，治（笞）讯某。"4. 语书。《语书》是政府下发的带有命令、训诫性质的文告。5. 诊书。诊书是官吏对死、伤者的调查、检验的文书。睡虎地秦简中有律文"……其非疾死者，以其诊书告官论之"。6. 用书。用书是关于物品的使用、损耗情况的文书。《厩苑律》中有："叚（假）铁器，销敝不胜而毁者，为用书，受勿责。"7. 计书。计书是地方官府向中央政府上报的关于经济、人口等内容的统计文书。睡虎地秦简中有大量的关于"计"的条文，这说明秦对计很重视。此外，登记各方面内容的簿籍，如会籍、年籍、算簿，各种证件，如传、符、致、校券等，也应属公文训练范畴。

秦代文书教学教材涉及政治、军事、经济等方面，涵盖各个领域，在官僚政体的法治进程中，发挥重要的作用。同时，从教材思想文化方面剖析，已经涵盖了法律之外的大量知识技术，包括政治、经济、医学、数学等多学科的内容。看来，秦汉"文吏"的专业人才教育仍是有多学科背景或基础的，绝不可能仅以官吏的政治、法律融合人才规格来判定，其教材学习或扩展应是丰富而灵活的。

（三）文化知识和识字、写字教材

秦王朝注意培养学塾儿童识字、书写能力教育，为此专门组织编写教材教儿童学习文化知识和识字。在李斯主导统一文字后，立即组织编写字书颁发全国，由丞相李斯、中车府令赵高、太史令胡毋敬分别用小篆编写《仓颉篇》《爰历篇》《博学篇》等蒙学文化知识和识字写字课本，这些蒙学教材就是秦朝主要的基础文化知识和识字、书写教材。

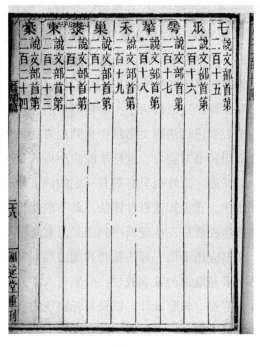

《仓颉篇》

　　其中《仓颉篇》有不少零散内容保存。一如许慎《说文·叙》引《仓颉篇》"幼子承诏";晋郭璞《尔雅注》引其"考妣延年"。1930年,国民政府组织的西北科学考察团在额济纳河流域所发现的居延汉简中也有《仓颉篇》部分残简。其中有《仓颉篇》开头几句:"仓颉作书,以教后嗣。幼子承诏,谨慎敬戒。"更重要的发现是发现一条三棱觚,上面抄写了《仓颉篇》的第五章,每面二十字,共计六十字。中华人民共和国成立后,考古专家及团队成员又在西北地区有所发现,20世纪70年代又有几批汉简出土。如1972—1974年,甘肃居延新简中发现相当数量的《仓颉篇》残简,存150多字,内有保存基本完整的《仓颉篇》第一章(只缺最后四字);1977年,甘肃玉门花海出土汉简中有《仓颉篇》残简三支,这三支简可复原出《仓颉篇》首章之大半。1977年安徽出土的阜阳汉简保存《仓颉篇》残字较多较好。据统计,阜阳汉简《仓颉篇》里完整的字达541个,尤其是包括赵高《爰历》、胡毋敬《博学》在内的《仓颉篇》(秦三仓)。2009 年，北大的西汉竹书《仓颉篇》经缀合，存整简 69 枚，残简 13 枚，整简满写可写 20 字，保存完整字数 1325 个，是迄今所见出土竹书《仓颉篇》最完整、存字最多的本子。部分残句列举如下："汉兼天下""海内并厕"，秦朝的蒙学教材及教材内容从这些残简可窥一斑。①

从出土文书看，秦以文书御天下，秦是倡导法治最力的国家，整个教育都以律令为中心来进行法律文书从中央到地方逐级传达，要求官吏具备基础的文化知识和书写能力，这样才能将中央政令准确无误地逐级下达，保证政令的畅通。百姓也只有具有一定的识字和阅读能力，懂得法律，才会遵守法律，官吏知道百姓懂法，就不敢侵犯其权益。

上述表明秦代学校教材发生逻辑序列图景是有规则可寻的。为官之道的官吏教材、文书应用语篇、写作技巧和能力培训教材以及基本文化知识和识字、写字素养培植的蒙学教材，分别与人才目标及民众活动相呼应，显示出社会需要、教育设计，以及目标实现的教材采用与实施教学之间的互动关系。

第二节　汉代的学校教材

公元前 221 年，秦国结束了春秋战国纷争的局面，采取中央集权制建立大一统国家，为巩固新生政权，采取了一系列措施，秦始皇废分封、立郡县，建立了从中央到地方的一套官僚机构，确定了封建中央集权的政治体制。秦代统一文字，实行"焚书坑儒""以法为教，以吏为师""书同文"等文教政策，法家典籍、法令规章成为学校教材的主流。汉承秦制，进一步完善机构的设置，将封建大一统的局面维持了 400 余年之久。汉代"独尊儒术"的文教政策，促进了儒学作为统治者御用精神工具地位的形成，从此，以儒学为主导的正统思想逐渐确立，经学成了学校教材的主要内容。但是汉代的学术文化不限于儒学，科技知识，

---

①　朱凤瀚. 北大汉简《仓颉篇》概述[J]. 文物，2011(6).

尤其是数学教育在教材中有充分的体现。汉代的官私学教材各有特点，私学教材的编纂体例及知识内容对后世尤有影响。

一、汉代的官私学教材

中国封建教育制度在汉代已建立了一个雏形，中央政府以"太常"兼管教育工作。经学的昌盛，推动了学校教育的发展。至东汉，班固在《两都赋》中对汉代地方小学、郡国学校的情况作了生动的描述："学校如林，庠序盈门。献酬交错，俎豆莘莘，下舞上歌，蹈德咏仁。"①赞其盛况，描述其"庠序"之众、道德之昌、教化之盛，虽有点夸张，但基本上符合当时的教育史实。纵观两汉，学校制度分官学和私学两类：官学有中央官学和地方官学之分；私学又分经师讲学和书馆。这里要探讨的就是这些专设教育机构中所使用的教材。

(一)汉代官学教材

汉代官学的建置，中央以太学和官邸学为主，地方以郡国学为主，还包括传授文学艺术学科专业的鸿都门学，因各机构层次、性质及程度的差异，对教材的选用也不相同。

1. 太学教材

太学始建于汉武帝元朔五年(公元前124年)，其标志是建立"博士弟子员制度"，起因则在于董仲舒《对贤良策》的阐述：太学是培养贤士、实施教化的"本原"，必须兴建太学以养士，以此为教化天下的基地。化为一种以教授为主要职能的学官，太学由此建立。董仲舒从"独尊儒术"的思想出发，提倡以儒家《六经》为教学的基本内容。他认为各经有其特点，教育效果不同：

六学皆大，而各有所长。《诗》道志，故长于质；《礼》制节，

---

① 陈汉才. 中国古代教育诗选注[M]. 济南：山东教育出版社，1985：10-11.

故长于文；《乐》咏德，故长于风；《书》著功，故长于事；《易》本天地，故长于数；《春秋》正是非，故长于治人。能兼其所长，而不能遍举其详也，故人主大节则知闇，大博则业厌。①

这是董仲舒为培养德治人才而规定的一整套课程计划、教材和教学内容。作为公羊春秋经的大师，董仲舒特别强调《春秋》的教育意义。他认为《春秋》的根本特征是"奉天而法古"，它既是一部"上探正天端，王公之位，万民之所欲"的政治教材，又是一本"道往而明来者"的历史教材，更是一部"为仁义法"的伦理教材，这种一本多用的教材文本表明，知识内容的多学科融合，发挥跨学科的教材功能，是综合课程的显著体现。

太学教学所用的教材是儒家经典，并以今文经学为代表。五经博士分为十四：《诗》立齐、鲁、韩三博士，《书》立欧阳（和伯）、大夏侯（胜）、小夏侯（建）三博士，《礼》立大戴（德）、小戴（胜）二博士，《易》立施（雠）、孟（喜）、梁丘（贺）、京（房）四博士。《春秋》（《公羊春秋》）立严（彭祖）、颜（安乐）二博士，称为今文十四博士。此外还有《榖梁春秋》博士。王莽当政时期曾立《左氏春秋》《毛诗》《仪礼》《古文尚书》和《周礼》博士。光武中兴，又恢复今文十四博士之制。

太学设立以后，教材的使用由政府负责，教学活动也在朝廷的把控之下，朝廷将教育大权收归国有，这就奠定了儒学的主流地位。而选官制度——察举制的确定，设孝廉、秀才等科目，给儒生提供了一条仕途之路，这就更让当时的士林学子将儒家经典奉为圭臬。自此之后，经学正式登上舞台，被确定为汉家文化的主要传承媒介，儒家经典成为学校教育的主要教材。学校育人、官府招贤纳士，都会将儒家经学当成评判和考较的标杆，使经学逐渐成为官学教材的重要内容。

2. 宫邸学教材

宫邸学也属于由朝廷直接管辖的中央官学，这是汉统治者为皇室、

---

① 董仲舒. 春秋繁露·玉杯［M］. 北京：中华书局，1975：34.

外戚、功臣子弟创立的贵胄学校。东汉明帝永平九年(66年),专为外戚樊氏(光武帝母族姓)、郭氏、阴氏(光武帝妻族姓)、马氏(明帝母族姓)四姓子弟设立学校于南宫。因为四姓不曾列侯而称小侯,故称其学校为"四姓小侯学"。经过发展,汉代的宫邸学有两种类型:一就是四姓小侯学,它是为贵族子弟开设的,所学以《孝经》为主,兼及《尚书》等经籍教材,其目的在于为使上层阶级的子弟自小接受儒家学说的熏陶,懂得君臣的礼节名分,养成良好的品德行为。如邓太后临朝施政时"太后诏征和帝弟济北、河间王子男女年五岁以上四十余人,又邓氏近亲子孙三十余人,并为开邸第,教学经书,躬自监试"。① 另一类为邸第,它是以宫人为教育对象的宫廷学校,从性质上看,属于太学的附属和预备,教学中所采用的教材仍然侧重儒家经典,但也兼习天文历算,如和熹(和帝)邓皇后"自入宫掖,从曹大家受经书,并天文、算数",又"诏中宫近臣于东观受读经传,以教授宫人,左右习诵,朝夕济济"②。

《孝经》一书在汉代私学初等教育阶段备受重视,作为教材广泛使用。《孝经》大约出于战国末年至汉代初年的儒家学者之手,是儒学体系中讨论孝道的经典。全书分为18章,从其结构来说,第一章是全书的纲领,其他的17章都是用来补充诠释孝道。所以,朱熹称第一章为"经",而下面17章都称作"传"。在这18章中,最长的是《圣治篇》,全文共288字,最短的是《五刑章》,全文仅37字,而且短的多,长的少。

3. 鸿都门学的教材

鸿都门学与太学、宫邸学性质不同,设于东汉灵帝光和元年(178年),因建于洛阳鸿都门内而得名。鸿都门学是最早的艺术专科学校,学生由地方官或朝中三公举荐,招收"能为尺牍、辞赋及工书鸟篆者",经考试合格方得入学。因此,不同于以儒学为主的其他官学,鸿都门学的

---

① (宋)范晔. 后汉书·邓皇后纪[M]. 北京:中华书局,1965:428.
② (宋)范晔. 后汉书·邓皇后纪[M]. 北京:中华书局,1965:424.

学生大多和汉灵帝志趣相投，主要以尺牍、辞赋、小说以及书画为教育内容，教材也多选用以文艺知识为主的内容。例如司马迁的《报任安书》、刘向的《新序》《说苑》《列女传》、司马相如的《子虚赋》和《上林赋》等。

鸿都门学的开办虽然被官僚集团大肆抨击，但它有其不可忽视的作用。一是在汉代官学教育体系中，打破了儒家经学一家独大的局面，将更具有实用性的书画、小说、辞赋、尺牍作为教育内容，适应了社会的需要，丰富了教学内容，是教育的一大变革；二是随着鸿都门学的办学范围的扩大，民间也兴起了辞赋之风，促进了文学艺术的普及和通俗化，促使文学地位提高；三是，这样一种最早创办的专门的文学艺术学校，作为一种新的学校类型，为后世专科学校的创办提供了经验。从教材史角度考察，在选用、容纳儒家经学教材的基础上，鸿都门学选用文学、艺术以及实用文章写作的专业教材，是对儒学思想束缚和统治高压的一种反抗，拓宽了学科教材的领域及其广度、丰富性。

4. 郡国学教材

郡国学是汉代设立的地方官学，发端于汉景帝时蜀郡太守文翁。西汉王朝共三次下令兴学。首次为汉武帝"乃令天下郡国，皆立学校官"①；第二次为元帝"郡国置《五经》百石卒吏"；② 第三次为平帝元始三年(3 年)，"郡国曰学，县、道、邑、侯国曰校，校、学置经师一人。乡曰庠，聚曰序，序、庠置孝经师一人"③。据不完全统计，汉代39 个郡国设有官学，当时西汉平帝时郡国为 103 个，东汉顺帝时为 105个，自东汉明帝后，地方官学出现了郡向县延伸的趋势。

汉代地方官学主要由地方行政长官主持创办，带有很大的随意性，因此，对于课程设置并无统一的规范。但是，由于其办学目的大致相同，其教材自然也就大同小异。就内容而言，一是修习参与典礼的实践课程；二是学习经典的理论课程。

---

① (汉)班固. 汉书·文翁传[M]. 北京：中华书局，1962：3636.

② (汉)班固. 汉书·儒林传[M]. 北京：中华书局，1962：3596.

③ (汉)班固. 汉书·平帝本纪[M]. 北京：中华书局，1962：355.

明礼乐是地方官学学生的必修课程，多以参加祭祀典礼等实践活动的形式开展。如秦彭在山阳郡教授学生儒家的六亲长幼之礼；韩延寿守颍川时，官学学生学习婚丧之礼。又有史书记载鲁国相史举行盛大的祭祀典礼，近千名官学学生参与。这些仪式一方面是对学生的现场教学，是情景化课程和教材，带有示范表演、生动形象和深度感染等特点。另一方面，从学校教育社会化视域观察，这种教学活动则是为百姓作出表率，以彰示儒家伦理规范，对百姓潜移默化，达到移风易俗的目的。如鲍德为政时，令学生备俎豆黻冕，行礼奏乐，又尊飨国老，宴会诸儒。百姓观者，莫不劝服。①

学习儒家经典，也是地方官学学生的必修课程。由于汉代"独尊儒术"的政策，因此地方官学的教师多由经学之士充当，承担教育学生的任务。需要指出的是，理论课程并无统一的安排，更无统一教材。虽以儒家经典为主要的教学教材，但亦不乏其他学术流派，如史、律等法家学说，黄老道家学说等。而即使是教授儒家经典，作为当时官方确定的指导思想，是各地官学的必修课程，不同地方的教授内容、同一地区不同时期的教授内容也参差不齐，不尽相同。如寇恂侧重《左氏春秋》、王尊擅长《尚书》《论语》等，又如弘农郡、张玄以习《颜氏春秋》得补郡文学，其教授侧重点当是《颜氏春秋》。我们可以看到，汉代郡国学的教材既有儒家经典典籍，也不乏其他流派，黄老之学、自然科技等书籍，这无疑反映了汉代思想文化并非"独尊儒术"所能控制的，同时相对于太学而言，地方官学的课程设置及教材使用更多样，富有弹性。

（二）汉代私学的教材

1. 汉代私学状况及其教材

汉代的私学是继先秦以来的又一个春天，私学的发展形式多样，成

---

① 　（宋）范晔. 后汉书·鲍永传［M］. 北京：中华书局，1965：428.

了官学有力的补充。作为一种教育组织形式，私学是相对于官学而得名的。自春秋战国时期私学产生后，不管是秦代"焚书坑儒""禁私学"与汉代私学的复兴，还是唐宋私学的繁荣与制度化，以及元明清私学的社会化、蒙学化，随着社会的演变和朝代的更迭，都在延续、变化。一般意义上的私学概念，是指不纳入国家正规学校制度之内，由私人或私人集团(包括社会集团)来主持、经营、管理的教育实践活动。它既包括在固定教育场所产生之前的游动四方的私人讲学，又包括以一个学术大师为核心的私人学派培养弟子活动，也包括与官学对应的、有固定教育场所的正式的私学学校类型。

汉代私学极为发达。当时一些名儒硕学在未任官职之前坚持私人讲学，或于罢官之后还家讲学教徒，也有一面做官一面收徒者，史称"居官教授"。也有终身不仕以私人授徒为业者，史称"隐居教授"。东汉时期经师授徒更盛。尤其这时出现一种叫"精舍"或"精庐"的学舍，成为一种较为固定的讲学场所。许多名儒硕学弟子众多，如东汉杨伦、杜抚"门徒常千余人"①，丁恭有"著录数千人"②，蔡玄"学通五经，门徒常千人，其著录者万六千人"。③ 有的私学也形成"车马填街""所居成市"的盛况。汉代私学就其程度说可分为三个由低往高延伸的阶段：一是以识学为主的启蒙教育，二是以学《孝经》《论语》为主的初习经书教育，三是以研习"五经"为主的专经教育。

汉代私学以"书馆""学馆"等蒙学设置最多，分布最广。书馆是汉代启蒙教育的主要场所，其教师一般称为"书师"。书馆教育可分为两个学段；第一学段主要是识字教育，也传授一些数学常识；第二学段是儿童学完字书之后，学习《论语》《孝经》，是专经前的准备阶段。书馆的教学内容以识字、习字为主，兼习数学。书馆所用"字书"，即为蒙学教材，其种类较多，主要有《通俗文》《杂字指》《仓颉篇》《凡将篇》

①　(宋)范晔. 后汉书. 杜抚传[M]. 北京：中华书局，1965：2573.
②　(宋)范晔. 后汉书. 丁恭传[M]. 北京：中华书局，1965：2578.
③　(宋)范晔. 后汉书. 蔡玄传[M]. 北京：中华书局，1965：2588.

《急就篇》等。数学则以《九章算术》为基本教材。

经馆又称精舍或精庐等，是较书馆更高一级的私学。教材主要是"五经"，另有法律、天文、历算、音律等方面的教材。汉代私学是基础教育的小学教育，结业后，学生即可在社会上谋取职业了，要想继续深造就必须入太学或师从私家经师，专攻一经或数经。汉代官学设置的学科都属于今文经学。古文经学由于未立学官，主要在民间传授，成为私学的重要传授内容。由此可见，虽然今文经学被立于学官，但在官学中，由于其教育范围、招生数额和学校数量都极少，因而今文经学和古文经学的传承在私学中占据了整个的教育市场。

2. 书馆、乡塾的启蒙类教材

汉代以儿童为主要对象的私学是书馆和乡塾，书馆和乡塾是以启蒙为主的私学，由"书师"担任教学工作，主要内容是识字和习字，同时还传授自然知识和日用常识，进行道德和立志教育。所使用的教材被称为蒙学教材，或称蒙养书、蒙书、蒙学读物等，蒙学教材的主要作用是对儿童进行启蒙教育，各种蒙书都是集识字、求知、修身等于一身的读写范本。学制没有固定年限，采用个别教学，注重背诵、练习。

汉代的蒙学教材的整体认识已经让人模糊费解，教材中以《急就篇》最为著名，于下部分详述，以下对其他教材做适当介绍：

《通俗文》，汉代服虔撰，一卷，训释经史用字。《隋书·经籍志·小学类》著录。原书已佚，仅散见于《汉书注》《文选注》及唐宋类书等。分上天文、上地类、上身体、上宫室、衣帛、文字、文学、器用、舟车、兵器、刑法、人事、饮食、草木、鸟兽虫鱼等。如文字类：方絮曰纸，记物曰注，记识曰签，画圆曰规等。言简意赅，简明易记。小学多用为教材。

《女史篇》，东汉蔡邕撰。以四字或三字为句，便于女子初学成诵。首句有"女史"二字，故以篇名。后世《女千字文》仿此而来。已佚。

《杂字指》，东汉郭显卿撰。《隋书·经籍志一》著录一卷。《旧唐书·经籍志上》作郭训《字旨篇》。已佚。

《飞龙篇》，东汉崔瑗撰。《隋书·经籍志一》著录一卷。已佚。《旧唐书·经籍志上》《新唐书·艺文志一》均作《飞龙篇篆势草合》三卷。

汉武帝以后，中原地区的技术和文化进入西北地区。在两河河西四郡广大地域出土的"敦煌汉简""居延汉简""武威汉简"中，算术教材有《九九术》《算术书》，亦有儒家经典《论语》、庆普版本的《仪礼》，这为河西四郡文化教育的发展铺垫了良好的基础。一些通行的学校教材已在西域广漠地区使用。

二、汉代的经学教材

自公元前206年刘邦建西汉王朝至公元220年曹丕废汉献帝，两汉历时426年，在中国历史上占有异常重要的地位。汉武帝"罢黜百家"，立五经博士、开弟子员，设立太学，建立以经术取士为核心的察举制度等，对儒家经学的兴盛与发展起了很大的作用。经学从此成为统治思想的重要理论基础与官学教学文本依据，学校育才、朝廷取仕都以经学为主要内容和重要标准。与之相对应，汉代经学的分化及论争与学校教材关系密切，但两者之间并非因果链的对应关系，而是多线性的多元复杂联系。

汉代经学教材内容继承并发展了原始儒学重视伦理道德的传统，还包括了历史、文学、名物训诂和自然科学知识，在一定程度上满足了培养政府官员的要求，其编纂原则体现为今古文经学的学派思想及特征，传授方法上则要求严守师法和家法。西汉后期在王权政治的干预下，经学教材的编纂原则及内容逐渐统一，使经学更加适合封建社会政治统治和文化思想重构的需求。

除了上述经学教材之外，汉代官、私学都得到较快发展，官学教材的主体是经学典籍及其开发编纂的教学讲义；私学教材在以传承阐释及探究儒学经典的前提之下，则体现出多样化特征，特别是蒙学教材编写受到重视，出现了一批以《急就篇》为代表的对后世影响较大的蒙学教材。

(一)汉代文教政策与经学教材

汉代的文教政策在西汉初以及西汉武帝中期前后两个阶段差异很

大，前期是"黄老刑名之术"的自然主义教育，后期则是"独尊儒术"确立儒学思想主流地位的伦理道德教育，两个阶段文教政策的差异在经学教材问题上有着不同的反应及表现。

1. 西汉武帝以前的文教政策与经学教材

汉朝是在秦王朝灭亡后建立起来的一个大一统的封建帝国，经过秦始皇焚书坑儒和西楚霸王项羽火烧咸阳宫的两次大灾难，再加上楚汉战争的多年争夺角逐，儒学经典的传播已濒于绝境。刘歆在《移让太常博士书》中写道：

> 汉兴，去圣帝明王遐远，仲尼之道又绝，法度无所因袭。时独有一叔孙通略定礼仪。天下惟有《易》卜，未有他书。至孝惠之世，乃除挟书之律，然公卿大臣绛、灌之属，咸介胄武夫，莫以为意。至孝文皇帝，始使掌故晁错，从伏生受《尚书》。《尚书》初出于屋壁，朽折散绝，今其书见在，时师传读而已。《诗》始萌芽，天下众书往往颇出，皆诸子传说，犹广立于学官，为置博士。在朝之儒，唯贾生而已。至孝武皇帝，然后邹、鲁、梁、赵，颇有《诗》《礼》《春秋》先师，皆起于建元之间。当此之时，一人不能独尽其经，或为《雅》，或为《颂》，相合而成。《泰誓》后得，博士集而读之。故诏书曰：礼坏乐崩，书缺简脱，朕甚闵焉。时汉兴已七八十年，离于全经固以远矣。①

汉代天下初定之时，刘邦群臣中武多文少，再加上战乱之后，经济凋敝，无暇顾及文化教育。当时黄老刑名之术的"清静无为"思想弥漫朝野，成为汉初文教政策的核心内容。西汉淮南王刘安编纂的《淮南子》中的自然主义教育观、教育市场也是这种思想的体现。汉初统治者将管理重心移至休养生息、促进经济复苏的社会稳定上，而无力投入大量财力、人力用于学校教育。人们在大劫之余能有温饱也就满足了，学

---

① （汉）班固. 汉书·楚元王传[M]. 北京：中华书局，1962：1968-1969.

习文化的风气远远没有提到议事日程上来。因此，从中央到地方这种缺少文化教育价值认识和自身需求的困惑暴露无遗。陆贾作的《新语》，是西汉时期的著名政论散文集，全书共计 12 个章节。在《新语》中，陆贾总结秦失天下、汉得天下的经验教训，主张"行仁义，法先圣"，礼法结合，同时强调人主必须有所作为。它为西汉前期的统治思想奠立了一个基本模式，深受重视和好评。后来，叔孙通作了《朝仪》，进一步使刘邦尝到帝王君临天下的威严和权势，思想上发生了转折。公元前195 年路过山东，用太牢之礼祭祀了孔子，开了历代皇帝祀孔的先例。但终刘邦之世，如何恢复儒学经学还未有具体的章程。汉惠帝时（公元前 194—前 186 年），废除了秦代的"挟书之律"，民间人士才取得了公开阅读和传授经书的权利。秦亡汉兴，朝代更迭，自然解除了秦代对私学的禁令。私学由此逐渐复苏。汉初私人讲学活动不仅没有受到统治者的干预，相反，朝廷对其中一些著名学者的礼遇，加上皇帝接连不断颁发求贤诏，对私学的重新兴起不啻一种无声的鼓励。在汉初官学尚不发达的情况下，私学自行蓬勃发展，承担起了培养人才、传播文化、发展学术的任务。

汉文帝时（公元前 179—前 162 年），立诸子博士官。设儒学专经博士的有《论语》《孝经》《孟子》《尔雅》，从中可以看出，汉初经学教材沿袭了"六艺之科""孔子之术"的传统。到汉景帝时，又立《诗》《公羊春秋》博士。经学教育慢慢开始复兴。这较之秦代"禁私学""以法为教、以吏为师"的悲壮而言，真可谓是"野火烧不尽，春风吹又生"。

2. 西汉武帝以后"独尊儒术"的文教政策与经学教材

汉武帝继位后，由于形势发生了变化，统治阶级进一步谋求政治、经济和思想上的大一统。为此，武帝曾几次诏贤良议政，接受了董仲舒在连续三次"对贤良策"中提出的三条建议："罢黜百家，独尊儒术""兴太学，以养士""重视选举，任贤使能"。自此，儒家学派所传承、讲授的《诗》《书》《礼》《易》《春秋》等典籍被尊崇为"经"，不仅官办学校以经学为教材，实行"尊孔读经"，而且皇帝为倡导研究经学，往往亲自召集经学讨论会，以求得讲授和研究经学的官定标准。这样就推动了汉

《论语》

代经学教材的发展，也确立了汉代以经学作为选拔官吏标准的察举制度。

　　孔子创立的儒家学派，在战国时代仅是诸子百家之一。秦代虽有儒生为博士，但并不为朝廷所重。汉初诸帝信奉黄老之学，经过儒学大师贾谊、叔孙通的不懈努力，儒学逐渐复苏，儒家学者亦逐渐为帝王所尊崇。汉武帝继位后，为加强思想专制，逐步把儒家推向独尊地位。汉武帝建元元年(公元前140年)，汉武帝刘彻采纳丞相卫绾的建议，罢黜研治申不害、商鞅、韩非、苏秦、张仪等法家、纵横家之学的贤良，儒家经学成为选用官吏的标准。公元前135年，置立"诗""书""礼""易""春秋"五经博士，传播研究儒家经典。建元次年好儒术的丞相田蚡，罢黜黄老、刑名百家之言，延文学儒士上百人为官。儒家春秋经大师董仲舒在元光元年(公元前134年，另一说为建元元年)的对策中，提出"诸不在六艺之科、孔子之术者，皆绝其道勿使并进"的建议。汉武帝接受了董仲舒、公孙弘立太学，用儒家经典教育诸生的"独尊儒术"建议，并付诸实施。从此，以孔孟为正宗的儒家学说，成为封建统治阶级的正统思想。

《诗经》

董仲舒的"天人感应"与"独尊儒术"都是为政治服务的，就是政治哲学体系中重要的构成部分。"独尊儒术"以后，儒家的几本经典《诗经》《尚书》《仪礼》《周易》《春秋》成为天下士子努力学习、注释、讲授的教材，形成一门特殊的学问——经学。汉代的学术特点是经学，各家各派都是通过注经、讲经，发挥自己的思想，创立新的思想体系，形成各种学术思想派别。

太学以儒家"五经"为教材，以经学（对儒经的口授、注疏、解释、论说)为教学内容。由于汉代实行"独尊儒术"的政策和太学的示范、导向，汉代私学的高等教育("经馆""精舍")也是进行经学教育；初等教育("书馆""书舍")则在完成识字教育后读儒家著作《孝经》《论语》。汉代在地方上也设立了学习儒家经典的郡国学、地方官学，以推广教化，以后历代无论是官学、私学，也都是以经学教育为主。汉代从蒙学高年级阶段开始，学校的重点课程即为儒家经典。学校无论是在被称为太学的大学中，还是叫国子监、辟雍的大学中，都以儒家的经籍为基本的教材，汉代又以此作为考试的内容和选拔人才取士的主要依据。

"独尊儒术"政策推行以后，儒学成为显学，经师日众，他们不仅招徒授经，而且著书立说。例如，洼丹作《易通论》七篇，伏恭作《齐诗解说》九篇，卫宏著《古文尚书训旨》，牟长著《尚书章句》，马融遍注《孝经》《论语》《毛诗》《周易》《三礼》《尚书》，郑玄作《古文尚书注解》《三礼注》，许慎作《五经异义》，何休著《春秋公羊解诂》《公羊墨守》《左氏膏肓》《穀梁废疾》，又注训《孝经》《论语》等。据《汉书·艺文志》和《续补后汉书·艺文志》所列书目的不完全统计，自武帝至汉末，解经之书计100多种，其中《诗》23种，《书》23种，《礼》24种，《易》13种，《春秋》27种，从而彻底改变了武帝初年书缺简脱的凄凉景象，儒家经籍的整理和丰富，大大拓宽了学校教材取材或选用的范围。

(二)汉代经学教材的编纂思想、教学原则

汉代经学教材的编纂思想是今古文经学的内涵特征，经学的教学原则是师法和家法，它们以不同的方式作用于教材的内容及体例编排。而由于经学流派的差异，对经学的教材教学内容解读歧义不断，争论不休，由此引发政府与学者协同努力，谋求经学教材的相对统一。

1. 今、古文经学与经学教材

今文经学、古文经学是西汉末期经学研究中的两派。

秦统一中国后，于始皇三十四年(公元前213年)颁"挟书令"焚毁儒家经典。汉朝初期一些尚存的老儒凭借记忆，口头传授经文，弟子们用汉代通行的隶书将老儒背诵的经文和解释记录下来，这就是"今文

经"。汉文帝时置经学博士，由今文经学家充当，以备顾问。汉武帝置"五经"博士，在太学讲授，使今文经学得到广泛传播。汉宣帝甘露三年(公元前51年)亲自主持学术会议，史称"石渠阁会议"，讲论"五经"异同，并置博士12人。经师们标榜门户，以师法、家法教授弟子，结成许多学术宗派。他们在注研经典时，发挥"大义"，用烦琐的史事附会经义，又强解经义附会政治，把治经视为猎取功名利禄的途径。

"古文经"是用秦统一前的篆书抄写的经典，当时为避秦火而被埋藏起来，后来拆除老屋时相继被发现，被国家收集整理。汉武帝"罢黜百家"、实施"独尊儒术"政策以后，经学日益繁盛，朝廷多次下令搜求遗书，一些诸侯王也重金求购古籍，先秦旧典不断被发掘出来。这些古籍大多是用先秦六国文字书写的，当时许多人不认识，因此，被称为古文经。古文经通过长期的传习，古文学者转相发明，到西汉末具备了章句义理，注重文字训练和名物考订，讲究史实，形成了古文经学。

今、古文经学的最初差别在于文字的不同。后来，由于对"五经"的解说，对古代制度、人物的评价，尤其是解经者在政治倾向上的不同，出现了今古文经学之争，形成了不同的派别，对官、私学经学教材而言，极大地影响了教材的选择和知识内容的解释和讲读。

2. 师法、家法与经学教材

汉代太学传经，需严守师法家法，师法即师承关系，代代直系相传，家法即学术流派，侧重于传经内容①。汉代太学的教育，有一定的师弟传授关系。为了确保师师相传的经说不致"走样"，促成政治思想的高度统一，汉代统治者规定传授经书必须信守师法与家法。所谓师法，是指传经时以汉初立博士的经师的经说为准绳，例如《公羊春秋》就以董仲舒所传的经说为师法，后来，大师的弟子们在传经时，又有所发展，形成一家之言，这就叫家法。例如东汉就有"颜氏公羊"与"严氏公羊"两大家。先有师法，然后才有家法，师法是源，家法是流，一般说来，西汉重师法，东汉重家法。

---

① 施克灿. 中国古代学校教材的嬗变及其特点[J]. 人民论坛，2021(23).

经师传经，如不严守师法家法，便不能进太学做博士，即使当上了博士也有被赶出太学的可能。汉朝廷对信守师法和家法的要求很严格，清代学者皮锡瑞指出："汉人最重师法，师之所传，弟之所授，一字毋敢出入；背师说即不用。"①西汉孟喜从田王孙学《易》，因改师法就不能进太学当博士，而张禹因严守师法而被推荐。东汉察举要试家法，郡国推荐孝廉都必须先到公府，接受家法的考试，任职后仍然追踪考察。张玄试策第一，拜为"颜氏"博士，教了几个月后，学生发现他学问不专，不守家法，兼说"严氏""宣氏"，便上书认为他不宜为"颜氏"博士，汉光武帝不得不把他撤换。可见汉时严格师法家法之戒是极严的。

为了保证经师讲经有正本，东汉安帝元初四年(117年)曾命令通儒刘珍及博士、良史，校订家法。此外，社会上的察举和太学内的考试，都要求严格遵守师法、家法。由于没有统一的经学教材，师法、家法也没有规范的标准。至东汉发生镂刻石经立于太学门外事件，初步解决了统一经学的问题。也进一步说明汉代统治者对信守师法、家法要求之严格，对钳制思想的高度重视。

汉代师法家法，虽然对于儒经的专门研究起了一定的促进构成作用，同时教材选择及使用多样，但是，经学的个性风格发挥都有其灵活性。各立门户，互相排挤，教育内容烦琐，教学方法机械，不敢越雷池一步，以至死守章句，皓首穷经，严重束缚了读书人的头脑。当今学术界也或多或少存在着门户之见，存在着"唯书""唯上"的倾向，这会影响教材的传播及学术研究开发，与新时期的人才培养素质教育目标同样是背道而驰的。教材知识文化和思想学术上的"门户开放"，协作互动、争鸣探讨平等民主的教材编写与使用中的优化关系，这是通过教材促进教育成功的基础，总结历史教训可服务于今天的教材事业。

在教学与考试过程中，师法、家法之争无法避免。统治者曾数次致力于经学的统一，东汉灵帝时的《熹平石经》就是为了统一经学内容而立，初步解决了统一经学的问题，确立了汉代官方权威的经学教材。

---

① （清）皮锡瑞. 经学历史［M］. 北京：中华书局，1959：77.

3. 经学的讲授讲义——章句

章句之学是汉代经学的主要表现形式，反映了汉代儒学的基本发展形态及其特征。古今学者就汉代章句之学的性质、兴衰历程及其与汉代政治关系的研究，著述颇丰，① 将章句视为两汉以来的一种独立注疏形式。汉代存在一种作为经解体例形式存在的"章句"概念，当为确论。但汉代经学研究中所关涉的"章句"，又往往被视作汉代经学发展中的一种学术派系，即"章句之学"。古籍在篇以下多不分章，更不断句，要讲解文意，往往就需要分篇为章、析章为句。古人在面对先哲经籍时，首先要解决的是句读和划分文章层次的问题。正确的层次划分是理解文意的前提条件，也是注疏文章的基础。郑玄在《礼记·学记》中注："离经，断句绝也。""断句绝"即是"分章断句"，和后世的句读颇为类似。近代早期改良派学者马建忠在《马氏文通》中解释句读曰："凡有起词、语词而辞意已全者曰句，未全者曰读。"② 吕思勉《章句论》也认为"章句之朔，则今符号之类耳。……知古所谓章句者，实后世画段点句之类"③。

汉初，在搜集、整理失散的图书典籍的过程中，章句之学兴起，"自六艺焚于秦而复出于汉，其师传之道中绝。而简编脱乱讹缺，学者莫得其本真，于是诸儒章句之学兴焉"④。章句实际上是经籍教学的讲义。经师按照经文的顺序，逐句逐段进行解说，形成固定的经说内容和格式。这种章句式的经说，叙说流畅，层次清楚，结构完整，易于理解和记忆，又便于扩充和发展，所以深受教学双方的欣赏。⑤

章句之学至东汉早期更显繁盛。这是在帝王对经学的热衷及鼓励下出现的，史载：明帝"垂情古典，游意经艺，每飨射礼毕，正坐自讲，

① 高海云. 汉代章句之学研究述评[J]. 社会科学动态，2020(11).

② (清)马建忠. 马氏文通[M]. 北京：商务印书馆，2017：394.

③ 吕思勉. 章句论[M]. 北京：商务印书馆，1934：3-4.

④ (宋)欧阳修，宋祁. 新唐书·艺文一[M]. 北京：中华书局，1975：1421.

⑤ 俞启定. 汉代经学教育述评[J]. 华东师范大学学报(教育科学版)，1986(1).

诸儒并听，四方欣欣"。受其激荡，"博士议郎，一人开门，徒众百数。化自圣躬，流及蛮荒"①。明帝曾自编《五家要说章句》，并于太学自讲新作《五行章句》，令《尚书》学大师桓郁校定于宣明殿。

章句之学有益于传经和释经，但随着经学教育的嬗变，它的弊病也越来越明显。其主要表现是内容烦琐和形式刻板。由于章句是师法、家法的体现，后学者虽不能割舍先师的经说，又要力争自立成家，总是在继承先师章句的基础上极力扩充自己的经说内容，因而使章句的篇幅越来越长。汉儒授经，在经典的考据与解释上做了大量的工作，不少儒生甚至尽毕生精力于经文的训诂，他们苦力搜求，不厌琐碎，于是"支叶蕃滋，一经说至百余万言"②。就是《尚书》开首之"粤稽古帝尧"五个字，也曾引证到十余万言。而且，各家各派之间各立门户，互相排挤，为了个人名利，在一些细微地方钻牛角尖，矜奇炫博，以成一家之言，造成了"经有数家，家有数说"③，章句烦琐的现象。这种烦琐主义的教学，增加了学生学习的负担，有的从小学到老还学不会一经，真所谓"学徒劳而少功，后生疑而莫正"④；有的学生甚至日夜埋头学习这种章句而暴死烛下。这种章句烦琐的现象，就连统治者自己也感觉到了，例如王莽和光武帝都曾提出删减"五经"章句的主张，但行不通。章句与仕途结合在一起，成了牢不可破的势力。章句之学成了机械烦琐、支离破碎的代名词，章句的传习，培养出来的只是"章句小儒"。

4. 经学教材的统一

西汉晚期至东汉经学派系林立，互相攻伐。这种混乱状况既难以发挥经学的治国功能，也不利于思想统一。为了统一经学教育内容及教材的选择标准，汉代统治者没有采用简单的行政命令办法来处理经义分歧的问题，而是在王权的干预下，依靠儒学大师们相互诘难，用求同存异的方法加以解决，镌刻石经经典，以达到相对意义的统一。

---

① （宋）范晔. 后汉书·樊宏传［M］. 北京：中华书局，1965：1125-1126.

② （汉）班固. 汉书·儒林传［M］. 北京：中华书局，1962：3620.

③ （宋）范晔. 后汉书·张曹郑列传［M］. 北京：中华书局，1965：1213.

④ （宋）范晔. 后汉书·张曹郑列传［M］. 北京：中华书局，1965：1213.

（1）召开经学讨论会

因为经书各有所传以及今古文学派之争的分歧，使经学本身趋于多元，学说各异，这既不利于太学教学的常规，也有碍于政治思想的稳定。汉代统治者为此多次召集名儒学者开会讨论经学章句，著名的有"石渠阁议经"和"白虎观议经"，目的就是要使官方教材获得统一。①最后刊刻石经，作为教材规范文本。

"石渠阁议经"：石渠阁为西汉宫廷藏书之所。汉宣帝甘露元年（公元前53年），诏诸儒集会于此，讲论五经异同。太子太傅萧望之主持会议，将议论内容条陈上奏宣帝亲自裁定，增立梁丘《易》、大小夏侯《尚书》和穀梁《春秋》四家博士。据《汉书·艺文志》记载，当时关于石渠阁会议的著作有《尚书》议奏四十二篇、《礼》议奏三十八篇、《春秋》议奏三十九篇、《论语》议奏十八篇、《五经杂议》议奏十八篇。石渠阁会议讨论的是"五经异同"问题。可以看出，这里的著作还缺少了关于《周易》和《诗经》的议奏。现代文献学家钱大昭曰："《易》《诗》二经独无议奏，班氏失载之耳。"②但又多了《论语》议奏，如果这样就成了"六经"了。《后汉书·翟酺传》曰："孝宣论六经于石渠。"这样看来，《论语》应该也在当时的讨论之内。从班固《汉书·艺文志》的记载来看，当时对石渠阁会议的记录是非常丰富的，总共达155篇之多。这些著作既有各经的分论，又有五经的总论。③可以说，讨论了经学教材的方方面面，可惜讨论的经义内容大多失落、遗佚。唐代历史学家杜佑所著的《通典》有《石渠礼仪》片段。

"白虎观议经"于东汉章帝建初四年（公元79年）在北宫白虎观举行，讲论儒经同异，五官中郎将魏应奉诏提出议题，侍中淳于恭将诸儒论述条陈上奏，章帝亲自裁定，由史臣班固将定论集成《白虎通义》四卷。校书郎杨终建言："宣帝博征群儒，论定《五经》于石渠阁。

①　黄仁贤. 中国教育史［M］. 福州：福建人民出版社，2003：93.

②　（清）王先谦. 汉书补注［M］. 上海：上海古籍出版社，2012：381.

③　任蜜林. 西汉经学视野下的石渠阁会议经学思想发微［J］. 广西大学学报（社会科学版），2021（1）.

方今天下少事，学者得成其业，而章句之徒破坏大体。宜如石渠故事，永为后世则。"①

十一月壬戌，诏曰："盖三代导人，教学为本。汉承暴秦，褒显儒术，建立《五经》，为置博士。其后学者精进，虽曰承师，亦别名家。孝宣皇帝以为去圣久远，学不厌博，故遂立大小夏侯《尚书》，后又立京氏《易》；至建武中，复置颜氏、严氏《春秋》、大小戴《礼》博士。此皆所以扶进微学，尊广道艺也。中元元年诏书，《五经》意句烦多，议欲减省，至永平元年，长水校尉(樊)奏言，先帝大业，当以时施行，欲使诸儒共正经义，颇令学者得以自助。诏太常、将大夫、博士、议郎、郎官及诸生、诸儒会白虎观，讲议《五经》同异。使五官中郎将魏应承制问，侍中淳于恭奏。帝亲称制临决，作《白虎议奏》。名儒丁鸿、楼望、成封、桓郁、班固、贾逵及广平王羡皆与焉。鸿以才高，论难最明，诸儒称之，帝数嗟美焉。时人叹曰：'殿中无双丁孝公'。"②

此处呈现了汉章帝亲临经学讨论，裁决统一的白虎观会议，以及会议的过程与会议成果的形成具体场景，其中反映汉代经学讲学中的问题教学以及辩论探讨的经学教学方式方法至为流行。《白虎通义》又名《白虎通》或《白虎通德论》。它综合了今文经学各家的主张，制定了有关经学的参考答案，把封建的三纲(君臣、父子、夫妇)六纪(诸父、兄弟、族人、诸舅、师长、朋友)法典化了。

(2)刊刻石经

虽然汉代封建统治者几次出面，试图从官方的角度对经学的解释加以统一，但有关经学解释混乱而引发的纷争始终无法杜绝。尤其是东汉灵帝时，大批诛杀党人，有学识的名师学者多被杀害或罢归乡里。经师传授经学，无所遵循，举行考试时，有的人用金钱贿赂考官，私改经书文义，于是引起了互相纷争、告讼，造成经义错谬。东汉灵帝建宁三年

---

① (宋)范晔.后汉书·杨终传[M].北京：中华书局，1965：1599.

② (宋)范晔.后汉书·本纪·肃宗孝章帝纪[M].北京：中华书局，1965：137-138.

(公元170年), 蔡邕任郎中, 迁升议郎, 在东观校正五经, 他认为:

> 经籍去圣久远, 文字多谬, 俗儒穿凿, 疑误后学。熹平四年, 乃与五官中郎将堂溪典、光禄大夫杨赐、谏议大夫马日磾、议郎张驯、韩说、太史今单飏, 奏求正定《六经》文字。灵帝许之, 邕乃自书(册)(丹)于碑, 使工镌刻于太学门外。于是后儒晚学, 咸取正焉。及碑始立, 其观视及摹写者, 车乘日千余辆, 填塞街陌。

为了统一经学教材, 东汉熹平四年(公元175年)蔡邕等人奉命镌刻石经, 立于太学门外, 在46块石碑上刻有《尚书》《周易》《春秋公羊传》《礼记》《论语》等经的本文, 每石35行, 每行约70至80字, 其字体均为工整的隶书。

马端临《文献通考·学校考》载:"熹平四年, 灵帝乃诏诸儒正定《五经》刊于石碑, 为古文、篆、隶三体书法以相参检, 树之学门。"这些材料大致讲清了石经刊刻的过程。石经是刻在石头上的标准教材, 表里刻字, 从熹平四年(公元175年)开始刻石, 经过8年的时间才刻完, 历史上称为"熹平石经"。

南北朝至隋唐时期, 石经曾几次搬迁, 损耗殆尽。宋代以来在东汉太学遗址(今洛阳东朱家屯峐村)屡有残石出土。近人马衡汇集为《汉石经集存》一书。[①] 由此可见, 汉朝的统治者非常重视选择适合他们政治需要的教材, 由政府正式审定全国统一教材的办法, 出现在汉朝, 是世界古代教育史上罕见的记录。

三、汉代"书馆"的教材

汉代启蒙教育的场所主要是"书馆", 教师称为"书师"。始于汉代, 为私学性质。"书师"由私人教学的蒙师担任。学习的主要内容为识字、

---

① 苑书义. 中国历史大事典[M]. 石家庄: 河北教育出版社, 1988: 117.

习字。如王充"8 岁出于书馆。书馆小僮百人以上，皆以过失袒谪，或以书丑得鞭"①。王国维对汉代"书馆"的学习，有以下的简单概括："汉时教初学之所名曰书馆，其师名曰书师，其书用《仓颉》《凡将》《急就》《无尚》诸篇，其旨在使学童识字、习字……汉人就学，首学书法，其业成者，得试为吏，此一级也。"②

（一）"书馆"教材

汉代启蒙教育阶段的私学已经有了比较稳定的通用教材，主要是：《仓颉篇》《凡将篇》《急就篇》《无尚篇》等。

我国很早就有识字、习字的教材，通称字书。最早的一部字书是《史籀篇》。相传为周宣王时太史籀所作，四字一句，不过久已失传。后来李斯作《仓颉篇》，赵高作《爰历篇》，胡毋敬作《博学篇》，多选自《史籀篇》③。

西汉初，闾里书师综合秦时三种字书写成《仓颉篇》，断 60 字为一章，凡 55 章。汉武帝后又有《凡将篇》《急就篇》《元尚篇》，其中《凡将篇》收入字数超出了《仓颉篇》④。平帝时王莽当政，因《仓颉篇》重复字太多，由扬雄改作《训纂篇》并续《仓颉篇》。后来班固又续扬雄而作 13 章。无重复字而且内容上六艺群书所载大致完备。不过《仓颉》多古字不易读，后来由杜林为作训诂⑤。和帝永元年间，贾鲂又作《滂喜篇》。后又称汉初《仓颉篇》55 章为上卷，扬雄《训纂篇》为中卷，贾鲂《滂声篇》为下卷，合称为"三仓"。"三仓"又综称为"仓颉"。段玉裁所注许慎的《说文解字》对于这方面的发展有比较具体细致的说明⑥。

---

①　王充. 论衡纪[M]. 北京：商务印书馆，1939.

②　王国维. 观堂集林·汉魏博士考（卷 4）[A]. 孟宪承，陈学恂. 中国古代教育史资料[C]. 北京：人民教育出版社，1961：142.

③　（汉）班固. 汉书·艺文志[M]. 北京：中华书局，1962：1719.

④　（汉）班固. 汉书·艺文志[M]. 北京：中华书局，1962：1721.

⑤　（汉）班固. 汉书·艺文志[M]. 北京：中华书局，1962：1720.

⑥　许慎著，段玉裁注释. 说文解字[M]. 上海：上海古籍出版社，1981：747.

周宣王时太史籀所作的《史籀篇》已失传，"三仓"全书早佚。在王国维的《流沙坠简》中，载有散存的《仓颉篇》四简①，这是我们现在能看到的最早的字书了，现在考古的新发现，加深了我们对此的认识。司马相如的《凡将篇》已失，由史游仿《凡将篇》的体裁所作的《急就篇》尚存，这是我国现存最早的蒙书。

汉代"书馆"除学习识字、习字为主外，兼习算术，《九章算术》为书馆的通用教材。《汉书、律历志》载："数者，一、十、百、千、万也。所以兼陈万物，顺性命之理也。…… 其法在算术，宜于天下，小学是则，职在太史，羲和掌之。"所以，柳诒征说："汉时小学，兼重书算。"②启蒙教育犹重品德伦常和日常行为规范的培养，并且寓于书算教材和教学之中。

(二)《仓颉篇》

《仓颉篇》亡佚后，从 20 世纪初到 20 世纪 70 年代，在出土文物中不断有零星的发现，使人们对《仓颉篇》有了较全面、深入的认识③。

20 世纪初，英国人斯坦因从敦煌汉代烽燧遗址中获得一批汉简，内有《仓颉篇》残简共 40 余字，这是自该书亡佚后的第一次重大发现。1930 年，当时的西北科学考察团在额济纳河流域所发现的居延汉简中也有《仓颉篇》的一些残段，是十分宝贵的资料。这次发现的《仓颉篇》残简开头几句："仓颉作书，以教后嗣。幼子承诏，谨慎敬戒。勉力风诵，昼夜勿置。苟辑成史，计会辨治。超等轶群，出元别异。"④

总结已有研究成果，关于《仓颉篇》教材的零碎信息，可以获得如下认识：(1)篇名：取首句首两字。《仓颉篇》首句为"仓颉作书，以教后嗣"，首两字为"仓颉"，以此名篇。(2)行文方式：四字成句，二句

---

① 毛礼锐. 中国古代教育史[M]. 北京：人民教育出版社，1979：192.

② 柳诒征. 中国文化史[M]. 南京：南京钟山书局，1935：407.

③ 胡平生，韩自强.《仓颉篇》的初步研究[J]. 文物，1983(2).

④ 中国大百科全书语言文字编委会. 中国大百科全书·语言文字·仓颉[M]. 北京：中国大百科全书出版社，1987：31.

一韵，内容夹叙夹议。如上引居延汉简《仓颉篇》首十句。（3）文字编次：文义相近的字放在一起，形旁相同的字放在一起，声旁相同的字放在一起。（4）没有对文字的说解。① 保存《仓颉篇》残字最多的要数安徽阜阳市汉简与甘肃敦煌市汉简。②

阜阳汉简是 1977 年在发掘阜阳双古堆一号汉墓时发现的。有竹简、木简和木牍，大部分非常破碎，但是它包含的内容却相当丰富。有关《仓颉篇》的，包括李斯所作《仓颉》、赵高所作《爰历》、胡毋敬所作《博学》，现存基本完整的字 541 个。过去，《流沙坠简》《居延汉简》等处所载《仓颉篇》残文，皆为汉代"闾里书师合《仓颉》《爰历》《博学》三篇，断 60 字以为一章，凡 55 章"③的修订本。以阜阳汉简《仓颉篇》与之对校，有若干异文，而且有避秦始皇名讳的"饬端修法"，当是未经汉人修订过的本子。

1979 年，甘肃省博物馆文物队与敦煌县文化馆组成汉代长城调查组，在敦煌马圈湾汉代烽燧遗址出土简牍 1217 枚，绝大多数为木简，竹简极少。其中有《仓颉篇》《急就篇》《易》等著述残简。

关于《仓颉篇》的用韵，罗振玉、王国维认为具有"四字为句，二句一韵"的特点，对此笔者想作一些补正：第一，每章一韵到底。第二，"二句一韵"也有例外。第三，不入韵的句子有时用韵部比较接近的字，以求和谐。

《仓颉篇》所收多为当时日常所用的基本字词，词义有明显的时代特点，并非皆用文字本义。如"仓颉作书，以教后嗣""汉兼天下，海内并厕"，皆为叙述句，其中词语只能按照它在句中的意义理解，不能照文字本义解释。"仓颉""后嗣""天下""海内"等，都是复音词，更不能照单字的意思看待。《仓颉篇》常常将同义、近义或反义词组织在一起，以便于对词义进行对比、辨析。

---

① 胡平生，韩志强. 阜阳汉简《仓颉篇》的初步研究[J]. 文物，1983(2).

② 甘肃省博物馆，敦煌县文化馆. 敦煌马圈湾汉代烽燧遗址发掘简报[J]. 文物，1980(10).

③ (汉)班固. 汉书·艺文志[M]. 北京：中华书局，1962：1721.

《仓颉篇》的篇章、句式结构可以分为两种：陈述式和罗列式，第一章是典型的陈述式，全章中心是"劝学"。第五章"口兼天下"一节也是陈述式，是一些歌功颂德的内容。罗列式的句式和章节在《仓颉篇》里占多数，在这一类的章节中，词与词虽然常以词义、近义相联系，但两个句子之间却往往没有多少逻辑的联系，好像仅仅为了凑足四个字，求得一韵而已。

(三)《急就篇》

汉代蒙学教材的代表《急就篇》由西汉时史游编纂，成书时间约在公元前40年，是古代保存下来的最早的一部儿童启蒙类课本。史游在西汉元帝(公元前48—前33年)时曾为黄门令，其余事迹皆无从详考。《急就篇》是我国现存比较完整的最早的小学识字兼常识教材。关于"急就"二字的意思，宋人晁公武是这样解释的："杂记姓名诸物五官等字，以教童蒙。'急就'者，谓字之难知者，缓急可就而求焉。"①现在看来，"急就"二字并不一定是指"就之"以解"字之难知"，而是"速成"的意思。

《急就篇》由章句组成，其文三言、四言、七言都有韵，共2000多字，写法是领述五句之后便是姓氏、衣着、农艺、饮食、器用、音乐、生理、兵器、飞禽、走兽、医药、人事等应用字。据沈元统计：内关于工具及日用器物的名词凡100个，关于武器、车具、马具的名词凡70个，关于衣履和饰物的名词凡125个，关于建筑物及室内陈设的名词凡52个，关于人体 生理及疾病医药的名词凡140个，关于农作物的名词凡36个，关于虫鱼鸟兽及六畜的名词凡77个②。由此可知，教材所体现的自然及社会知识非常丰富。儿童通过学习，可以获得当时历史条件下比较全面的生产及生活所必须的基础知识和基本技能。

---

① （宋）晁公武，孙孟. 郡斋读书志校证(上)［M］. 上海：上海古籍出版社，1990：149.

② 沈元.《急就篇》研究［J］. 历史研究. 1962(3).

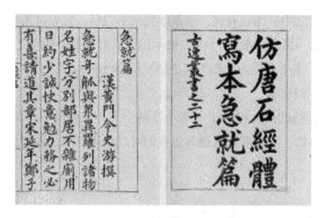

《急就篇》

这些应用字既反映了文字的发展也反映了当时人们的生活，有重要的史料价值。沈元先生对此有一段精辟的描述："我们在这里可以见到与当时人们的生活有密切关系的草木鸟兽虫鱼的名目，可以了解当时人们对于人体生理和疾病、医药的知识。这里列举了各种农具和手工工具，各种谷物和菜蔬，各种材质和形式的日用品，各种色彩和花纹的丝织物，表现了这个铁器当令的时代的人们向自然界作斗争的规模。这里包括了社会生活中的各个基本范畴。这里歌颂了大一统帝国的繁荣强盛①，也描述了汉族与边疆兄弟民族互相影响和融合的进程。"②

《急就篇》介绍了儒家典籍，并反映出儒家的社会政治思想，"诸物尽讫五官出，宣学诵《诗》《孝经》《论》《春秋》《尚书》律令文，治《礼》掌故砥砺身。智能通达多见闻，名显绝殊异等伦。超擢推举白黑分，积行上究为贵人"。这也就要求统治阶级的子弟"学而优则仕"，积极地谋取政治上的地位。这是独尊儒术以前的字书所没有的。结合班固续扬雄《训纂篇》，使"六艺群书所载略备矣"来看，儒学的内容已渗透到汉代

① 第31章："汉地广大，无不容盛，万方来朝，臣妾使令，边竟无事，中国安宁，百姓承德，阴阳和平，风雨时节，莫不滋荣，蝗虫不起，五谷孰成，贤圣并进，博士先生，长乐无极老复丁！"

② 第11章："旃裘索择蛮夷民，去俗归义来附亲，译导赞拜称妾臣，戎貊总阅什伍陈，禀食县官带金银。"

的启蒙教育之中。无独有偶，学童学完字书以后，接着进入初读一般经书阶段。这一阶段一般由"乡塾"来承担，其教师称"塾师"，或直接称"孝经师"，主要是学习《孝经》《论语》，有的还学《尚书》，或《诗经》，个别有学《春秋》等。

《急就篇》的内容相当于一本小百科全书。汉代的蒙学教材内容包括识字、事物、官吏职业道德等，我们可以在第四部分看到关于法律法规的描述：

> 丞相御史郎中君，进近公卿传仆勋，前后常侍诸将军，列侯封邑有土臣，积学所致非鬼神，冯翊京兆执治民，廉洁平端抚顺亲，……更卒归诚自诣因，司农少府国之渊，远取财物主平均……廷尉正监承古先，护领烦乱决疑文，变断杀伤捕伍邻，亭长游徼共杂诊。①

《急就篇》所反映的汉代世界虽然是广阔和多样化的，但却有着自己森严的秩序。篇首开宗明义这样说："急就奇觚与众异，罗列诸物名姓字，分别部居不杂厕。"这是史游编撰时所严格地遵循的原则；这在他的主观意图上，当然有为了便利儿童按部就班地学习，使他们能"用日约少诚快意，勉力务之必有喜"的一面，而同时也体现了他在编撰过程中，无论是材料的取舍与选择，还是体例的组织与编排，都严格按照汉代现实社会已经确定了的等级森严的统治秩序。

在具体的编纂方法上，《急就篇》的编撰者史游，采取用韵语把日常生活及生产所需的用字汇编在一起的办法，既便于记忆，又切合实用；而且"其书自始至终，无一复字，文词雅奥。"②因此，《急就篇》堪称是一部成功的童蒙教材。正因为如此，它一经出现，在极短的时间内就受到了热烈的欢迎，从深宫到边疆，从贵戚到工匠，都采用它作为启

---

① 史游撰，颜师古注. 急就篇[M]. 北京：中华书局，1985：23-24.
② （清）纪昀. 四库全书总目[M]. 北京：中华书局，1965：344.

蒙学习的教材。东汉魏晋之间，"乡曲之徒，一介之士"，莫不讽诵《急就》①。由此下及隋唐之际，"蓬门野贱，穷乡幼学，递相承禀，犹竞习之"②。以后以韵语编写的蒙学课本无不仿效《急就篇》。

自汉代以后，为了教学的需要，先后有刘芳、崔浩、豆卢氏、曹寿、颜之推对《急就篇》作注。这本教材流传数百年之后，传抄过程中难免产生差错，使用者依据自己的理解进行了一些改动，已经难以保持原貌，存在着许多差错的抄本在流传。

《急就篇》作为一部传统的蒙学教材，得到唐代经学家颜师古的注释订正，《隋书·经籍志》《旧唐书·经籍志》《新唐书·艺文志》均以《急就章》名之，以示区别。宋代以后，又有统称《急就篇》的现象。

颜师古在《急就章注》的"自叙"中叙述了当时《急就章》的讲授情况：

> 时代迁革，亟经丧乱，传写湮讹，避讳改易，渐就芜舛，莫能厘正。少者缺而不备，多者妄有增益，人有己私，流宕忘返。至如蓬门野贱，穷乡幼学，递相承禀，犹竞习之，既无良师，祗增僻谬。若夫缙绅秀彦，膏粱子弟，谓之鄙俚，耻于窥涉。遂使博闻之说，废而弗明，备物之方，于兹浸滞。③

这是说当时的《急就章》由于种种原因，错误很多，穷孩子读它，以讹传讹；富贵人家的子弟认为它"鄙俚"，不去问津。由此而导致该蒙学教材"废而弗明"。颜师古的父亲颜思鲁曾想订正注释，未及成而死。颜师古根据皇象、钟繇、卫夫人、王羲之等所书篇章，详加审核，凡三十二章。又感到崔浩、刘芳所注不能使人满意，于是"据经籍遗文，先达旧旨"为之解训。颜师古对于《急就章》的订正是有功的。

---

① （唐）房玄龄. 晋书·夏侯湛传[M]. 北京：中华书局，1974：1493.

② （唐）颜师古. 急就篇·原序[A]. 景印文渊阁四库全书·急就篇[M]. 台北：台湾商务印书馆，1986：3.

③ 谢启昆. 小学考[M]. 浙江书局刻本，1888.

(四)"书馆"教材的特点

以上对汉代"书馆"使用的教材作了初步的探讨,从中概括这样几个特点:

1. 汉代"书馆"的学习内容主要是识字、习字,所用的教材主要是字书。

2. 汉代字书多数失传,无从查考,失传的字书除上述外,尚有班固的《太甲篇》、蔡邕的《黄初篇》等数种,这是文化史上的一大损失。

3. 通过对近年出土的《仓颉篇》残简及现存《急就篇》的分析,可以发现,汉代"书馆"的教材内容十分丰富,对研究汉代社会的历史面目有极其重要的史料价值。儿童通过学习,可以较全面地掌握当时社会所必需的有关从事生产、生活活动的一般知识。

4. 在具体编撰方法上,既灌输封建道德思想又有一般知识、生活应用字汇而且用韵语编写,这样编成的识字课本,切合实用,便于记忆。事实上,后世的识字教材都是在汉代识字教材的基础上发展而成的。

我国在两千年前重视儿童的识字教学,并编了各种字书,积累了丰富的经验。这是我们的重要遗产。列宁曾说"无产阶级文化应当是人类在资本主义社会、地主社会和官僚社会压迫下创造出来的全部知识合乎规律的发展",① 因此,对待历史遗产,就要像马克思那样:"凡是人类社会所创造的一切,他都用批判的态度加以审查,任何一点也没有忽略过去。凡是人类思想所建树的一切,他都重新探讨过,在工人运动中检验过,于是得出了那些被资产阶级狭隘性所限制或被资产阶级偏见束缚住的人所不能得出的结论。"②我们对待古代教育遗产应当以马列主义的正确态度和方法,历史地、结合实际地作一番缜密的和认真的研究工

---

① 中共中央马克思恩格斯列宁斯大林著作编译局. 列宁选集(第4卷)[M]. 北京:人民出版社,1995:348.

② 中共中央马克思恩格斯列宁斯大林著作编译局. 列宁选集(第4卷)[M]. 北京:人民出版社,1995:347.

作，取其精华，去其糟粕，为发展我们今天社会主义的教育事业服务。

四、汉代学校数学类教材

汉代的学术文化不限于经学，在私学教育中，数学教育尤为突出。私学中传授数学大致分为四类：一是私家传授历算；二是传授卜筮者，也传授一些数学知识，三是汉代的书馆，兼授数学；四是授经者，同时讲授有关的数学知识，以天象变异比附人生社会之事，必然会对天文历算有所了解和掌握。图谶纬书，占卜变异，要求有较深厚的天文历数气象知识。

由于国家统一与社会的安定，学者们有机会将先秦提出的创见与实践经验作爬梳整理，从而形成理论体系。汉代数学已达到系统化的程度。当时它的成就主要体现在已成书的一批数学专著，这些数学专著正是汉代的数学教材如《许商算术》卷、《九章算术》《周髀算经》。由于前两部书的失传，故在两汉时代影响最大的数学教材主要是《周髀算经》和《九章算术》，其中《九章算术》经过魏晋数学家刘徽的注释，在中国古代广泛流传，成了中国古代数学教育的标准教材。

(一)《周髀算经》

《周髀算经》约成书于公元前一世纪前后，原名《周髀》，主要内容为对于"盖天说"和"四分历"中各种数字的理论计算，呈现与天文学紧密结合的状态。这一特点已被其书之序所言及：

> 夫高而大者，莫大于天；厚而广者，莫广于地。体恢洪而廓落，形修广而幽清，可以玄象课其进退，然而宏达不可指掌也；可以晷仪验其长短，然其巨阔不可度量也。虽穷神知化，不能极其妙；探赜索隐，不能尽其微。是以诡异之说出，则两端之理生。遂有浑天、盖天，兼而并之。故能弥纶天地之道，有以见天地之赜。则浑天有《灵宪》之文，盖天有《周髀》之法。累代存之，官司是掌。

所以钦若昊天，恭授民时。爽以暗蔽，才学浅昧，邻高山之仰止，慕景行之轨辙，负薪馀日，聊观《周髀》。其旨约而远，其言曲而中，将恐废替，濡滞不通，使谈天者无所取则，辄依经为图，诚翼颓毁重仞之墙，披露堂室之奥，庶博物君子，时迥思焉。①

书中指出分数运算是为求得月亮视运行速度勾股定理应用于了解太阳至地面的距离"一次内插法"公式的制定，出自历法二十四节气日确定之需等差数列和圆周长求法，亦出于测定二十八星宿出没轨迹的要求甚至"盖天说"的完整记载，也竟首先出于此书。故后人有解"周髀"为天周其上、地髀不动者，以体现《周髀算经》书名实为天文学之算经之意。

(二)《九章算术》

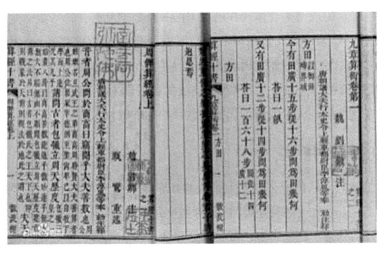

《九章算术》

汉代初等教育阶段的课程，除了识字、习字为主外，兼习算术，《九章算术》为书馆的通用教材。汉代的数学课程颇有特色，东汉经学

---

① （清）严可均. 全上古三代秦汉三国六朝文［M］. 石家庄：河北教育出版社，1997：601.

家刘歆语称：

> 数者，一、十、百、千、万也。所以算数事物，顺性命之理
> 也。《书曰》："先其算命。"本起于黄钟之数，始于一而三之，三三
> 积之，历十二辰之数，十有七万七千一百四十七，而五数备矣。其
> 算法用竹，径一分，长六寸，二百七十一枚而成六觚，为一握。径
> 像乾律黄钟之一，而长像坤吕林钟之长。其数以《易》大衍之数五
> 十，其用四十九，成阳六爻，得周流六虚之象也。夫推历生律制
> 器，规圆矩方、权重衡平、准绳嘉量、探颐索隐，钩深致远，莫不
> 用焉。度长短者不失毫厘，量多少者不失圭撮，权轻重者不失黍
> 絫，纪于一，协于十，长于百，大于千，衍于万，其法在算术，宣
> 于天下，小学是则，职在太史，羲和掌之。①

由此可以看出，汉代的数学讲究顺应命理，符合五行之术。计算过
程中善用器物，而且应用范围广泛，推演历术、产生律吕、制作器物，
用规来画圆，用矩来画方，称量物体，量知多少，窥探幽深，求索隐
微，勾画描绘致深致远的事物，没有不用数的。算术是小学的准则。职
责在于太史，羲和掌管"芦"。

《九章算术》开始编写的年代尚不能确定，但经过西汉时期丞相张
苍(约公元前 200 年)和大司农中丞耿寿昌(约公元前 50 年)的整理，大
体成为定本。三国魏时数学家刘徽在《九章算术》注的序言中的一段话
是可信的："周公制礼而有九数，九数之流，则《九章》是矣。往者暴秦
焚书，经术散坏。自时厥后，汉北平侯张苍、大司农中丞耿寿昌皆以善
算命世。苍等因旧文之遗残，各称删补。故校其目则与古或异，而所论
多近语也。"②可见，《九章算术》是在《周礼》"九数"的基础上发展起来
的，在东周列国时已经成书，经过秦火后，可能残缺不全，经过张苍、
耿寿昌等整理，可能作些补充，遂成定稿，即《九章算术》。③ 该书总结

---

① （汉）班固. 汉书·律历志［M］. 北京：中华书局，1962：956.

② 郭书春. 汇校九章算术(增补版)［M］. 沈阳：辽宁教育出版社，2004：71.

③ 马忠林. 数学教育史［M］. 南宁：广西教育出版社，2001：23.

了秦以前中国的主要数学成就，共9章246个例题。据数学史家考证，"算术"在西汉时期是数学的代用名词：

> 算字的原意是计算用的竹筹。"算术"这个词汇的本意应当是运用算筹计算的方法。因为一切繁复的数目计算都要用算筹，所以"算术"包含当时的全部数学知识和计算技能。①

《九章算术》的九章数学问题就涉及当时社会生产、生活实践中的各种算术、代数、几何等方面的问题，九章是指"方田""粟米""衰分""少广""商功""均输""盈不足""方程""勾股"。作为一部古老的数学经典著作，书中涉及分数四则及其应用、各种比例问题、面积和体积的计算、梯形面积的计算、圆面积的计算等方面的内容。整部书贯穿了学以致用、培养实用技能的思想和以计算为中心的理论特色。其主要内容是算法，因而促进了对算法的研究，得出了诸如开方术、割圆术、方程术、正负术等著名算法和一大批与之有关的数学成果。不过书中并没有指出算法的来源，也没有提供算法合理性的证明，这些作为学习者的问题，大概是由教师给予讲解的。② 这是中国科技史偏于技术而忽视理论的偏颇反映。当然，师生在使用教材组织教学活动中，对其源由及思想加以讲解和讨论，也是一种教材的开发和校本教材的构建活动。

《九章算术》编纂体系有两个特点：一是先举出某一社会生活领域中一个或几个问题，由此归纳出解决这一类问题的一般方法——"术"，再把该领域内多类"术"归总成章，得出解决该领域内各类问题的方法；二是按解决某类问题所需要的数学方法进行归纳，找出许多不同领域的问题都可应用的相同计算方法，从中得出普遍的数学模型归纳成章。无论哪一种表达方法，从知识体系的逻辑性角度看，采用的都是从个别到一般的归纳法体系。这与现代小学课本的表述形式有一定的相似之处，

---

① 钱宝琮. 中国数学史[M]. 北京：科学出版社，1992：33.

② 马忠林. 数学教育史[M]. 南宁：广西教育出版社，2001：27.

教学实践证明它有利于减少学习者的困难。

五、秦汉教材的联系

秦、汉时期两个封建王朝的学校教材前后联系，推演交替，不可分割。以下以蒙学教材为主对之略作描述。蒙学教材的编写在对先秦教育思想和教材加以分析、吸取的基础上，尤其是充分利用秦代统一文字所使用的《博学篇》《爰历篇》及《仓颉篇》这三部教材的资源和思想内容，表现出继承中的创新、"青出于蓝而胜于蓝"的超越特点。此外，编写教材的人员有极高的文化教育素养，是当时著名的学者，甚至如西蜀的才俊司马相如、嘉陵江流域的哲学家扬雄都参与其中，其重视程度及广泛的影响力可想而知。

文字学家唐兰对汉代初期的私学教材从文字演变的视角加以考察，并对这些蒙童教材的文化史价值做了演绎，可以丰富我们的认识：

> 六国时文字杂乱太甚，也就产生了"书同文"的理想。秦始皇统一了天下，也统一了文字，李斯作《仓颉篇》，赵高作《爰历篇》，胡毋敬作《博学篇》，显然要用此宣传小篆，作字体的范本。汉初人把三篇并合了，仍旧叫作《仓颉篇》，摹仿这一类字书的有《凡将篇》《元尚篇》《急就篇》《训纂篇》等，只有《急就篇》，一直到现在还保存着。这种字书都是为小孩子讽读而编的，所以叫作小学。西汉时为小学召集过两次大会，一次是宣帝时征齐人来正《仓颉篇》的俗读，张敞从他们学了，传到杜林，做了《仓颉故》和《仓颉训纂》，汉人认为他是小学的创始者。第二次是平帝时征爰礼等百余人说文字于未央廷中，以礼为小学元士，扬雄采作《训纂篇》。①

---

① 唐兰. 傅根清导读：《中国文字学》[M]. 上海：上海古籍出版社，2001：13-14.

从上述内容可知，教学内容固然以儒家经学为主，教材的选用也是如此。但是经典的种类多样，内容差异很大，不同讲学者流派、观点不一，分歧争鸣的同时，讲学中的教材编订、讲义构思以及方案设计的灵活多样当是明显地客观存在的。与此同时，自然科技内容、人文学科的知识文化除了交叉编织在经学教材中之外，还有比例不低的独立学科以分科课程方式呈现，使用的教材多为自编讲义或研究性著作。这种状况的出现恰能反映出汉代的包容气象及博大襟怀。"独尊儒术"并非革除其他学派，"罢黜百家"也不能视为消灭儒学异己或各类有益学科思想。汉代，在科学上有重要进步的是天文、数学和医药，例如张衡制成浑天仪和用以观察地震和方向的候风仪、地动仪。张衡著有《算网论》；淳于意（即仓公）从脉理上研究人体各部；张机著有《伤寒杂病论》等，皆有重要意义。这些科学著作，有的就成了以后传授专门知识的教材。私学教材的种类及内容显示汉代学术文化的广泛与宏阔，可谓一叶知秋，管窥全貌。

汉代学者对于源于先秦儒家、道家均甚为推崇的哲学教材《周易》十分欣赏，他们从经学与数学融合的视角，开展《周易》的教学和研究，也颇为活跃。《周易》更是因集经学和数学结合的文本载体得以流行和传播，加大了教材的社会影响力。西汉初年，学者释《易》基本上遵循《周易》卦、爻辞古义，并未提倡象数。后来，由于受董仲舒神学目的论和谶纬神学的影响，今文经学家解释《周易》时，极力宣扬象数的神秘性，以致发展成为一种《周易》象数学的学术流派。汉代《易》象数学内容烦琐复杂，专门述语甚多，如卦象、互体、反对、旁通、升降等。

汉代尊崇"独尊儒术"的思想，同时也非常重视法律教育，并且把法律知识纳入基础教育行列。学童的识字教材加入职官制度和法律知识的内容，这是从儿童蒙学教材抓起，对民众从小潜移默化地植入封建等级制度、秩位尊卑观念。国家的意志钳制了他们的思想，目的就是要他们从小就学着做一名国家的安顺良民，来维护封建统治。

第三章　魏晋南北朝时期的学校教材

东汉延康元年（220 年），魏文帝曹丕废汉献帝刘协，登基建立魏国，后经蜀、吴、西晋、东晋，又历南北朝的对峙，直至 589 年隋文帝杨坚重又一统中国，历时约 379 年，史称魏晋南北朝。这一时期战乱频繁，政局变更，社会动荡，经济发展时起时落；文化思想领域，儒学受到玄学、佛学的冲击。受其影响，魏晋南北朝时期官学、私学教育增加了玄学、佛学、文学、史学、科技等方面的内容，促进了学校教材向多元化方向发展。儒学教材也糅合玄学和佛学内容，进行了改造。但总体来说，经学在学校教材中仍占主导地位。

第一节　魏晋南北朝时期思想文化的变动及其学校教材的多元化

魏晋南北朝时期，儒学不再"独尊"，玄学、佛学地位上升，玄学清谈受到追捧。由于官学衰微时兴时废，不能满足教育发展的需要，私学和家学开始兴盛壮大。所有这些在学校教材上都打上了深刻印记，直接促使学校教材的变革。

一、儒学中衰与经学教材面临挑战

魏晋以后，由于战乱环境的刺激，儒学一方面受到了豪强地主为夺取政权而提出的挑战，另一方面也日益暴露出严重的弊端。虚伪、荒诞和烦琐，使儒学陷入深重的危机之中，并逐步失去了统治人心的作用，儒学"独尊"地位丧失。由此，儒家经学教材的垄断、主宰地位便受到挑战。

魏晋以后经学教材不再受到关注，"今之学者，师商、韩而上法术，竟以儒家为迂阔，不周世用"①。北齐的颜之推说：

> 学之兴废，随世轻重。汉时贤俊，皆以一经弘圣人之道，上明天时，下该人事，用此致卿相者多矣。末俗已来不复尔，空守章句，但诵师言，施之世务，殆无一可。故士大夫子弟，皆以博涉为贵，不肯专儒。②

《三国志》中描述魏国太学的教学情形较为生动：

> 太学诸生有千数，而诸博士率皆粗疏，无以教弟子。弟子本亦避役，竟无能习学，冬来春去，岁岁如是。又虽有精者，而台阁举格太高，加不念统其大义，而问字指墨法点注之间，百人同试，度者未十。是以志学之士，遂复陵迟，而末求浮虚者各竞逐也。正始中，有诏议圜丘，普延学士。是时郎官及司徒领吏二万余人，虽复分布，见在京师者尚且万人，而应书与议者略无几人。又是时朝堂公卿以下四百余人，其能操笔者未有十人，多皆相从饱食而退。嗟夫！学业沈陨，乃至于此。③

以经学教材实施教学的太学尚且如此，其他更无须遑论了。

与两汉相比，魏晋南北朝时期儒学教育呈现衰落的景象，但统治者仍注意发挥儒家的社会政治功能。魏晋、北周、北齐、南梁武帝时期依

---

① （晋）陈寿. 三国志·杜畿传［M］. 北京：中华书局，1959：501.

② 颜氏家训·勉学［A］. 孟宪承选编，孙培青注释. 中国古代教育文选［C］. 北京：人民教育出版社，2003：192-193.

③ （晋）陈寿. 三国志·魏志·王朗传［M］. 北京：中华书局，1959：420-421.

然使用儒学经学教材。以三国为例略作说明。

三国时期，曹氏父子和一些地方当权者积极在北方提倡经学和兴办学校。曹操曾两次下令兴复学校，学习和推广儒家经典。由于统治者的提倡，一些著名经师儒生得以继续传播、研究儒学。东海郯县王氏以儒学传家，王朗博学多才，在政务之余，研究注解《易》《春秋》《孝经》《周官》，很有成就。其子王肃曾学于名儒宋忠，后精通五经，肃"善贾、马之学，而不好郑氏，采会同异，为《尚书》《诗》《论语》《三礼》《左氏》解，及撰定父朗所作《易传》，皆列于学官"①。郑玄的弟子孙叔然，人称"东州大儒"，曾著论反驳王肃，并为《周易》《春秋》《礼记》《春秋三传》《国语》《尔雅》作注释。

蜀汉政权中，有不少学者在经学传播、研究方面有一定的成就。尹默"皆通诸经史，又专精于《左氏春秋》"②，曾以《左氏》教授太子刘禅。李譔对"《五经》、诸子、无不该揽"③，对古文《易》《尚书》《毛诗》《三礼》《左氏传》《太玄指归》皆有研究。谯周，幼承家教，"研精六经，尤善《书》《礼》"④，"撰《定法训》《五经论》《古史考》之属百余篇"⑤。

地处东南的吴国，在经学方面也不甘示弱，士燮"少游学京师"，对"《春秋左氏传》尤简炼精微"，对"《尚书》兼通古今，大义详备"⑥。张昭少好学，善隶书，"受《左氏春秋》，博览群书"⑦，平时以《论语》指导政事。张纮"入太学，事博士韩宗，学习《京氏易》，《欧阳尚书》，又于外黄从濮阳闿受《韩诗》及《礼记》《左氏春秋》"⑧，入吴之后，颇受孙权尊重。虞翻著有《易》注，受到名儒孔融的称赞，后被孙权流放交

---

① （晋）陈寿. 三国志·魏志·王朗传[M]. 北京：中华书局，1959：419.
② （晋）陈寿. 三国志·蜀志·尹默传[M]. 北京：中华书局，1959：1026.
③ （晋）陈寿. 三国志·蜀志·李譔传[M]. 北京：中华书局，1959：1026.
④ （晋）陈寿. 三国志·蜀志·谯周传[M]. 北京：中华书局，1959：1026.
⑤ （晋）陈寿. 三国志·蜀志·谯周传[M]. 北京：中华书局，1959：1033.
⑥ （晋）陈寿. 三国志·吴志·士燮传[M]. 北京：中华书局，1959：1191-1192.
⑦ （晋）陈寿. 三国志·吴志·张昭传[M]. 北京：中华书局，1959：1219.
⑧ （晋）陈寿. 三国志·吴志·张纮传[M]. 北京：中华书局，1959：1243.

州，但他仍"进学不倦，门徒常数百人，又为《老子》《论语》《国语》训注，皆传于世"①。

二、玄学的兴起与经学教材的变易

魏晋时期，战乱频繁，生命无常，知识分子在现实中无法得势，遂将注意力转移到老庄思想，以求宽慰。玄学是指以老、庄道家学说来解释儒家的经典，糅合《老子》消极无为和《周易》的神秘主义，兼融《庄子》的不论是非，从而蔑视束缚个体心灵发展的儒家礼法制度。在魏晋私学中，玄学占有相当的地位，并在南朝被列入官学。

玄学家们不仅注重理论思想的建构，也创立一种"清谈"的学风，两者相结合对魏晋南北朝时期的教育产生了很大的影响。玄学家何晏、王弼、郭象认为，自然与名教是统一的，自然为本，名教为辅，名教是自然的体现。因此任自然就是尚名教。

儒家自孔子发展到两汉，已经经历了几百年的积淀，要彻底肃清此种思想，不是一件容易的事。玄学与宋代的理学有异曲同工之处，它用玄学的理念来阐发儒家的经典，即将经学进行玄学化的改造。如何晏曾著《论语集解》，王弼著《论语释疑》《周易注》，郭象著《论语体略》，阮籍也著《通易论》等。后王弼的《周易注》，何晏的《论语集解》还被列为十三经古注体系内。玄学家除了从老、庄之旨解释儒经外，还往往从儒经中寻找敷畅玄理的思想资料，不少学者是儒掺释道，如张讥"通《孝经》《论语》，笃好玄言，受学于汝南周弘正，每有新意，为先辈推伏"②。全缓"治《周易》《老》《庄》，时人言玄者咸推之"③。

儒家经学与玄学清谈的融合催生了一种独特的士风、学风。其特征是：其一，矜高浮诞。魏晋南北朝学风尚清谈，一面是高谈玄理，一面

---

① （晋）陈寿. 三国志·吴志·虞翻传［M］. 北京：中华书局，1959：1321-1322.

② （唐）姚思廉. 陈书·张讥传［M］. 北京：中华书局，1972：443.

③ （唐）姚思廉. 陈书·全缓传［M］. 北京：中华书局，1972：443.

是臧否人物。清谈既有清议的渊源，也有探讨学术的精神，某种情形中有助于理论思辩，启发思维，但更多地属于玄言玄语，不务实际，不重实用，流于形式，追求词藻华美，缺乏具体内容，脱离现实的需要。其二，学无常师，开放创新。魏晋人士不满足于一经一说，而是博涉众家，师从多门，各家平等，门户开放，互相辩难，相互吸收，融合、分化与综合，继承与创新，学风清新活泼。其三是崇尚理性，不拘章句。在思维倾向上，重在追求义理，在意不在言，破除师法家法，博采众说，以简洁扼要、神会其旨的方法注经、修经。特别是南朝经学思想比较自由活跃，阐发经义，贵有心得。北朝经学师法家法较严，汉代经学色彩浓厚。史家称："大抵南北所为章句，好尚互动有不同。南人约简，得其英华；北学深芜，穷其枝叶。"①

三、佛学的兴起与教材的体例调整

佛教主张神不灭说与因果报应说，自汉代传入中国，西晋以来大获发展，且被南梁奉为国教。先在私学中传播，后渗入官学。佛教的壮大离不开玄学的影响，许多佛教名家研究老庄学派，并为其注疏，如刘宋释慧琳注《老子道德经》二卷，释慧观撰《老子义疏》一卷，释鸠摩罗什注《老子注》。

佛教最初由外国僧人携经而来，通过他们与少数汉族知识分子的协作，将佛经译成中文，才得以传播。随着佛教的确立和发展，一些有知识的僧侣不远万里前往印度和西域求经。这些知识僧侣的求法留学活动，为佛教教材增添了新的内容。如朱士行所求得的《放光般若》，充实了大乘般若的内容，曾风行京华，对魏晋南北朝的山水田园文学影响很大。学者法显带回的《摩诃僧祇众律》《萨婆多众钞律》成为当时的通行本。不仅如此，他还带回了《弥沙塞律》《长阿含经》《杂藏》《方等泥洹经》等大小乘三藏的基本要籍。这些古籍极大地丰富了佛教教材的内容。

---

① （唐）李延寿. 北史·儒林传［M］. 北京：中华书局，1974：2709.

佛教发展到一定程度，便对单纯的口授传经的局面不满足，由此必要的读本与教材随之出现。读本与教材的出现与佛经翻译事业兴盛是密切相关的。佛的传记，故事的翻译，对巩固佛教宗教信仰的作用是主要的，关于佛教基本理论方面的译书，不仅成为佛教徒深入理解佛教思想的重要读本，而且影响了广大社会。这些读本毕竟是由原始资料翻译而成，由于佛教神学的深奥难懂，要想深入学习佛理，还必须经由高僧讲解，于是伴随着佛教讲经的过程，出现一些类似于讲义的佛经义疏，有先撰疏后为讲，如同预撰讲义；还有是随讲出疏，如同后世撰教材，[①]从而影响了经学教材的编纂体例。

四、学校教材多元

魏晋时期经学发展呈现出"杂糅"趋势，学者们大多不再拘于门户之见，章句之说，而是往往博采众家，自创新意。何晏在著《论语集解》时，曾"合包、周之《鲁论》，孔、马之《古论》，而杂糅莫辨"[②]；儒家学者亦借用佛学来补充儒学教育内容之狭窄，王弼注《周易》也是以玄学为指导。经学的讲经方式，更是受佛学的影响。玄学以清谈见长，清谈之风风靡士林，教师教学与学生学习时，互相诘难、自由辩论蔚为风气，并常常以此决分高低。

南朝梁武帝时代，儒学重建在教育中宗主地位，但儒学的讲授方法深受玄学清谈影响，清代学者赵翼《二十二史札记·六朝清谈之习》称："是当时虽从事于经义，亦皆口耳之学，开堂升座。以才辩相争胜，与晋人清谈无异，特所谈者不同之。"[③]而且，"当时父兄师友之所讲求，专推究《老》《庄》，以为口舌之助，五经中惟崇《易》理，其他尽阁束

①　丁钢. 中国佛教教育——儒佛道教育比较研究［M］. 成都：四川教育出版社，1988：93-94.

②　（清）皮锡瑞. 经学历史·经学中衰时代［M］. 北京：中华书局，1959：162.

③　（清）赵翼著，王树民校证. 廿二史札记校证（订补本·上）［M］. 北京：中华书局，1984：169.

也。至梁武帝始崇尚经学，儒术由之稍振。然谈义之习已成，所谓经学者，亦皆以为谈辩之资"①。

玄学在清谈时所形成的善谈名理和思维的缜密被经学家所吸收，佛教徒讲会的讲经方式，析义精微的讲经特点也被经学家所吸收，于是仿效他们开设讲座，系统地讲析和传授儒家经典。在玄、佛的影响下，儒经积极调适自己，适应时代的变化和教育的实际，变得更为圆通、开阔而自由。

玄学以老庄思想注儒家经典，也是在时代背景下做出的一种调整，儒学教育家则大多是由儒入佛，为推广佛学而巧妙借用，融化儒学思想，认为佛教精神内"不违其孝"，外"不失其敬"，从中可以看出儒家孝忠的伦理已被用于佛教教义。

为了教学的需要，这时除了产生一些新的注释本（如王弼的《易注》）外，还出现新的注释形式，如集解、义疏、注音等。集解有的是通释经和传的，如杜预的《春秋经传集解》，有的是汇集各家注解的，如蔡谟的《汉书集解》，也有人叫它作集注，如陶弘景有《孝经集注》《论语集注》等。义疏、讲疏，是教学的讲稿，如梁皇侃的《礼记讲疏》99卷，《礼记义疏》48卷，《孝经义疏》3卷，《论语义疏》10卷。还有专门注音的书，如北魏刘芳有《郑玄注周官仪礼音》《王肃注尚书音》等。魏训诂学家、经师孙炎，终身从事教学和著述，弟子颇众。著有《周易春秋例》，并为《毛礼》《礼记》《春秋三传》《国语》等书作注。另著有《尔雅音义》，用反切注音，反切注音法由此盛行。

第二节　魏晋南北朝时期的官学教材

考诸古代历史，封建官学教育以稳定的封建政权的存在为依托，由

---

① （清）赵翼著，王树民校证. 廿二史札记校证（订补本·上）[M]. 北京：中华书局，1984：168-169.

于魏晋南北朝时期社会形势，致使官学教育呈现出时兴时废的状态，本节将分时期来叙述兴废无常状态下官学教育教材的演变概况。

一、三国的官学教材

魏、蜀、吴三个分裂割据，合纵连横、征战频繁的封建政权，三足鼎立，雄霸一方，自公元 220 年魏文帝曹丕建魏，至公元 280 年，吴灭亡，共计 60 年时间。在此期间，政治局势动荡不安，但相对而言，虽三足鼎立，教学内容大多沿袭两汉，仍以经学为主，但是玄学、佛学也对其带来了一定的冲击。

(一) 魏国官学教材

黄初五年(224 年)魏文帝曹丕创办太学，制定五经课试法，置经学博士，讲授五经。如管辂年 15 岁时，"父为琅琊即丘长，时年十五，来至官舍读书。始读《诗》《论语》及《易》本。便开渊布笔，辞义斐然。于是黌上有远方及国内诸生四百余人，皆服其才"①。

魏太和四年(230 年)，魏明帝曹叡接受董昭的建议，下诏："兵乱以来，经学废绝，后生进趣，不由典谟。……其郎吏学通一经，才任牧民，博士课试，擢其高第者，亟用；其浮华不务道本者，皆罢退之。"②这不仅反映了战乱以来经学废弛急需重构的时代特征，也体现以"通经"作为"牧民"条件的正统思想，同时也确立了依经选拔、唯才是举的衡量标准。

继东汉王莽改制，刘歆倡议古文经学之后，魏国继其余绪，太学教材又转向古文经传。正始六年(245 年)，齐王芳诏王郎所作《易》传，命令学者得以课试。后来王肃为《尚书》《诗》《论语》《三礼》《左氏解》都立于官学。太学讲论之《易》是郑玄注，《书》是马融、王肃注，《礼》则

---

① （晋）陈寿. 三国志·魏书·管辂传［M］. 北京：中华书局，1959：811.
② （晋）陈寿. 三国志·魏书·帝叡［M］. 北京：中华书局，1959：97.

由郑玄、王肃注，所立博士多为古文学家。

魏正始年间（240—249 年），曾建立古科、篆、隶三字石经，并附魏文帝曹丕所作《典论》立于太学，当时太学以经学为教材，通晓经学的程度影响着升官晋爵。这仍是延续汉代"劝以官禄"的意思。

曹魏时期文教事业的一件大事是开始三体石经的刊刻，惟其整理过程不见于记载。继东汉"熹平石经"之后，魏国正始年间续刊古文经传《尚书》《春秋》及《左氏传》于太学堂西。十六国时期后赵国主石虎曾令国子博士，去洛阳摹写石经并令国子祭酒聂熊注《梁春秋》，颁列于学宫。据王国维《观堂集林》卷 20《魏石经考三》考订魏国刊刻石经的原因，是由于旧太学石经均是今文经学，不能适应，古文经学地位抬头，挤占官学教育的需要所致。所刊皆为立于学官之经典，则其刻写内容属太学教材，已不属一般意义的典籍文献。

石经教材在朝政动荡中屡遭罹难。熹平石经在董卓之乱化为灰烬，"魏正始中，又立三字石经，相承以为七经正字。后魏之末，齐神武帝执政，自洛阳徙于邺都，行至河阳，值岸崩，遂没于水。"[1]邺即今天河北省临漳县，曾短暂作为北朝频繁更迭王室的都城，曾建国子学，是否用过曹魏石经为教材则无法考证。

魏国还注重图书典章搜求整理，分类藏收，以为官学师生教学科研提供文献资源，或教学活动中学习讨论的素材信息。东汉之末，两京大乱，图书缣帛，扫地皆尽。魏氏代汉，采掇遗亡，将编排序列的图籍分为四部，藏在秘书中外三阁："一曰甲部，纪六艺及小学等书；二曰乙部，有古诸子家、近世子家兵书、兵家、术数；三曰丙部，有史记、旧事、皇览簿、杂事；四曰丁部，有诗赋、图赞、汲冢书。"[2]共计图籍29945 卷，可谓一项重大文化工程。

魏明帝曹叡建于青龙四年（236 年）的崇文馆，是一研究性的文学机构，专门征召善文之士。尽管政府大力提倡讲授儒学经书，但真正潜习

---

① （唐）魏征，令狐德棻. 隋书·经籍志[M]. 北京：中华书局，1973：947.

② （唐）魏征，令狐德棻. 隋书·经籍志[M]. 北京：中华书局，1973：906.

儒经者却不多，据刘馥之子刘靖说："自黄初以来，崇立太学二十余年，而寡有成者，盖由博士选经，诸生避役，高门子弟，耻非其伦，故无学者。虽有其名而无其人，虽设其教而无其功。"①从中我们可以得知，为了逃避战争，逃避兵役而入学，再加上时代的动荡，使得"高门子弟，耻非其伦"，最终导致学生"有其名而无其人"。

(二) 蜀国官学教材

刘备于公元221年在成都称帝，称汉昭烈帝，国号"章武"。他看到"学业衰废，乃鸠合典籍，沙汰众学"②的状况，着手开始恢复学校建设，并任许慈、胡潜等为博士官，"典掌旧文"，以教生徒。

蜀后主延禧七年(244年)，文立"蜀时游太学，专《毛诗》《三礼》，师事谯周。周门人以立为颜回，陈寿、李密为游夏，罗宪为子贡"③。可见蜀国有太学的建置。谯周曾任蜀国劝学从事，研精《大经》，尤善书札，撰定《法训》《五经论》《古史考》等论著。李密以孝谨闻，治《春秋左传》，博览《五经》，多所通涉。官学的教育内容也为儒家经学，但倾向于古文经学。

刘备在其遗诏中吩咐刘禅："勿以恶小而为之，勿以善小而不为。惟贤惟德能服于人。可读《汉书》《礼记》，闲暇历观诸子及《六韬》《商君书》，益人意智。"④《六韬》是军事教学用书。旧题西周初吕望撰。六卷，分文韬、武韬、龙韬、虎韬、豹韬、犬韬等六韬六十篇。《庄子·徐无鬼》有"金版六弢"句，释文引司马彪崔譔云："六弢，周书篇名，又作六韬，谓太公六韬文武虎豹龙犬也。"可见战国时已有此名。⑤《商

---

① （晋）陈寿. 三国志·魏书·刘馥[M]. 北京：中华书局，1959：464.

② （晋）陈寿. 三国志·蜀书·许慈[M]. 北京：中华书局，1959：1023.

③ （唐）房玄龄. 晋书·文立传[M]. 北京：中华书局，1974：2347.

④ （三国）刘备. 遗照[A]. （三国）诸葛亮著，张连科，管淑珍校注. 诸葛亮校注"附录·第一部分'古代著名人物评论选辑'"[C]. 天津：天津古籍出版社，2008：338.

⑤ 顾明远. 教育大辞典·中国古代教育史(上)(第8卷)[M]. 上海：上海教育出版社，1991：236.

君书》战国时商鞅及其后学著作的合编。书中叙述商鞅及其后学的政治、经济、历史和教育观，为先秦法家学派奠定理论基础。① 诸葛亮也在《诫子书》中表述对学习重要性的认识，同时还注重法学的教育。"夫学须静也，才须学也，非学无以广才，非志无以成学。淫慢则不能励精，险躁则不能冶性。年与时驰，意与日去，遂成枯落，多不接世，悲守穷庐，将复何及！"②当时入蜀的一批教育工作者专长古经文学。汉末著名学者刘熙在交州（今广西）私家讲学，培养了蜀吴名臣许慈、程秉、薛综等名士。他传授的是糅合今古文学派的郑学，著有羽翼《尔雅》《说文》的训诂学名著《释名》20 篇。尹默则以"益部多贵今文而不崇章句，默知其不博。乃远游荆州，从司马德操、宋仲子等受古学。皆通诸经史，又专精于《左氏春秋》"③。

(三) 吴国官学教材

吴主孙权于吴大帝黄龙元年（229 年）称帝，第二年便下令兴学，诏曰："自建兴以来，时事多故，吏民颇以目前趋务，去本就末，不循古道。夫所尚不惇，则伤化败俗，其案古置学官，立五经博士，核取应选，加其宠禄"；④ 文武官员子弟"有志好者，各令就业。一岁课试，差其品第，加以位赏。使见之者乐其荣，闻之者羡其誉。以敦王化，以隆风俗"⑤。与蜀国相异，吴国经学教授内容承袭两汉，以今文经学为主。如经学家陆绩注《易》，专从象数之学说经，拘泥于汉代治经的模式。

孙权本人就曾遍读《诗》《书》《礼记》《左传》《国语》以及诸家兵书。在位期间，设农官劝课农桑，重视将帅的文化学习，曾劝谕吕蒙等要善于利用政务、军事空隙，"急读《孙子》《六韬》《左传》《国语》及《三

① 顾明远. 教育大辞典·中国古代教育史（上）（第 8 卷）［M］. 上海：上海教育出版社，1991：314.

② （三国）诸葛亮著，张连科，管淑珍校注. 诸葛亮校注［M］. 天津：天津古籍出版社，2008：109.

③ （晋）陈寿. 三国志·蜀书·尹默［M］. 北京：中华书局，1959：1026.

④ （晋）陈寿. 三国志·吴书·三嗣主传［M］. 北京：中华书局，1959：1158.

⑤ （晋）陈寿. 三国志·吴书·三嗣主传［M］. 北京：中华书局，1959：1158.

史》"。孙权长子孙登立为太子后，就选置师傅，并使其读《汉书》，习知近代之事。孙和年十四，令阚泽教以书艺。立为太子后，顾谭等讲学左右，四方之俊秀聚集在周围。[1] 吴国设东观令，"讲校文艺，处定疑难"[2]，收藏管理图书。此外还设秘府中书郎，选文之士掌管宫廷图书。景帝孙体即位后，"依刘向故事，校定群书"[3]之事，主持人则是博士祭酒韦曜，而非东观或秘府官员。可见，太学教育内容已成为范本，以此作为衡定儒学经典的依据，从而作用于社会学术文化。

二、两晋的官学教材

公元 265 年，司马炎逼魏元帝曹奂让位，改国号为晋，史称西晋，是为晋武帝。西晋灭吴以后统一全国，对教育给予应有的重视。咸年二年(276 年)初立国子学，要求"博士皆取履行清淳，通明典义者"。[4] 西晋惠帝元康以后大乱，公元 317 年皇室贵族司马睿在建康即帝位，是为东晋。同年于建康立太学，贺循为当世儒宗，明习礼学，以老病辞中书令，请置《周礼》《仪礼》二经博士 2 人，《春秋》三传置 3 人，其余各经置 1 人。东晋官学教育兴废无常，起伏波动。两晋官学教材有经学、玄学和佛学的内容，其中经学占主导地位，《诗》《书》《易》《三礼》《春秋左传》《论语》等皆为太学与国子学的教材。两晋的经学以王朗、王肃、何晏、王弼诸人最著名，王氏父子所作的《尚书》《诗》《论语》《三礼》《左氏解》《易传》，借着政治势力，立于官学。晋人注经书籍之最著者有下列 5 部：王弼《周易注》、何晏《论语集解》、杜预《春秋左氏经传集解》、范宁《穀梁传集解》、郭璞《尔雅注》。东晋时期，一度以王弼注《周易》、郑玄注《尚书》《毛诗》《周官》《礼记》《论语》《孝经》、孔氏的

---

①　程舜英. 魏晋南北朝教育制度史资料[M]. 北京：北京师范大学出版社，1988：23.

②　(晋)陈寿. 三国志・吴书・孙休[M]. 北京：中华书局，1959：1467.

③　(晋)陈寿. 三国子・吴书・韦曜[M]. 北京：中华书局，1959：1461.

④　(唐)房玄龄. 晋书・职官志[M]. 北京：中华书局，1974：736.

《古文尚书》、服虔的《春秋左传》等为教材。后因晋元帝采纳了当时主管全国官学教育太常荀崧的建议，《郑氏易注》《仪礼》《春秋公羊》《春秋穀梁》各置博士，列为教材。这里需要说明的是，西晋王肃古文经学占统治地位。东晋时期，王弼等人玄学化的经学占了上风，并开始正式列入官学，同时郑玄所注《尚书》《礼记》也列入官学。在玄学方面，西晋时期对庄子的注疏很流行，如郭象的《庄子注》，影响很大。

　　看来，就经学教材内容体例变动而论，以两晋时期为突出。教材改编固然是社会制约下学术文化变动的体现，但也与教材编写者的学养素质、专业知识结构，乃至于价值判断有莫大关系。如魏国王肃自称得孔氏《家语》于孔子第22世孙之手，遂作《家语解诂》，以解其反郑玄学派之意。自叙曰："郑氏学行五十载矣。自肃成童，始志于学而学郑氏学矣。然寻文责实，考其上下，义理不安，违错者多，是以夺而易之。"①西晋武帝泰始三年(282年)，杜预因参与灭吴战争立下军功，晋升湖北当阳县侯，意气扬扬，踌躇满志，"诲人不倦，敏于事而慎于言。既立功之后，从容无事，乃耽思经籍，为《春秋左氏经传集解》"②。

　　自晋室东迁，北方长期处于动乱之中，十六国的文教状况低落，经学传承主要通过教育的途径，制度化的教育组织，尤其是官学设置稀少，呈现出凄惨中衰情形。后赵石虎曾"遣国子博士诣洛阳写石经，校中经于秘书。国子祭酒聂熊注《穀梁春秋》，列于学官"③。前秦苻坚统一北方后，设学置博士，当时的艰难状况为"自刘石扰覆华畿，二都鞠为茂草，儒生罕有或存，坟籍灭而莫纪，经沦学废，奄若秦皇"④。可见，"废学既久，书传零落，比年缀撰，正经粗集，唯《周官礼注》未有其师"⑤。苻坚力图整顿，"亲临太学，考学生经义优劣，品而第之。问难五经，博士多不能对。……坚自是每月一临太学，诸生竟劝焉"⑥。

①　熊承涤. 中国古代教育史料系年[M]. 北京：人民教育出版社，1985：157.
②　(唐)房玄龄. 晋书·杜预传[M]. 北京：中华书局，1974：1031.
③　(唐)房玄龄. 晋书·载记·石季龙上[M]. 北京：中华书局，1974：2774.
④　(唐)房玄龄. 晋书·载记·苻坚[M]. 北京：中华书局，1974：2888.
⑤　(唐)房玄龄. 晋书·列女传·韦逞母宋氏[M]. 北京：中华书局，1974：2522.
⑥　(唐)房玄龄. 晋书·载记·苻坚上[M]. 北京：中华书局，1974：2888.

东晋咸安元年(371年),(苻坚)"行礼于辟雍,祀先师孔子,其太子及公侯卿大夫士之元子,皆束脩释奠焉。高平苏通,长乐刘祥并以硕学耆儒,尤精二礼。坚以通为《礼记》祭酒,居于东庠。祥为《仪礼》祭酒,处于西亭。坚每月朔旦率百僚亲临讲论"①。因两晋清谈玄学之风侵袭,对儒经传授的重视程度有所削弱。"有晋始自中朝,迄于江左,莫不崇饰华竞,祖述虚玄,摈阙里之典经,习正始之余论,指礼法为流俗,目纵诞以清高,遂使宪章驰废,名教颓毁。"②这种景象会深深地刻印在学校教材的历史上。

三、南朝的官学教材

南朝(420—589年)历宋、齐、梁、陈四个朝代,对于这一时期的教育情况,文献有所披露:

> 逮江左草创,日不暇给,以迄宋、齐,国学时或开置,而劝课未博,建之不能十年,盖取文具而已。是时乡里莫或开馆,公卿罕通经术。朝廷大儒,独学而弗肯养众,后生孤陋,拥经而无所讲习,大道之郁也久矣乎!至梁武创业,深愍其弊,天监四年,乃诏开五馆,建立国学,总以《五经》教授,置《五经》博士各一人。③

南朝宋文帝刘义隆元嘉十五年(438年)在京都设置四所类似专科学校性质的学馆,即儒学馆、玄学馆、史学馆、文学馆。它的特点是把官学设科范围扩大了,同时反映了儒学的削弱与玄学、史学、文学的兴起。

南朝的封建大庄园经济发展较快,在富裕的物质生活基础上,南朝

---

① (北魏)崔鸿. 十六国春秋·前秦四·苻坚中[A]. 钦定四库全书提要本[C].

② (唐)房玄龄. 晋书·儒林·序言[M]. 北京:中华书局,1974:2346.

③ (唐)李延寿. 南史·儒林传序[M]. 北京:中华书局,1975:1729-1730.

帝王和士族日益腐朽荒淫，而同时他们大半爱好文学，不少以提倡文学、招揽文士著称，于是"天下向风，人自藻饰"，写诗的风气十分浓厚。① 自此以后，我国文学史上就出现了嵇康、阮籍、左思、陆机、郭璞、陶渊明等一类辞赋家或散文家。陆机的《文赋》，左思的《三都赋》，陶渊明的《桃花源记》《五柳先生传》《归去来辞》等，都风行一时，并作为历代古文教育的主要内容。

在这四学并建中，梁文帝刘义隆特别重视儒学馆，曾数幸该馆，给资深厚。南朝宋代地方官学的教学内容偏重儒家经学及军事技能。"二十五家选一长，百家置一师，男子十三至十七，皆令学经；十八至二十，尽使修武。……习经者五年有立，则言之司徒；用武者三年善艺，亦升之司马。"②既学文，又修武；既重提高，又顾普及，在当时并不能完全办到，但却曲折地反映了一些人士对于教学内容的要求或心态。

南朝的齐、梁、陈三个王朝，官学教材的情况与前代相似，但也各自有差别。

南齐齐太祖萧道成少时曾入雷次宗的儒学馆，学习《礼》及《左氏春秋》，建元四年(482年)立国学，以太常卿张绪兼领国子祭酒，张绪善清谈，长于《周易》，由此可见玄学对国学的影响。齐武帝继位后，于永明三年(485年)兴复国学。齐朝国学教材是"郑王《易》，杜服《春秋》，何氏《公羊》，麋氏《穀梁》，郑玄《孝经》"③。梁萧子显评价说："王俭为辅，长于经礼，朝廷仰其风，胄子观其则，由是家寻孔教，人诵儒书，执卷欣欣，此焉弥盛。"④

梁武帝萧衍重视教育，天监四年(505年)置五经博士及胄子律博士各1人。同年，设立五馆，"初置五经博士，各开馆教授，以植之兼五经博士。……植之讲，五馆生必至，听者千余人"⑤。梁武帝还分遣博

---

①　游国恩，王起.中国文学史(一)[M].北京：人民文学出版社，1963：236.

②　(梁)沈约.宋书·周朗传[M].北京：中华书局，1974：2093.

③　(梁)萧子显.南齐书·陆澄传[M].北京：中华书局，1972：683.

④　(梁)萧子显.南齐书·陆澄传[M].北京：中华书局，1972：687.

⑤　(唐)姚思廉.梁书·严植之传[M].北京：中华书局，1973：671.

士、祭酒到州郡去立学。如五经博士贺玚的儿子贺革，"治《孝经》《论语》《毛诗》《左传》。……寻除秣陵令，迁国子博士，于学讲授，生徒常数百人"①。当时的湘东王"于府置学，以革（贺革）领儒林祭酒，讲《三礼》，荆楚衣冠听者甚众"②。

梁代国学教材除汉晋人所注经典外，梁武帝所撰《礼记中庸义》《孝经义》《孔子正章章句》也置学官，作为教材传授。由此可见，南梁儒学复兴及经学教材在官学中仍处主流地位的状态。

陈朝设有国子学与太学，后主陈叔宝至德三年（585年），"皇太子出太学，讲《孝经》"③。易学教育受到重视，国子生专学《周易》的如博涉书史的王励"为国子《周易》生，射策举高第"④。周弘正"年十岁，通《老子》《周易》，……十五，召补国子生，仍于国学讲《周易》，诸生传习其义。……弘正启梁武帝《周易》疑义五十条，又请释《乾》《坤》二系"⑤。张讥擅长老庄，任国子助教，周弘正讲《周易》，两个经常进行辩论，周弘正常对人说："吾每登座，见张讥在席，使人懔然。"⑥

此外，南齐重视法律的传授。齐武帝永明九年（491年）廷尉孔稚珪上表说，"寻古之名流，多有法学"⑦，主张"写律上，国学置学助教，依五经例，国子生有欲读者，策试上过高第，即便擢用，使处法职，以劝士流"⑧。

南朝官学教材受统治者喜好及士林习尚影响，虽然儒家经典在风波动荡中屡居浪尖，占据险要位置，但佛、玄、道的势力依然强大，呈现出矛盾抗争、复杂多元的格局。当然，作为主体的教材儒学的优势依然保留。以此而论，则经学的思想及学术嬗动体现了教材的内在问题。

① （唐）姚思廉．梁书·贺玚传［M］．北京：中华书局，1973：673.
② （唐）姚思廉．梁书·贺玚传［M］．北京：中华书局，1973：673.
③ （唐）姚思廉．陈书·后主纪［M］．北京：中华书局，1972：112.
④ （唐）姚思廉．陈书·王励传［M］．北京：中华书局，1972：238.
⑤ （唐）姚思廉．陈书·周弘正传［M］．北京：中华书局，1972：305-307.
⑥ （唐）姚思廉．陈书·张讥传［M］．北京：中华书局，1972：444.
⑦ （梁）萧子显．南齐书·孔稚珪传［M］．北京：中华书局，1972：837.
⑧ （梁）萧子显．南齐书·孔稚珪传［M］．北京：中华书局，1972：838.

四、北朝的官学教材

北朝(386—581年)教育政策是儒、道、佛杂糅，以儒为主，以儒家经学为内容的中央官学教育，一度比较发达。颜之推《颜氏家训·勉学》记载：

> 士大夫子弟，数岁已上，莫不被教，多者或至《礼》《传》，少者不失《诗》《论》；及至冠婚，体性稍定，因此天机，倍须训诱。有志尚者，遂能磨砺，以就素业。①

经学演嬗到南北朝，有南学北学之分。北学的《易》《书》《诗》《礼》《左传》以郑玄为宗，南学宗郑玄者，仅《礼》一经。当时注经的学者，北方有刘献之的《三礼大义》、徐遵明的《春秋义章》等。总之，北方经学更为发达，南方明显受道、玄浸染，形成鲜明对照。《北史·儒林传》这样描述：

> 孝文钦明稽古，笃好坟籍，坐舆据鞍，不忘讲道。刘芳、李彪诸人以经学进，崔光、邢峦之徒以文史达。其余涉猎典章，闲集词翰，莫不縻以好爵，动贻赏眷，于是斯文郁然，比隆周、汉。②

南北儒学情况很不相同。史籍在追述西晋末年"五胡交争，经籍道尽"及北魏初期"得之马上，兹道未弘"等情况之后说：

> (北魏)太和之后，盛修文教，缙绅硕学，济济盈朝，缝掖巨

---

① 孟宪承选编，孙培青注释. 中国古代教育文选[M]. 北京：人民教育出版社，2003：190.

② (唐)李延寿. 北史·儒林传[M]. 北京：中华书局，1974：2704.

儒，往往杰出，其雅语奥义，宋及齐、梁不能尚也。南北所治，章句尚好，互有不同。江左《周易》则王辅嗣，《尚书》则孔安国，《左传》则杜元凯。河、洛《左传》则服子慎，《尚书》《周易》则郑康成。《诗》则并主于毛公，《礼》则同遵于郑氏。大抵南人约简，得其英华；北学深芜，穷其枝叶。①

北朝的官学教材以儒家经学为主，但也有数学的专科教育，选用数学教材。道武帝天兴元年（398 年），建都平城（今山西大同），以传授经学为主的学校教育制度开始建立。道武帝拓跋珪"初定中原，虽日不暇给，始建都邑，便以经术为先，立太学，置五经博士，生员千有余人"②。北魏天兴四年（401 年）还组织博士儒生编撰《众文经》，所谓"集博士儒生，比众经文字，义类相从，凡四万余字，号曰《众文经》"③，以之作为太学的教材。

同时，当时太学还有"算生博士"和"算生"之设，授《九章算术》，此即后世专设算学专科之先声。范绍"充太学生，转算生，颇涉经史"④。殷绍"好阴阳术数，游学诸方，达《九章》《七曜》，世祖时为算生博士"⑤。

公元 471 年，北魏孝文帝元宏即位后，加速了封建化的过程，儒学更得到重视，学制趋于完备。太和二十年（496 年）孝文帝诏立国子学、太学、四门小学。在太学、国子学中同样置算学，即实施数学专科教育。《魏书·范绍传》称："范绍，太和初，充太学生，转算生……出除安北将军，并州刺史，入为太常卿。"⑥太武帝拓跋焘，在位时期为公元 424—452 年，太安四年为文成帝统治时期，时为公元 458 年，太和系北魏孝文帝（477—500 年）年号，可见在北魏算学专科人才培养至少 50 年以上。

① （唐）魏征，令狐德棻. 隋书·儒林传序［M］. 北京：中华书局，1973：1705-1706.

② （北齐）魏收. 魏书·儒林传［M］. 北京：中华书局，1974：1841.

③ （北齐）魏收. 魏书·帝纪第二［M］. 北京：中华书局，1974：39.

④ （北齐）魏收. 魏书·范绍传［M］. 北京：中华书局，1974：1755.

⑤ （北齐）魏收. 魏书·术艺［M］. 北京：中华书局，1974：1955.

⑥ （北齐）魏收. 魏书·范绍传［M］. 北京：中华书局，1974：1755-1757.

　　清人皮锡瑞解读南北朝儒学学风的差异称：所谓南人得其英华是"名言霏屑"，指玄学清谈；北学深芜是指"释经唯聚南义"①，正是两汉经学流行章句之学的特色。尽管有其他学科教育及教材的采用，但北朝的学校教材，仍是以儒家的经学为主，北魏如孙惠蔚举孝廉。太和初，"孙惠蔚年十三，粗通《诗》《书》及《孝经》《论语》；十八，师董道季讲《易》，十九，师程玄读《礼经》及《春秋》三《传》"②。董征，太和末年为四门学博士。他在 17 岁时，曾师从清监伯阳，"受《论语》《毛诗》《春秋》《周易》，就河内高望崇受《周官》，后博陵刘献之遍受诸经。数年之中，大义精练，讲授生徒"③。北魏永熙三年（534 年），北魏诏延公卿学官于显阳殿，勒祭酒刘廞讲《孝经》，黄门李郁讲《礼记》，中书舍人卢景宣讲《大戴礼·夏小正篇》。"时广招儒学，引令预听。"④其中李郁后任国子博士，"于显阳殿讲《礼记》，诏郁执经，解说不穷，群难锋起，无废谈笑"。⑤ 北朝经学教材的风格较多地继承汉儒的遗风，注重名物制度的考证，如西魏文帝大统元年（535 年），迁都于邺（今河北临漳县），建国子学，主要以经学为教材，"（郑）玄之《易》《书》《诗》《礼》《论语》《孝经》，（服）虔之《左氏春秋》，（何）休之《公羊传》大行于河北，王肃《易》亦间行焉"。⑥ 这种情形与西晋及南朝经学有别，反映出北朝经学玄谈之风微弱的文化特点。

第三节　魏晋南北朝时期的私学教材

　　私人讲学之风，发端于春秋战国之际，盛于两汉，至魏晋南北朝虽

① （清）皮锡瑞. 经学历史［M］. 北京：中华书局，1959：175-176.

② （北齐）魏收. 魏书·孙惠蔚传［M］. 北京：中华书局，1974：1852.

③ （北齐）魏收. 魏书·董征传［M］. 北京：中华书局，1974：1857.

④ （北齐）魏收. 魏书·儒林传［M］. 北京：中华书局，1974：1860.

⑤ （唐）李延寿. 北史·李郁传［M］. 北京：中华书局，1974：1232.

⑥ 熊承涤. 中国古代教育史料系年［M］. 北京：人民教育出版社，1985：227.

稍见衰落，但比之时兴时废的官学，仍显得兴盛。长江流域的经济得到有效的开发，中国经济重心开始由北向南迁移，思想文化的地域性、民族性与历史传统相沟通、碰撞，显示出丰富多元的格局。受政治、经济的制约与影响，魏晋南北朝私学的地域分布便有差异和转变，学校教材也有不同的特点。

一、三国的私学教材

三国时期，私学的教材主要为儒家经典，包括《易》《诗》《礼》《孝经》《论语》等。隗禧回答关于《春秋左氏传》的问题时，说"欲知幽微莫若《易》，人伦之纪莫若《礼》，多识山川草木之名莫若《诗》，左氏直相斫书耳，不足精意也"①。丧父而早孤的邴原经过邻居的书舍，因无钱资上学而哀伤，得到教师的同情与帮助，"于是遂就书。一冬之间，诵《孝经》《论语》"②。管辂"年八九岁，便喜仰视星辰，得人辄问其名，夜不肯寐。父母常禁之，犹不可止"③。后入儒学，尤精于《易》。学成后，设馆授徒，授《易》及天文要事。

虞翻，字仲翔，会稽余姚人，在孙吴中为功曹，任骑都尉，因多次谏争触怒孙权，被贬至丹阳泾县，后以狂直为孙权流放交州（今广西）。"虽处罪放，而讲学不倦，门徒常数百人。又为《老子》《论语》《国语》训注，皆传于世。"④他在交州讲学 10 余年，对少数民族地区的教育作出了贡献。虞翻先祖虞光世传孟氏《易》，五传至翻。他还著有《周易注》10 卷，《易律历》《周易集林》《周易明变例》等，此外还著有《孝经注》《太玄经注》。唐固，字子正，丹阳人，"修身积学，称为儒者，著《国语》《公羊》《穀梁传注》，讲授常数十人"⑤。三国魏训诂学家、经师

① （晋）陈寿. 三国志·魏书·王朗传［M］. 北京：中华书局，1959：422.
② （晋）陈寿. 三国志·魏书·邴原传［M］. 北京：中华书局，1959：351.
③ （晋）陈寿. 三国志·魏书·管辂传［M］. 北京：中华书局，1959：811.
④ （晋）陈寿. 三国志·吴书·虞翻传［M］. 北京：中华书局，1959：1321-1322.
⑤ （晋）陈寿. 三国志·吴书·唐固传［M］. 北京：中华书局，1959：1250.

孙炎，"受学郑玄之门，人称东州大儒"。他终身从事教学和著述活动，著述颇丰，"作《周易》《春秋例》《毛诗》《礼记》《春秋三传》《国语》《尔雅》诸注，又注书十余篇"①。

吴国的徵崇办私学倡导精英教育，要求教的学生人数要少，目的在于促使学生学业有成。史载："徵崇，治《易》《春秋左氏传》，兼善内术。本姓李，遭乱更姓，遂隐于会稽，躬耕以求其志，好尚者从学，所教不过数人辄止，欲令其业必有成也。"②

在魏、蜀、吴三国中，原有经济水平以魏国最高。兼之，决定当时生产发展因素的"屯田制"（分"兵屯"与"民屯"两类）也以曹氏父子执行得最彻底，其次是吴国。蜀国原有基础较好，只是刘备、诸葛亮"七出祈山"，北伐中原，匡复汉室正统，内耗巨大，又引发民族矛盾冲突不断，因此对文教的关注不够。私学教育的数量及教材内容的丰富明晰均魏国居先，吴国次之。而翻检有关文献发现，蜀国不仅私学的记载少，而且教育内容、教材情况都十分笼统，难以分辨。

二、两晋的私学教材

两晋私学的教材以儒经为主，其次是道家和阴阳五行之学，还包括天文、历算。如郭琦"少方直，有雅量，博学，善五行，作《天文志》《五行传》，注《穀梁》《京氏易》百卷。乡人王游等皆就琦学。武帝欲以琦为佐著作郎，问琦族人尚书郭彰"③。杜夷，世以儒学称。"博览经籍百家之书，算历图纬靡不毕究。寓居汝颍之间，十载足不出门。年四十余，始还乡里，闭门教授，生徒千人。"④蔡谟，字道明，陈留考城人，少好学，"博涉书记，为邦族所敬。……既被废，杜门不出，终日讲诵，教授子弟。……总应劭以来注班固《汉书》者，为之集解"⑤。董景

---

① （晋）陈寿. 三国志·魏书·王朗传[M]. 北京：中华书局，1959：420.

② （晋）陈寿. 三国志·吴书·程秉传注[M]. 北京：中华书局，1959：1249.

③ （唐）房玄龄. 晋书·隐逸传[M]. 北京：中华书局，1974：2436.

④ （唐）房玄龄. 晋书·杜夷传[M]. 北京：中华书局，1974：2353.

⑤ （唐）房玄龄. 晋书·蔡谟传[M]. 北京：中华书局，1974：2033-2041.

道"少而好学，千里追师，所在惟昼夜读诵，略不与人交通。明《春秋三传》《京氏易》《马氏尚书》《韩诗》，皆精究大义"①。

在私学教育中，儒家经典作为教材在传媒交流中散发出了伦理道德的教育价值，体现了德智交织的作用。师生情感深厚密切，凸显儒学情怀诚挚、厚德载物的人文精神。如郭瑀"师事郭荷，尽传其业。精通经义，雅辩谈论，多才艺，善属文。荷卒，瑀以为父生之，师成之，君爵之，……遂服斩衰，庐墓三年。……作《春秋墨说》《孝经错纬》，弟子著录千余人"②。许孜"师事豫章太守会稽孔冲，受《诗》《书》《礼》《易》及《孝经》《论语》。学竟，还乡里。冲在郡丧亡，孜闻问尽哀，负担奔赴，送丧还会稽，蔬食执役，制服三年"③。

受社会战乱及世家大族阀阈阶层对儒家官学教育普遍失落等因素的影响，家学教育上升，家学中妇女担任教职角色反映女子教育的提升以及对家庭教育的直接作用。家学教材的形式和内容与其他私学相类。这又反映了魏晋时期成才女性的水平程度达到较高水准。刘殷，字长盛，新兴人，"博通经史，综核群言，文章诗赋靡不该览。……有七子，五子各授一经，一子授《太史公》，一子授《汉书》，一门之内，七业俱兴，北州之学，殷门为盛"④。华廙，字长俊，平原高唐人，"栖迟家巷垂十载，教诲子孙，讲诵经典。集经书要事，名曰《善文》，行于世"⑤。

《急就篇》仍较多地作为儿童学习的教材使用，西晋夏侯湛《抵疑》说："乡曲之徒，一介之士，曾讽《急就》，习甲子者，皆奋笔扬文，议制论道。"⑥王隐于西晋建兴中（313—316年）过江，对祖纳说："蔡伯喈作《劝学篇》，史游作《急就章》，犹皆行于世。"⑦夏侯湛《抵疑》是西晋初年写的，王隐的话反映西晋晚期的情况。东晋成帝咸康年间（335—

① （唐）房玄龄. 晋书·董景道传［M］. 北京：中华书局，1974：2355.
② （唐）房玄龄. 晋书·郭瑀传［M］. 北京：中华书局，1974：2454.
③ （唐）房玄龄. 晋书·许孜传［M］. 北京：中华书局，1974：664.
④ （唐）房玄龄. 晋书·刘殷传［M］. 北京：中华书局，1974：2288-2289.
⑤ （唐）房玄龄. 晋书·华廙传［M］. 北京：中华书局，1974：1261.
⑥ （唐）房玄龄. 晋书·夏侯湛传［M］. 北京：中华书局，1974：1493.
⑦ （唐）房玄龄. 晋书·王隐传［M］. 北京：中华书局，1974：1698.

342 年），燕王慕容皝光"雅好文籍，勤于讲授，学徒甚盛，至千余人。亲造《太上章》以代《急就》，又著《典诫》15 篇，以教胄子"①。据此获悉，《急就篇》对后世影响力之强大而深远。

　　两晋时期私学大师及其私学的发展是较兴盛的，私学的种类也比较繁杂，教育内容的传授出现了多元化倾向，摆脱了汉代"独尊儒术"的定向控制，根据社会发展的实际需要和学者的学术专长，多角度地编选富有特色的学校教材，并以多样化的组织方式加以传授。

三、南朝的私学教材

　　《差山歌》中称："差山中，有贤士。开门教授居成市。"②南朝时期政局不稳，官学时兴时废，儒学得不到足够的重视。私学家在深山中设学授徒。

　　南朝私学教材的特点为，儒经仍占相当位置，但玄学、黄、老、庄、释、文、史等学说纷纷兴起，不少学者是儒掺释道，形成了南朝研习儒经清简直截的学风。南朝著名唯物论思想家，《神灭论》作者范缜就是刘瓛的学生。"闻沛国刘瓛聚众讲说，始往从之。卓越不群而勤学，瓛甚奇之，亲为之冠。……既长，博通经术，尤精《三礼》。"③刘瓛还曾与吴苞同在一个私学讲坛分早晚二部制方式讲授经典学术，"瓛讲《礼》，苞讲《论语》《孝经》，诸生朝听瓛，晚听苞也"④。而吴苞除了专长儒学外，还对《老》《庄》深有造诣，可知其知识结构及讲学内容会有鲜明道玄特色。徐伯珍"学书无纸，常以竹箭、箬叶、甘蕉及地上学书。……究寻经史，游学者多依之。……吴郡顾欢摘出《尚书》滞义，伯珍训答甚有条理，儒者宗之。好释氏、老、庄，兼明道术。……受业者凡千余人。"⑤南梁的贺玚"著《礼》《易》《老》《庄》讲疏，朝廷博议数

①　（唐）房玄龄. 晋书·慕容皝载记［M］. 北京：中华书局，1974：2826.

②　陈汉才. 中国古代教育诗选注［M］. 济南：山东教育出版社，1985：13.

③　（唐）姚思廉. 梁书·范缜传［M］. 北京：中华书局，1973：664.

④　（唐）李延寿. 南史·隐逸传下［M］. 北京：中华书局，1975：1888.

⑤　（梁）萧子显. 南齐书·徐伯珍传［M］. 北京：中华书局，1972：1889.

百篇,《宾礼仪注》一百四十五卷。场于《礼》尤精,馆中生徒常百数,弟子明经对策至数十人"①。马枢"六岁能诵《孝经》《论语》《老子》。及长,博极经史,尤善佛经及《周易》《老子》义。梁郡陵王纶为南徐州刺史,素闻其名,引为学士,纶时自讲《大品经》,令枢讲《维摩》《老子》《周易》,同日发题,道俗听者二千人。……数家学者,各起问端。枢乃依次剖判,开其宗旨,然后枝分派别,转变无穷,论者拱默听受而已"②。可见,私学讲授教材内容具有多样性,在教学活动中采用了问答讨论法,讲者释疑使听者受益,这种教学方法十分有赖于教师的专业造诣及教学能力。

南梁王褒在《幼训》中训诫诸子时有言:"儒家则尊卑等差,吉凶降杀。君南面而臣北面,天地之义也。鼎俎奇而笾豆偶,阴阳之义也。道家则堕支体,黜聪明,弃义绝仁,离形去智。释氏之义,见苦断习,证灭循道,明因辨果,偶凡成圣,斯虽为教等差,而义归汲引。吾始乎幼学,及于知命,既崇周、孔之教,兼循老、释之谈。江左以来,斯业不坠,能修之,吾之志也。"③南朝私学教材的内容较为广泛而灵活,兼容并蓄,儒、释、道并存。隋唐"尊崇儒术,兼重佛老"的文教政策,受南朝学术影响较大。而这种风气,主要在南朝的私学中盛行,故其对隋唐学校教材的意义不可低估。

南朝私学重视学生诵读及抄写书籍,以收敛身心,集中注意,并加强理解及巩固。当时读书有口治与目治的分别,有朗读与吟咏两种方式。臧严"尤精《汉书》,讽诵略皆上口"④。萧劢"聚书至三万卷,披玩不倦,尤好《东观汉记》,略皆诵议"⑤。《东观汉记》是一部记载东汉光武帝至汉灵帝一段历史的纪传体史书,因官府于东观设馆修史而得名,它经过几代人的修撰才最后成书。《东观汉记》的作者有班固、陈宗、尹敏、孟异、刘珍、李尤、刘騊駼等。⑥ 这是说他们朗读这些书,以至

① (唐)姚思廉. 梁书·贺玚传[M]. 北京:中华书局,1973:672-673.
② (唐)李延寿. 南史·马枢传[M]. 北京:中华书局,1975:1907.
③ (唐)姚思廉. 梁书·王规传[M]. 北京:中华书局,1973:583-584.
④ (唐)李延寿. 南史·臧严传[M]. 北京:中华书局,1975:511.
⑤ (唐)李延寿. 南史·萧劢传[M]. 北京:中华书局,1975:1263.
⑥ 百度百科:https://baike.baidu.com/item/东观汉记/1995208?fr=aladdin.

于能熟记背诵。吟咏多用于诗赋。梁简文的儿子萧大均 7 岁时，梁武帝问他读什么书，他回答说是读《诗经》。武帝"因令讽诵，即诵《周南》，音韵清雅"①。这是用吟咏的方式背诵《诗经·周南》。

学童学习的另一种方法是抄书。那时还没有印刷的书籍，要读书就得靠自己抄书。抄书也可以加深印象。梁代袁峻"笃志好学。家贫无书，每从人假借，必皆抄写，自课日五十纸，纸数不登，则不休息"②。东莞臧逢世"年二十余，欲读班固《汉书》，苦假借不久，乃就姊夫刘缓乞丐客刺书翰纸末，手写一本，军府服其志向，卒以《汉书》闻"③。抄写书本是为了加深对所学内容的理解，并巩固知识，达到读写的统一。由于教材具有核心、经典的知识论意义，因此提倡对教材熟读精思，加强训练，例如吟咏体验，内蓄涵养，抄写训练，读写交错等方法或技巧，所有这些既有学习论的价值，也有书法教育的作用。

四、北朝的私学教材

《仪礼》《礼记》和《周礼》不仅在北朝官学中传授，也在私学中传授。北朝私学以儒家经学为主要教材，但有的私学，除以传授儒家学说为主外，兼授佛、道、玄各家思想，还涉及有关阴阳、图纬、算数、天文、风角、占候等学问，这与南朝的情形也不同。如马光"少好学，从师数十年，昼夜不息，图书谶纬，莫不毕览，尤明《三礼》……教授瀛、博间，门徒千数"④。北魏道武帝皇始二年（397 年），洛郡归魏，位济阴太守，"子祚，笃志好学，历习经典，尤善《公羊春秋》《郑氏易》，常以教授，有儒者风，而 无当世之才"⑤。房晖远"幼有志行，明《三礼》

---

① （唐）李延寿. 南史［M］. 北京：中华书局，1975：1342.
② （唐）姚思廉. 梁书·袁峻传［M］. 北京：中华书局，1973：688.
③ （北齐）颜之推. 颜氏家训·勉学［A］. 马秋帆. 魏晋南北朝教育论著选［C］. 北京：人民教育出版社，1988：403.
④ （唐）李延寿. 北史·马光传［M］. 北京：中华书局，1974：2761.
⑤ （唐）李延寿. 北史·梁祚传［M］. 北京：中华书局，1974：2710.

《春秋三传》《诗》《书》《周易》，兼善图纬。恒以教授为务，远方负笈而从者，动以千计"①。高允"性好文学，担笈负书，千里就业。博通经史天文术数，尤好《春秋公羊》"②。乐逊"闻硕儒徐遵明领徒赵、魏，乃就学《孝经》《丧服》《论语》《诗》《礼》《易》《左氏春秋大义》。魏恭帝二年，授太学助教"③。熊安生"从陈达受《三传》，从房虬受《周礼》，事徐遵明，服膺历年，后受《礼》于李宝鼎，遂博通《五经》。然专以《三礼》教授，弟子自远方至者千余人"④。这些都说明北朝私学使用的教材比较丰富而多样。

史家通过回顾自两汉以来学校教育内容偏于经学，于世道人心、个体生计带来缺憾，颂扬沈重的地位。"史臣每闻其故老，称沈重所学，非止《六经》而已。至于天官、律历、阴阳、纬候、流略所载，释、老之典，靡不博综，穷其幽赜，故能驰声海内，为一代儒宗。"⑤从中可以窥见打破儒家经学，拓宽学科领域，注意学习内容及知识范围广泛性的价值取向。同时，儒家经典的因素更为纯粹，而且自然科学技术的知识及专业内容尤为明显。

北朝私学有明显的地域特色，注重游历教学，强调师承关系，但同时也主张考虑学生的学习主体性、自觉性与积极性，培养学生的自学能力。学生的自主学习与探索既有助于正课知识的加深与拓展，也有助于教学内容的补充与延伸。

北魏童蒙教育仍有不少以《急就篇》为教材，并且请善书的人写成范书，供学习临摹。在学习《急就篇》的基础上，继续研读其他经典教材，以达到登堂入室、循序渐进的目的。"刘兰，武邑（今河北大名）人也。年三十余，始入小学，书《急就篇》。家人觉其聪敏，遂令从师，

---

① （唐）李延寿. 北史·房晖远传[M]. 北京：中华书局，1974：2760.
② （北齐）魏收. 魏书·高允传[M]. 北京：中华书局，1974：1067.
③ （唐）令狐德棻. 周书·儒林传[M]. 北京：中华书局，1971：814.
④ （唐）李延寿. 北史·熊安生传[M]. 北京：中华书局，1974：2772.
⑤ （唐）令狐德棻. 周书·沈重传[M]. 北京：中华书局，1971：819.

受《春秋》《诗》《礼》，兰读《左氏》，五日一遍，兼通五经。"①刘兰是北魏孝文、宣武(471—515年)时人。这说明当时武邑一带小学以《急就》为教材，学童先学《急就》，然后从师受经。李绘"字敬文，年六岁，便自愿入学。家人以偶年俗忌，约而弗许。伺其伯姊笔牍之间，而辄窃用，未几遂通《急就章》。内外异之，以为非常儿也"②。李绘是赵郡柏(今唐山)人，他6岁学书，大约在北魏末年。这说明当时赵郡童蒙学习是用《急就篇》。李铉"字宝鼎，勃海南皮人也。九岁入学，书《急就篇》，月余便通"③。李铉9岁大约在北魏宣武帝拓跋恪延昌年间(512—515年)。可见当时渤海南皮(今河北沧州境内)一带也多用《急就篇》，同时也说明童蒙学书是在从师学经之前。④ 学生幼年学习《急就篇》等蒙学教材，获得常识及基本知识与技能教育的条件基础，可以作为升学准备，而对于学成后以教师为业者，又能在新认识基础上编写教材讲义，丰富教材内容或改革创新教材。李铉的职业生涯即是如此。史称李铉"年二十七，归养二亲，因教授乡里。生徒恒数百人。燕赵间能言经者，多出其门。于讲授之暇，遂览《说文》《仓》《雅》，删正六艺经注中谬字，名曰《字辨》"⑤。

第四节　魏晋南北朝时期教材举要

魏晋南北朝是我国历史上继春秋战国之后又一个分裂、开放及融合的动荡时期，同时又是一个新的社会经济因素产生的时代。在这时期，儒学地位有所下降，诸子之学蓬勃发展，学术文化走向多元，民族融合

---

① (北齐)魏收.魏书·刘兰传[M].北京：中华书局，1974：1851.

② (唐)李百药.北齐书·李绘传[M].北京：中华书局，1972：394.

③ (唐)李延寿.北史·李铉传[M].北京：中华书局，1974：2726.

④ 张隆华，曾仲珊.中国古代语文教育史[M].成都：四川教育出版社，2000：147-148.

⑤ (唐)李延寿.北史·李铉传[M].北京：中华书局，1974：2726-2727.

更为深入。所有这些都对教材提出要求，也会以某种形式在教材中得到不同程度的反映。在继承历史上学科、思想积累的基础上，文学、史学、哲学、科学、艺术等多个领域都有迅速发展，这就为多种类型及层次教材的编纂提供了资源，从而使学校教材的内容与形式都多样纷呈。下面将这一时期盛行的教材按类举要介绍。

一、经学教材

魏晋南北朝时期，经学由于客观社会原因和自身所存在的问题，虽然仍是学校的主要教材，但其地位较之两汉经学教材的"独尊"或主流地位已不复存在或受到严重挑战。此期玄、道、释、文、史、阴阳、术数、天文等方面的教材纷纷呈现，或作为一种崭新的学术思想通过重新诠释而整合、进入儒家经学。老庄之学更多地吸引了人们的视线，《颜氏家训·勉学》："何晏王弼，祖述玄宗，递相夸尚，景附草靡，皆以农黄之化在乎己身，周礼之业弃之度外。"清人赵翼在《六朝清谈之习》中说："当时父兄师友之所讲求，专推老庄以为口舌之助，《五经》中惟崇《易》理，其他尽阁束也。"

儒家经学作为教材在地盘上的缩小，是与特定社会历史背景下以玄学家为代表的魏晋士人对经学的怀疑批判态度分不开的。他们认为，"六经"只是古代圣人之"迹"而非"所以迹"，"六经"记载的仅是古代圣人言行的部分，并非全部。他们进步地认为，"六经"是"陈迹"，非万世"应变之具"，就是说，"六经"所反映的只是历史上存在过的东西，而未必适合变迁了的社会的需要。"六经"所宣扬的礼法名教是统治者用来束缚百姓的言论、思想和行为的工具，是违反人的自然本性的，"六经"教育是对人的自然天性的破坏，对个性的压抑和摧残。经学教育要求人们修习这些东西，不仅不能启迪智慧，训练思维，反而令人思维更加混乱迷惘，使个性泯灭。[1] 应该认为，这种主张对拓宽教育资源

---

[1]　赵家翼. 中国教育思想通史(第 2 卷) [M]. 长沙：湖南教育出版社，1994：231-232.

取材范围、扩充课程与教材种类有廓清障碍的作用，但这种对以儒学为代表传统经典教材的过分批判，甚至是制裂，不利于文化积淀成果的教育传承，经典知识、道德及礼仪的教材被削弱，无疑又是教育功能有效发挥的缺失。

魏晋南北朝学校教育内容仍以经学为主，与此相应，儒家经典作为学校教学的主要教材。但与两汉经学不同，这时期的经学，突破了两汉严守师法、家法与今古文经学的藩篱，摒弃了注重章句训诂的学风，汇释众家经说，注重义理之学，吸收佛、玄思想，注经力求简洁明了，标举大义，一反汉代烦琐支离以及阴阳五行化的经学，形成所谓的魏晋经学。

魏晋经学是玄学化的经学，在学校教材中占据十分重要的地位。曹魏之时，玄学化经学虽已出现并为士大夫所崇尚，但仍未占据学校教材的主导地位。东晋元帝兴修学校，王弼《易注》、杜预《春秋左传注》被正式列入官学教授。宋元嘉时颜延之为国子学祭酒，黜郑置王。齐梁时，王弼《易注》仍在国学设学官教授。再如何晏《论语集解》，亦受后人推崇。据《隋书·经籍志》"论语"条载："梁陈之时，唯郑玄、何晏立于国学，而郑氏甚微。（北）周齐郑学独立。至隋，何郑并行，郑氏盛于人间。"从梁陈时何晏与郑玄的《论语》注解并立于国学，何《集解》压倒郑《注》，可推论何晏《论语集解》始立国学应早于梁代，可能在齐宋之世。梁代皇侃撰《论语义疏》，受其影响很深。玄学化经学行南不行北。但到南北朝末年，南学如王弼《易注》、杜预《左传注》、费甝《尚书义疏》开始在北方通行。

受玄学和佛学的影响，魏晋南北朝经学家教学时采用开讲座、倡辩论、著义疏等形式和方法。经学教师口头讲经的记录成为讲义或讲疏，书面讲稿成为义疏，义疏比讲疏更详细系统。这些讲义、讲疏、义疏，从广义上讲，都属于教材的范畴。

（一）《春秋左氏经传集解》

《春秋左氏经传集解》，晋杜预撰，是研究《春秋左传》的重要文献。

《十三经注疏》的《春秋左传》用杜预注，孔颖达等正义。换言之，《春秋左氏经传集解》是现存最早的关于《春秋左传》的注释。南宋以后，该书为历代科举取士的官定教材。作者在编排体例上沿袭马融、郑玄"分传附经"的体例，"序文"云"分经之年，与传之年相附"，使原来分别成书的《春秋》和《左传》合为一书。

(二)《字林》

《字林》7卷。晋吕忱撰，文字学教材。此书依照汉字形体分部编排，参考东汉许慎文字学著作《说文解字》的部首，分为540部。共收12824字，比《说文》多了3000余字，兼有异体。除保存前代原有文字及意义外，另收新字并说明意义，注音用直音和反切。对《说文解字》则增补缺字、纠正误说、校正讹字补足字义。故唐以前两书并重，且以此考选书学博士。《魏书·江式传》载宣武帝延昌三年(514年)江式上表曰："晋世义阳王典祠令任城吕忱上《字林》六卷，寻其沉趣，附托许慎《说文》……文得正隶，不差篆意也。"又唐代封演《闻见记》："晋吕忱撰《字林》七卷，亦五百四十部，凡一万二千八百二十四字。"由此可知上述介绍是确凿的。刘宋时扬州都护吴恭曾撰《字林音义》5卷，见于《隋书·经籍志》。

《字林》在字书发展史上是《说文》与《玉篇》之间的一部字书，可惜宋末以后就亡佚不存了。清乾隆间任大椿著《字林考逸》8卷，对研究文字训诂学很有价值。光绪间陶方琦又有《字林考逸补本》，据隋代杜台卿的《玉烛宝典》、唐代慧琳的《一切经音义》等书补任书所未录。①

(三)《经典释文》

《经典释文》是南朝陈代至隋唐中央官学的重要教材，延至宋元以后，均有一定的地位，体现了南北学术由长期分立走向交融、统一的历

---

①　中国大百科全书总编辑委员会. 语言文字百科全书[M]. 北京：中国大百科全书出版社，1994：450.

史趋势。作者是儒学及经史名家陆德明。路德明，字元朗，苏州吴人。善明理言，受学于周弘正、张讥，历任南陈、隋、唐三朝，长期从事教学工作。论著甚多，有《经典释文》30卷、《老子疏》15卷、《易疏》20卷，并行于世。南朝陈宣帝太建中（569—582年），他才20岁，就和正在讲学的国子监祭酒辩论，得到朝官的赞赏，在南朝陈时曾任国子学助教。入隋，先供职秘书学士，后授国子监助教。唐高祖时，被征为秦王府文学馆学士，寻补太学博士。太宗贞观初，拜国子监博士，不久即卒。新旧《唐书》有传。《经典释文》撰写时间是南朝陈后主至德元年（583年）。这是他任国子学助教时为教学需要而编写的。全书30卷，所释经典有《周易》《古文尚书》《毛诗》《周礼》《仪礼》《礼记》《春秋左氏传》《公羊传》《穀梁传》《孝经》《论语》《老子》《庄子》《尔雅》，共14种。和后来的"十三经"比较，多了《老子》《庄子》《尔雅》，少了《孟子》。这是因为六朝崇尚玄风，老、庄是显学，而《孟子》则到北宋才列入经部。《经典释文》考察了经典自汉以来流传演变的大致脉络，成就了一部经学小史，并在大量保留先儒义疏的基础上断以己意，总结开新，为唐代孔颖达组织编纂《五经正义》提供重要参考。

魏晋南北朝为赋诗作文之便，开始编撰音韵专著。此后韵图、韵书相继产生，研究不断深入，至清代达于鼎盛。最早韵书为魏李登《声类》。隋末陆法言等的《切韵》颇具影响，现仅存残本和改写版，完整留传至今的最早韵书乃宋陈彭年等奉敕编纂的《大宋重修广韵》。① 陆德明认为"先儒旧音，多不音注。然注既释经，经由注显，若读注不晓，则经义难明。混面音之，寻讨未易"②。因此他勉力从字音字义上为经典定本。

《经典释文》内容丰富精确，于经和注的文字，注音、释义和考订校勘三者兼备。注音采用汉魏以来230余家的音切，释义博取隋以前的

---

① 顾明远. 教育大辞典·中国教育史（下）（第9卷）[M]. 上海：上海教育出版社，1992：106.

② 陆德明撰，吴承仕疏证. 经典释文序录疏证[M]. 北京：中华书局，2008：8-11.

诸家训诂，并考证文字异同。整部《释文》"《易》主王氏,《书》主伪孔,《左》则杜预,为唐人《正义》之先声"。这些对于阅读这些典籍的人来说，确是一部很有用的教材。初版是单行本。宋时监本诸经注疏,把《经典释文》分别附在各经书的后面。现在通行的《十三经注疏》,又将《释文》文字分别分散附在各段注文之后,用圆圈加以识别。

(四)《尔雅》

考察魏晋南北朝时期官私学课程及教材,可以惊讶地发现《尔雅》的使用十分频繁,远超汉代。尤其是作为重要官学教材,为学院派正统学者所重视。鉴此,这里特作介绍。

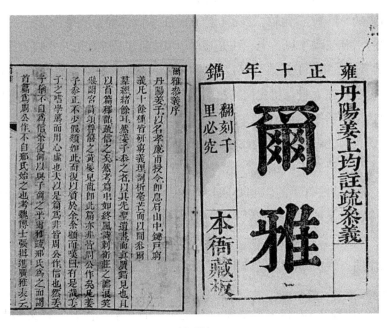

《尔雅》

《尔雅》,儒家经典之一。供查阅的古代辞典,传为周公所作。近人认为是汉初学者根据古代文献制度,逐相增益而成。《汉书·艺文志》著录20篇,现存19篇,约分五大类:(1)语词类(《释诂》《释言》

《释训》）。（2）亲属类（《释亲》）。（3）官室器物类（《释器》《释乐》）。（4）天文地理类（《释天》《释地》《释山》等）。（5）生物类（《释草》《释虫》《释兽》等）。为考证词义和古代名物的重要资料，后世经学家常据以解释儒家经义。① 全书3卷，凡13113字，收词语4300多个，分为2000余条，按内容编为19篇。前3篇《释诂》《释言》《释训》解释一般词语；《释亲》以下16篇，分门别类解释人事、用具、天文、地理、植物、动物诸方面词语。释义方式：将同义、近义词归为一条，以一通用词作释；或以属中求别法作释；或以描写法作释。该书为两汉时期童蒙学习的重要教材，亦为后代学者据以考证经籍词义及名物制度的珍贵资料。至唐开元年间，成为"十三经"之一。自汉代起，即有人为该书作注，据陆德明《经典释文·叙录》载，汉魏间注《尔雅》有5家。然皆亡佚，今只存清人辑本。现存通行注本为晋郭璞注、宋邢昺疏《尔雅注疏》（收入《十三经注疏》）。清代重要注本有邵晋涵《尔雅正义》（乾隆间邵氏刊本、清经解本）和郝懿行《尔雅义疏》（《万有文库》本、《四部备要》本）。②

二、专科技术教材

魏晋南北朝时期教育体制的变革，不仅体现在教育思想的多元建构，尤其反映在课程教学上学科知识的广泛性，除儒学、玄学、文史、艺术等领域外，兼涉术数、科技等诸多门类。其中数学学科的创新尤为突出，这就促进了以数学为代表的专科技术教材的发展。

（一）数学类教材

魏晋南北朝时期的数学研究在《九章算术》的基础上又取得卓著的成就，并充实和发展了数学体系的内容。中国古代著名的数学家祖冲之

---

① 顾明远. 教育大辞典（第8卷）[M]. 上海：上海教育出版社，1991：227.
② 赵国璋，潘树广. 文献学大辞典[M]. 扬州：广陵书社，2005：357.

就是这一时期的人物。在《隋书·经籍志》中记载的各类算书有 27 部，其中绝大多数是这一时代的著作。它们有赵爽的《周髀注》，刘徽的《九章算术注》和《海岛算经》，以及《孙子算经》《夏侯阳算经》《张邱建算经》，祖冲之的《缀术》，还有甄鸾的《五曹算经》《五经算术》《数术记遗》等大量数学著作。后来，它们都收入唐代天算学家李淳风所主编的《算经十书》中。在唐代被用于国子监及专科学校的数学教学，而《孙子算经》《五经算术》则又常都被认为也用作蒙学教材。

1.《术数记遗》

《术数记遗》1 卷，东汉末徐岳撰，北周甄鸾注。徐岳，字公河，东莱人，生于汉末，受历学于汉灵帝(168—188 年)会稽东都尉刘洪，撰成《数术记遗》。吴中书令阚泽受刘洪《乾象法》于东莱徐岳，又加解注。[①] 此书记载三种大数进位制，即十进位制、万进位制和万万进位制；十四种算法和计算器械，即积算、太乙、两仪、三才、五行、八卦、九宫、运筹、了知、成数、把头、龟算、珠算及其计算方法。所记"珠算"名称是中国古籍中最早的记载，开珠算之先河，似无疑义。纪昀对该书的流传及创作背景有新的补充内容。"《隋书·经籍志》具列岳及甄鸾所撰《九章算经》《七曜术算》等目，而独无此书之名，至《旧唐书·艺文志》始著于录。书中称于泰山见刘会稽，博识多文，遍于数术，余因受业时间曰：数有穷乎？会稽：吾曾游天目山中，见有隐者云云。大抵言其传授之神秘。"[②]

2.《孙子算经》

《孙子算经》，共 3 卷，东晋时期重要的数学著作，成书在公元 2—4 世纪，也就是大约 1500 年前，作者生平和编写年不详。唐代列为十部算经之一，唐宋时期定为数学教材。撰者姓名不详。中国现代著名数学史家李俨对该书的文本创作时代、作者及相关内容作了精深的考订，

① 李俨. 中国古代数学史料[M]. 北京：科学技术出版社，1956：52.

② (清)纪昀. 四库全书总目提要[M]. 石家庄：河北人民出版社，2000：2727.

虽然并未解决相应的疑难，但却提供了某些信息，转述如下：

> 孙子，著《孙子算经》三卷，《隋书·经籍志》作二卷，未详何代人。戴震以书中有长安，洛阳相去，及佛书二十九章语，断为汉明帝以后人。阮元以书中有棋局十九道语，亦拟为汉以后人。其言筹位，详纵横布算之义；九九则始九九，终于一一；下卷记物不知数题，大衍求一术之起源；并为他书所未述。《夏侯阳算经》序称："五曹，孙子，术作滋多。"《张丘建算经》序称："夏侯阳之方仓，孙子之荡杯。"则其人至迟在夏侯阳，张丘建之前。[1]
>
> 甄鸾撰注算书。有《九章算经》或算术，《孙子算经》《五曹算经》《张丘建算经》《夏侯阳算经》《周髀算经》《五经算经》《数术记遗》《三等数》《海岛算经》《甄鸾算经》。[2]

根据上述考证材料获悉，作者生活年代在东汉末至魏晋之间，已经不可求实。该书的创作年代同样是在此期间，可能性比较大的当较《夏侯阳算经》《张丘建算经》略前。而此期的数学家甄鸾参与了《孙子算经》的注释。

清代文史学家纪昀对《孙子算经》的演变历程、流传使用以及部分内容同样加以考订叙述，主要的观点与上述材料相似，但对其数学教材的教育功能和意义给予了充分肯定和更高的评价。

> 《孙子算经》案《隋书·经籍志》有《孙子算经》二卷，不著其名，亦不著其时代。《唐书·艺文志》称李淳风注甄鸾《孙子算经》三卷，于孙子上冠以甄鸾，盖如淳风之注《周髀算经》，因鸾所注，更加辨论也。《隋书》论审度引《孙子算术》，蚕所生吐丝为忽，十忽为秒，十秒为豪，十豪为厘，十厘为分。本书乃作十忽为一丝，

---

[1] 李俨. 中国数学大纲（上册）[M]. 北京：科学出版社，1958：57.

[2] 李俨. 中国数学大纲（上册）[M]. 北京：科学出版社，1958：75.

十丝为一豪。又论嘉量引《孙子算术》，六粟为圭，十圭为秒，十秒为撮，十撮为勺，十勺为合。本书乃作十圭为一撮，十撮为一秒，十秒为一勺。考之夏侯阳《算经》引田曹、仓曹亦如本书，而《隋书》中所引与史传往往多合。盖古书传本不一，校订之儒各有据证，无妨参差互见也。算学孙子、五曹其限一岁习肄，于后来诸算术中特为近古，第不知孙子何许人。①

　　唐之选举，《孙子算经》不像《孙子兵法》那样流传及广泛运用，作者及内容均难以复原，尤其是作者的考订、推测更费猜想。但并不能以此降低评价高度，唐代科举制度列为科目内容，足见其作为教材的广泛性及权威性。

　　根据目前所掌握的素材大概可作如下描述：该书首言度量问题，颇合于兵法以及古代数学的工具性应用取向。以下分卷记述算等记数制度和算筹乘除法则、算筹分数法和开平方法、"物不知数"（一次同余式问题）等。具体而言上卷详尽说明度量衡的单位和筹算的规则和方法，中卷举例说明筹算分数算法和筹算开平方法，下卷内容与《九章算术》相似，但内容更为简要而实用。人们特别注意的是下卷26题，即"物不知数"题："今有物不知其数，三三数之剩二，五五数之剩三，七七数之剩二。问物几何？"这是中国古代数学中驰名于世的"大衍求一术"的起源，是典型的编教材的手法。第31题，可谓是后世"鸡兔同笼"题的始祖，后来传到日本，变成"鹤龟算"。书中是这样叙述的："今有雉兔同笼，上有三十五头，下有九十四足，问雉兔各几何？"这四句话的意思是：有若干只鸡兔同在一个笼子里，从上面数，有35个头；从下面数，有94只脚。求笼中各有几只鸡和兔？此题被义务教育课程标准实验教科书人教版数学五年级上册选为补充教材并且在部分五、六年级的课外习题所用。

_____

① （清）纪昀. 四库全书总目提要［M］. 石家庄：河北人民出版社，2000：2726.

3.《海岛算经》

《海岛算经》魏晋时期刘徽于三国魏景元四年（263年）撰。初名《重差》，附于其另一著作《九章算术注》中，记古时测望之术。全书共9题，因第一题以海岛立表设问测量高远，遂改称《海岛算经》。唐李淳风等奉诏注，始独立成书，发行单行本。唐列为十部算经之一，定为数学教材。后被明成祖时编修的《永乐大典》收录。

魏晋时期数学家刘徽有完整的数学理论。他不仅对《九章》的全部公式和定理，给出合乎形式逻辑的证明，对一般算法中一些重要的数学概念，也给出严格的定义，并根据定义的性质，说明这些算法的道理。据清代著名学者纪昀所称：

> 徽寻九数有《重差》之名，凡望极高、测绝深，而兼知其远者，必用《重差》，辄重《重差》，并为注解，以究古人之意，缀于勾股之下。度高者重表，测深者累矩，孤离者三望。离而又旁求者四望，据此，则徽之书本名《重差》，初无《海岛》之目，亦但附于勾股之下，不别为书。故《隋志·九章算术》增为十卷，下云刘徽撰。盖以"九章"九卷合此而十也。而《隋志》《唐志》又皆有刘徽《九章重差图》一卷，盖其书亦另本单行。故别著于录，一书两出。至《唐志》兼列刘向《九章重差》一卷，则徽之《重差》既自为卷、因遂讹刘徽为刘向，而一书三出耳。今详为考证，定为刘徽之书。至《海岛》之名虽古无所见，不过后人因卷首以《海岛》之表设问而改斯名。然唐"选举志"称算学生《九章》《海岛》其限习三年，试《九章》三条，《海岛》一条，则改题《海岛》自唐初已然矣。其书世无传本，惟散见《永乐大典》中。今裒而辑之，仍为一卷。篇帙无多，而古法具在。固宜与《九章算术》同为表章，以见算数家源流之所自焉。[1]

---

[1]　（清）纪昀. 四库全书总目提要[M]. 石家庄：河北人民出版社，2000：2727-2728.

从中得知：《重差》是刘徽的数学著作，曾附于《九章算术注》的后面作为第 10 卷。到隋代开始独立，唐初以后，两种版本均流行。而改为《海岛算经》1 卷试用，又与《九章算术》相辅相成，互为表里，相资利用。作为教材使用受众广泛，成为科举教育的重要科目参考。

《海岛算经》体例结构为应用问题集形式，探讨对象全是有关高与距离的测量，所使用工具也都是利用垂直关系所连接起来的测竿与横棒，是实用三角法的启蒙，不过并未涉及三角学中的正余弦概念。所有问题都是利用两次或多次测望所得的数据，来推算对象物体或目标的高、深、广、远。刘徽"自序"曰："算在六艺，古者以宾兴贤能，教习国子。虽曰九数，其能穷纤入微，探测无方。至于以法相传，亦犹规矩度量可得而共，非特难为也。当今好之者寡，故世虽多通才达学，而未能综于此耳。"①

4.《夏侯阳算经》

《夏侯阳算经》，晋夏侯阳撰，唐初列为十部算经之一，定为数学教材。今本为唐人韩延所作，亦称《韩延算术》，三卷，成书于唐德宗建中元年(780 年)。著名中国数学史家李俨对此所作相应考订给予了证实：夏侯阳，著夏侯阳算经三卷。今本夏侯阳算经是韩延所修补，用己说纂入原书之内，序亦当由韩延编成。清戴震曾疑韩延做隋代人，夏侯阳算经"定脚价"内有"从纳洛州"之语是北魏制度，原书至早是北魏以后所编。② 北魏属北朝(386—534 年)，与东晋(317—420 年)有重叠交错关系，而通行著述题晋夏侯阳创作，大概可推测夏侯阳是南方数学家，成书当于东晋后期。

纪昀对此书考订梳理后称：

《夏侯阳算经》上卷明乘除法，辨度量衡(算术)。其中引用夏

---

① （魏）刘徽. 九章算术·注序[A]. 马秋帆主编. 魏晋南北朝教育论著选[C]. 北京：人民教育出版社，1988：63.

② 李俨. 中国数学大纲(上册)[M]. 北京：科学出版社，1958：58.

侯阳撰本 600 字，记述了筹算乘除法则、分数法则，解释了步除、法除、约除、开平方除、开立方除等五个名词。中卷求地税（几何），下卷说诸分（分数），共有 83 道算题。题目多取材于唐代社会实际，解答日常经济生活中的应用问题，具有重要文献价值与数学学科的思想意义。《夏侯阳算经》案《隋·经籍志》有夏侯阳《算经》二卷，《唐·艺文志》列夏侯阳《算经》一卷，而直斋《书录解题》载元丰京监本乃云三卷，盖传宜互有分合，故卷帙各异，然皆不言阳为何代人。考《唐志》载是书为甄鸾注，则当在甄鸾之前。而此本载阳自序有云，《五曹》《孙子》述作滋多，甄鸾、刘徽为之详释。书内又称宋元嘉二年徐受重铜解、至梁大同元年甄鸾校之，则又似在甄鸾后。其辩度量衡云，在京诸司及诸州各给称尺，并五尺度、斗、升、合等样，比铜为之。仓库令诸量函所在官造，大者五斛，中者三斛，小者一斛，以铁为缘，勘平印书，然后给用。又《课租庸调章》称，赋役令论步数，不等章称杂令由令之属，亦皆据隋制方之，尤不可解。疑传其学者又有所窜乱附益，不尽阳之旧义矣。《唐书·选举志》所列算经十种，此居其一。盖当时本愚之令甲肄习考课。今传本久佚，惟《永乐大典》内有之。然诸条割裂，分附《九章算术》各类之下，几于治丝而棼。猝不得其端绪，幸尚载原序在目，犹可以寻编次，条贯其文。今裒辑排比，仍依元丰监本，厘为三卷。其十有二门，亦从原目。其法务切实用，虽《九章》古法，非官曹民事所必需，亦略而不载。于诸算经中最为简要，且于古今制度异同，尤足考证云。①

纪昀在《提要》中提及书籍流传零乱、版本误差明显。原有内容设计以数学应用性的取向为主，紧密结合社会工商贸易、生产及生活等民生实际。在明代《永乐大典》中有所体现。《四库全书》收入所留存资料，

① （清）纪昀. 四库全书总目提要［M］. 石家庄：河北人民出版社，2000：
2729.

并加以编排整理。

5.《五曹算经》

《五曹算经》5 卷，北周甄鸾撰，系政府诸曹事务之实用计算方法，南朝成文帝天康元年（566 年）颁行。作者甄鸾通历法，曾编《天和历》。所谓"曹"是古代分科办事的官署。《晋书·职官志》《魏书·官氏志》就记载三公、三师、大司马、大将军的公府地方行政部门中都设有诸曹，军队里也设有各种曹属，如户曹、金曹、法曹、兵曹等。

《五曹算经》

《五曹算经》总计六十七题，包括：（1）田曹（土地面积量法）；（2）兵曹（军队配置及给养运输计算）；（3）集曹（粟米比例问题）；（4）仓曹（关于粮食征收、运输、储藏等问题）；（5）金曹（关于丝绸、钱币的比例等问题）。作者采用的分类方式不是按数学本身的知识体系，而是按曹官业务活动及实际操作的需要，以问题为取向加以编排设计。数学内容较浅显，类似于供办事人员使用的关于管理方面的数学实用手册，事实上充当了培养曹官，或称"宦学"候补曹官人员的数学教材。兵法上度、量、数、称、胜这五个相互联系又互相转化的范畴所引出的许多军事数学问题也在《五曹算经》中首次得到合乎逻辑以及系统的记载。该书在唐代由李淳风作注，被列为十部算经之一。唐宋时期定为数学教材。今存南宋刻本，收藏于北京大学图书馆。

才子纪昀对《五曹算经》的创作、注释、刊刻版本以及内容要点加以考辩及叙述，弥足珍贵：

　　《五曹算经》案：《隋书·经籍志》有《九章六曹算经》六卷，而无五曹之目，其六曹篇题亦不传。《唐书·艺文志》始有甄鸾《五曹算经》五卷，韩延《五曹算经》五卷，李淳风注"五曹""孙子"等算经二十卷，鲁靖新集《五曹时要术》三卷。甄、韩二家，皆注是书者也，其作者则不知为谁。考《汉书·梅福传》，福上书言，臣闻斋桓之时，有以九九见者。颜师古注云，九九算术，若今《九章五曹》之辈。盖算学虽多，不出乘除二者，而乘除不出自一至九，因而九九之数，故举九九为言，而师古即以其时所有《九章五曹》等书实之，非梅福时有是书也。朱彝尊《曝书亭集》有《五曹算经跋》云，相传其法出于孙武，然彝尊第口相传，无所引证，益不足据。观《唐书·选举志》称，《孙子》《五曹》共限一岁，既曰共限，则《五曹》不出《孙子》明矣。姑断以甄鸾之注，则其书确在北齐前耳。自元、明以来，久无刻本，藏书家传写讹舛，殆不可通。今散见《永乐大典》内者，甄鸾、韩延、李淳风之注虽亦散佚，而经文则逐条完善。谨参互考校，俾还旧观，遂为绝无仅有之善本。考夏侯阳《算经》引田曹、仓曹者二，引金曹者一，而此书皆无其文。然此书首尾完具，脉络通贯，不似有所亡佚。疑《隋志》之《九章六曹》，其目亦同阳所引田曹、仓曹、金曹等名，乃别为一书，而非此书之文。故不敢据，以补入，以溷其真焉。①

① （清）纪昀. 四库全书总目提要［M］. 石家庄：河北人民出版社，2000：2728-2729.

从上述文献中获知该书的注释内容湮灭难考，文本资源在上述明、清两朝大型丛书汇编著述中有所列出。而与其他数学教材间的交错芜杂已难以辨析清楚。

6.《张丘建算经》

《张丘建算经》3卷，北魏河北清河籍张丘建撰，教学教材。后由北周甄鸾、唐李淳风注释，刘孝孙撰细草。唐列为十部算经之一。书中设为问答，内容涉及等差级数、二次方程、不定方程、最小公倍数计算等，问题多取材于手工业、建筑以及社会经济生活等方面的现实应用需要。如算题有北魏初年田租户调制度。因北魏初年的田租户调是"天下户以九品混通""计赀定课"。这和《张丘建算经》算题"今有率户出绢三匹，依贫富欲以九等出之"意义相符。① 卷下第三十八题"百鸡问题"是举世闻名的不定方程："今有鸡翁一，值钱五；鸡母一，值钱三；鸡雏三，值钱一。凡百钱买鸡百只，问鸡翁、母、雏各几何？"这个不定分析问题后来被称为"大衍求一术"或"求一"，并衍化为民间广为流传的数学游戏"韩信点兵"或"秦王暗点兵"。《张丘建算经》既是一种实用的工具书，又是学校的数学教材。

纪昀在《四库全书总目提要》中作了记录及探究：

> 《张邱建算经》原本不题撰入时代。《唐志》载张邱建《算经》一卷，甄鸾注，则当在甄鸾之前。书首邱建自序引及夏侯阳、孙子之术，则当在夏侯阳之后也。《隋志》载此书作二卷，《唐志》一卷。甄鸾注外，别有李淳风注张邱建《算经》三卷。郑樵《通志·艺文略》，张邱建《算经》二卷，又三卷，李淳风注。《宋史·艺文志》《中兴书目》亦俱作三卷，则析为三卷自淳风始。此本乃毛晋汲古阁影抄宋版，云得之太仓王氏。首题汉中郡守前司隶甄鸾注经，朝议大夫行太史令上轻车都尉李淳风等奉敕注释，算学博士刘孝孙撰细草。盖犹北宋时秘书鉴赵彦若等校定刊行之本。其中称术日者，

---

① 李俨. 中国数学大纲(上册)[M]. 北京：科学出版社，1958：57-58.

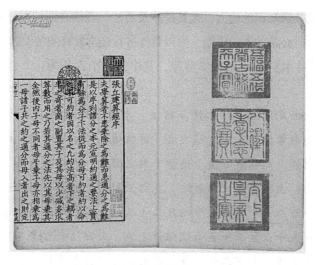

《张丘建算经》

乃窎所注。草日者，孝孙所增。其细字夹注称臣淳风等谨案者，不
过十数处。盖有疑则释，非节饰为之注也。其书体例皆设为问答以
参校而申明之，凡一百条。简奥古质，颇类《九章》，与近术不同。
而条理精密，实能深究古人之意，故唐代颁之算学，以为业。①

从纪昀的考释陈述中可以看出，《张邱建算经》由撰著者、注释及
补述者前后协作、经历长时段岁月完成。3 卷本教材成于唐代，作为中
央官学算学专科教育数学课程教学之用。且对后世数学教育颇有影响。
其体例风格独特，以问题导入、问题解决与数理运算结合，文句词义简
要素朴。

7.《五经算术》

《五经算术》2 卷，北周甄鸾撰。唐初列为十部算经之一种，定为数
学教材。该书对《易》《诗》《书》《仪礼》《周礼》《左传》《论语》等儒家经典
中有关数学知识、计算方法的原文进行注释。书中对经书及古人对它们的

_____

① （清）纪昀. 四库全书总目提要［M］. 石家庄：河北人民出版社，2000：
2731.

注解中有关数学知识的地方，尤其是涉及历法、音律方面加以计算或解释，是讲授经书时必备的数学手册，可以看作进行经学教育的辅助教本。

《五经算术》共41条数学解释，其中卷上十六条为：

尚书定闰法，推日月合宿法，求一年定闰法、求十九年七闰法、尚书孝经兆民注数越次法、诗伐檀毛郑注不同法、诗丰年毛注数越次法、周易策数法、论语千乘之国法、周官车盖法、仪礼丧服经带法、丧服制食米溢数法、礼记王制国及地法、求经云古者百里当今一百二十一里六十步四尺二寸二分法、求郑氏注云古者百亩当今一百五十六亩二十五步依郑计之法、求郑注云古者百里当今一百二十五里法；卷下二十五条、是为：礼记月令黄钟律管法、礼记礼运注始于黄钟终于南吕法、礼运一本注始于黄钟终于南事法、汉书终于南事算之法、礼记投壶法、推春秋鲁僖公二年正月辛亥朔法、推积日法、求次月朔法、推僖公五年正月辛亥朔旦冬至法、求次气法、推文公元年岁在乙未闰当在十月下而失在三月法、推闰余十三在何月法、推文公六年岁在庚子是岁无闰而置闰法、推襄公二十七年岁在乙卯再失闰法、推绛县老人生经四百四十五甲子法、推文公十一年岁在乙巳夏正月甲子朔绛县老人生月法、推积日法、推昭公十九年闰十二月后而以闰月为正月故以正月为二月法、推昭公十九年岁在戊寅闰在十二月下法、推昭公十九年岁在戊寅月朔法、推昭公二十年岁在己卯月朔法、推昭公二十年岁在己卯正月己丑朔旦冬至而失云闰二月己丑冬至法、推哀公十二年岁在戊午应置闰而不置故书十二月有螽法、求十二年闰月法。

《五经算术》虽然在数学上没有很突出的创造性贡献，但因其对阅读和理解古代典籍颇有帮助，故得以于唐后列为官学的必读教材而流传后世。纪昀对其考察辩称：

《五经算术》北周甄鸾撰，唐李淳风注。鸾精于步算，仕北周为司隶校尉、汉中郡守。尝释《周髀》等算经，不闻其有是书。而《隋书·经籍志》有《五经算术》一卷，《五经算术录遗》一卷，皆不著撰人姓名。《唐·艺文志》则有李淳风注《五经算术》二卷，亦不言其书为谁所撰。今考是书，举《尚书》《孝经》《诗》《易》《论语》《三礼》《春秋》之待算方明者列之，而推算之术悉加甄鸾案三字于上，则是书当即鸾所撰。又考淳风当贞观初奉诏与算学博士梁述、助教王真儒等刊定算经，立于学官。《唐选举志》暨《百官志》并列《五经算术》为"算经十书"之，与《周髀》其限一年习肄，及试士各举一条为问，此书注端悉有臣淳风等谨案字。然则唐时算科之《五经算术》即是书矣。是书世无传本，惟散见于《永乐大典》中，虽割裂失次，尚属完书。据淳风注，于《尚书》推定闰条自言其解释之例，则知造端于此。又如《论语》千乘之国，周官盖号字曲并用开方之术，详于前而略于后。循其义例，以各经之叙推之，其旧第尚可以考见。谨依唐《艺文志》所载之数，厘为上、下二卷，其中采掇经史，多唐以前旧本。如引司马彪《志序论》十二律各统一月，当月者各自为官，今本《后汉志》就讹作终，月讹作日。草木之声，今志讹作草木。阳下生阴，阴下生阳，始于黄钟，终于仲吕，今志脱始于黄钟四字。律为寸，于准为尺，律为分，于准为寸，下文承准寸言不盈者十之所得为分，今志脱律为分于准为寸二句。《礼记义疏》引志脱误亦然。又两引上生不得过黄钟之浊，下生不得及黄钟之清。申之曰，是则上生不得过九寸，下生不得减四寸五分，与蔡邕《月令章句》谓黄钟少宫管长四寸五分合。且足证中央土律中黄钟之宫乃黄钟清，不得同于仲冬月律中黄钟为最长之浊律。《吕氏春秋》先制黄钟之宫，次制十有二筒，亦黄钟有清律之证。今志作上生不得过黄钟之清浊，下生不得及黄钟之数，实因清字讹衍在上，后人改窜其下，揆诸律法，遂不可通。盖是书不特为算家所不废，实足以发明经史，核订疑义，于考证之学尤为有功焉。①

———————

① (清)纪昀. 四库全书总目提要[M]. 石家庄：河北人民出版社，2000：2730-2731.

纪昀在文中追溯了《五经算术》的创作历史及版本流传、内容赓变状况，突出甄鸾、李淳风在本书创作、注解和传播中的作用，从而奠定其作为古代杰出数学家的地位。由于数学与古典经学结合，就有儒学意味，经学成分掺入，使教材原度增强，并可想见在科举教育中的显赫角色扮演。

8.《缀术》

《缀术》6卷，南齐祖冲之撰。唐代官学算学专科教育以此作课本，为十部算经之一，唐代国子监算学课本。作为南北朝时期的一部算经，汇集了祖冲之和祖暅之父子的数学研究成果。祖冲之是一位伟大的数学家、科学家。早年便以博学著称，其最大的贡献就是将圆周率计算为 3.1415926 与 3.1415927 之间。为方便计算，祖冲之还求出用分数表示的两个圆周率数值，一为密率，一为约率。密率是分子、分母在 1000 以内表示圆周率的最佳渐近分数，这个密率数值在世界上是中国人首次提出的，因此有人主张叫它"祖率"。缀术用以求星辰之行步、气朔消长，此种天文计数，不可以观察，只以算术缀之，故名。北宋科学家沈括的《梦溪笔谈》称："前世修历，多只增损旧历而已，未曾实考天度。其法须测验每夜昏晓、夜半月及五星所在度秒，置簿录之。满五年，然后以算日缀之，古所谓缀术者此也。"此书主要记载观测与计算天象历法的算法，有三次方程解法、球体积计算法。如"开差幂"与"开差立"的研究。所谓"开差幂"，是已知长方形的面积和长、宽的差，用开平方的方法求其长和宽；所谓"开差立"，是已知长方柱体的体积和长、宽、高的差，用开立方的方法求其边长。这已经是二次、三次代数方程求解正根的问题，为后世宋元时中国数学家高次方程解法之先声。据《隋书·律历志》所载：该书内容深奥，以致"学官莫能究其深奥，是故废而不理"。唐代学习《缀术》需要四年的时间，可见知识难度之艰深。《缀术》曾经传至朝鲜、日本。

上述数学教材无疑成为此期官、私学相关学科教学讲授及阅读使用的教材。由于教材历史的前后延续及继承性，同时唐代数学专科技术教育的制度更为严密，成就突出，魏晋南北朝许多数学教材的作用发挥主要显露在唐代的教学活动之中。

(二)医学教材

魏晋南北朝时期医政制度沿袭两汉的制度。晋时仅有太医令，到南北朝时期，增设太医丞、藏药丞、侍御师、太医博士、太医助教、尚药监等官员。南朝刘宋政权设置太医署。在文帝当政的元嘉时期（424—453年），史称"元嘉之治"。在社会安定、经济发展的形势下，官学教育也出现了暂时的繁荣。其间除国子学、儒学馆、文学馆、玄学馆及史学馆等高等教育机构的开办之外，元嘉二十年（433年）开设医学，教授生徒，这是古代医学专科学校的开端。由于统治阶级自身对医药的需要，加上经常的战争和自然灾害，造成了大量的伤病人员，迫使南北朝各个政权的统治者不得不重视医药学的整理、总结与研究。其中特别是对脉学、针灸学、本草学和药物炮制加工技术以及方剂学进行了总结。①

皇甫谧（215—282年）魏晋时期医学教育家，博综典籍百家之言，以著述为务，屡征不就。后钻研医学，总结晋以前的针灸学成就，所著《甲乙经》，奠定我国中医学针灸理论的基础，为我国中医学教育的重要教材之一，为晋以后历代医学教育所采用。

晋代名医王叔和对历史上的脉学著作进行系统的整理，"撰岐伯以来，逮于华陀，经论要诀，合为十卷"，著成《脉经》一书，是我国现存最早的脉学专著。书中列举了24种脉象，基本上符合现代对血液循环系统特性的认识，包括对心脏搏出量、动脉管的韧性和弹性、血液在动脉中流动的情况、血液粘稠度、心脏跳动的频率和节律、血管充盈度等内容。与中医传统的脏腑辨证结合起来，指出五脏六腑病症的脉象，指导在临床上的诊断和治疗。《脉经》奠定中医脉学诊断的基础，后世的脉学虽有所发展，但基本上是在《脉经》的基础上的发挥和演化。②

南朝的王微深入研究本草，常带两三位学生去采摘草药，他继承了

---

① 杜石然. 中国科学技术史稿[M]. 北京：科学出版社，1984：259-260.

② 杜石然. 中国科学技术史稿[M]. 北京：科学出版社，1984：260-261.

我国古代医药学在采摘中药工作中重视实践的传统，亲带弟子摘采并尝试草药，这可以说是一种很好的教育方式。南朝著名药物学家陶弘景（452—536年）对先前《神农本草经》重新进行整理，编著《神农本草经集注》。陶弘景一生中对"阴阳五行，风角星算，山川地理，方图产物，医术本草"深有研究，在医药学方面有很高的造诣。《神农本草经集注》是《神农本草经》以来关于药物的又一次系统总结。陶弘景在"集注"中改变了《神农本草经》以上、中、下三品进行分类的方法，创立了新的药物分类法。一种是以药物的自然来源和属性来分类的方法，把730种药分为玉石、草木、虫兽、米食、果、菜、有名未用等七大类。后来唐朝的《新修本草》和明代李时珍的《本草纲目》的分类法，都是在这基础上发展起来的。另一种是"诸病通用药"，以病症为纲，根据药物的治疗功效，把药物分别归入不同的病症项下，共分80多类，有利于临床治疗和医药的普及推广。①

(三) 地理学教材

1.《禹贡地域图》

魏晋南北朝时期官私学课程内容都有天文历算、术数、舆地以及其他有关草木虫鱼的植物学和动物学知识内容，尤其在私学教育中更为明显。这些知识文化改变了经学教育的僵化和狭窄，拓宽了人们的视野和思想认识，对天文学、数学、文学艺术以及其他的学科都有渗透和丰富的资源价值，其中的一些内容集中汇聚于地理学学科。由于教学文本多以讲义形式出现，稳定的经典性教材并不突出，作为时代地理学代表作品当属北魏郦道元的《水经注》，作为河北涿州籍的古代伟大地理学家所创作的这部文学化的地理学名著，直到今天都有教材的功能意义。以下对其他代表性地理教材加以介绍。

《禹贡地域图》18篇，魏晋学者裴秀撰。裴秀（224—271年），字季彦，河东闻喜人。裴秀因鉴于世传《禹贡》有缺漏舛误，他搜求、分析

---

① 杜石然. 中国科学技术史稿[M]. 北京：科学出版社，1984：262-263.

大量历史文献，对照实际情况，"上考《禹贡》山海川流，原湿陂泽，古之九州，及今之十六州，郡国县邑，疆界乡陬，及古国盟会旧名，水陆径路"。在门客京相璠的协助下，编制成《禹贡地域图》，并创制"制图六体"的绘图程式与技法，即分率、准望、道里、高下、方邪、迂直，成为中国地理、地图教学和研究的重要教材和资料。这可以说是见于文字记载的最早历史地图集。裴秀在地图学上的贡献，不仅在于他主持编制了上述地图，更在于他把前人的制图经验加以总结提高，第一次明确地建立了我国古代地图的绘制理论。[①]

2.《地镜图》

《地镜图》南朝梁代成书，该书对矿藏地表特征进行了观察记录及综合研究，总结出丰富的植物找矿的经验性认识。《地镜图》原书虽已早佚，但从后人的引文中仍可看到它的部分内容。如"二月，草木先生下垂者，下有美玉；五月中，草木叶有青厚而无汁，枝下垂者，其地有玉；八月中，草木独有枝叶下垂者，必有美玉；有云，八月后草木死者亦有玉。山有葱，下有银，光隐隐正白。草茎赤秀，下有铅；草茎黄秀，下有铜器"。后来，唐代的段成式又作了进一步的总结，说："山上有葱，下有银；山上有薤，下有金；山上有姜，下有铜锡；山有宝玉，木旁枝皆下垂。"这些记载可能是根据不足的隐说，但它却是利用植物找矿理论的发端，为寻找地下矿藏提供参照。[②]

(四)农学教材

魏晋南北朝时期社会动荡、战乱频繁，人口大量迁徙，社会生产和经济发展波动起伏，但中国经济的重心已经开始南移，长江流域经济开发尤其是水利工程建设、铁制农具使用，促进了土地资源的开发和生产力的上升。黄河流域的汉族人拥有先进的技术，迁移到南方，使得以耕种为中心的农业、手工业生产大幅度提高。与此同时，社会思想受经学

---

① 杜石然. 中国科学技术史稿[M]. 北京：科学出版社，1984：255-257.

② 杜石然. 中国科学技术史稿[M]. 北京：科学出版社，1984：259.

控制下降，现实社会民生实用的意识有所加强，甚至一些区域出现崇尚农耕和蚕桑的价值观念。尽管农业和手工技术在正统儒学家、玄学家、道学家以及官私学教育中仍未占居主流，但毕竟在思想的转变中有所容纳，并处于一定的地位。南朝著名思想家颜之推的《颜氏家训》是家庭教育教材，开创历代家训之先河。书中对儒学家、玄学家或者偏于书本文字教条、或者流于清谈无实提出了尖锐的批评。又主张书本文化知识与现实社会生活、生产相联系，重视农耕技术和手工操作的现实价值，在教育内容和课程知识中引入这些实用的资源，并在学习的态度和方法上改变传统教育的模式。在这种社会思潮变化的形势下，农学专业知识和课程在教育活动中有所渗透，也出现了相关的著作和教材。其中作为农学教材影响办学活动，尤其作用于家庭与社会教育的重要著作当推《齐民要术》。

贾思勰撰写的农学名著《齐民要术》10卷，成书于北魏末年（533—544年），是我国现存最早的一部完整的农书，也是世界科学文化宝库中的珍贵典籍。它系统地总结了公元6世纪前我国北方的农业生产和农业科学技术，对后世农学影响很大。如元代司农司编的《农桑辑要》、王祯的《农书》、明代徐光启的《农政全书》和清代的《授时通考》这四部综合性的农书从体例到取材，基本上都是采自《齐民要术》。许多范围较窄小的农书也与之有渊源的关系。并在国外特别是日本，也备受赞誉。

《齐民要术》全书10余万字，除"序"和卷首的"杂说"外，共分92篇。书中内容十分丰富，"起自耕农，终于醯醢（制酱醋），资生之业，靡不毕书"，涉及作物栽培、耕作技术和农具、畜牧善医、食物加工等各个方面。还涉及烹调、制草、制墨、染织及至保护书籍、修理房屋等内容，汇集了前人有关农林副牧生产的记载和民间的歌谣农谚，总结了老农、老牧民和贾思勰本人的农业生产实践经验。全书引用古籍200余种，引文几占全书之半，不死守古训，在行文中自然融为一体。

贾思勰批判孔子反对樊迟学稼圃，说"圣人之智，犹有所未达"。他强调地方官吏要把推广生产技术放在优先的地位。在《齐民要术》序里，他列举了大量实例，如东汉九真郡太守任延推广先进的农业技术，王景在庐江太守任内积极推广牛耕和养蚕织布技术，以为示范。他提倡通过社会教育来推广农业和纺织知识技术。

农业生产不仅要充分利用土地的有利因素，还要把原来的不利因素转化为有利因素。贾思勰服膺战国时人李悝主张"尽地力之教"，他把农事提到头等地位。首先是开垦土地，如何使荒山泽田（低洼地）的一块块生地变成熟地，他认为要早做准备。如在当年七月里割掉杂草，草干后就放火烧，以便于明年春天着手开垦。土壤，不论春天秋日，都必须"燥湿得所""秋耕欲深，春夏欲浅"。用小豆、胡麻尤其是绿豆施肥，可以"美田"。再则是实行轮作与间作套种，如说"谷田必须岁易"，即每年轮换一次。蔬菜则在不同月份交错栽种，做到地尽其利，人尽其力。

《齐民要术》展示、传承的农副业生产知识十分丰富而全面。如品种选择，他介绍粟的品种达 97 种，黍 12 种，水稻 36 种（内糯稻 11种），其中哪些品种早熟、耐旱、免虫，哪些品种晚熟、耐水，哪些品种吃来味道好，他都做了详细介绍。对播种技术，他提供了清水选种、晒种、浸种催芽和溲种等各种不同方法。至于播种时期，又有上时、中时、下时之分，"二月上旬及麻菩、杨生种者（指麻和杨树发芽），为上时；三月上旬及清明节桃始花，为中时；四月上旬及枣叶生、桑花落，为下时"，讲得十分具体详尽。每一种作物，都有自身的生长规律，掌握生产过程十分必要。《齐民要术》不论对种谷、种麻、种葵、栽树以及饲养家畜家禽，前前后后要注意什么，作为知识的传播，它都解析得十分透彻。如《水稻》篇讲水稻播种和管理："先放水，十日后曳陆轴（古代种辊压水田的农具）十遍，地既熟，净淘种子，渍（浸泡）经五宿漉出。纳草篅（草编的圆筐）中裹之，复经三宿，牙（芽）生……稻苗长七八寸，陈草复起，以镰浸水芟之……稻苗渐长，复须薅。"[1]此外，对制曲、酿酒等过程也介绍得非常精细。

《齐民要术》所表述的有关思想在通过科举以达到"学而优则仕"这

---

① （北魏）贾思勰. 齐民要术[M]. 北京：中华书局，1956：23.

一目标的封建时代，自然难登大雅之堂，但是在民间传播与普及农副牧鱼等领域的基本知识和技能方面却起了重大的历史作用。

三、文学教材

魏晋南北朝时期文学艺术的地位急剧上升，达到创新与发展的新高峰。在教育领域，文学诗赋及辞章的传授与练习不仅在官学、私学中大量存在，而且在官学教育中占居主要地位。宋元嘉十六年（439 年），文帝使丹阳尹何尚之立"元素馆"（玄学馆），何承天立史学馆，司徒参军谢玄立文学馆。四馆并列，各就其专业招收学生进行教学、研究。自汉以来经学教育独霸官学，而此时兴办的研究老庄学说的玄学、研究古今历史的史学、研究辞章的文学都与研究经学的儒学并列，这是学制上的一大改革，也反映了当时思想文化领域的实际变化。上述教育课程及思想风气的场域反映在教材领域必然涌现一批文学教材。

（一）《楚辞注》

《楚辞注》3 卷，西晋郭璞撰。郭璞（276—324 年），字景纯，河东闻喜人。"好经术，博学有高才，而讷于言论，词赋为中兴之冠，好古文奇字，妙于阴阳算历。"[1]西晋惠、怀之际，避地东南。东晋元帝即位，以为著作佐郎，迁尚书郎。郭璞洞悉五行、天文、卜筮之术："璞占前后筮验六十余事，名为《洞林》；又抄京、费诸家要最，更撰《新林》十篇，《卜前》一篇；注释《尔雅》，别为《音义图谱》；又注《三仓》《方言》《穆天子传》《山海经》及《楚辞》《子虚》《上林赋》数十万言，皆传于世。所作诗、赋、诔、颂，亦数万言。"[2]

郭璞所注《楚辞》载于《晋书》本传，复著录于《隋书·经籍志》《唐书·经籍志》，或谓佚于天宝（756 年）、广明（880—881 年）诸次战乱之

---

① （唐）房玄龄. 晋书·郭璞传［M］. 北京：中华书局，1997：1899.
② （唐）房玄龄. 晋书·郭璞传［M］. 北京：中华书局，1997：1900-1910.

中。1940 年，我国著名国学大师胡光炜教授遍查群籍所引遗说，撰集《楚辞郭注义征》，辑录 240 余条，35000 字。

(二)《楚辞草木疏》

《楚辞草木疏》1 卷，南朝梁刘杳撰。刘杳(487—536 年)字士深，平原(今山东德州市)人。梁天监二年(503 年)为太学博士。少好学，博综群书。普通年间(520—526 年)兼东宫通事舍人，事昭明太子。大通元年(527 年)，迁步兵校尉，兼舍人。仕至尚书左丞。刘杳自少至长，多所著述，有《楚辞草木疏》1 卷、《高士传》2 卷、《东宫新旧记》30 卷及《古今四部书目》5 卷等并行于世。

《隋书·经籍志》著录《楚辞草木疏》为二卷，刘杳撰，《唐书·经籍志》《新唐书·艺文志》改作《楚辞草木虫鱼疏》二卷，皆不确。其书不知佚于何时。吴仁杰《离骚草木疏》四卷自跋称"昔刘杳为《楚辞草木疏》二卷，见于本传，其书今亡矣"。

(三)《文心雕龙》

《文心雕龙》10 卷，刘勰撰。刘勰(466—539 年)的《文心雕龙》成书于南朝齐和帝中兴元年至二年间(501—502 年)，是中国文学理论批评史上第一部有严密体系的文学理论专著。全书 50 篇，第五篇《辨骚》从文体论角度提出"楚辞者，体宪于三代，而风杂于战国，乃雅颂之博徒，而辞赋之英杰"的著名论断，认为"骚经九章，朗丽以哀志；《九歌》《九辩》，靡妙以伤情；《远游》《天问》，环诡而惠巧；《招魂》《大招》，耀艳而采华；《卜居》标放言之致，《渔夫》寄独往之才"，进而认定屈宋作品"气往铄古，辞来切今，惊采绝焰，难与并能矣"[1]。

梁武帝天监(502—519 年)初，刘勰出仕，兼任东宫通事舍人的时间较长，昭明太子萧统"深爱"刘勰的学术造诣，共同"讨论篇籍，商榷古今"。萧统所作《昭明文选》与《文心雕龙》"选文订篇"多有契合之处，

---

① 刘勰著，李平，桑农注. 文心雕龙[M]. 南京：凤凰出版社，2011：17.

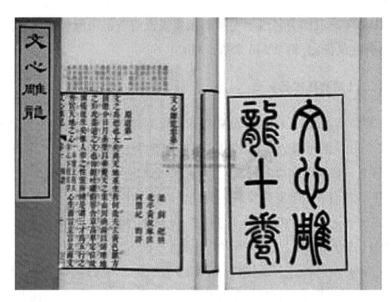

《文心雕龙》

谅非偶然。屈原、宋玉的主要作品辑入《昭明文选》之后，极大地提升了楚辞的传播力和影响力。刘勰和刘杳都是促进楚辞传播的关键人物。

(四)《昭明文选》

《昭明文选》30卷，南朝梁代萧统纂。萧统(501—531年)所编的《文选》成书于梁武帝大通二年(526年)以后的数年间。大通三年(531年)春，萧统游园，荡舟坠水得疾，四月卒，谥号"昭明"，故后人习称《昭明文选》。

《文选》原30卷，唐显庆年间(650—660年)，李善为之作注，并扩充为60卷。李善是当时有名的学问家，所注《文选》，严谨翔实，征引浩博，保存大量资料，注文包括本事、典故和训诂，是学海文林学习历代名家名篇的有益教材。李善晚年寓居汴、郑时，还以讲授《文选》为业，学生多自远方来。

《昭明文选》选辑东周至梁初130余位知名作家及少数佚名作者文章700余篇，按文体分为赋、诗、杂文3大类，以下再列赋、诗、骚、诏、册、令、教等 38 小类。选文按照"事出于沉思，义归乎翰藻"的标准，精选了代表性的文学作品。不少古代作品赖此得以保存，为后人研究梁以前文学之重要资料，备受推崇，被列为"总集"之祖。

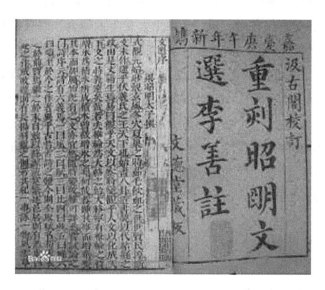

《昭明文选》

唐代以诗赋取士，唐代文学又和六朝文学具有密切的继承关系，因而《昭明文选》就成为人们学习诗赋的一种最适当的范本，甚至与经传并列。宋初承唐代制度，亦以诗赋取士，《昭明文选》仍然是士人的必读书，宋代文学家陆游在《老学庵笔记》中说："《文选》烂，秀才半。"该评议谚语广为流传。

日本学者梁川星岩在《论诗》一诗中说："一部杜诗君试阅，尽从《文选》理中来。"由此可见《昭明文选》对于唐代文学的影响也很深远。作为一部文学作品的精粹选本，其历史价值和资料价值则历久弥新，始终不衰，延及后世依然不废。以至于学者阅读研治《文选》成为一种专门的学问，号称文选学。唐宋盛行"文选学"，在某种程度上对官学教育中经学为主流的课程体系形成了冲击，也同时产生了补充及丰富教材资源的作用。元白珽《湛渊静语》卷二载："唐有《文选》学，故一时文人多宗尚之。少陵亦教其子宗文、宗武熟读《文选》。少陵诗多用《选》语……"邹炳泰《午风堂丛谈》卷三因此说："《文选》学不可不讲，少陵诗圣，其云：'续儿诵《文选》。'又云：'熟精《文选》理。'又云：'清新庾开府，俊逸鲍参军。'……盖《选》学精博，诸家都从此出。"

《文选》学不仅在府、州、县学中大受士人偏爱，而且在乡学中也很流行。据张鷟《朝野金载》补辑载："唐国子监助教张简"就"曾为乡学讲《文选》"。私学中的这种情况也较为普遍。据刘肃《大唐新语》卷九："江淮间为《文选》学者，起自江都曹宪。……学徒数百人，公卿亦多从之学，撰《文选音义》十卷，年百余岁乃卒。"学生重《文选》之学，有助于提高文学素养及写作能力。但同时，若一味偏执嗜好易流于文辞浮华、吟风弄月之习，而缺乏经史实学的意向及努力，由此会导致空疏无实、以文害义的弊端。

四、蒙学教材

历朝历代，无论分裂，抑或统一，大多注重儿童的识字、常识及道德教育，蒙学教育都在持续发展，出现了不少出色的蒙学教材。据史料记载，周代周宣王太史籀编写孩童学习蒙书《史籀篇》，这是我国有记载、以大籀字体创作最早的蒙学教材。春秋战国至秦代则出现了三本著名识字教材，即《仓颉篇》(李斯)、《爰历篇》(赵高)和《博学篇》(胡毋敬)。进入汉代，蒙学教材同样获得了巨大的发展，著名的有汉初由闾里书师综合以前字书所编《仓颉篇》。汉武帝后出现司马相如编写《凡将篇》，以及史游编写《急就篇》。明代思想家顾炎武曾说过，"汉魏以后，童子皆读史游急就篇"。两晋南北朝时期，王义《小学篇》和束皙《发蒙记》，以及颜之推《颜氏家训》和周兴嗣《千字文》等则广泛用于蒙学识字及知识教学之中。魏晋南北朝时期用于蒙学识字类的教材主要有如下几种。

(一)《始学篇》《启蒙记》

《始学篇》由南朝宋人颜峻撰。该书内容以各种神话传说为主，有助于激发幼童的学习兴趣和想象力。书已佚,《初学记》引其中数条云:"天地立,有天皇十三头,号曰天灵,治万八千岁。地皇兴于熊耳龙门山。人皇九头,兄弟各三百岁,依山川土地之势财,度为九州,各居一方,因是而区别。上古皆穴处,有圣人教之巢居,号大巢氏。"从中窥知该书内容主要反映远古时期历史地理概貌,原始社会后期华夏先民创造文明历史的业绩。

《启蒙记》3 卷,顾恺之撰。顾恺之(约 346—407 年),东晋画家,字长康,东晋晋陵无锡人。他的传世之作为《女史箴图卷》《洛神赋图》《列女仁智图》等。所著《启蒙记》,载《晋书》本传及《隋书·经籍志》。书已亡佚。若干残留断句如"潜穴洞于波下。汛林鼓于浪巅""零陵郡有石燕,得风雨则飞,如真燕"。从中体现物候变迁,山河壮观之态以及农业生产中燕子的习尚活动。课文语言浪漫典雅,极具描摹刻画之功。儿童学习这些教材,目的是学会识字、写字,同时也获得思想道德教育和知识文化。

(二)《千字文》

魏晋南北朝的学校教材中,以《千字文》流行最为久远。同时,这是中国古代蒙学教材中的典范。与后世的《三字经》《百家姓》及《千家诗》,合称"三、百、千、千"。

1.《千字文》的版本及作者

在南朝梁、陈(502—589 年)不到一百年间,忽然有一股"千字文热",产生过至少 4 本《千字文》(只说撰文,不论写本)。(1)萧子范本。《旧唐书·经籍志》:"《千字文》卷,萧子范撰;又一卷,周兴嗣撰。"又《梁书·萧子范传》:"南平王……使制《千字文》,其辞甚美,王命记室蔡薳注释之。"(2)周兴嗣本。《旧唐书·经籍志》著录紧次萧子范本之后,已见上文。又《梁书·周兴嗣传》:"高祖以三桥旧宅为光宅寺,敕兴嗣与陆倕各制寺原告。及成俱奏,高祖用兴嗣所制者。自是《铜表铭》《栅塘碣》《北伐檄》《次韵王羲之书千文》,并使兴嗣为文。每奏,高祖称善。"唐李绰《尚书故实》说:"梁武教诸王书,令殷铁石

127

《千字文》

于大王书中拓一千字不重者，每字片纸，杂碎无序。武帝召兴嗣谓曰：'卿有才思，为我韵之。'兴嗣一夕编缀进上。"又《隋书·经籍志》："《千字文》一卷，梁给事郎周兴嗣撰。"(3)佚名人撰，萧子云注本。《隋书·经籍志》著录周兴嗣本后云："又《千字文》一卷，梁国子祭酒萧子云注。"(4)佚名人撰，胡肃注本。《隋书·经籍志》萧子云注本后接书："又《千字文》一卷，胡肃著。"《千字文》曾有多种不同的版本，但据现代学者的考证："现行这卷以'天地玄黄'为首句的《千字文》，是梁武帝敕令周兴嗣作的。"[1]《梁书·周兴嗣传》载："武帝使兴馆次韵王羲之千字，并使兴嗣为文。"笔者也持这一观点。《千字文》是南朝梁武帝时周兴嗣依据王羲之的书法选一千个不重复的字次韵编写的童蒙读物。

2. 周兴嗣其人及《千字文》创作

周兴嗣(469—521 年)，南朝梁陈郡项(今属河南沈丘)人，字思纂。齐时举为秀才。曾任桂阳郡丞。博通记传，善文章。梁天监初，萧衍(即梁武帝)起事，他献《休平赋》，以文字优美而闻名。梁武帝即位后，拜安成王国侍郎，武帝命他著文，著名的《铜表铭》《栅圹碣》《北伐

① 启功. 说《千字文》[J]. 文物天地，1988(7).

檄》都出自他的手笔，曾擢员外散骑侍郎，入直文德、寿光省，后迁给事中，佐修国史，又撰《皇帝实录》《皇德记》《起居注》等，均佚，仅有所编著《千字文》流传至今。

周兴嗣的这本《千字文》作于梁武帝大同年间（535—545 年）。在此之前，三国魏国书法家钟繇曾经书写过一篇《千字文》，在西晋末年兵荒马乱的逃难途中，连同其他书籍一起被大雨淋湿，几至糜烂。后来，东晋书法家王羲之又重新编缀缮写，但是文理、音韵皆不佳。因此，到了南朝时，梁武帝为了教育自己的子女，又命周兴嗣再次编纂。

相传，当时梁武帝让人先从王羲之书写的碑文中拓下来一千个不相重复的字，每张纸上一个字，杂乱无章地放在一块，然后召来周兴嗣，说："卿家才思敏捷，为朕作一韵文可也？"周兴嗣奉诏后只用一个晚上就编缀好呈送给梁武帝，头发和两鬓都变白了。梁武帝接到了《千字文》后，对周兴嗣赐赏甚厚。这就是经历了 1400 多年，且至今仍广泛传颂的千古绝唱《千字文》的出炉过程。周兴嗣编纂的《千字文》一经面世，就在社会上广为流传。宋人吴坰的《五总志》印证了这一说法："智永禅师居长安西明寺，自七十之八十岁，写真草《千文》每毕，人争取之。"

3.《千字文》编纂形式及基本内容

《千字文》的编写保持《仓颉篇》等的四字韵语形式。全书 250 句，除极少数句子为独韵外，其余均数句相押。不仅如此，《千字文》的 1000 个字都是古书上常用的，没有很生僻的字；用文言的标准看，多数的句子也是普通的结构，艰涩难懂的句子很少；引古书，用典故的地方有一些，不太多，也不算艰深。而且，它们之间也是互相联系，并非各自孤立的，而是每句都表达一定的意思，每两句甚至更多句的意思之间也有一定的连贯性。全篇从古人关于天地形成的说法开始，把包括律历、历史、道德、读书、地理、饮食、居处、园林、祭祀等知识的内容连缀成文。清人诸人穫称《千字文》为"局于有限之字而能条理贯穿，毫无舛错"，无疑是对它最贴切的评价。

《千字文》叙述天文岁时上古历史，宣传封建伦理道德；介绍帝都宫殿的雄伟以及达官显贵的豪华；讲述周秦时期政治家和军事家的功绩；中华大地的名胜等，可谓美轮美奂。开始是："天地玄黄，宇宙洪荒。"接着说"天"的一些现象，如："日月盈昃，辰宿列张。寒来暑往，秋收冬藏。云腾致雨，露结为霜。"再说"地"的一些现象，如："金生丽水，玉出昆冈。剑号巨阙，珠称夜光。海河咸淡，鳞潜羽翔。"以此介绍一些有关自然界的名物。然后叙述上古之世，陈述一些有关历史的知识，如："推位让国，有虞陶唐。吊（弔）民伐罪，周发殷汤。坐朝问道，垂拱平章。"以下说到君子修身之道，并推类而及君臣、父子、兄弟、夫妇、朋友之伦，如："女慕贞洁，男效才良。资父事君，曰严与敬。孝当竭力，忠当尽命。乐殊贵贱，礼别尊卑。上和下睦，夫唱妇随。孔怀兄弟，同气连枝。交友投分，切磨箴规。"这一部分包含了不少封建伦常的说教和慎言远祸之类的人生哲学。另外，也有一些不无可取的戒律，如："知过必改，得能莫忘。罔谈彼短，靡恃己长。信使可覆，器欲难量。德建名立，形端表正。祸因恶积，福缘善庆。容止若思，言辞安定。"还有一些优美的景物描写，如："渠荷的历，园莽抽条。枇杷晚翠，梧桐早雕。陈根委翳，落叶飘摇。游鹍独运，凌摩绛霄。"①只用 1000 个字，基本上保持不重复，而能写出这么丰富的内容，并且大多数的句子通畅可读，没有多少牵强硬凑的痕迹，这的确是很不容易的。褚人获《坚瓠集》戊集卷四说："王凤洲称（千字文）为绝妙文章，……如舞霓裳于寸衣木，抽长绪于乱丝，固自难展技耳。"

4.《千字文》的影响

作为教材，《千字文》不仅吸引了众多的少年儿童，也引起了成年读者的瞩目，得到了广泛的传播。王定保在《唐摭言》卷 10 中记载："顾蒙，宛陵人，博览经史，慕燕许刀尺，亦一时之杰。……甲辰淮浙荒乱，避地广州，人不能知，困于旅食，以至书《千字文》授于聋俗，

---

① 吴蒙. 三字经·百家姓·千字文[M]. 上海：上海古籍出版社，1988：121-169.

以换斗筲之资。未几，遘疾而终。"敦煌遗书中发现不少唐代变文，这是记录俗讲的文字。唐代盛行俗讲，听俗讲的人很多，影响很大，有的把儿童教育的内容编入俗讲歌辞。如《新合〈千文〉皇帝感》云："言谙四海贵诸宾，黄金满屋未为珍。虽然某乙无才学，且听课里说《千文》。天地玄黄辩清浊，笼罗万载合乾坤。日月本来有盈昃，二十八宿共参辰。"①北宋汪珠《神童诗》说："古有《千文》义，须知后学通。圣贤俱间出，以此发蒙童。"明末清初教育家、思想家顾炎武指出，周兴嗣的《千字文》，"不独以文传，而又以其巧传。后之读者苦《三仓》之难，而便《千文》之易，于是至今为小学家恒用之书"②。《千字文》作为童蒙读物不仅易于理解，而且容易背诵。

《千字文》不仅作为课本发挥学校教育功能，书中的语句在社会上也广泛流行。《太平广记》引《启颜录》(唐人侯白作)的记载，有人用《千字文》里的话戏作乞社，敬白："社官三老等，窃闻政本于农，当须务兹稼穑。若不云腾致雨，何以税熟贡新。"③此外，还有这样的记载："唐阎立本善画，后拜右相，而姜恪以战功为左相。时人有'左相宣威沙漠，右相驰誉丹青'之嘲。"④

《千字文》的内容还被社会上其他行业所采用，如科举考场试卷的编写、商人账册编号、大部头书籍(如《道藏》《知不足斋丛书》)的编号等，往往用《千字文》的字序为序。历代书法家也竞相书写《千字文》，例如，王羲之的孙子智永禅师曾亲手书写了800册广泛散布到社会上，江南寺院每处都保存了一本。除了智永所书的《千字文》外，留传至今的还有唐代怀素、欧阳询，宋代赵佶，元代赵孟頫，明代文徵明等众多书法家各种字体的帖本。无独有偶，古代小学重视写字教学，《千字文》也当是重要的书法教育教材。

①　王重民. 敦煌遗书论文集[M]. 北京：中华书局，1984：199.

②　(明)顾炎武. 吕氏千字文序·亭林文集(卷2)[A]. 张志公. 传统语文教育初探[M]. 上海：上海教育出版社，1962：13.

③　张志公. 传统语文教育初探[M]. 上海：上海教育出版社，1962：7.

④　(清)赵翼. 陔余丛考·用千字文语[M]. 北京：中华书局，1963：436.

《千字文》不仅在汉民族中间传播，它还有满汉对照本和蒙汉对照本，供满族、蒙古族的儿童学习汉字及常识之用；不仅在国内传播，还有日本的刻本，供日本初学者学习汉文之用。

5.《千字文》后续版本及内容

周氏《千字文》有不少增订本、注释本、改编、续编本。现在能见到和著录于史册的就有几十种之多。另外，还有几种所谓万字文、五千字文、三千字文等。改编《千字文》的目的有四种：第一，认为周兴嗣《千字文》字少，不够用，所以要增广扩充，如宋代侍其玮编《续千文》、葛刚正编注《重续千字文》(又称《三续千字文》)，明代周履靖编《广易千文》；第二，认为周氏《千字文》内容庞杂，想用1000个字专讲某一方面的知识，如宋代胡寅编《叙古千文》，元代许衡编《稽古千文》，明代李登编《正字千文》；第三，认为周氏《千字文》进行思想教育的作用不够，需要加强，如清代何桂珍编《训蒙千字文》，又改称《何文贞公千字文》；第四，认为周编《千字文》不够好，想独辟蹊径重新编纂，如清代李崇忠编《千字文》。还有一种汉字、梵文对照的《梵语千字文》，又称《梵唐千字文》，书题三藏法师义净撰，参见《大正大藏经》，供僧人学习翻译使用，内容通俗易懂。

以下再举不同版本《千字文》之要者如下：《续千文》一卷，宋侍其玮撰。该书四字一句，合辙押韵，援古叙事，教给儿童历史知识；与《凡将》《急就》并行。《重续千字文》，又名《三续千字文》，宋葛刚正撰。其文八言诗体，附以注释考证，内容包罗山水、名物、修身、治道诸端。《稽古千文》，元徐衡撰。四言诗体，用千字概述宋以前全部历史，浅显流畅，易懂易记。《广易千文》，明周履靖编，内分《初广千文》《二广千文》《三广千文》《四广千文》四部分，各千字。《正字千文》卷，明李登编。意在正字，故注意偏旁部首的区别，形似字、音近字的辨认。该书正文前有《楷书字法》，从执笔讲起，"永字八法"讲基本笔画，再按偏旁部首讲基本字形，最后讲书法原则。正文后附篆、草隶各书字法，总称"四体字法"。《千字文释义》，清汪啸尹纂，逐字注释梁周兴嗣《千字文》，并概述其各章要旨。《训蒙千字文》，清何崔珍编，用千字述"先圣先贤先儒千古之学术心源"，清末被列为"训蒙必读书"之一。①

《千字文》的种种续编、改编本中均包括自然、社会及历史等方面的知识内容。如《续千文》开头的几句是："混沌初开，乾坤刚柔，震兑巽坎，角亢奎娄。"宋胡寅编《叙古千文》第七节讲西汉的历史变迁："炎汉开创，规模广延。勃诛禄产，光拥昭宣。董相仲舒，儒术穷研。靖罢辟邪，乃绩巍焉。"清李崇忠重编《千字文》开头几句是："天地定位，造化生成。曦晖月朗，闰积阶平。俯察川岳，仰眺星辰。藏图出洛，翔鸟跃鳞。"唐代三藏法师义净撰《梵语千字文》开头几句是："天地日月，阴阳圆矩，昼夜明暗，雷电风雨。"这些续编本和改编本，曾在一时一地流行过，然而都不久远。其重要原因在于内容艰涩，超越儿童的接受能力，不太符合初步识字及学习知识及开发心智、增进德行的需要。

此外，又有《六字千文》。除在《千字文》四字一句的基础上新增二字外，与《千字文》最大的异处是，有八句49字的序文："钟珠操集千字文，唯拟数训男；石勒称兵失次，梁帝乃付周兴；员外依文次韵，连珠贯玉相承；散骑传名不朽，侍郎万代歌称。"

是在《千字文》的基础上每句增加两个字，添成六个字一句的千字文教材。这种具有注释功能的《千字文》简易注本，它淡化了音韵以及书法功能，突出识字意义，内容通俗易懂，是研读《千字文》的重要参考文献之一。

(三)《幼诰》《纂要》

《幼诰》《纂要》，南朝颜延之撰。颜延之(384—456 年)，字延年，琅琊临沂(今山东临沂市)人，是刘宋时期的著名文人。他一生著述较多，除文学创作外，还有小学类等杂著，但作品散佚严重。其别集在萧梁时原结集为《颜延之集》卷、《颜延之逸集》，均于南宋末年全部亡佚。

① 顾明远. 教育大辞典·中国古代教育史(上)(第8卷)[M]. 上海：上海教育出版社，1991：209-210.

颜延之《幼诰》与《纂要》都是小学类著作。《幼诰》盖为童蒙而作，主要是音注和训释，音注有直音、反切，训释有互训、推源、义界，其训释方式与《说文解字》相类。《纂要》的训释，用"甲曰乙"或"甲谓之乙"的格式来区分同义词或近义词之间的差别，祖述《尔雅》。①

颜延之《幼诰》和《纂要》的主要内容应当收录在《颜延之集》30 卷中，随颜延之别集的亡佚而散佚。在南朝梁武帝以及唐宋时编纂的一些类书和小学著作中，保存了部分内容。传本《颜延之集》中未收录《幼诰》和《纂要》佚文，明清以来，做了很多辑佚工作，但辑佚成果真伪互见、异说并存，其性质、内容、训释特点及其与其他小学著作的关系，至今仍缺乏专文研究。

---

① 杨晓斌.《幼诰》《纂要》的内容及其训释方法——兼论与《说文》《尔雅》之关系[J]. 西南师范大学学报(人文社科版)，2011(1).

第四章　隋唐时期的学校教材

隋文帝开皇元年(581年)，北周外戚杨坚灭北周建立隋朝，589年灭南朝陈，完成统一大业。唐高祖武德元年(618年)又被李渊及李世民等父子所灭，建立唐朝。隋唐时期，结束了魏晋南北朝长期分裂割据的局面，国家重又归于一统。唐代统治者励精图治，尤其是唐太宗李世民改革封建吏治，调整封建生产关系，有效地促进了封建经济的上升，史称"贞观之治"，从而形成了"汉唐盛世"的辉煌。体现在学校教材上则表现为由政治集权而带来教材的一统，尤其在经学教材方面。与此同时，各专科学校的设立而相应确定了相关专门技术知识的教学内容，以及伴随对外交流儒家典籍的外传等，所有这些都构成了这一时期学校教材的色彩或基调。

中国历史上在唐宋之间即从公元907年到960年，虽然为时不过50多年，北方中原地带却经历了后梁、后唐、后晋、后汉、后周五朝和十三个皇帝，史称"五代"；南方及四川、重庆、山西各地区还先后存在十个政权：吴、南唐、吴越、楚、闽、南汉、前蜀、后蜀、荆南和北汉，合称"十国"。五代十国是唐末藩镇割据局面的余波，是中国历史上十分混乱的时期。在半个多世纪中，虽然政治黑暗，战火频繁，人民生活动荡不安，但出版发行事业却有了迅速的进步。唐代雕印书籍主要是佛经及生活上需要的一些通俗读物，始终没有印儒家经书，也没有官刻本出现。[①] 从五代起，国家开始刻印儒家经书，是儒家经书有印本书之始。雕版印刷术由此大为流行，成为蒸蒸日上的新兴事业。这对中

---

① 高信成. 中国图书发行史[M]. 上海：复旦大学出版社，2005：41.

国古代学校教材的历史影响至为深远，尤其是地方教材的推广及民间教育对教材的选用要便利、灵活得多。

隋唐时期，经历战乱动荡历史之后，国家复归于统一，儒学地位再次得到提升。科举制度逐渐建立，勘定后的儒学经典《五经正义》作为科举取士制约下的官学教材和规范课本，得到广泛推广，诗赋、古文运动和文选教材的兴盛，雕版印刷技术的发明使用，以及儒释道三教的融合等诸多因素都影响着学校教材的嬗动。唐代各种类型专科学校的开设打破了儒学一统的局面，专科学校的教材也得到较大发展。中外文化交流的加强，盛世唐朝的教材传入日本、朝鲜等国，推进了东亚一些国家教育和学校教材的历史。

第一节　隋唐时期文教政策与学校教材

国家的一统，民族的融合，经济的发展，对外交流的频繁，使唐王朝具有一种宽容大度的胸襟，不仅接纳异域文化，而且使它本土化，最为明显的就表现在儒、佛、道自魏晋时期的争鸣而走向相互融合、不可分割，最终奠定了"尊崇儒术，兼重佛道"的文教政策。文教政策上儒、佛并立、兼及道教，是对自魏晋以来儒、佛、道三者关系的初步调整。儒学经典教材的重新审定，佛道的渗透及抗衡，以及由此对儒学的某种解构或消融，促使学校教材、知识内容的突破与更新，隋唐专科学校课程的建设及教材编写就是鲜活的例证。

儒、佛、道三者之争自魏晋以来就一直没有停息，儒学的地位，因魏晋南北朝的分裂而有所衰微，但是在官方正统的学校教育中，依然占据统治地位。隋统一后，虽结束了政治上南北长期的分裂，但文教上仍是"人庶轨仪，实见多阙，儒风以坠，礼教犹微，是知百姓之心，未能顿变"[1]，正

---

① （唐）魏征，令狐德棻. 隋书·柳昂传[M]. 北京：中华书局，1973：1277.

所谓"经邦立政，在于典谟矣。为国之本，莫此优先"①，为了加强中央的统一，从而重视儒学地位的提升，尤其注重儒学中礼教的内容。当时大臣井弘曾上奏欲据前经而详定礼仪，以求得革除旧有之俗弊，后经批准，于是征集学者撰写《仪礼》一书共百卷，记载："修毕，上之，诏遂班天下，咸使遵用焉。"②由此可以看出统治者对统一思想、规范民众所作的努力。

在尊儒的同时也倡佛，佛教教义中所宣扬的"来世""顿悟""积善""修行"等思想对于统一后安抚民众的心灵具有很大的感召力。当时南北佛学的学风不同，南方重视义理，北方重视禅定。陈、隋之际，智凯创立天台宗，参合南北学风，主张义理、禅定并重，提出"止（禅定）"观（义理）"法门作为最高修养原则。由于汉魏以来传入中国的佛经存在着教义上的重大分歧，随之形成各种学派。天台宗批判、整理、解释诸经、诸学派的教义，形成一套由低级到高级、分别层次的理论，建立起自己的判教体系。止观法和"判教"体现了南北佛教学风和各种学派的交流和统一，适应了统一王朝的需要。③ 以隋炀帝为代表的统治集团大力提倡，不仅鼓励出家，还大量兴建佛塔。高祖李渊于武德三年（620年）即大建佛寺营造佛像。太宗于贞观三年（629年）诏令译释佛经。高宗则派法师义泽赴印度取经。武则天时，佛教发展达到高潮，诏令译经，为佛立像，并撰《大云经》，称武则天是米勒降生，她就令两京诸州各置大云寺，各藏《大运经》1本，度僧千人。由于统治者的力荐，社会人才纷纷效仿，修建佛塔、佛寺一时之间蔚然成风，至唐武宗时则有"十分天下之则，而佛有七八"之说。

道教在这一时期也受到尊重，隋文帝下令禁毁天尊像，隋炀帝则宠信一批道士。唐王朝是李氏的天下，而道教鼻祖李耳则被视为始祖，因而道教地位比隋朝高。公元624年唐高祖李渊亲临老子祠以示尊祖。唐

---

①　（唐）魏征，令狐德棻. 隋书·牛宏传［M］. 北京：中华书局，1973：1300.

②　（唐）魏征，令狐德棻. 隋书·礼仪三［M］. 北京：中华书局，1973：156.

③　唐长孺. 中国大百科全书·中国历史·隋唐五代史［M］. 北京：中国大百科全书出版社，1988：20-21.

太宗李世民更认为李氏江山得力于太上老君的灵佑，因而奉道教为皇教。唐玄宗李隆基则亲注《老子》，并颁行天下，要求每家必备一本，更为值得注意的在于，每年贡举考试中，减《尚书》和《论语》一二道策，加试《老子》，并于京都设专门讲习道教的崇玄学，令习《道德经》《庄子》《列子》，并征求通四种诸经的学者，亲临兴庆门，加以策试，特予甄奖。

唐王朝对儒、释、道三教的调整又进了一步，使其相互借鉴，共同发展，而没有刻意罢黜之说，体现了唐王朝的盛大气魄！从中可明显地透视出以儒为主，道释辅弼的教育政策在学校教材领域的深刻而广泛的影响。

第二节　隋唐时期的官、私学教材

隋朝仅30多年就为唐朝所替代，但隋代重视教育，设立专门的教育行政机构和专门的教育长官，开设专科学校等。这些对封建官学制度确实有重大的意义，为后世封建官学制度的发展奠定了基础。唐代官、私学教材依托于相应的教育机构，体现了各类学校教育的办学要求及质量规格，也促成学校教育有效地推进。

一、官学教材

官学是隋唐政府办教育的主体，官学所使用的教材，大体与各类官学教育的培养目标和对人才的实际需求密不可分，呈现出国家规范的景象。

(一) 儒经的统一与学校教材的规范化

隋朝建立后，儒学开始复兴。唐代统治者极力把尊崇儒术作为振兴发展文化教育的主导思想。唐太宗"锐意经术"，实施一系列崇儒措施。

太宗诏以周公、孔子为先圣，颜回为先师，贞观以后，全国学校遍设孔子牌位，官学祭孔相沿成习。

唐初科举取士，亦以儒经为主。所设科目，最初有明经、秀才、俊士、进士等，"而明经之别，有五经，有三经，有二经，有学究一经，有三礼，有三传，有史科。此岁举之常选也"①。由于所试"九经"字数多少不等，分为大、中、小三类："凡《礼记》《春秋左氏传》为大经，《诗》《周礼》《仪礼》为中经，《易》《尚书》《春秋公羊传》《穀梁传》为小经。通二经者，大经、小经各一，若中经二。通三经者，大经、中经、小经各一。通五经者，大经皆通，余经各一，《孝经》《论语》皆兼通之。"②对于其他各类生员，亦各有通经的规定，如"凡弘文、崇文生，试一大经、一小经，或二中经"；"进士加读经、史一部"③，《孝经》《论语》，几乎是各类生员的"公共必修课"。

《公羊传》

---

①　(宋)欧阳修，宋祁. 新唐书·选举上［M］. 北京：中华书局，1975：1159.

②　(宋)欧阳修，宋祁. 新唐书·选举上［M］. 北京：中华书局，1975：1160.

③　(宋)欧阳修，宋祁. 新唐书·选举上［M］. 北京：中华书局，1975：1163.

《穀梁传》

唐太宗因感儒学多门，章句繁杂，加之南北经学的不同对科举取士有许多不便，欲将异说纷纭之经义统一起来，于是诏令颜师古考定"五经"文字。由于颜师古有如此浓厚的文字训诂功力，方足以承担正定"五经"文字之重任。正定《五经》文字，是经学统一的第一步。颜师古的工作，正为孔颖达等撰《五经正义》奠定了良好的文字基础。

颜师古（581—645 年），唐训诂学家，名籀，京兆万年（今陕西西安）人。他官至中书侍郎，作《汉书注》《急就章注》及《匡谬正俗》等，考证文字，多所订正。

据《贞观政要》记载：

贞观四年，太宗以经籍去圣久远，文字讹谬，诏前中书侍郎颜师古于秘书省考定《五经》。及功毕，复诏尚书左仆射房玄龄集诸儒重加详议。时诸儒传习师说，舛谬已久，皆共非之，异端蜂起。而师古辄引晋、宋以来古本，随方晓答，援据详明，皆出其意表，诸儒莫不叹服。太宗称善者久之，赐帛五百匹，加授通直骑常侍，颁其所定书于天下，令学者习焉。太宗又以儒学多门，章句繁杂，诏师古与国子祭酒孔颖达等诸儒，撰定《五经疏义》，凡一百八十卷，名曰《五经正义》，付国学施行。①

从中可以看出，当时儒家经书写本杂出，流传已久，文字讹谬情况严重，亟须确定一个标准本，以适应科举考试的需要。颜师古是一个博学之士，他的考订工作之繁难，可想而知。在他提出校订本之后，又在房玄龄主持下，召集诸儒，详加评议，引起了种种非难。②

孔颖达(574—648年)，唐经学家，字冲远，冀州衡水(今属河北)人，生于北朝，少时曾从刘焯问学。隋大业(605—616年)初，选为"明经"，授河内郡博士。到唐代，历任国子博士、国子司业、国子祭酒诸职。其对儒家经学教材的主要贡献就在于撰写《五经正义》，此书的撰修与审订历时16年。《五经正义》这部钦定经义突出皇权至上和贵贱尊卑的等级差别，颁行全国后，"自唐至宋，明经取士，皆遵此本"③。这部"御定"的《五经正义》成了科举取士的教科书和规范本。

(二)中央官学的教材

隋朝中央官学设有国子学、太学、四门学、书学、算学、律学，但限于立国时间短暂，未系统化、正规化。唐代的中央官学则分为国子学、太学、四门学、律学、书学、算学、广文馆、崇玄学、弘文馆、崇文馆、医学等。下面分类叙述其所使用的教材状况。

1. 儒家官学的教材

国子学　设于武德元年(618年)，博士、助教各2人，学生额300人，生源以文武三品以上子孙，或从二品以上曾孙等，学习内容分"周礼""仪礼""礼仪""毛诗"和"春秋左氏传"五个专业，兼习《周易》《尚书》《春秋公羊传》《春秋穀梁传》《孝经》和《论语》，皆须兼通，暇习隶

---

① (唐)吴兢撰，谢保成集校.贞观政要·崇儒学[M].北京：中华书局，2003：384.

② 李瑞良.中国古代图书流通史[M].上海：上海人民出版社，2000：187.

③ (清)皮锡瑞.经学历史[M].北京：中华书局，1959：198.

书，读《国语》《说文》《字林》《三仓》《尔雅》，间习时另策。

太学　设于武德元年(618年)，博士、助教各3人，学生额500人，生源为文武官五品以上子孙，职事官五品期亲等，教学内容与教材的选用同国子学。

四门学　设于武德元年(618年)，博士、助教各6人，学生额1300人，其中包括官员之子500人，庶人之俊异者800人。学习内容与教材的选用同国子学、太学。

尽管国子学、太学、四门学在教学内容与教材的选用上相同，但因学生的资质，教师的水平及学员的多寡，其教学质量是有差别的。唐代的官学教育体系中仍以太学为中心，例如国子学以《周易》《尚书》《毛诗》《左氏春秋》《礼记》等五经教授学生，太学规定学生学习"九经"[①]，即"大经"，《礼记》《左传》，每经各学3年；"中经"，《毛诗》《周礼》《仪礼》，每经各学2年；"小经"，《周易》《尚书》《公羊传》《穀梁传》，其中《周易》学2年，其他各学1年。"大经"和"中经"为分科必修课，"小经"为选修课。可见，唐代学习儒家经典的范围比较广泛，在严格的制度约束下，学习的程度也较深。

广文馆　设于天宝九年(750年)，博士4人，助教2人，生源为准备进士科考试的人员，学生额不定，所用教材则与进士考试科目设计相关。

弘文馆　设于武德四年(621年)，教官若干，生源为京官职事五品以上子弟，学生额30人，教材与国子学同，但尤重书法、经史等方面的训练。

崇文馆　设于贞观十三年(639年)，学士2人，学生额20人，生源为皇亲贵族子弟，教材同国子学。

2. 道家官学的教材

受教育方针政策的规定，唐代道教学派设学除了民间私学之外，还

---

① "九经"，九部儒家经典的合称，包括《三礼》(《周礼》《仪礼》《礼记》)，《三传》(《左传》《公羊传》《穀梁传》)和《易》《尚书》《诗经》，是唐代国子学、太学、四门学各中央官学的主要教材，亦是科举制度"明经"科举考试的主要内容。

有官学的建置，这是唐代社会思想多元包融及宗教性浓厚的显著特征。

崇玄学　设于开元二十五年(737年)，博士、助教各1人。东西两京学生共200人，学习内容为道家经典《老子》《庄子》《列子》《文子》等。

3. 各类专科技术官学的教材

唐朝封建社会经济繁荣，自然科学有了很大的发展，如数学、医学、天文历法等有了明显的进步，并取得了重大的成果。反映在教育上，专科教育较为兴盛，在中央官学中取得了地位。

律学　设于武德元年(618年)，博士助教各1人，生源为八品以下子弟及庶人之通其学者，学生额50人，学习内容以律令为专业，格式法例亦兼习之。此外，有余暇者，令习隶书，并《国语》《尔雅》。可见当时对于文字学和书法的普遍重视，文字学是书法的知识基础，学生时代如不勤练书法，到铨选时可能因书法不够标准而被删选。

书学　设于贞观二年(627年)，博士2人，生源同律学，学生30人，教学内容以"石经""说文""字林"为专业，其余字书如《三仓》《尔雅》及《国语》亦兼习之。

算学　设于贞观二年(627年)，博士2人，生源同律学、书学，学生30人。计分两个专业：一习《九章算术》《海岛算经》《孙子算经》《五曹算经》《张丘建算经》《夏侯阳算经》《周髀算经》《五经算术》；一习《缀术》《缉古算经》。两个专业都要兼习《数术记遗》《三等数》。学制一个专业为6年：《孙子算经》《五曹算经》1年，《九章算术》《海岛算经》3年，《张丘建算经》《夏侯阳算经》1年，《周髀算经》《五经算术》1年；另一个专业为7年，《缀术》4年，《缉古算经》3年。《数术记遗》与《三等数》为选修内容。

医学　医学分医科、针科、按摩、咒禁、药园五个专业，尤以医科、针科最为发达。医科在学习《神农本草》《脉经》《针灸甲乙经》等基础理论知识后，再分体疗、疮肿、少小、耳目口齿、角法五个小专业，针灸科除学习《素问》《黄帝内经》《明堂》《脉诀》《赤乌神针》以及人体在不同状态和姿势下的经脉孔穴图谱等针灸学基础知识外，还学习圆、提、锋、铍、利、毫、长、火等 9 种针的适用病症和实际操作技术。按摩专业教授有关"消息导引之法""治损伤折跌之法"的医疗技术。咒禁专业则在"斋戒"的条件下学习"祓除"厉鬼为患的"咒禁"术。药园专业主要学习药物种植、采集和制造等有关知识技能，从实践中培养药园生和药童。唐代医药学的教学过程是理论和实践相结合的。

各种类型的专科技术学校的开设打破了儒学一统的局面，使衡量人才的标准走向多元，专门学习自然科学的专科学校始于唐代，唐代专科学校的教材在中国古代教材史上有重要地位，不应被忽视。

(三) 地方官学教材

隋朝在地方上实行州县二级制，为了加强思想控制，统一人们的思想，隋朝设立了州县学，要求天下州县普遍设置博士，以教化于民。

唐朝的地方官学制度适应中央集权和科举制度的需要，较前代更为周详。共有三种类型：经学、医学和崇玄学。李渊在即位前夕，便下令州县官学招生。武德七年（624 年）下诏兴学，令"吏民子弟有识性明敏，志希学艺，亦具名申送，量其差品并即配学，州县及乡各令置学"①。所以贞观开元年间，唐朝的府、州、县、市镇、乡等地都建立了官学，但以州县学为主，市镇曾添设小学。

地方官学的教材主要是经学，但规定得不够明白。教授府（京都府学，包括京兆、河南、太原；都督府学），州、县学的学官，称"文学"或"博士"。据《新唐书·百官志四下》记载："文学一人，……掌以五经授诸生。"又云："武德初，置经学博士、助教、学生。德宗即位，改博士曰文学。京兆等三府，助教二人，学生八十人。大都督府、上州，各助教一人，中都督府，学生五十人。下府、下州，各四十人。"②又云："凡县皆有经学博士、助教各一人。"③

---

① （后晋）刘昫. 旧唐书·礼仪四[M]. 北京：中华书局，1975：916.

② （宋）欧阳修，宋祁. 新唐书·王绩传[M]. 北京：中华书局，1975：1314.

③ （宋）欧阳修，宋祁. 新唐书·王绩传[M]. 北京：中华书局，1975：1319.

各府州县学教授经学、文艺、医学和玄学的要求降低，教师学生的地位和待遇也有落差。根据开元二十一年(733年)五月敕：

> 诸州县学生，年廿五以下，八品、九品子弟，若庶人，生年廿一以下，通一经以上，及未通经精神聪悟，有文辞史学者，每年铨量举送所司简试，听入四门学充俊士。即诸州贡举者省试不第，愿入学者亦听。国子监所管学生，尚书省补；州县学生，州县长官补。诸州县学生习本业之外，仍令兼习吉凶礼，公私有礼事处，令示仪式，余皆不得辄使。诸百姓任立私学，其欲寄州县学授业者亦听。①

可知学生通一经的也容许其毕业式升学。除了学习正业以外，学生还要兼习吉凶礼，参加地方上的吉凶礼仪活动。学生毕业后，一是升入中央四门学，继续学习；二是直接参加科举考试。另外，还可由州县委派去做一些地方小官吏。州县学校统归地方长史管辖，毕业时也由长史主持考试。

唐代统治者把《孝经》看作学校的基本教材。《孝经》是中国古代儒家的伦理著作，儒家十三经之一。传说是孔子作，但南宋时已有人怀疑是出于后人附会。清代纪昀在《四库全书总目》中指出，该书是孔子"七十子之徒之遗言"，成书于秦汉之际。自西汉至魏晋南北朝，注解者及百家。现在流行的版本是唐玄宗李隆基注，宋代邢昺疏。全书共分18章。② 早在武德七年(624年)，高祖李渊便命令给幼童"讲习《孝经》"。唐太宗李世民曾庆幸国子监听孔颖达讲《孝经》，文武侍从不用说也参加旁听。唐开元年间，皇太子入国学，右常侍褚无量特为其开讲《孝经》，在学的文武官员子弟也要去听讲。这样做的目的是求忠臣于孝子

---

① 程舜英.隋唐五代教育制度史资料[M].北京：北京师范大学出版社，1998：235-236.

② 百度百科.https：//baike.baidu.com/item/孝经/779810.

之门。武德七年的诏令提到"出忠入孝，自家到国"。

二、私学教材

唐代私学以蒙学、私家讲学为主流。唐代的蒙学多建立在乡村，称村学或村校。唐代农村经济有较大的发展，乡村多有学习文化的要求。故此，乡村学校办得非常普遍。此举不仅对普及普通的识字和文化知识起到了积极的作用，也为专门人才的培养打下了一定的基础。

唐代乡村学校的教材，主要有启蒙识字读物、儒家经典和诗赋三类启蒙读物。除为唐玄宗皇子编纂的《初学记》外，在民间流行的主要有周兴嗣的《千字文》、无名氏的《太公家教》、杜嗣先的《兔园册》、李瀚的《蒙求》，保存于敦煌石室的唐代写本《开蒙要训》等书。儒家经典方面的教材，主要是《诗》《书》《礼》《易》《春秋左氏传》等五经。此外，乡校学生还经常学习《论语集解》和《孝经》等。诗赋方面的教学内容则为一些文学家的作品，学诗的风气已深入农村。记录劝勉儿童识字的俗讲诗《五更转》云：

> 一更初，自恨长养枉身躯，耶娘小来不教授，如今争(怎)识文与书。二更深，《孝经》一卷不曾寻，之乎者也都不识，如今嗟叹始悲吟。三更半，到处被他笔头算，纵然身达得官职，公事文书怎处断。四更长，昼夜常如面向墙，男儿到此屈折地，悔不《孝经》读一行。五更晓，作人已来都未了，东西南北被驱使，恰如盲人不见道。①

唐代私家讲学的门类繁多，所采教材不同。这些教材大多源于流行经典或诸家著述，也有讲学名家自身研究创作的素材。

---

① 任半塘. 敦煌歌词总编［M］. 北京：中华书局，1984：743.

(一) 儒家经学教材

"王绩，兄通，隋末大儒也。聚徒河、汾间。仿古作《六经》，又为《中说》，以拟《论语》，不为诸儒称道，故书不显，惟《中说》独传。"①可见王通不仅讲授生徒，而且以私学为著述之所。这种传授学术的私学在隋唐之际甚为繁荣，许多著名学者都办过私学，或曾在私学中得到培养。"颜师古，其先祖琅琊临沂人……少博览，精故训学，善属文。仁寿中……授安养尉……俄失职，归长安，不得调，窭甚，资教授为生……太宗即位，拜中书侍郎。"②仁寿是隋文帝年号，颜师古是当时著名学者，他就是在隋、唐易代之际在长安办私学谋生的。"王恭者，滑州白马人，少笃学，教授乡间，弟子数百人。贞观初，召拜太学博士，讲《三礼》，别为义证，甚精博，盖文懿、文达皆当时大儒，每讲，遍举先儒义，而必畅恭所说。"③可见这位王恭是当时私学教授，成了名，然后去当官学博士的。"马嘉运者，魏州繁水人，少为沙门，还治儒学，长论议。贞观初，累除越王东阁祭酒，退隐白鹿山，诸方来授业至千人。"④

(二) 文学诗赋教材

唐代科举注重以诗赋取士，诗歌的发展达到历史的顶峰，因此，私学重视诗赋的教学。许多私学大师在教学中，教授诗歌非常普遍，形成风气。白居易曾说："自长安抵江西三四千里，凡乡校、佛寺、逆旅、行舟之中，往往有题仆诗者。"⑤唐宣宗挽白居易的诗中有这样两句：

---

① (宋)欧阳修，宋祁. 新唐书·王绩传[M]. 北京：中华书局，1975：5594.

② (宋)欧阳修，宋祁. 新唐书·颜师古传[M]. 北京：中华书局，1975：5641.

③ (宋)欧阳修，宋祁. 新唐书·王恭传[M]. 北京：中华书局，1975：5645.

④ (宋)欧阳修，宋祁. 新唐书·马嘉运传[M]. 北京：中华书局，1975：5645.

⑤ 孟宪承、陈学恂. 中国古代教育史资料[M]. 北京：人民教育出版社，1961：176.

"童子解吟《长恨》曲，胡儿能唱《琵琶》篇。"可见白诗的流行相当普遍。学童幼而读诗，长而考诗。这种考试的制度，提倡作诗的风气，对加强诗歌技巧的训练，对诗歌的普及有重要的作用。

(三)黄老道玄教材

卢太翼"七岁诣学，日诵数千言，州里号曰神童。及长，闲居味道，不求荣利。博综群书，爰及佛道，皆得其精微。尤善占候算历之术。隐于白鹿山，数年徙居林虑山茱萸涧，请业者自远而至"①。道玄之学在唐代很有市场，学校教学非常重视，如著名学者尹知章，居官之余回家便以《易》和老、庄、玄言之学教授。

(四)科技教材

隋朝名儒刘焯、刘玄于隋开皇中撰修国史，"诸经义疏，缙绅咸师宗之"②。与此同时，他们兼参议《历书》《五经述议》《九章算术》《周髀》《七曜历书》等十余部自然科学文献。唐代科技教育远较前代发达，身怀绝技的学者，大都开门授徒讲学。又据《新唐书·李吉甫传》：李吉甫擅长地理学，其子李德裕自幼聪颖好学，及长学识渊博，亦作《平原山居草木记》等书。唐太史令李淳风祖上四代都长于天文历算，而他幼年就在家教之下，"通群书，明步天历算"③。

唐代有些私学教师自身文化素养较高，且有丰富的教学经验，知道该教些什么知识和应当怎样教，为适应社会时代变化和地区经济发展相应提高民众文化的需要，自编讲义或教学读物，先在自己主持的私学中使用，以后逐渐传播，被普遍采用，为教材更新创造了条件。这些课程资源，只要被多数学者认为在同类中优秀的就能流行，而陈旧落后的就免不了遭到淘汰，教材的新陈代谢，是历史过程中必然的现象。

①　(唐)魏征、令狐德棻. 隋书·卢太翼[M]. 北京：中华书局，1973：1769.

②　(唐)李延寿. 北史·儒林上[M]. 北京：中华书局，1974：2707.

③　(宋)欧阳修，宋祁. 新唐书·李淳风传[M]. 北京：中华书局，1975：5798.

第三节　唐代的医学教材

唐代医学教育发达，不仅从中央到地方设立了医学专门教育机构，而且存在丰富多样的医学师徒相授活动。医学教育实践必须依托种类多样的医学教材。唐代重视医学的分科教学，医学教材呈现出多科性与专业性并存的特征。唐代医学教材对中国古代医学专门人才培养发挥重要作用，并对海外医学教材有一定的辐射影响。

一、唐代医学教育及教材概述

唐代作为封建社会的鼎盛时期，社会生产力有了极大提高，农学、天文历法、医学等专业蓬勃发展。其中医学更是举世瞩目，影响深远。战国时期神医扁鹊创立了师承相传的医事制度，刘宋时期的元嘉二十年（443年）秦承祖奏议请置医学，并主张设立一系列医官，医学教育自北魏以来已有漫长的岁月。唐代医学教育在继承隋代的基础上又有极大提升，医学教育不仅通过寺观教育、师徒相授方式传播，而且从中央到地方建立了完备的医疗教育系统。其中太医署是已知世界范围内建立时间最早、规模最大的中央医药学校管辖机构。在中央官学辐射作用下，唐代地方医学教育也有所发展。

（一）官学医学教育与教材

唐代医学教育虽有不同的类型、层次及方式，但主要以官学专门医学教育为主，中央官学医学教育的核心就是太医署主管的医学机构。探讨中央官学专门医学的学科专业及教材的意义明显，而地方官学医学专门教育也有补充价值。

1. 中央官学医学教育与教材

唐代官方医学教育体系主要由太医署和地方医学博士负责。太医署是唐代重要的医学教育管理部门，集行政、医疗、教育为一体，由执掌邦国礼乐社稷的太常主管。

唐代中央官学的专科教育较为兴盛，有律学、书学、算学、医学等专科学校设置，在中央官学中占据重要地位。医学分为医科、针科、按摩、咒禁、药学五个专业，尤以医科、针科及药学最为发达。医科的师生人数多时达164人；针科的教师和学生共计52人，各科皆由博士、助教授课。

唐代官学医学教育按专业分布，有计划设置系列课程，并使用统一编写或选择的教材实施教学。医科所有学生首先要学习《神农本草经》《针灸甲乙经》《脉经》等基础课程。在具备一定基础理论之后，再分体疗（相当于内科）、疮肿（相当于外科）、少小（相当于儿科）、耳目口齿（相当于五官科）、角法（相当于理疗中的拔罐疗法）等五个专业分别选拔学生。然后，按专业安排各差异的年限及分科课程，有序修学进业。史称："医博士掌以医术教授诸生习《本草》《甲乙》《脉经》，分而为业。诸医生既读诸经，乃分业教习，率二十人。以十一人学体疗，三人学疮肿，三人学少小，二人学耳目口齿，一人学角法，各专其业。"[①]其中体疗学习七年，少小及疮肿学习五年，耳目口齿及角法修业两年。根据其分科培养人才的办学模式分析，医科中内、外、儿、五官等科也应有专业教学教材，可惜文献缺乏记载。

针科学生除了学习中医理论外，主要训练针法技能，具体课程设计及教材规定为：先学习《明堂》《脉诀》，识记人体脉络；然后钻研《黄帝内经》《素问》《赤乌神针》以及人体在不同状态和姿势下的经络孔穴图谱等针灸学知识技能，以便进行实际诊疗。除此之外，还要求镵、圆、鍉、锋、铍、圆利、毫、长、大等九种的适用病症和实际操作技术，从而使学生在掌握"静脉孔穴""识浮沉涩滑之候"的基础上，熟练地运用"九针"进行治疗。《唐六典》对"九针"的使用方法及原理有具体说明，有极强的可操作性。"一曰镵针，取法于巾针，长一寸六分，大其头，锐其

---

① （唐）李林甫等. 唐六典[M]. 陈仲夫，点校. 北京：中华书局，1992：410.

末，令不得深入，主热在皮肤者。二曰圆针，取法于絮针，长一寸六分，主疗分间气。三曰鍉针，取法于黍粟之锐，长二寸半，主邪气出入。四曰锋针，取法于絮针，长一寸六分，刃三隅，主决痈出血。五曰剑（铍）针，取法于剑，令其末如剑锋，广二分半，长四寸，主决大痈肿。六曰圆利针，取法于牦，直圆锐，长寸一六分，主取四支痈、暴痹。七曰毫针，取法于毫毛，长一寸六分，主寒热痹在络者。八曰长针，取法于綦针，长七寸，主取深邪远痹。九曰火（大）针，取法于锋，长四寸，主取火（大）气不出关节。凡此九针，以法九州九野之分，九针之形及所主疾病毕矣。"①教学活动中识记人体脉络的教材主要采用素有"药王"之称的道教医学家孙思邈的《备急千金药方》中彩色的"明堂三人图"，其色彩与相应经脉五行属性相对应，为针科学生的学习提供了直观的便利。

药学既是医学组成部分，同时又有独特的保障医疗有效性的作用。药学科主要由两名药园师和八名药园生组成。药园师的主要任务是种植、移栽、采集各种应季中草药，并且将方法传授给药园生。药园生主要学习种植、采集和甄别中草药的知识与技能，考核成绩优异者便会晋升为药园师。他们还会负责教授医科、针科、按摩科、咒禁科学生的《本草》学习。

唐代中央官学医学教育强调对学生专业程度的考核，医学生在校学习期间定期参加月考、季考、年考和毕业考等测试，以检验相关知识的掌握程度。以针科为例，"诸医、针生读《本草》者，即令识药形，而知药性；读《明堂》者，即令检图识其孔穴；读《脉诀》者即令递相诊候，使知四时浮沉涩滑之状；读《素问》《黄帝针经》《甲乙》《脉经》，皆使精熟"②。考试成绩优异的学生会被录用到太医署或地方，担任与药学专业相关的特定职务，如若毕业考试连续两年不及格，则别无他法，只能退学。"博士月一试，太医令、丞季一试，太常丞年终试。若业术过于现任官者，即听补替。其在学九年无成者，退从本色。"③

---

①　（唐）李林甫等. 唐六典［M］. 陈仲夫，点校. 北京：中华书局，1992：410.

②　（唐）李林甫等. 唐六典［M］. 陈仲夫，点校. 北京：中华书局，1992：409.

③　（唐）李林甫等. 唐六典［M］. 陈仲夫，点校. 北京：中华书局，1992：409.

2. 地方官学医学教育与教材

唐代政府不仅在中央设立太医署，在地方也设立医学，力图将医学教育从中心城市推及全国重要地方城镇。贞观三年(629年)，政府规定各个府和州统一建立地方医学，扩大招生名额及范围，并配备优良教师。史载："京兆、河南、太原等府设医学博士一人、助教一人，学生二十人；大都督府设医学博士一人，助教一人，学生十五人；中都督府医学博士一人、学生十五人；下都督府医学博士一人、助教一人、学生十二人；上州医学博士一人、助教一人、学生十五人；中州医学博士一人、助教一人、学生十二人；下州医学博士一人、学生十人。"①唐玄宗开元十一年(723年)七月五日诏曰："远路僻州，医学全无，下人疾苦，将何恃赖！"九月己巳，又"颁上撰《广济方》于天下，仍令诸州各置医博士一人"。②

唐代地方官学医学教育所用教材与中央官学教材基本一致。"诸州博士教授医方，及生徒课业年限，并准太医署教习法。其余杂疗，行用有效者，亦兼习之。"③医学博士讲授《神农本草经》《经方小品》《小品方》《千金方》《黄帝内经》《百一集验方》等教材的医药理论，以便医学生能掌握专业医学知识与技能。除此之外，医学生还学习具有民间特色的诊疗方法，以此来丰富自身医学专业素养。

唐代地方医疗机构的设立和"医药博士"的任用，为社会中下层的卫生医疗提供了便利。并且，地方医学学生接近下层民众，服务对象广泛，疾病类型和病例变化更多样化。这既有助于民间医疗水平的提升，更便于普通百姓就医条件的改善。天宝五年(746年)政府下令大力宣传医药知识，将《广济方》内容书写在墙板上，以便民众可以随时学习，进而增强医疗卫生习惯，形成珍视生命养护意识。

地方各州对地方官学医学生的考核分为季试和年终试，其中季试由博士主持，年终试由长官和本司对试，并且设立试簿。医学学生如若提

---

① (后晋)刘昫. 旧唐书[M]. 北京：中华书局，1975：1915.

② (后晋)刘昫. 旧唐书[M]. 北京：中华书局，1975：1986.

③ 程锦. 唐代医疗制度研究[D]. 北京：中国社会科学院研究生院，2008：61.

早修完学校规定的医学课程和教材，则承担分番巡疗任务，诊疗情况需记录在薄；考核成绩不合格的医学生要接受惩治。

(二)师徒制医学教育与教材

师徒制是古代进行专业知识技能传承的重要类型，古代医学专业人才教育有一部分也通过这种类型进行。下文主要描述寺观医学教育和师徒相授教育两种方式。

受"重振儒术，兼重佛道"文教政策的影响，唐代政府除了提倡儒学，兴办孔庙，统一经学之外，对宗教采取包容、助力的态度，致使唐代道教和佛教盛行。道观佛寺的教育就包含医学教育。唐太宗十分信奉道教，并将其封为国教，以示尊崇。道教医学教材颇丰，大部分是道教医学家编撰的，例如《黄帝内经》《神农本草经》等。唐代道士姜抚，在道观修道，娴熟度世之术，玄宗皇帝一心想要得道升仙，于是姜抚在各州采药修炼功德，受到极大关注，慕名前来的学道者门庭若市，其中不乏一些医术高明的道士。这些道士虚心向姜抚请教修道及采药之法，在姜抚的引导之下，潜心学习道教医学教材。吐蕃医师老玉脱云丹贡布为了学习医术，曾率高业弟子跋山涉水，跨越千难万险来到佛教圣地山西五台山。那里的僧侣把大量医书介绍给他们，如《配药》《体腔内部洞察法》等。由此可见，当时一心学医的僧侣人数众多。同时，佛经中的医药经典也是作为教材把医学知识技能传播给信徒。

在古代医学专业人才的培养中，拜师学艺是重要的一种途径，唐代许多名医都是通过拜师学艺的方式功成名就的。那些医术高明的医生希望自己的医术得到继承，以造福千秋万代。医学生们则拜师学艺，通过师长的悉心教导，自己的勤学好问，最终成为名声显赫的名医，学富五车，行医济世，拯救苍生，受到众人的爱戴。

家学是指父子或祖孙之间的教育传承。这既是家庭教育的重要方式，同时也成为师徒传授的特殊途径，极大促进了医学的延续、弘扬及创新。唐代家学医学教育较为常见。唐代之前，坊间流传，医学世家不过三世不能用其药，不能使其看病。唐代出现了许多医学世家。如吴氏家族中父亲吴嗣官至皇朝朝议郎行太医令，儿子吴立在父亲的熏陶教导下从小醉心医术，终成尚药奉御。成氏家族指成万善、成磷父子以及成磷及其子嗣的医学传承关系。成万善医术高超，成磷子承父业，一步步晋升到上阳宫医博士，成磷的儿子也承袭父亲的不凡医术，同样担任医学博士。《外台秘要》编撰者王焘亦是受其祖父的熏陶和影响，自幼便对医学产生兴趣，他通过系统整理唐代之前的医学教育，深入探寻更加合理的医治方案。由于内容丰富，且极具条理和专业性，《外台秘要》成为唐代医学学生所推崇的教材。唐代眼科治疗取得很大进展，出现了关于眼科的专著《治目方》，其中详细记录"金铖一拨日当空"的白内障手术诊疗过程，各医学大家纷纷潜心研读，以便将其中的真知灼见传授给家族后辈。通过家学方式进行医学专业教育具有独特优势，世家子弟自幼深受环境的熏陶，学习各种医学专业知识及技术，尤其家传秘方及实践技能的普世价值更突出。

师徒传承以及家学承袭中使用相应的专业医学教材，如《针灸甲乙经》《脉经》《神农本草经》等。拜师学艺、家学医学教育方式与官学医学教育在专业分科及教材运用上具有差异性，同时也有统一性。当然，这也会使医学弟子的医药知识和医疗技能更加扎实。

二、唐代医学教材举要

唐代对医学教学内容做出了一定规范要求，专科医学必须使用统一教材实施有序教学，说明唐朝政府对医学教育中教学内容设计及编选给予重视。从上述唐代多种医学教育类型所采用医学教材的状况分析，中央官学医学教材系统全面；师徒制与地方官学医学教材具有自身特色，但又有与中央官学医学专业教材共同性的一面。唐代医学教材数量庞大，不仅在当时有极其重要的价值，而且对后世医药学发展意义重大。

(一)《神农本草经》

《神农本草经》，又名《本草经》或《本经》，成书于东汉时期，中医四大经典之一，是对我国中医药进行的第一次系统总结。唐代作为医学教材，供学生学习，其中的药物理论丰富而深刻。该教材共分3卷，记载了365种药材，并分为上、中、下品。上品药和中品药均为120种，其中上品药长期服用不会伤人，且没有毒性，如人参、甘草、地黄等；中品药的用量要结合实际情况，不宜太少也不能过量，如百合、当归、龙眼等，有毒无毒均涉猎；下品药125种大部分有毒，例如大黄、乌头、甘遂、巴豆等，长期服用将会对人体造成损害，用量更应谨慎。《神农本草经》提出了一种特殊的药物配伍规则，即君臣佐使法。君药指上品药，臣药指中品药，而佐药则为下品药，各类药品在组方时按一定比例进行配比。该书总结了单行、相须、相使、相畏、相恶、相反、相杀，即所谓"七情和合"的药物配比关系。

(二)《素问》

《素问》是我国著名的医经，共9卷，81篇。唐代王冰对其进行增补，并作为医学教材广泛流传。该教材内容广泛，主要包括养生、五行学说、脏象、治法、诊法、病机、治则与医德等中医学知识和技能。其中主要涉及三大中医理论：阴阳平衡论、邪正盛衰论、天人感应论。编者采用阴阳分析获得病症进行诊疗，"阴平阳秘，精神乃治""谨察阴阳而调之，以平为期"。疾病发生与否取决于邪、正双方的盛衰情况，将天人感应论与朴素唯物主义思想加以糅合，人体与自然相生相伴。具体则通过四方面体现上述思想：一是五运六气学说，应根据"气运"变化采取相应诊疗措施；二是季节气候变化对病理的影响；三是地理环境对病理的影响，即不同地域，医治方法应有所区别，要因地制宜；四是人体病症会随着一天中时间的推移而变化。

(三)《针灸甲乙经》

《针灸甲乙经》为西晋皇甫谧于魏甘露年间(256—259年)撰写，共12卷，128篇，唐代太医署采用其为医学专业教材。书中对脏腑经络、脉诊理论、腧穴部位、针灸法及禁忌、病因病理及各类疾病的症候、针灸取穴做了详细描述。其中前六卷主要是对针灸理论的阐释，后六卷依次介绍内科、五官科、妇科、儿科等临床针灸治疗。全书条理清晰，章节分明，详细探讨近百种病例，对治疗方法做了详细记述，为后世针灸学奠定了重要基础。

(四)《脉经》

《脉经》共 10 卷，晋代王叔和著，唐代作为医学教材。王叔和行医多年，官至晋太医令，并善于钻研总结医道。该教材将脉律的生理、病理变化及其与疾病的关系总结为 24 种脉象，归纳出"三部九候"的切脉新方法。在汉代医学家张仲景辨证论治思想基础之上，进一步提出人体疾病分为可发汗症和不可发汗症；可吐症和不可吐症；可疢症和不可疢症等。此种切脉方法为中医诊断治疗提供了一定基础，被后人称为"百世人准绳"。这部唐代医学教材不仅在中国大受欢迎，而且名扬海外，先后传到日本、东南亚等国，对国内外中医教育影响深远。

(五)《千金方》

《千金方》为孙思邈所撰。孙思邈崇尚道教，深谙药理，被后人尊称为"药王"。他认为："凡欲为大医，必须谙《素问》《甲乙》《皇帝针经》、明堂流注、十二经脉、三部九候、五脏六腑、表里孔穴、本草药对、张仲景、王叔和、阮河南、范东阳、张苗等部经方。又须妙解阴阳禄命、诸家相法，乃灼龟五兆、《周易》六壬，并须精熟，如此乃得为大医。"[①]从中表现出对医学专业传统积累的继承吸收取向，以及严格培养医学专业人才的教育设计主张。

《千金方》，又名《备急千金要方》，是孙思邈潜心研究的显著成果，并被唐及以后历代选为医学教材使用，医学专业学生对此无不当作医药学习的重要读本仔细研读。该教材共分 50 卷，书成于永徽三年(652

---

① (唐)孙思邈. 千金方[M]. 刘清国，等校. 北京：中国中医出版社，1998：15.

年），内容包罗万象，主要总结概括前代各医学家的配方以及民间验方，系统阐述妇科、儿科、内科、外科的明显症状以及主要的预防、治药、食疗、针灸等手段，总计有 232 门，方论 3500 条。

《千金方》总结了历史上的医药经验，其中对妇女和儿童疾病有大篇幅描述，位于卷首，并就妇女妊娠、保胎等妇科病提出了详细的诊疗方略。对于养生和食疗的看法，《千金方》这样描述："性既自善，内外百病皆悉不生，祸乱灾害亦无由作，此养性之大经也"。[①] "善养性者，则治未病之病，是其义也"。[②] 性情温和善良，注重身体养护，将会减少疾病的发生。人人都要注重疾病发生之前的预防，"治未病之病"实为上策。孙思邈搜集整理了 164 种食物，并把它们分为果实、蔬菜、谷米、鸟兽(附虫鱼)四种类型，总结它们的性味、禁忌和主治，为我国饮食疗法做出了贡献。

(六)《新修本草》

《新修本草》，别名《唐本草》或《唐新本草》，是我国第一部官修药典。由于《神农本草经》问世已久，医药专业需要注入新鲜血液，《新修本草》应运而生。《新修本草》经过两次编修：第一次是在永徽年间（650—655 年），由唐高宗命李勣、于志宁等以《本草经集注》为基础进行修订，成书后名为《英公本草》；第二次是由唐高宗组织苏敬、长孙无忌等二十三人共同参与，编写工作耗时两年，于唐显庆四年（659 年）完成，书成之后名为《新修本草》。全书包括正文 20 卷、目录 1 卷、图经 7 卷、药图 25 卷，共 53 卷，记载药物共 844 种，图文并茂。正文部分详细描述了各类药材的属性及其用法；图谱部分则描绘了各地药材的形态图；图经部分对药材产地来源、疗效等进行了详细说明。《新修本草》作为唐代官学医学教材，是学生学习研究本草药物的重要媒介，为

---

① (唐)孙思邈. 千金方[M]. 刘清国，等校. 北京：中国中医出版社，1998：440.

② (唐)孙思邈. 千金方[M]. 刘清国，等校. 北京：中国中医出版社，1998：440.

医学专业教学的药物形态鉴别提供了直观有力的帮助。

(七)《黄帝内经》

《黄帝内经》是一部综合性医学用书，由《灵枢》《素问》两部分组成。作为传统医学经典著作，对中国医学的发展影响深远。《黄帝内经》建立了中医学的"阴阳五行学说""脉象学说""藏象学说""经络学说""病因学说""病机学说""病症""诊法""论治""养生学""运气学"等思想观念，其基本素材来源于中国古人对生命现象的长期观察、大量的临床实践以及解剖学知识。唐通直郎守太子文学臣杨上善奉敕对该医学经典撰注，对其进行了整理和注释，并且作为医学教材在课程实施中使用，是《黄帝内经》的最早注本，也是唐代流行的医学专业教材。

(八)《外台秘要》

《外台秘要》由唐代医学家王焘所著。王焘曾祖父王珪是贞观年间（627—649 年）名医，受家族影响，王焘自幼对医学饶有兴趣，苦读医书，搜集遗落民间的秘方，经过多年的充实整理，最终编辑成 40 卷《外台秘要》。书中对伤寒、内科、外科、骨科、妇产科、小儿科、精神科、皮肤科、口齿和眼疾等病症进行了详细记载，其中重点描述了天行病（传染病）的症况，"夫天行时气病者，是春时应暖而反大寒，夏时应热而反大凉，秋时应凉而反大热，冬时应寒而反大温者，此非其时而有气，是以一岁之中，病无长少，率多相似者，此则时行之气也"。①这在中国传染病学史上具有重要意义。《外台秘要》作为医学教材不仅被国内中医学专业师生推崇，而且朝鲜医书《医方类聚》和日本《医心方》都在不同程度上借鉴其中的体裁和内容。

三、唐代医学教材的历史反思

唐代医学教材并非逝去历史中的陈迹灰烬，而是鲜活跳跃，穿越时

---

① （唐）王焘. 外台秘要[M]. 北京：华夏出版社，1993：43.

空。这些医学教材服务于医学教育，自身具有课程教材和医学专业教育价值，在中国古代医学教材史上具有突出地位，而且对当代中医教育的振兴，以及中医教材的编写发挥积极意义。

（一）唐代医学教材的教育价值

唐代初步确立医学专业的学科地位。官学医学分科教学的教学内容各有侧重，医学教材也具有明显的针对性、经典性和科学性。除研习专业学科教材之外，一些医学生还积极抄录所选专业医书重要药方进行记诵，以此来提升自己的医学素养。地方医学教育除了沿用中央官学医学教育的教材之外，也采纳医学博士和助教掌握的特色疗病方法，并且更加留意采集民间医方作为教材资源的有效补充。唐代地方医学教育与中央官学医学教育一脉相承，紧密结合，相互支撑。因此，不仅对唐代其他专门学校学科教学有积极的影响，而且对中国医药学发展起到了推动作用。

唐代中央与地方官学医学的课程结构主要分为专业基础课和专业课两部分。基础课、专业课的教材有的继承、创新前代的医学成果，并根据医学专业人才的目标要求以及医学学科的特点，加以改编而成，也有的则由唐代医药学家自行撰著完成。唐代发达的医学教育，为大批医学家提供了施展才华的机会，许多人潜心钻研，将毕生心血总结编撰成册，以便之后的学生参考学习。所有这些都深深影响到了之后的医学教育史。宋元明清时期《黄帝内经》《难经》《诸病源候论》《神农本草经》《补注本草》《素问》《脉诀》《伤寒论》《金匮要略》《本草纲目》等书中的素材内容源于唐代部分几乎半数以上。它们作为封建社会后期官学及其他形式医学专业教材十分盛行，医学生纷纷选择研读。

医学教材在教学中使用有赖于专业教师的知识能力和考核评价，同时，这也是医学专业成败得失的关键。为了保证医学人才的培养质量，太医署重视医学教师的水平和专业素养，定期进行考试来评定等级。博士、助教讲授某门学科教材必须从一而终，中途不得擅自更改，并需要计算当年讲课数量多少，以此作为评定等级的依据；而医师和医工的考核标准则是治疗痊愈病人的数量。可见，唐代医学推崇教师临床实践技能的水平及实际效果。

(二)唐代医学教材的历史地位

唐代是我国封建社会的鼎盛时期，重视医学教育，设立中央和地方医学教育机构，注重医学分科教学；同时在佛、道宗教活动、民间及家学教育中不同程度结合进行医学教育以及医学专业人才的培养。医学教育制度为医学教材的编写及使用提供了保障依托以及前提条件；而优质、充足的医学教材又促进了医学教育的有效推行以及医学专业人才质量目标的达成。唐代发达的医学教育培养了大批医药人才，为社会的发展和民生的改善做出了贡献。

唐代关于医师、医官的选任方式与科举制关联并沟通，这就使医学教育及教材与科举选材的科目、内容紧密结合。这种方式为宋、元、明、清等历代所沿袭。换言之，唐代推行的科举制的人才选拔制度也运用到医学教育中。中央及地方选拔医学人才主要运用生徒、贡举、制举、待诏等四种方法。生徒主要是太医署和地方医学校中表现优异的学生；贡举是那些没有入专门医学，而是通过家学或师承等方式学成者；制举是由帝王亲自选拔的优秀行医者；待诏主要指那些在医学专门领域有造诣而等候皇帝召见的医者。前两类是常科，主要通过政府定期组织考试完成医官的选拔。后两者为特科，带有专门或特殊的医学技术特征，并表现出灵活性与开放性。

唐代医学教材不仅对中国医学教育产生了深远的影响，而且传播到国外许多国家。日本效仿唐朝制度，设置典药寮，分设针灸、按摩、咒禁、药园、女医等科，《脉经》《本草》《素问》《新修本草》等教学中使用的教材也引自唐代。唐代的朝鲜称为新罗半岛，中国与新罗的文化交流始于魏晋南北朝，唐代交流更为频繁，许多新罗使节和留学生前往唐朝，把中国科学技术文化带回新罗，其中包括医学、天文、历算等。新罗神文王曾设医学博士讲授《本草经》《甲乙经》《素问》《针经》《脉经》《明堂经》《难经》等医学教材。从中体现唐代医学教育思想在朝鲜半岛广为流传，并且医学教材成为朝鲜半岛王朝进行医学教育的主要典籍。

(三) 唐代医学教材的现实启迪

诚然，由于唐代医学深受道教及民间术士巫医影响，还存在偏差或误区。例如中央官学医学教育创办咒禁科，设有咒禁博士一人，咒禁师两人。甚至连名医孙思邈都认为咒禁技法虽然神秘，但有保留必要。"详其词采，不近人情，故不可得推而晓，但按法实行，功效出于意表"①。唐代咒禁科学生主要学习《禁经》。《禁经》的讲授工作由咒禁博士和咒禁师负责，使学生在"斋戒"条件下学习"被除"厉鬼为患的"咒禁"术，通过咒禁的渠道消除鬼魅，达到治病的效果。这种医疗技术中的糟粕自然是不可取的。

然而，从整体上来说，唐代医学教育体系完整，教学内容丰富，医学教育具有专门性和定向性，由此充分奠定其在同期世界医学教育史上的前驱地位。作为医学教育核心要素的课程教材均由政府统一选定，而且与国家相关法律及科举制结合，从中充分显示出救死扶伤、拯救生命的神圣与责任。于是，不论是官学，还是家学的教学都注重对医学教材的仔细研读，医学生在学习医药教材的基础上，继承老中医的经验，专业技能得到保障。

当今我国中医学教材状况不容乐观，面临着西医教材的巨大冲击，非但难以抗衡，甚至处境可危。弘扬民族文化，挖掘祖先遗产的宝贵医学教材资源，自然应该充分发挥包括唐代在内的古代中医教材优势，并进一步将其发扬光大。现当代医学包容了中西医学，既有分科，也有融合，都有各自的优势及特色。借鉴唐代的医学教育的宝贵经验，当代医学高等教育应深化教学内容和教学方法的改革，组织编纂一批品质优良的中医学教材，供师生共同学习。中医学教材的编写应做到古为今用，吸收经典医学教材的长处，并且推陈出新，更好结合现代医学的发展趋势及前沿成果，做到与时俱进，将中医学教材建设成具有民族特色、世

---

① （唐）孙思邈. 千金翼方［M］. 上海：上海古籍出版社，1999：814.

界水平的强势学科教学媒介及丰厚资源，为我国实现全面小康社会中广大民众的生命健康保驾护航。

第四节　唐代的经学教材

唐代"崇儒兴学"文教政策和"以经取士"科举制度促使经学教育蔚然成风。经学教材作为经学教育的载体，在官、私学教育及科举考试中发挥显著功能，其中对儒学经典的收集整理、考订训诂及注疏编写活动，如实地反映了唐代儒学的思想变动及文化特点。通过对唐代经学教材的探讨，能清晰把握唐代经学教材"理乱""统一"和"创新"的节律，有助于深化唐代教育史及经学史的认识，并进而为当代国学教材的编写提供有益启迪。

一、唐代官学经学教育、科举制度与教材

隋唐时期，统治者为了巩固中央集权，采取"崇儒兴学"文教政策，在全国广设学校，推崇儒家经典教育，一度形成"庠序遍于四野，儒生溢于三学"的盛况。与此同时，实施"科举取士"选官制度，科举考试亦以儒经为主。这就促使经学教育获得极大发展，经学教材也一度大行其道，蔚然成风。

(一)唐代官学制度与经学教材设计

隋代封建统治者下诏"劝学行礼"，大力兴办学校。唐代政府在继承的基础上勇于创新，大规模兴建、发展官学，在中央形成了国子监统领下的"六学二馆"，即国子学、太学、四门学、书学、算学、律学、弘文馆、崇文馆，在地方上建立了州、县、乡、里四级并立的学校格局，面向庶民、广施教化、培养人才的同时，也选拔优秀生员输送给中央官学，保证中央官学的生源，于是形成了地方官学与中央官学相衔，

多种类型学校并存的全面系统的官学教育。纵观整个官学制度，除了书学、算学、律学这三大专科性学校，其余各级各类学校皆以儒家思想文化为核心。因此，经学教育是官学教育的主流，儒生是官学的主要培养目标，儒学是官学的主要教育内容，"五经"或"九经"是官学的主要教材。需要说明的是唐代地方官学因地方管理者未予充分重视，以及受战乱冲击，并未能切实实施，时起时落，并未真正形成办学体系。

唐代中央官学的国子学、太学和四门学专门传授儒家经典，具有大学通识教育与专门教育结合的特征。有关各官学课程、教材情形上面已述，此处从略。

唐代地方官学依府、州、县设置府、州、县学，又据地域、财力及人口状况额定府、州、县学的规模及人数。这些地方学校均以学习儒家经典为主，兼习文辞、史学。如有文献载："文学一人……掌以五经授诸生。"又云："武德初，置经学博士、助教、学生。德宗即位，改博士曰文学。……大都督府、上州，各助教一人。"①又云："凡县皆有经学博士、助教一人。"②这里的"文学"或"博士"是府、州、县学的学官，《五经》则是府、州、县学的主要教材，当指汉代至隋代沿袭的《诗》《书》《礼》《易》及《春秋》这五部传统的儒家典籍。地方官学毕业学生除参加科举乡试之外，通过选拔考试可入四门学学习。

唐代规定，四门学毕业生可升到太学，太学毕业生可升国子学。这为庶族子弟奋发上进创造了机会。而所使用教材虽学科门类共同，但其程度水平、文本方式、体例设计以及逻辑层次必然是依序提高，各有特色。讲授教学及讨论中的教材开发更加有难易程度及深浅度的差异。分析上述各类经学学校可以看到置博士与助教作为师资力量，学生们统称为国子生徒；均采取分科教学，分经授业的教学模式；生徒们大多以儒家经典为基本教材，其中《孝经》和《论语》是共同必修教材。可见，经

① （宋）欧阳修，宋祁. 新唐书·志·百官四［M］. 北京：中华书局，1975：1314.

② （宋）欧阳修，宋祁. 新唐书·志·百官四［M］. 北京：中华书局，1975：1319.

学教育的主导性以及经学教材的广泛应用性，在唐代官学教学活动中的体现十分突出。

(二) 唐代科举制度对经学教材的影响

官学作为国家培育、储备人才的主要场所，历来都是由政府决定性质与方向。尤其是中央官学更是由统治阶级全面掌控，成为政治的附庸，服务于统治者的政权巩固要求，因此其教学活动、课程内容、教材选用等与国家政令步调整齐一致。唐代统治者为进一步统一思想，加强皇权，实施科举制度。科举考试建立于隋炀帝大业二年（606 年），但真正推行，并制度化实施的是唐太宗李世民统治之后。唐代科举制度广设秀才、明经、进士、明法等各科作为选拔官员的主要途径，并诏令以"九经"取士，明确规定各科的通经要求和考试方法。这样的设计方案，就使科举考试成为学校教育的指挥棒，儒生素养及气质的政治官僚或专业管理人才成为官学办学的培养目标，《五经》及"九经"则为学校教育的主要教材。"九经"，即《三礼》（《周礼》《仪礼》《礼记》）、《三传》（《左传》《公羊传》《穀梁传》），以及《易》《诗》《书》九部儒家经典。

唐代政府为便于科举取士和学校教学，加强对繁杂纷芜的经籍进行整理和分类，除了明确上述九部经书作为官学教学教材及科考书目，还按字数多少把"九经"分为大、中、小三种类别，其中《礼记》《春秋左氏传》为大经，《诗》《周礼》《仪礼》为中经，《易》《尚书》《春秋公羊传》《穀梁传》为小经。另外，还把《论语》《孝经》也视为经书。

唐代科举考试分制科与常科。制科不定期举行，开科名目众多，由皇帝亲自诏令及考核，以选取如贤良方正、直言极谏、孝悌力田等各种非常之才。常科每年举行一次，科目繁多，时有变化，据汇总唐代常科曾设有秀才、明经、俊士、进士、明法、明书、明算、开元礼、道举、童子等众多科目，各科依据不同时期政策变化及人才所需，有所增减且实行时间长短不一，只有明经与进士是常科中最为盛行且始终开设的科目。以常科中较为盛行且与儒学经典学习和掌握最具相关度的明经科为例，有如下记载："而明经之别，有五经，有三经，有二经，有学究一经，有三礼，有三传，有史科。"①"凡明经，先贴文，然后口试，经问大义十条，答时务策三道。"②其中贴文就是把儒家经典文章中的部分字句贴去，留出空白令考生填补，类似于现在考试中的填空或默写题，主要考察学子对经书教材的熟识程度。一般是在大、中、小三经中抽考10贴，另《孝经》2贴，《论语》8贴。此外，经问大义十条及策问，其具体内容也以"九经"教材为主，如《全唐文》卷483载"明经策问七道"，指的就是依次从《春秋》《礼记》《尚书》《毛诗》《穀梁》《论语》七部教材中策问1~7道题。科举考试依据于"九经"教材且通经数越多，意味着谋取高官的可能性越大，这也就要求应举者必须熟读儒家经典。

受科举考试这根无形"指挥棒"的制约，唐代各级各类官学中的教学制度大多是围绕着"九经"开展的，像国子学、太学以及四门学规定《礼记》《春秋左氏传》两部大经及《诗》《周礼》《仪礼》三部中经是必修内容，《易》《尚书》《春秋公羊传》《穀梁传》四部小经是选修内容，《孝经》《论语》两部旁经是公共必修内容。弘文馆、崇文馆，则以一大经、一小经，或二中经为经学课程。各经修业期限为：大经学习3年，中经学习2年，小经学习一年半，《孝经》《论语》共选习1年。同时还对学生的通经标准提出明确要求：通二经者，要大经、小经各精通一部，或精通二部中经。通三经者，要大、中、小三经各精通一部。通五经者，要求极高，需大经全部精通，中经、小经各精通一部，还要兼通《孝经》《论语》。博士、助教采取分经教授诸生的方式，没有完成通经要求，不予毕业。这种分经教学的设计不同于诸门课程交错结合的课程编制方式，属单科独进，即教完一门或一种经学后，再另教他门，依序进行；近现代学校课程教学实施多采用与此相对的方式，即多科齐头并进，不同门类课程交错安排，互补迁移。地方官学则专以《五经》为教材，教师讲授经书内容的深度以及学生所习经书数量的要求等都低于中央官学

---

① （宋）欧阳修，宋祁．新唐书·卷四十四 志第三十四·选举制上［M］．北京：中华书局，1975：1159.

② （宋）欧阳修，宋祁．新唐书·卷四十四 志第三十四·选举制上［M］．北京：中华书局，1975：1161.

标准。

　　唐代各级各类官学之经学课程，以《孝经》《论语》为必修教材，《左传》《礼记》《毛诗》《周礼》《仪礼》《周易》《公羊》《榖梁》《尚书》为专修教材。这些经学教材分类明确且丰富多样、种类繁多，教师和学生以此作教与学的工具或凭借，不仅能够便捷汲取儒家基本知识，还能极大地发挥自己的主观能动性，依据各自的特长、兴趣、爱好有选择地教或学不同的经书教材。唐代官学经学教育"九经"之设是自汉代以来《五经》教材的丰富及深化，但并不排除《五经》教材，尤其是唐代大儒孔颖达等主编的《五经正义》成为儒生教学的重要资源及著作。

二、唐代私学经学教育及教材

(一)唐代私学经学教育状况

　　隋唐时期政府鼓励民间办学，允许百姓任立私学，且受"崇儒兴学"文教政策以及"以经取士"科举制的影响，有识之士为满足社会需求纷纷办学，私学中的经学教育课程实施居于主流地位。例如：隋马光，精通《三礼》，为儒者宗仰，教授瀛博间，门徒千数。[①] 唐张士衡，从刘轨思学《诗》《礼》，又从熊安生、刘焯学《礼记》，后专攻《三礼》。贞观时，士衡为崇贤馆学士，传授《三礼》，以老还家，复教授于乡里。宋代学者孙光宪的《北梦琐言》卷3称："唐咸通中，荆州有书生号'唐五经'者，学识精博，实曰鸿儒，旨趣甚高，人所师仰。聚徒五百辈，以束脩自给。"徐文远，洛州偃师人，其兄于长安以卖书为业，文远日阅书于书店，博览《五经》，犹精《春秋左氏传》。文远为人方正醇厚，有儒者风。窦威、杨玄感、李密皆从其受学。[②] 顾彪，顾苏州吴人，精于

---

　　① 孙培青，杜成宪. 中国教育史[M]. 上海：华东师范大学出版社，2008：172.

　　② 孙培青，杜成宪. 中国教育史[M]. 上海：华东师范大学出版社，2008：173.

《春秋左氏传》，讲授于乡里。乡人朱子奢从之习《春秋左氏传》，并以专精而闻名。①

唐代官学教育具有严格的等级性，入学资格条件深受家庭背景及政治地位的限制，是门阀等级社会专制性在教育上的体现。但相对而言，私学则宽松得多。凡是具有专门知识或广博学问，愿意从事教育工作的人可开设私学，聚徒教授；凡是有志于学，有一定社会地位及经济力量的家族子弟，出于职业或政治及修身的需要可四处求学，拜师听讲。唐代私学中经学教育蔚然成风，并且大多以儒家经典作为教材。

(二)唐代私学经学教材

唐代私学中的经学教育极具自主个性化。就其教学活动而言：大多是担任教师的名流学者各以治学专长来教授学生，课程自由设置，一般是选取自己擅长的一本或几本经书来讲读和诠释；讲授的内容多是前人名儒对经书的注解，也可以说是义疏之学，注疏的不同致使经学内容极其丰富多样。像有的经师专门研习、教授《春秋》三传(《公羊传》《穀梁传》《左氏传》)，也有的专门研习、教授"三礼"(《周礼》《仪礼》《礼记》)。就学习活动而言，学生们具有极大的学习选择权，能够根据自己的喜好自主进行择师，在与教师协商、获得允许后，自主决定是长期从师听讲，还是短期游学，学习内容可以主修一经，也可以修习各经。与此相对应，经学教材的使用呈现出丰富多彩的特色。这些教材可以源于流行经典或诸家著述，也可以是讲学名家基于自身研究而创作的素材。例如："王绩，兄通，隋末大儒也。聚徒河、汾间。仿古作《六经》，又为《中说》，以拟《论语》，不为诸儒称道，故书不显，惟《中说》独传。"②"王恭者，滑州白马人。少笃学，教授乡间，弟子数百人。贞观初，召拜太学博士，讲《三礼》，别为义证，甚精博。盖文懿、文

---

① 孙培青，杜成宪. 中国教育史[M]. 上海：华东师范大学出版社，2008：173.

② (宋)欧阳修，宋祁. 新唐书·列传·隐逸[M]. 北京：中华书局，1975：5594.

达皆当时大儒，每讲遍举先儒义，而必畅恭所说。"①著名经学教育家张士衡，以《三礼》传授，最著名的弟子是贾公度，先参加《礼记正义》编写，后又独自撰有《周礼义疏》五十卷、《仪礼义疏》四十卷。贾公彦传授弟子李玄植，李撰《三礼音义》流行于一时。

此时以儒学经典作为主干教材传授弟子的著名学者很多，在《隋书·儒生传》《旧唐书·儒学传》中均有登录。像徐文远、房晖远、萧该、包凯、王勃、张士衡、柳宗元、韩愈、袁滋、阳城、卢鸿、萧颖士、王方庆、张琚、马光、马嘉运、王恭等人均为其中的佼佼者。他们讲授的主要经典有《三礼》《三传》《诗》《书》《周易》《论语》《孝经》《文选》等学校通用教材。其中也有的私家讲学者以其他儒学名著如《洪范》《孔子家语》《法言》《仓颉》《尔雅》作为教本。

上述对隋唐经学教育的概述，可以看到儒家经学教育在学校系统中占据主导地位，获得极大发展。官私学教材依托于官私学教育机构，并体现了各类学校教育的办学要求、培养目标、教育内容等。因此，此期经学教材构成了学校教材的主流色彩或基本基调。经学教育的大行其道，经学教育内容的丰富多样，对经学教材的统一和创新提出了必然要求，加速了政府和各方大儒对经学教材的整理和编撰，促使经学教材展示出别具一格的特色。

三、唐代经学教材举要

唐初延续隋朝，但仍保留魏晋经学遗风。魏晋南北朝时期受社会动荡背景之下玄学流行、佛学传播的影响，两汉经学独尊地位旁落，玄、佛思想因素浸透在儒经研讨的内容和形式之中。魏晋经学一变两汉明经之风，盛行义疏之学。儒家经学呈现出儒学多门、师法各异、章句繁杂、义疏不同的特点，既不利于思想统一，也不利于经学教育科举考试

---

① （宋）欧阳修，宋祁. 新唐书·列传·儒学上［M］. 北京：中华书局，1975：5645.

效度的发挥。唐代政府为改变这一状况，于是加紧对经籍的整理、分类：一方面把经学分为正经和旁经，以《三礼》《三传》连同《易》《诗》《尚书》一块合为"九经"为正经教材，《论语》《孝经》为旁经教材；另一方面，又积极正定经书，编制义疏方面的教材，作为官方及科举取士标准用书。下面选取一些标志性的儒家经典，分类叙述其作为学校教材的内容及相关情形。

（一）《五经正义》系列教材

《五经正义》这部堪称鸿篇巨作的官修教材，无论是质量，还是影响都是首屈一指的。它的编撰不是一蹴而就的。由唐代帝王大力支持、博学诸儒通力合作，历时20余年得以告成。其间步骤、环节复杂，历经正定"五经"文字、统一"五经"义疏、审修"五经"文本等一系列的过程，才终成其书，颁行天下。从文字统一的《五经定本》，到义疏统一的《五经正义》，再到扩充完善的《开成石经》可谓步步推进，环环相扣。这种漫长的探索既反映了封建统治者对统一儒家经典教材的关注与执着，更能体现作为一部国家规范教材出炉过程的艰辛与慎重。就其问世教材成效而言，这是基于统治者意志又满足士子读书需求，经得起历史考验的系列标准教科书。

1.《五经定本》

《五经定本》由儒学大家颜师古奉诏考订"五经"文字后所成经书，是唐代政府规定的法定儒家经学教材。

唐太宗李世民在位时，因经籍年代久远，文字有许多谬误，欲统一经注、规整文字。于是贞观四年（630年），他诏前中书侍郎颜师古在秘书省考定"五经"文字。3年后，将颜师古所校正的《五经定本》以法定经典的形式颁行天下，诏令广大学子修习，成为官私学及耕读传家自学研讨者的标准教材。有文献记录如下：

> 太宗以经籍去圣久远，文字讹谬，令师古于秘书省考定《五经》，师古多所厘正。既成，奏之。太宗复遣诸儒重加详议，于时

诸儒传习已久，皆共非之。师古辄引晋、宋以来古今本，随言晓答，援据详明，皆出其意表，诸儒莫不叹服。于是，……颁其所定之书于天下，令学者习焉。①

从中可以看出，当时儒家经书写本杂出，流传久远，文字讹谬情况严重，亟须确定一个标准本，以适应科举考试的需要。儒学大家颜师古引据大量可靠的资料，正定"五经"，因而使诸儒既"出其意表"，又"莫不叹服"。可以说，它与东汉蔡邕等刊刻"熹平石经"具有同样的意义。《五经定本》的编撰和颁行，解决了"五经"写本杂出、文字讹谬的情况，实现了"五经"文字统一，为孔颖达等名儒后续撰写《五经正义》奠定了良好的基础。"五经"教材训释不一，义疏迥异的问题甚至更加凸显出来，从而又使统一"五经"义疏的工作提上日程。

若从编撰的角度来看，"五经"文字的校定其实就是编撰《五经正义》教材的准备工作阶段，所以说《五经定本》可视为《五经正义》系列教材的先导性文本。

2.《五经正义》

《五经正义》是唐代官定儒家经学标准教材，科举取士的教科书和规范读本，由河北籍鸿儒孔颖达等奉敕编写，属"五经"义疏著作。

唐代官方正定"五经"文字，形成《五经定本》教材。但当时并没有刻本，再加上学子们所习经书多是传抄而得，因此，难免出现各种谬误，致使定本与习本有所不同。唐太宗又觉得儒学多门，章句繁杂，训释不一，便于贞观十二年(638年)诏国子祭酒孔颖达率颜师古、司马方章等当世名儒撰定《五经疏义》，凡180卷，名曰《五经正义》，交付国学教学施行。唐高宗永徽二年(651年)正式颁行《五经正义》。

初，颖达与颜师古、司马才章、王恭、王琰受诏撰《五经》义训，凡百余篇，号《义赞》，诏改为《正义》云。虽包贯异家为详博，

---

① （后晋）刘昫. 旧唐书·颜师古传[M]. 北京：中华书局，1975：2594.

然其中不能无谬冗，博士马嘉运驳正其失，至相讥诋。有诏更令裁定，功未就。永徽二年，诏中书、门下与国子三馆博士、弘文馆学士考正之。①

《五经正义》从最初的撰修，到最终的审订颁行，历时将尽 20 余年，可谓长时间的打磨才告竣问世，实属不易。全书各部分构成内容如下：《毛诗正义》40 卷，毛亨传，郑玄笺，孔颖达等疏；《尚书正义》20卷，伪孔安国传，孔颖达等疏；《周易正义》16 卷，王弼、韩康伯注，孔颖达等疏；《礼记正义》70 卷，郑玄注，孔颖达等疏；《春秋正义》（或称《左传正义》）36 卷，杜预集解，孔颖达等疏。从政治视角分析，所谓"正义"，就是唐代由于政治上大统一的需要，对前代繁杂的经说，进行一番统一整理，即正前人义疏之意，进而编出一套统一经书注释文本作为经典标准，使士子学习经学有所宗，科举取士有统一的参照，以便于士子应考之前的训练和准备，并且提高科举考试的公平性和可信度。从经学的意义上说，就是依据传注而加以疏通解释之意；依据的传注不同，所撰的义疏也就各异。学界一般认为，以《毛诗正义》《礼记正义》为优。

《五经正义》偏重训诂考据而轻视思辨发挥，在一定程度上给教学、记诵、考试等带来便利，因此，颁行全国后，"御定"的《五经正义》就成为各级各类学校教科书规范本。这部教材的编纂除了革除了儒学多门、章句繁杂之弊，还折中南学、北学，打破汉代以来"师法""家法"的界限，最终完成了"五经"内容的整理，形成经义统一的经学。这在当时具有显著的进步作用和积极影响，它结束了经学史上由来已久的宗派门户纷争，如今古文之争、郑王学之争，以及南北学之争，标志着经学一统局面的形成。② 有的专家作如下评述："自《五经定本》出，而后

① （宋）欧阳修，宋祁. 新唐书·孔颖达传［M］. 北京：中华书局，1975：5644.

② 舒大刚. 儒学文献通论（上册）［M］. 福州：福建人民出版社，2012：464.

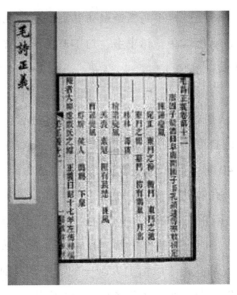

《毛诗正义》

经籍无异文，自《五经正义》出，而后经义无异说。每年明经，依此考试，天下士民，奉为圭臬。盖自汉以来，经学统一，未有若斯之专且久也。"①

3.《开成石经》

《开成石经》亦称"唐石经""石壁九经"，可视为《五经正义》进一步完善的补充性文本，是更为丰富、实用、权威的精品教材。这套儒家经典石刻教材立于长安城国子监讲论堂两廊，是官方刊刻的经书标准文本，一时引发读书人和好经者抄录校对风潮。

唐代官修《五经正义》的问世结束了当时经籍训释不一，义疏迥异的局面，使学子们习经学有所宗，科举考试评有所据。因此，自颁行天下后，各级各类学校皆依此为教材，学子们几乎都有需求。但是由于当时纸张珍稀，印刷术不发达，需求多却供不应求。因此，学习使用的教材只能靠人工传抄方式获取。而学者抄录《五经正义》这部有着庞大体

①　马宗霍. 中国经学史［M］. 上海：上海书店出版社，1984：94.

系的教材极易出现各种混乱和大量笔误，随着时间的推移，便出现了经籍舛谬，学识陋浅则不能改正，士子习经无所取正等一系列问题。

鉴于上述问题的严峻存在，唐文宗太和四年(830年)，宰相郑覃建言：请诏巨学鸿儒，校定经籍，仿汉旧事，"镂石太学，示万世法"①。得到唐文宗获准，开成二年冬十月，郑覃进《石壁九经》，并《孝经》《论语》《尔雅》共一百六十卷，列于太学，以正其阙，又名《开成石经》。

《开成石经》于文宗太和七年(833年)开刻，至文宗开成二年(837年)历经4年才完成。其中所刻内容极其丰富，包括《周易》《尚书》《诗经》《周礼》《仪礼》《礼记》《春秋左氏传》《春秋公羊传》《春秋穀梁传》《孝经》《论语》《尔雅》十二部儒家重要经书，同时还附立《五经文字》(唐张参撰)和《九经字样》(唐玄度撰)。

相较于《五经正义》，《开成石经》这部石刻教材不仅校刊补充了《论语》《孝经》，还把《尔雅》列为经书，共同刊刻，这是具有开创意义的。《尔雅》对先秦古籍中许多古词古义进行了汇总和解释，是儒生们读经、通经的重要工具书，将其列入十二经，丰富了唐石经的内容，并突出了经学教材的实用性。与此同时，经学教材采用唐代通行的楷书刊刻，其中还附设《五经文字》和《九经字样》，这对经籍用字起到了强有力的规范作用，使经籍用字混乱状况得到有效控制，意义重大。可谓是"由京师而风天下，覃及九泽，咸知宗师"②。

《开成石经》是现存最古老的儒家经典刻本，典型的一部"石头上"的教科书。它历经几代人研究校勘，终于大功告成，其创造性成果，备受文史学家赏识性评价。王国维称："自《开成石经》出，而经文始有定本。"③皮锡瑞提出，此项活动该"一代之盛举，群经之遗则"④。《开成

---

① (宋)欧阳修，宋祁. 新唐书·列传·郑覃传[M]. 北京：中华书局，1975：5068.

② (清)董诰. 全唐文·国学新修五经壁本记[M]. 上海：上海古籍出版社，1990：2709.

③ 谢维扬，房鑫亮. 王国维全集(第7卷)[M]. 广州：广东教育出版社，2010：205.

④ (清)皮锡瑞. 经学历史[M]. 周予同，注释. 北京：中华书局，1959：150.

石经》基于《五经正义》而成的石碑文本，却比《五经正义》更为丰富和实用，是当之无愧的碑刻文皇皇巨著。

(二)《孝经》

《孝经》是儒家经典之一，自汉朝确立了《孝经》的教育典籍地位后，得以普及，成为帝王将相、社会士子必读经书与幼童的启蒙教材。唐朝更是将《孝经》与《论语》抬到"经"的高度，共同列为旁经。唐代统治者把《孝经》视作学校基本教材，成为学生公共必修教材。

早在武德七年(624年)，唐高祖李渊诏令提出"出忠入孝，自家到国"。后又专门下诏奖励、表彰史孝谦为两个幼童"讲习《孝经》，咸畅厥旨"，明确"义方之训，实堪励俗。故从优秩，赏以不次"①，以此推崇《孝经》的流传和学习。有学者称童子科正是由这次褒奖通《孝经》之幼童而开始的。唐太宗李世民曾亲临国子监听孔颖达讲《孝经》，文武臣僚参加旁听。唐玄宗更是注重《孝经》教育，认为忠孝乃治国之根本，教化之基础。正所谓"化人成俗，率繇于德本，移忠教敬，实在于《孝经》"②。于是开元年间(713—741年)皇太子入国学，右常侍褚无量特为其开讲《孝经》，在学的文武官员子弟也皆要去听讲，这样做的目的是求忠臣于孝子之门。天宝三年(744年)更规定地方学校和民间社区也要读《孝经》，并作为荐举的依据：

> 自古圣人，皆以孝理，五帝之本，百行莫先。移于国而为忠，长于长而为顺，永言要道，实在人弘。自今以后，令天下家藏《孝经》一本，精勤诵习。乡学之中，倍增教授，郡县官吏，明申劝课。百姓间有孝行过人，乡闾钦服者，所由长官，具有名荐。③

---

① (清)董诰. 全唐文·擢史孝谦诏[M]. 上海：上海古籍出版社，1990：10.
② (清)董诰. 全唐文·颁重注孝经诏[M]. 上海：上海古籍出版社，1990：150.
③ 孙培青. 隋唐五代教育论著选[M]. 北京：人民教育出版社，1993：255-256.

　　唐玄宗本人对儒经深有造诣，具有很高的学术素养和儒学情怀，再加上重视《孝经》，因而曾亲自注释《孝经》教材，并颁行天下以垂范后世。

　　唐玄宗的《御注孝经》及元行冲《御注孝经疏》列为唐代官学儒经教材，对此的有关原委经过，史籍有如下记载：

> 　　（开元）十年六月二日，上（玄宗）训注《孝经》，颁于天下及国子学。至天宝二年五月二十二日，上重注，亦颁于天下。（天宝三年）十二月初，敕自今以后，宜令天下家藏《孝经》一本，精勤诵习，学乡之中，倍加传授，州县官长，明申劝课焉。玄宗自注《孝经》，诏行冲为疏，立于学宫。①

　　唐玄宗的《御注孝经》及元行冲的《御注孝经疏》，前者曾"颁于天下"，后者曾"立于学宫"。从上述官学教材使用来看，除作教材讲授、理解之外，还会留待学生课余学习活动自由选修和诵读。"立于学宫"，则主要在地方官学中采用，而宋元以后，将地方官学常称作"学宫"或"儒学"，恰可作为补证。

　　总之，在唐朝众多帝王的高度重视与大力推广下，《孝经》的儒家经典地位获得了空前的提高，一度形成上至王孙贵族下至黎民百姓，从幼子到成人皆传诵或研习《孝经》的盛况。唐代政府将《孝经》与《论语》一起列为旁经并作为童子科、明经科考试的主要内容以及进士科的兼修内容。因此，《孝经》不仅成了启蒙教育或者说初级教育基础文本，而且高层次教育也将其视为研学及阐发的重要教材。

　　（三）《经典释文》

　　《经典释文》是一部以注音为主兼及释义的总集，为解释儒家经典的文字书，注解极为详备。唐时经学士子们学习经典著作或教材常以其作为参考书或辅助教材。

---

　　①　熊承涤.中国古代教育系年［M］.北京：人民教育出版社，1995：287.

175

《经典释文》由大儒陆德明精心创作。全书汇集了汉魏六朝以来的音切训诂凡 230 余家。卷 1 为序录是全书的纲领，包括序、条例、次第和注解传述四部分。"序"标示着收的时间、入选缘由和训释原则。"条例"说明全书的体例。"次第"解释内容安排的次序及其理由。"注解传述人"说明各种经典的师承源流和注解传述各家。卷 2 至卷 30 依次为以下 14 种经典的音义注释：《周礼》《仪礼》《礼记》《春秋左传》《春秋公羊传》《春秋穀梁传》《孝经》《论语》《老子》《庄子》《尔雅》。《经典释文·序》论述了此书的编撰缘由以及训释原则说：汉魏以来经学教材存在诸多流弊，音义混淆，南北语音及经义难以兼容；取材比例各人喜好不同而大异其趣，使后学钻研探讨"罕逢指要"。因此，亟需编撰解读、理解经典的工具书，作为辅助教材，以"救其不逮"。编者为之付出极大心血，"研精六籍，采摭九流，搜访异同，校之《仓》《雅》，辄撰集《五典》《孝经》《论语》及《老》《庄》《尔雅》等音"①。真可谓"功夫不负有心人"。

古语云："梅花香自苦寒来，宝剑锋从磨砺出。"苦心追求与意志努力作为必备心理品质和行为力量是成就业绩的充分条件。《经典释文》形式上虽为释音理字，但透过"经注毕详，训义兼辩"的程序，最终的成果达到"古今并录，括其枢要，经注毕详，训义兼辩，质而不野，繁而非芜，示传一家之学，用贻后嗣"②。该教材虽较之《五经正义》编纂的方式有所不同，但谋求经学一致和规范的精神和发挥社会政治稳定的用途却是不谋而合的。

唐代私家撰修的经学教材种类十分丰富，除了陆德明的《经典释文》，还有杨士勋的《春秋穀梁传疏》、贾公彦的《周礼义疏》和《仪礼义疏》、徐彦的《春秋公羊传注疏》。这四部《疏》体例亦大致同于《五经正义》，在学者间有相当不错的口碑，都是当时学者们学习儒学的常用教材。特别是贾、杨的经疏，可以视为官定经义的继续，生徒修业习经皆以此为参考文本。

---

① (唐)陆德明. 经典释文·序[M]. 北京：中华书局，1983：1.
② (唐)陆德明. 经典释文·序[M]. 北京：中华书局，1983：1.

1. 贾公彦《周礼义疏》《仪礼义疏》50卷。前者以郑玄同本经典注疏为主，又依据晋陈邵《周官礼异同评》及梁沈重《周官礼义疏》二书修成。书出自公彦一人之手，发挥郑玄经学，详赡博赅，朱子评其为唐人义疏中最好的作品。后者同样以郑玄经注为范本，依据齐黄庆、隋李孟悊二家义疏修成。二家解说互有长短，公彦择善而从，兼增己意，用以发明以往经注奥义。

2. 徐彦《春秋公羊传注疏》18卷。本书以何休《公羊解诂》作为主要资料来源，兼采它说，发挥己意为主。作者徐彦究竟是何许人，不得而知。董逌《广川藏书志》称"世传徐彦，不知何据"，并认为编写风格和方式独特，"多自设问答，文繁语复"①，与其他各疏体例不同。

3. 杨士勋《春秋穀梁传注疏》20卷。该书是以东晋著名经学家范宁所作《春秋穀梁传集解》为先导，后经唐代学者杨士勋在此基础上进一步做疏的工作而成的。纪昀在《四库全书总目提要》中评述其优缺点："其书不及颖达书之赅洽，然诸儒言《左传》者多，言《公》《穀》者少，既乏凭借之资，又《左传》成于众手，此书出于一人，复鲜佐助之力，详略殊观，固其宜也。"②

四、唐代经学教材之评价

隋唐时期，"儒学之盛，古昔未之有也"。在政府大力兴建学校，广置博士、生员，鼓励通经者皆可录为官吏的背景下，四方儒士，多抱负典籍，云会京师。于是，学校制度"粲然大备"，超迈前朝。为了适应这一教育盛况，各种官方修订的标准教材以及博学之士私撰的经学教材大行其道、蔚然成风。这些经学教材的相继问世，体现了"分离""整合"及"统一"的变化趋势。每部经学教材都具有自己鲜明的特征与意

---

① （清）永瑢著，纪昀编.四库全书总目提要·春秋公羊传注疏［M］.保定：河北大学出版社，1990：682.

② （清）永瑢著，纪昀编.四库全书总目提要·春秋公羊传注疏［M］.保定：河北大学出版社，1990：684.

义。它们上承汉学之精髓，下启宋学之辉煌，共同为中国经学更增添了个性化色彩，受到学者的称赞。当然，处在不同的时期，由持不同认识的人来评价这些教材，会呈现出不同的看法。现在看来，这些教材闪光之中不乏一些瑕疵，准确把握其特征，理性评价其价值，有利于我们全面认识唐代经学教材的客观情形及态势，并为当代语文教育质量提升提供借鉴。

(一)积极影响

1. 结束经学的纷争

自汉代以来，经学就存在着古文与今文之争，南北朝时，又有南学与北学的对立，郑玄学派与王弼学派的争议，各家学说迥异。隋唐初期，一度形成了儒学多门、师法各异、章句繁杂、义疏不同的混乱局面，真可谓是"自正朔不一，将三百年，师训纷纷，无所取证"①。唐代，政府主持整理、修订的一系列官定经学教科书以及私家学者编撰经学义疏的相继问世，逐步结束了经学的纷争，使经学最终获得相对统一。隋唐经学统一的最高成就以颜师古的《五经定本》、孔颖达等撰写的《五经正义》和陆德明的《经典释文》为典型代表。颜师古的《五经定本》主要从经书文字着手，订正南北经书文字的异同，以求群经文字的一致。这为经学的统一做了准备，奠定了经学统一的基础。孔颖达等人的《五经正义》主要从经义着手，以南学为本，兼取南北经学之长，解决了注释义疏的多样化，求得了经义的统一。陆德明的《经典释文》主要从释音着手，博采众书，钩稽异同，解决了因时间历史变迁、空间南北悬隔所导致经书文字存在或出现异文、音读以及训义的差异。② 可以看到，每部经学教材虽然编纂的方式不同，但为经学求一统的诉求以及所做的贡献却是不谋而合的。

---

① (唐)魏征，令狐德棻. 隋书·列传·儒林[M]. 北京：中华书局，1973：1706.

② 叶国良，夏长朴，李隆献. 经学通论[M]. 上海：上海书店出版社，2016：285.

2. 形成统一标准

《五经定本》《五经正义》以及《开成石经》等经书无一不是政府编修完成，并作为官方指定的教材、科举考试的标准文本而颁行天下。于是，全国各级各类学校都使用这些教材作为教学的工具。正如有的学者评价说："自五经定本出，而后经籍无异文；自《五经正义》出，而后经义无异说。每年明经依此考试，天下士民奉为圭臬，盖自汉以来，经学统一未有若斯之专且久也。"①后来《开成石经》镌刻与使用更是儒家经典标准化的一次成功尝试。近代著名历史学家、教育学家王国维断言："自《开成石经》出而经文始有定本。"②近代经学家皮锡瑞更称《开成石经》之刊刻为"一代之盛举，群经之遗则"③。可见，这些教材的相继问世不仅在经学教育史上别开生面，而且有俾于天下学子在学习经学时学有所宗。

3. 注重注经义疏

唐代儒学一变两汉明经之风，盛行义疏之学。义疏乃对经注而言，注以释经文，疏则演注义。因此，经学教材不再拘泥于儒家经典本义考订、训诂，而是注重疏教材的整理与编撰。且所成之书常以某某"义疏"或某某"正义"为名。所谓"正义"，从政治上说，就是唐代由于政治上大统一的需要，对前代繁杂的经说，来一番统一整理，即正前人义疏之意，编出一套统一的经书注释作为标准，对士子研习经学有所导向。如官方修订的《周易正义》《尚书正义》《毛诗正义》《礼记正义》《左传正义》5部正义，还有私人编撰的《周礼义疏》《仪礼义疏》《穀梁传义疏》《公羊传义疏》4本义疏。唐代进士、明经科考试主要以经学、诗赋等学科为主，扩大了教材使用范围，并提升其教育功能价值。唐代官学经学教育以"九经"作为官学指定教材，私家讲学活动中往往多有采纳。"正义"一词，从经学的意义上说就是依据传注而加以疏通解释之意，依据

① 马宗霍. 中国经学史[M]. 北京：商务印书馆，1998：94.

② 谢维扬，房鑫亮. 王国维全集（第7卷）[M]. 广州：广东教育出版社，2010：205.

③ （清）皮锡瑞. 经学历史[M]. 周予同，注释. 北京：中华书局，1959：150.

的传注不同，所撰的义疏也就各异。众所周知，儒家经典原文往往是晦涩难懂的，有了注，经才容易理解，注与经是不可分割的部分。但随着时间变迁，经书注解极其丰富多样、混乱繁杂，使人无所适从。这时期考证前人义疏之意并形成教材，供学者们学习，为其排除疑难障碍，这使得经书的学习变得简明易懂。

4. 崇尚务实专研

纵观唐代各部经学教材的创作，无论是政府官员还是私家学者，在整理、编修过程中无不秉持着求真务实、潜心专研的态度，而且是在查古阅今、旁征博引、反复求证的过程中，推敲、钻研及深思熟虑后始成一书，供学者们使用。像《五经正义》的编撰，为求准确易懂，孔颖达等人有时用古文献资料，有时根据音义关系，有时根据词义之间的关系，有时利用说明训释词与被训释词之间的意义关系，有时又利用语境理解等诸多方式考证词义。陆德明在《经典释文》编撰过程中，广搜博采汉魏六朝200多家的音切，参考采用隋唐之际盛行当世的注解。可想而知，他们秉持务实的学术精神，按照严谨的学风方法，明辨是非，准确发现以往经典研究中的"见"与"蔽"，在理论见解上的长处和缺点，并提出自身独特而公允的见解。这样所成的经学教材的准确性和影响力是有所保障的。

(二) 消极影响

1. 经学教材转为教条

唐代《五经正义》《开成石经》等经学教材总结了自汉代以来的儒学探讨成果，对儒家各种学说做了统一工作。政府把它们融入官学课程体系"九经"，一道成为各级各类学校的官方教材，视这些教材为明经、进士等科科举考试的标准。这在提高教材优势地位的同时，又使得教材沦为科举的附庸品，转化成了教条。深受"学而优则仕"传统儒学思想熏陶的学子们，在功名利禄的诱惑下，整日学习这些教材的内容，并且不求思辨，不经质疑，只会熟读背诵，应付科举考试。即使有善于思索、乐于创新的学生，也被科举考试要求墨守诸经正义的定论所束缚，而缺乏思考和个性张扬。

2. 经学教材求诸经典正义

唐代相继颁布的经学教材受体例所限，遵循"注不违经，疏不破注"原则，不能离开前人的注解作义理的创造性发挥。所以其所作义疏，多为注文所囿，虽然博引各家各派，但出入较大的诂释义训就只好遗落。① 群经旧注旧疏的亡佚，严重阻碍了儒学的创新发展。中唐以后，河北道赵州(今河北赵县)籍儒家学者啖助及其学生赵匡、陆质等人质疑流行的经学教材，纠其偏失，自标新义，有意开拓新的治经方向便是最有力例证。啖助主张为学不必死守师法家法，应该变《春秋》专门之学为通学。他考核《春秋》"三传"长短，认为《公羊传》《穀梁传》较优，符合孔子愿意，而《左传》"解义多谬"。啖助研学有异于先儒，却表现了儒学变化的趋向，开宋儒怀疑唐代经传之风，从而为宋明理学家对儒经教材的变革树立路标。

第五节　唐代的数学教材

隋唐时期，经历战乱动荡历史之后，国家复归于统一。唐代封建统治者为巩固政权，推动各项社会改革，国力不断上升，号称大唐盛世，尤以"贞观之治"为代表。国家经济实力的增强，有助于民众安居乐业，由此推动了自然科学的发展。唐代数学教育取得重大成果，数学专科学校陆续建立，大批优质数学教材涌现，数学教材的成就在中国教材史上占据重要位置。

一、唐代数学教育概述

隋文帝开皇元年(581 年)，北周外戚杨坚灭北周建立隋朝，589 年

---

① 刘蔚华明，赵宗正. 中国儒家学术思想史[M]. 济南：山东教育出版社，1996：661.

灭南朝陈，完成国家重新统一大业。唐高祖武德元年（618 年），在社会内外交困、阶级斗争和民族矛盾尖锐的复杂背景下，隋炀帝杨广又被李渊及李世民父子所灭，王朝更替，建立唐朝。自西汉末至三国、南北朝时期，数学教育经历了漫长的历程。唐代数学教育在继承前代成就的基础上，取得显著进步。唐代是我国封建社会经济的鼎盛时期，农业、工商业发展壮大。与此同时，伴随着各专科学校的设立而相应确定了相关专门技术的教学内容和知识传播，以满足社会物质生产和现实生活的需要。唐代数学教材促进了数学教育及其他科技教育的实践及专业人才的培养。

隋朝中央官学设有国子学、太学、四门学、书学、算学、律学，但限于立国时间短暂，并未系统化、正规化。唐代中央官学制度由六学二馆组成，六学隶属于最高学府国子监，包括：国子学、太学、四门学、律学、书学、算学；二馆包括：弘文馆、崇文馆。弘文馆、崇文馆设学士校书郎，既承担负责经籍图书的校对及整理工作，也向学生讲授文化知识。算学是中央官学中"六学"之一，在唐代官学中占有重要地位，也是世界上最早的数学专科学校。唐代数学教育机构曾先后分别设立在西都长安和东都洛阳。算学官学有算学博士 2 人，招收算学学生 30 人。算学博士"掌教文武官八品以下及庶人之子为生者"，表明学生来源的社会层次及家庭出身都相对较低，比不上儒学官学的学生等级地位显赫。在数学教育中，以《算经十部》等作为数学专业主要教材。

唐代将学校教育与科举考试贯通，实现对接，以实现学校培养与科举选拔的统一。唐代科举考试中，明算作为常科，每年进行。应试者有生徒、乡贡之别，前者是官学毕业生，后者源于私学或耕读传家的自学者，这体现了唐代政府对数学教育的高度重视。明算科考试的内容和方法主要参照官学中算学专科教育。文献作如下记录：

> 凡算学，录大义本条为问答，明数造术，详明数理，然后为通。试《九章》三条、《海岛》《孙子》《五曹》《张丘建》《夏侯阳》《周髀》《五经算》各一条，十通六，《记遗》《三等数》帖读十得九，为

第。试《缀术》《缉古》、录大义为问答者，明数造术，详明术理，无注者合数造术，不失义理，然后为通。《缀术》七条、《缉古》三条，十通六，《记遗》《三等数》帖读十得九，为第。落经者，虽通六，不第。①

学生参加明算科的考试，若对《海岛算经》《孙子算经》《三等数》等算学教材如数家珍，深谙其理，能详细阐述其中的原理和方法，通过考核后，则可以获得做官的资格。

科举制的发展促进了数学教育的兴盛，而数学教育又为科举选拔人才提供了便利条件，达成了科举的目标和意图。唐代设立数学专科学校、科举考试设置明算科均为世界首创，由此可见唐代数学教育在人类科技教育史上的重要地位。

唐代数学教育发达，不仅州县地方官学重视数学，而且私学授徒讲学盛行。唐玄宗天宝年间（742—755 年）全国州县学校学生总数达67100 人，培养了一批数学人才，如王孝通、张遂、韩延、龙受益、江本、陈从运等。唐代私学同样采用《十部算经》为教材，不仅让学生学习系统数学知识，而且钻研新的数学解题方法。三、四次方程的解法以及二次不等间距内插法等都是师生潜心教学的重要内容。唐太史令李淳风家族四代均通晓天文历算。在家庭的耳濡目染之下，李淳风自幼对数学饶有兴趣，从小便"通群书，明步天历算"②。唐代历象学家僧一行为探寻算术奥秘，跋涉千里向知名学者求教，曾抵达浙江天台山（今属台州市境）国清寺，向隐居在此的僧侣学习算术。僧侣、道士淡泊名利，一心向学，对数学教育的发展起到了重要作用。

佛教是唐代流行的宗教，也是一种宗教私学教育。借此对僧一行及佛教数学教育略做扩展和深化。唐代佛学兴盛，禅宗丛林多在名山大

---

① （宋）欧阳修，宋祁. 新唐书·选举志上［M］. 北京：中华书局，1975：1162.

② （宋）欧阳修，宋祁. 新唐书·李淳风传［M］. 北京：中华书局，1975：5798.

川、名胜之地，一些寺院除进行佛经研习、佛教教育活动外，也有世俗的知识文化传授，乃至科技内容的研习，突破了宗教教育的羁绊。据《旧唐书·一行传》记载：著名的历算学家一行和尚（俗名张遂），曾在河南嵩山普寂和尚处研习佛典和天文历算知识，后来又到浙江天台山国清寺学数学，亲见"僧于庭布算"的情况。僧一行"寻访算术，不下数千里，知名者往询焉，末至天台山国清寺"。"一行访求师资，……至天台山国清寺，见一院，古松十数，门有流水，一行立于门屏间，闻院僧于庭布算声"，一行趋而入，"稽首请法，尽受其术焉。"于是，一行"洞天算、阴阳、推步之学"，为日后完成《大衍历》的制作，打下了牢固的科学基础，自有《大衍历》以来，历家都遵循其格式，并用以教学。

疆土辽阔、经济发达、文化多元使唐王朝有博大胸襟，号称"大唐气象"。这反映在教育领域表现为学校类型多样，教育内容丰富。唐代数学教育方式多样，教育环境相对宽松，甚至存在数学爱好者自学以及僧侣教学的情形。唐代从中央、地方官学到民间社会私学，甚至家学兴起了一股数学热潮。数学的进步给城市规划、水利建设、桥梁建筑、商业贸易等事业带来了科学思想和技术力量的支撑。

二、唐代官学数学教材

唐代数学教育虽有不同的类型、层次及方式，但主要以中央官学专门数学教育为主。因此，探讨中央官学专门数学的学科专业课程及教材意义更为突出。需要说明的是课程与教材是现代教学论中带有共生交叉，乃至相当程度互用的概念，无非前者重在资源内容，后者表现为实态文本或媒介。这种情形在唐代数学教材中更为明显。

隋文帝在位时设国子寺，国子寺设有国子、太学、四门、书、算学。数学教育在隋朝时成为一门独立学科，数学教育走向专业化、规范化。唐代在隋代的基础上建立了更加完备的数学教育体系，大学开设数学专业，建立算学官学机构。唐代的数学教育专业化明显，既有严密的教学计划，又有专业的数学教材。

依据《新唐书·选举制》所载：唐代算学官学学制 7 年，学生共有 30 名。学生入学年龄从 14 岁到 19 岁不等，由算学博士分科教授。算学博士收到学生敬献的丝帛酒肉作为束脩之礼，"掌教文武八品以下及庶人子为生者。二分其经以为之业。习《九章》《海岛》《孙子》《五曹》《张丘建》《夏侯阳》《周髀》，十五人。习《缀术》《辑古》十五人。其《记遗》《三等数》亦兼习之"①。算学生分为两组，每组 15 人，每组学习不同的教材，同时学习《数术记遗》和《三等数》。对于学生的学习，制定严密的教学计划："凡算学：《孙子》《五曹》共限一岁。《九章》《海岛》共三岁。《张丘建》《夏侯阳》各一岁。《周髀》《五经算术》共一岁。《缀术》四岁，《缉古》三岁。《记遗》《三等数》皆兼习之。"②这种按学习的难易程度和学生的数学基础的分科教学，在古代数学教育史上具有开创性意义。

算学专科学校由国子祭酒管理，管理制度严格。国子监对学生的学习以及学籍情况都有备案记载。学生修完课程后需参加旬考、月考和岁考。考试内容依据教材内容而定，学生毕业后参加科举考试，按照上引文献可知其中的设计：第一组"试《九章》三条，《海岛》《孙子》《五曹》《张丘建》《夏侯阳》《周髀》《五经算》各一条"；第二组试"《缀术》七条，《辑古》三条"。每组分别 10 道题。此外还要加试《记遗》《三等数》。考试成绩评定也有明确标准，两组 10 道题的要求相同，试题"十通六""《记遗》《三等数》帖读十得九，为第（及格）"。有时还要进行口试，规定"得八以上为上，得六以上为中，得五以下为下"。考试有明确范围，使学生能够有重点、有主次地进行复习。成绩评定有客观标准。学生的休假时间安排为：每十天放假一次，但放假前要参加一次考试；另外学生享受五月份的"田假"以及九月份的"授衣假"。如果学生违反规定、不服从教师管教、不按时到校、连续三年下第或九年学无所成则开除学籍，不得继续学习。

---

① （宋）欧阳修，宋祁. 新唐书·选举志上［M］. 北京：中华书局，1975：1160.

② （宋）欧阳修，宋祁. 新唐书·选举志上［M］. 北京：中华书局，1975：1160.

唐代不仅有完备的数学教学制度，而且有一批专业的算学博士负责教材的讲授工作，如刘孝孙、王孝通、梁述、张元贞等。刘孝孙曾细草《张丘建算经》；梁述曾参与《算经十书》的注释工作；王孝通是唐代有名的数学家，天资聪慧，自幼学习天文历算，刻苦钻研算术知识，探寻其中的奥秘，用毕生心血完成《缉古算经》。全书共 1 卷，记录了 20个数学问题，主要从求出三次方程的正根、体积计算、勾股定理及工程建设等几个方面介绍了一些算法。书中记录的高次方程解题方法，是中国现存典籍中关于高次方程的最早记述。因其内容深奥，学生学习起来也颇有难度，规定修业年限为 3 年。此外，《缉古算经》关于三次方程数值的解法为宋元时期天元术和四元术的诞生奠定了坚实的基础。

三、唐代数学教材举要

限于历史久远而导致古代数学教材留存稀少，搜求不易，要想全面呈现唐代数学教材是难以实现。以下对其间的代表性教材进行举例分析，以发挥样本作用。

(一)《算经十书》

唐代专科学校纷纷建立，分科教学发达，数学教育不仅为政府输送了一批精于计算的官员，而且促进了天文历法等自然科学的发展。数学教育的实施除了得益于德才兼备的师资队伍，还得益于一批精良的教材。显庆元年(656 年)唐高宗命太史令李淳风负责注解《算经十书》，该书是第一套由政府统一审理编订的数学教材。"淳风复与国子监算学博梁述、太学助教王真儒等受诏注《五曹》《孙子》十部算经。"[1]《算经十书》注释历时 24 年，可见时间之长，难度之大。《算经十书》囊括了十部重要数学著作：《九章算术》《海岛算经》《孙子算经》《五曹算经》《张丘建算经》《夏侯阳算经》《周髀算经》《五经算术》《缉古算经》《缀术》。《算经

---

① (后晋)刘昫. 旧唐书·李淳风传[M]. 北京：中华书局，1975：2719.

十书》内容丰富多样，被唐代教育机构指定为可传授的数学教材。这不仅有利于数学专门人才的培养，而且在古代数学教材史上具有里程碑意义。

通过对汉代，特别是魏晋南北朝数学教学著作和教材的仔细研读，李淳风等数学家发现其中虽然介绍了许多数学知识和算法，但也存在着一些纰漏和错误。于是，他们对其中存在的问题进行更正，并研究出了一系列新的数学原理和计算方法。不仅如此，许多面临失传的数学知识也因此而继续保存流传下来。《算经十书》中成就最大的是《九章算术》。该书由西汉数学家张苍、耿寿昌编撰，唐李淳风对其进行了注释。《九章算术》在我国数学教材史上地位突出，标志着中国古代数学体系的形成。

李淳风对开立圆术、配分比例、复比例、等差数列、课分、差分加以注释，对数学有精深的造诣，其中课分、差分的算法与现代一致。李淳风发现《周髀算经》中的日高公式存在问题，以南北相去一千里，日中测量八尺高标竿的影子相差一寸的算法脱离实际，与"盖天说"不符。他冥思苦想，利用已有的数学知识并结合实践经验重新修正，成功地将其转化为平面上一般的日高公式去处理，为中国古代测量术的进步发挥了作用。在《九章算术》的注释中，李淳风引用了南朝数学家祖暅提出的球体积的正确计算公式，即"幂势既同则积不容异"的祖暅定理。祖暅定理原本是由祖冲之、祖暅父子发明，并记录在《缀术》中。不幸的是《缀术》年久失传，因此这一原理最终因李淳风等人的注释得以继续为后人知晓。

中国古代历来重视对古籍的注释，许多典籍都因此流传千古。李淳风等人对《算经十书》进行全面注释有效保留并传承了唐朝以前的数学知识，在中国数学发展史上具有划时代的贡献，对唐朝以后的数学发展有着不可磨灭的影响。唐代国子监所属算学专科学校之所以能培养一些实用人才，采用具有较高学术水平的专业教材，是一个重要的因素。所以对李淳风等人的历史贡献，还是应该给予肯定。①

---

① 孙培青. 中国教育史研究·隋唐分卷[M]. 上海：华东师范大学出版社，2009：107-108.

(二)《九章算术》

科学技术教材是有很强的继承性的。《九章算术》源自汉代，沿用作魏晋南北朝官私学数学教材，又是唐代最具代表性和使用时间最久的数学教材。关于该类数学经典教材的意义及地位，有学者称："从汉代至清代中叶，其间近 2000 年，都采用《九章算术》作为教科书，培育了一代又一代的数学教育工作者和数学大家。祖冲之、王孝通、李淳风、贾宪、杨辉、秦九韶、朱世杰、吴敬、程大位、梅文鼎、戴震、梅毂成、阮元等，都受到了《九章算术》的启迪，他们的著作，大多采取《九章算术》应用问题集的形式，展示各自的创造成果，形成了中国独具特色的数学教育传统。"①

1.《九章算术》的内容

中国古代数学专著都是在不断总结生活实验成果的基础上而形成的，《九章算术》也不例外，其内容集中体现了数学知识在生产生活实践中的应用。如《九章算术》的内容虽极为丰富，按算法分为方田、粟米、衰分、少广、商功、均输、盈不足、方程、勾股等九章，但这些内容主要关乎农业生产中极具应用价值的数学知识。"方田"是指土地形状，涉及各种形状地亩面积的计算，有包括计算各种形状面积的公式及分数四则运算法则；"粟米"指谷物品种，主要阐释各种谷物交换的比例算法；"衰分"指分配比例，涉及比例分配算法；"少广"指边长问题，包括面积与体积的运算，提出了世界上最早的开平方与开立方程序；"商功"为工程计算，涉及各种体积公式和土方工程工作量的分配算法；"均输"意为平均输送，包括人口多少、路途远近、谷物贵贱和赋税负担的运算方法；"盈不足"是盈不足术的代称，涉及盈亏类问题的算法；"方程"指方程术，涉及当今数学中的线性方程组解法等；"勾股"指直角三角形，涉及直角三角形的理论。

另外，在实践应用的基础上，《九章算术》含有近百条十分抽象的

———————————

① 马忠林. 数学教育史(新版)[M]. 南宁：广西教育出版社，2001：25.

术文，即公式、解法以及 246 道例题。其中分数理论、比例和比例分配、盈不足、开方等算法、线性方程组解法、正负数加减法则、解勾股形方法等都超前其他文化传统几百年甚至千余年，是具有世界意义的重大成就。①

2.《九章算术》的编纂体例

《九章算术》采用了以应用问题集的形式加以组织，按照问题的性质进行大的分类，形成章节，每一类为一章节。再依照问题的解法（《九章算术》中称为"术"）进行具体分类，形成每一章节的多个小类。每一小类都有解题步骤，包括数学公式、推理等。这种结构体系，是以算法为中心，根据算法组建理论体系。依此编纂体例，《九章算术》全书 246 个问题被分为九类，每一类为一章，全书共九章。每一类问题的解析通过例题、答案和术来演示，依照术的不同，每一章的问题又进一步被分为不同的小类。如一术解一题的类型，以勾股章的一题为例："今有圆材径二尺五寸，欲为方版，令厚七寸。问：广几何？答：二尺四寸。术曰：令径二尺五寸自乘，以七寸自乘减之，其余，开方除之，即广。"②这种类型中术文只适用于该题目，可以说是一术一题，具体的术解析具体的题目。《九章算术》衰分、均输、勾股等章的部分题目采用了此编纂体例；一术解一类题的类型，即一类问题只有唯一术文解析，术文抽象、严谨且具有普适性，而每一题只有题目和答案，不再有术文。《九章算术》方田一章的"今有田广十五步，纵十六步。问：为田几何？答曰：一亩。又有田广十二步，纵十四步。问：为田几何？答曰：一百六十八步。术曰：广纵步数相乘得积步"③就是这种类型。两例题都只有题目和答案，两例题后的术文是对两例题的共同解析。当然这种类型的具体形式还可以多样，除了上面的先题后术的形式，还可以先术后题，一题一答。如《九章算术》商功一章有关"城、垣、堤、沟、

① 郭书春. 算经之首：九章算术[M]. 深圳：海天出版社，2016：5.
② 郭书春. 汇校九章算术[M]. 沈阳：辽宁教育出版社，2004：410.
③ 郭书春. 汇校九章算术[M]. 沈阳：辽宁教育出版社，2004：9.

堑、渠"面积计算的例题及术文："术曰：并上下广而半之，以高若深乘之，又以袤乘之，即积尺。今有城，下广四丈，上广二丈，高五丈，袤一百二十六丈五尺。问：积几何？答曰：一百八十九万七千五百尺。"①就是这一形式。也可以先总术后例题，每道例题一题一答再分术。这种编纂形式是先给出抽象的总术，再列举多道例题，但和第二种编纂形式不同之处在于每道例题除题目和答案外还分别都有一条具体术文，阐释总术在本例题中的具体应用方法。《九章算术》粟米一章的一题："术曰：以所有数乘所求率为实，以所有率为法。今有粟二斗一升，欲为粺米。问：得几何？答曰：为粺米一斗一升五十分升之十七。术曰：以粟求粺米，二十七之，五十而一。"②就采用了这种编纂形式。

数学教材的编写紧密结合当时的社会生活实况。汉代社会至今已年代久远，而今要了解汉代的历史，除了翻阅文献典籍之外，《九章算术》可以说更生动地记录了汉代的社会经济状况，涉及了汉代人日常生活的方方面面，它用一个个数字，一道道例题清晰地解读了汉朝百姓的衣食住行、柴米油盐。"今有人共买琎。人初半，盈四，人出少半，不足三。问：人数、琎价各几何？答曰：四十二人，琎价十七"③的例题证明汉代已经有了"团购"；"今有人持米出三关，外关三取一，中关五而取一，内关七而取一，余米五斗。问：本持米几何？答曰：十斗九升八分升之三。"④则记录了汉代税务计算；而"今有素一匹一丈，价值六百二十五。今有钱五百，问：得素几何？答曰：得素一匹"⑤。记录了汉代物价情况，这一道道的例题使千百年前的汉代社会不再虚无缥缈。

四、唐代数学教材的特点及其影响因素

唐朝政府对数学教育中的教学内容设计及编选给予重视，数学教材

---

① 郭书春.汇校九章算术[M].沈阳：辽宁教育出版社，2004：176.
② 郭书春.汇校九章算术[M].沈阳：辽宁教育出版社，2004：70-71.
③ 郭书春.汇校九章算术[M].沈阳：辽宁教育出版社，2004：308.
④ 郭书春.汇校九章算术[M].沈阳：辽宁教育出版社，2004：259.
⑤ 郭书春.汇校九章算术[M].沈阳：辽宁教育出版社，2004：113.

呈现出实用性、直观性、趣味性并存的特点。唐代数学教材为后世数学教育的发展打下了坚实的基础，促进了数学教育逐渐走向成熟。通过教育政策主流思想和制约数学教育活动的科举制度等因素分析，可以深刻解读唐代的数学教材。

(一) 唐代数学教材的特点

通过对唐代数学教材的总体认识及具体分析，得出唐代数学教材有如下特点，以下分述之。

1. 实用性：指向问题解决

唐代地域辽阔，土地宽广。为巩固统治，统治者实行均田制分配土地，以租庸调制获取税收。均田制和租庸调制的实施要求土地丈量以及谷物、布匹征收的准确，农民土地的均等分配、赋税征收的计量都需要数学的计算，由此带动了数学的发展，出现了不少注重实用性问题解决的数学教材。

《九章算术》作为唐代学习数学的专业教材，内容十分丰富，包含246个数学应用问题，并为每道题配有详细的答案。按问题性质和解法不同分为方田、粟米、衰分、少广、商功、均输、盈不足、方程及勾股等9个章节。《九章算术》注重问题解决，将理论与实际结合，对生产问题的解决有促进作用，体现了数学思想与实际应用完美的结合。

《五曹算经》是北周数学家甄鸾潜心编撰的数学著作，受到历朝数学家的追捧，出现了许多刊印版，唐代时被指定为官方数学教材。全书共5卷，分别为田曹、兵曹、集曹、仓曹、金曹。唐代施行均田制，土地的丈量需要更加精准。"田曹"讨论了各种不同形状田亩面积的计算方法；"兵曹"介绍军队给养问题，"集曹"对粟米互换问题进行了阐述；仓曹对租税和仓储容积的计算给予详细描述；"金曹"主要记载户调的丝帛以及物品贸易。《五曹算经》对生产生活中迫切需要的数学问题进行了介绍，阐述了现实生活中各项问题的计算方法，具体问题具体分析，实用性突出。

2. 直观性：数图结合的体例

唐代数学教材不仅重视理论与实践的结合，而且对体例较为注重。数学教材摆脱了长篇文字的枯燥，穿插生动形象的图片，照顾到学生的学习体验，直观性明显。

《海岛算经》是魏晋时期刘徽所编的一部测量数学著作，唐代被列为数学专科教材，供算学馆学生上课使用。全书共包含 9 个数学问题，每题的问题、答案及算法详细，涉及里、丈、步、尺、寸等长度单位。9 个问题分别为：测望海岛、测望山上松高、南望方邑、俯测深谷、登山望楼、遥望波口、下望深渊、登山望津、测邑广长。《海岛算经》有许多新奇的数学计算方法，如"重表法""连索法""累矩法"等，这些方法为测量工作带来了极大便利，也为地图学奠定了基础。《海岛算经》中的插图形象表达了勾股定理的运用。

《周髀算经》作为《算经十书》之一，被唐代列为明算科教材。书中详细介绍了勾股定理、盖天说和四分历法等问题。《周髀算经》中的数学计算已使用分数法和开平方法等难度颇大的计算方法。《周髀算经》中的"弦图"也形象地论证了勾股定理的使用。

3. 趣味性：通俗易懂的表述

唐代数学教材内容丰富，独具特色，设计精良，不仅与生产劳动相结合，直观性与现实性相结合，而且趣味性强，通俗易懂。《张丘建算经》是北魏数学家张丘建编撰的教材，也是唐代重要的数学教材之一。书中共包括 92 个问题，介绍了最大公约数、最小公约数、等差级数及二次方程等问题。其中关于百鸡问题的解法最为独特："今有鸡翁一，值钱五；鸡母一，值钱三；鸡雏三，值钱一。凡百钱买鸡百只，问鸡翁母雏各几何。"该题对不定方程的解法堪称中国最早。书中采用朗朗上口的歌诀形式对百鸡问题进行了阐述，简明易懂，便于理解。百鸡问题因简单明了、趣味十足的阐述形式而流传至今。

（二）唐代数学教材的影响因素

唐代数学教材的变迁是传统教育变迁的缩影，中国传统教育是在封建社会主导教育思想即儒家教育思想影响下变化发展的，唐代数学教材的变迁也深受儒家"经世致用"思想的浸润。同时，教育制度，尤其是封建科举制度作为传统教育的指挥棒对数学教育及教材也产生了非常重要的影响。

1. 儒家"经世致用"思想使唐代数学教材凸显实用性

"经世致用"是中国传统数学教育和教材内容编写的指导思想。如汉代，奉行"罢黜百家，独尊儒术"的文教政策，使教育呈现了儒学化。其中最突出的表现就是经学教育在此后近两千年的传统教育中占据着主导地位。"独尊儒术"对数学教育发挥了明显的导向作用，儒学讲究"经世致用"，学习知识是为了解决实践问题。在这一思想指导下，数学教育的思想、内容、方法向着实用价值的方向转移，从社会生产和日常生活的需要中产生问题并为社会生产和生活服务。中国社会自古就是农业经济社会，农业与手工业生产是社会主要的经济活动，数学教育的内容也相应以应用于农业生产实践的数学知识为主，如下表所归纳《九章算术》的内容所示：

《九章算术》内容一览表①

章次	章名	题数	术数	主要内容	涉及领域	建构方式
1	方田	38	21	平面形土地面积的计算问题，与面积计算有关的分数四则运算问题	生产、管理	应用领域
2	粟米	46	32	粮食兑换的计算问题，砖、竹漆、布等生产、生活资料的买卖问题	生产、管理	应用领域
3	衰分	20	22	按比例分配的计算问题，税收罚款、计工、贷款等有关计算	流通、管理、分配	应用领域

① 马忠林. 数学教育史(新版)［M］. 桂林：广西教育出版社，2001：24.

续表

章次	章名	题数	术数	主要内容	涉及领域	建构方式
4	少广	24	16	已知田积求边长,圆形、立方体球求积	生产、管理	应用领域
5	商功	28	24	土方工程的计算问题,关于筑城、开渠、开运河、修堤坝、建粮仓等的计算问题,多种立体体积的计算	生产、管理、流通	应用领域
6	均输	28	29	关于税收、徭役即关于"均输平准"政策的计算问题	生产、管理	应用领域
7	盈不足	20	17	用"盈不足术"解的各类问题	各领域	数学模型
8	方程	18	19	用"方程术"解的各类问题	各领域	数学模型
9	勾股	24	22	用"勾股术"解的各类问题	生产、测量	数学模型
合计		246	202	包括了古代封建社会可能提出的各种计算问题		

　　从上表可见,《九章算术》所涉及的内容主要是社会生产及生活应用领域的数学知识或数学模型,涵盖了土地丈量、粮食分配、赋税缴纳、面积与体积计算、土方工程、谷物运输等社会生产生活各方面的数学应用。唐代数学教材除《九章算术》之外,还采用《周髀算经》《孙子算经》《五曹算经》《夏侯阳算经》《张丘建算经》《海岛算经》《五经算术》《缀术》《缉古算经》等数学著作。这些教材的内容也多反映了当时科技和经济发展对数学知识的迫切需要。如《夏侯阳算经》共3卷,收录83个问题,大多数问题来自社会经济活动,为地方官吏和广大百姓解决经济问题提供适用的数学知识和计算技术,体现了生产生活实践对实用数学的需要。由此可见中国古代数学教育与教材受儒学"经世致用"思想

影响而服务与应用于社会生产生活实践的应用性特征。

(三)科举制度影响唐代数学教材的设计

隋代确立了科举考试制度之后,科举制度在中国传统社会愈加完善,并逐渐成为中国传统教育的指挥棒,科举考试考什么,官学、私学、书院几乎就教什么。数学教育是具体学科的教育,因而教育制度对其有更为直接的影响,科举考试制度所规定的内容可以说决定了数学教育的形式及教学内容。如唐代的科举制分常科和制科,常科为每年举行的考试,其中就设有明算科。明算科的内容与官学中数学专科教育机构考试一样,考试以明数造术、详明术理为标准,以问答的形式考核教材的基本内容。如第一个专业选《九章算术》中的任意三题,其他教材各任意一题,共十题进行考试,答对六题以上为及格;第二个专业选《缀术》中的任意七题,《缉古算经》中的任意三题进行考试,答对六题以上为及格。另外,以帖经的形式考《数术记遗》和《三等数》,帖十题对九题为及格。考生问答和帖经都及格就可以及第授官。正因为科举明算科对考试内容和形式如此明确的规定和设置,唐代国子监以及地方官学和私学才不仅非常重视数学教育,同时严格围绕科举考试组织教学,将科举考试指定的教材进行了统一编纂,完成中国数学教育史上最具代表性,也是最完善的一整套教材——《算经十书》。《算经十书》可以说是在明算科科举的指挥棒下,专门为科举考试量身定做的一套数学教材,既是对之前数学教育成果的总结,也为后来数学教育的发展完善提供了保障。从唐到五代,300 多年间一直有明算科举,每年要有若干生徒和乡贡考数学,"后唐天成五年(公元 930 年),宋延美明算科及第;是年明算五人,而延美为之首。天成五年二月,改元长兴。长兴元年(公元 930 年)夏四月,国子司业张溥请复国子学八馆,广揽生徒,以兴绝学,而算学居其一"[①]。由此可知,明算科的科举考试,促进了唐代数学教材的普及和发展。

---

① 李俨. 中国古代数学史料[M]. 北京:科学出版社,1963:202.

令人遗憾的是明清时期，盛行的八股文取仕为特征的科举考试强调程朱理学，"四书"地位提高，超越"五经"，逐渐取消了数学应试内容，传统数学教育和教材编纂呈现衰微。明代，出于封建专制集权政治的需要，特别强调培养忠君的文臣，加强思想控制，科举考试内容逐渐取消了算学。因此，明代官学国子监不再设算学，讲授《易》《诗》《书》《春秋》《礼记》《大学》《中庸》《论语》《孟子》等教材，地方官学虽然兼习数学，但只是启蒙的"六艺"之一。清代前期，文教政策沿袭明代，从巩固中央集权的君主制出发，尊经崇儒，注重程朱理学，严格学制，继续推行八股取士，八股进一步教条化，突出训练时文制艺的格式和体裁技巧，并大兴文字狱，颁行《圣训广谕》，粗暴地扼杀一切新思想，数学教育也受到很大压抑。由于西方数学的传入，清代前期开始了中西数学融合的过程，更由于康熙等皇帝的重视，数学教育较明代才有了较大的提升。

五、唐代数学教材之历史评价

唐代重视数学教育，设立专门的数学教育机构，同时在民间及家学中不同程度进行数学教育以及数学专业人才的培养。数学教育制度为数学教材的编写、注释以及使用提供了保障依托及前提条件；品质精良、数量丰富的数学教材又促进了数学教育的有效开展以及数学专业人才培养目标的达成。

(一)唐代数学教材的地位

中国的数学教育萌芽较早，奴隶社会殷商时期的国学教育就曾出现"书计"的学习，但唐代之前的数学教育均无系统的专业数学教材。唐代对以前的数学典籍进行系统总结，组织大批数学专业人才对《算经十书》进行注释，标志着以《九章算术》为中心的古代数学体系的基本形成，开创了我国数学教材的新纪元。正是由于李淳风等数学家不辞辛劳、日夜整理数量庞大的算术古籍，才使得千百年间的珍贵数学知识得以保存。《算经十书》不仅成为唐朝数学教育的官方教材，而且出现了许多刻本和抄本，在宋、明、清时期大为盛行。《黄帝九章算法细草》《九章算术纂类》以及《数书九章》等数学用书都对《算经十书》的算法进行了深刻讨论，并在此基础上发现了新的数理方法。当代数学中分子、分母、幂、积、开平方、开立方、正、负、方程等数学专业名词和术语也都来自《算经十书》，可见《算经十书》影响之长久、之深远。

唐代的数学教材中《算经十书》的知识循序渐进，具有层次性、系统性，基础知识和高难度知识并存。其中《九章算术》《缀术》中的数学知识较为高深，难度颇大；《孙子算经》《五曹算经》则是基础的数学教材。唐代官学数学教育甚至分两个班进行分层教学，开展差异性实验。两班学习的教材略有差别，有的班级学习基础简单的数学知识，有的班级则采用难度较大的教材，学习有深度的内容。依据学生掌握水平的不同而采用差异性的教材，不仅可以使学生更好地掌握相关知识，而且便于教师因材施教。

（二）唐代数学教材传播海外

唐代数学教育发达，存在丰富多样的数学教学活动。数学教育实践必须依托种类多样的数学教材，唐代数学教材以《算经十书》为主。数学教材对中国古代数学专门人才的培养发挥了重要作用，并对世界数学教育有一定的辐射影响。

唐代数学教材不仅深刻影响了中国数学教育的发展，而且传播到东亚甚至欧洲等国。朝鲜与唐王朝交流密切，商贸及文化往来频繁，曾多次派遣使节和学生前往唐朝。717 年朝鲜效仿唐制，设立算学科，置算学博士及助教各一名，讲授《缀经》《三开》《九章》《六章》等数学教材。唐武周长安二年(702 年)日本建立学校，开设算术课，教学及考试方法基本仿照唐朝，置算学生 1 名，算学博士教授《孙子算经》《五曹算经》《九章算术》《海岛算经》《缀术》《周髀算经》《六章》《三开重差》《重开》《九司》等数学专门教材。唐朝与印度交流密切，许多印度天文学家曾在唐朝司天监担任官职，这也促进了两朝之间的数学交流。开元六年

(718 年)，在唐玄宗的号召下，天文学家程县悉达对印度的《九执历》进行了翻译，并且编辑了 120 卷的《开元占经》。《开元占经》中着重介绍了数码、圆弧度量法和弧的正弦等数学专业知识。《算经十书》成为朝鲜和日本进行数学教育的主要参考典籍，其所用数学教材大多源于此。《算经十书》的影响不仅停留在中亚及印度，更闻名欧洲各国，"于是欧洲人一方面恢复了希腊数学，一方面吸收有生力量的中国数学，近代数学才得以开始发展"①。

(三)唐代数学教材的现实意义

综上所述，唐朝封建社会经济繁荣，自然科学有了很大的发展，数学、医学、天文历法等取得了重大成果。在古代社会，天文和数学有着密切联系。天文历法的编撰离不开数学方法的支撑，而天文历法的进步又促进着数学教育的继续发展。在历法丛书《大衍历》的编撰过程中，唐代科学家僧一行融入了许多精巧细密的数学计算方法，如不等间距二次内插法、准正切函数表和五星行度计算法。

唐代数学教育经验性与实用性并存，不论是李淳风等数学家对《算经十书》的详细注解，还是僧一行使用的计算方法，均为解决生产生活中的实际问题做出了重要贡献。唐代数学教材的编辑、修订工作，依靠数学家们的亲身实践经验得以顺利完成，对数学教材的钻研和学习最终也是为了解决现实生活中出现的实际问题。数学问题归根到底为数量计算思想和方法，唐代数学教材为后世数学教材编写及数学教育实践做出了重要贡献。

第六节　中外文化交流与学校教材的传播

隋唐时期是中国封建社会的鼎盛时期，经济、政治、文化在当时都

---

① 顾今用. 中国古代数学对世界文化的伟大贡献[J]. 数学学报，1975(1)：49.

领先于世界，具有强大的国力、昂扬的气魄、博大的胸襟，积极推进着中外文化和教育的交流，其影响波及整个东亚和南亚次大陆，尤以日本、朝鲜为重。在广泛而多元的交流中，学校教材的传播是其中重要的组成部分，而且也是其他文化门类有效传播的重要媒介。

一、中日文化交流中的学校教材

中日两国，一衣带水，自汉代以来就有文化接触，日本应神天皇十五年（284年），百济阿莘王派遣阿直歧出使倭国，并向倭王推荐了儒者王仁。倭王迅即特遣使迎回王仁，拜为太子菟道稚子郎子的儒学师父。王仁带来的儒学诸典籍，遂先于佛教传入日本，其中就包括了《论语》《千字文》的蒙学教材。唐代中日文化交流是通过互派使节来实现的，并由使节学成归国后，依照唐朝先进的教育制度来建立自己的教育制度。

自中国返回日本的使节、留学生成为推进日本"大化革新"的重要力量，尤其表现在教育制度的建立上。日本元照天皇时，仿官制设大学案，在大学寮中讲授儒家经典，如《周易》用郑玄、王弼本，《尚书》用孔安国，郑玄注等，同时参照唐朝六学二馆的课程设置，分大、中、小三经，大经为《礼说》《左传》，中经为《毛诗》《周礼》《仪礼》，小经为《周易》《尚书》。

除儒家经学外，文学的代表诗歌和《文选》也东传至日本。《文选》在日本的流传，是作为一种帮助日本知识分子学习汉文学知识、培养文学意识、练习写作的范本存在的。白居易的诗文在日本也负有盛名。日本江户时代儒学学者林春斋曾说："《文选》行于本朝久矣，嵯峨帝御宇，《白氏文集》全部始传来本朝，诗人无不效《文选》《白氏》者。"日本朝廷于728年在太学设"文章道"，主要学习唐人文集。经过2~3个世纪的发展，日本文人开始盛行赋诗撰文，并促使一系列诗文集的诞生，推动了日本文学的发展。

发达的唐代医学教育也影响了日本，仿唐制奈良朝于大学寮外，设典药寮，分设针灸、按摩、咒禁、药园、女医诸科，教材也引自唐代，如《脉经》《本草》《素问》等。当然还有其他方面，如算学、书学、律学、音学等，不再一一列举。

在小学教材方面，唐李翰的《蒙求》、胡鲁的《咏史诗》都盛行于日本。这两种书与梁周兴嗣的《千字文》合刻，作为儿童课本。

二、中朝文化交流与学校教材的东传

唐朝与朝鲜的文化教育交流十分频繁。自魏、晋以来到隋唐，在朝鲜半岛上存在着高句丽、百济、新罗三国并立的局面。儒学传入高句丽的时间约在汉武帝置汉四郡时期；进入魏晋南北朝时期，儒学教育机构在高句丽建立起来。晋咸安王二年(372年)，高句丽即仿效中国的太学制度，"立太学，教育子弟"。在太学中的通用典籍，当为《诗经》《尚书》《周易》《礼记》《春秋》等儒学经典。

东晋太元九年(384年)，摩罗难陀自东晋到百济传播佛教。同一时期，百济学者王仁到日本，向应神天皇的太子菟道稚郎子等讲授《论语》，这说明，儒家经书不仅已在百济流行，而且通过百济传到日本。到南北朝时，百济的汉文图书已广为流传。《北周书·异域传》载，百济"俗重骑射，兼爱文史，其秀异者，颇解属文，又解阴阳五行，用宋元嘉历，以建寅月为岁首，亦解医药卜筮占相之术"[①]。

唐代的朝鲜称为新罗半岛，中国与新罗的文化交流也比较早，至唐时更为频繁，新罗强盛以后，派遣使节和大批留学生到唐朝学习中国文化。许多新罗商人来到中国经商，新罗物产居唐朝进口首位。新罗仿唐朝建立了政治制度，采用科举制选拔官吏，还引进了中国的医学、天文、历算等科技成就。唐代中朝文化交流对于学校教材的东传起到了推进的作用。

新罗依唐制于唐高宗永淳元年(682年)设立国学，教育目标在于培

---

① (唐)令狐德棻.周书·百济传[M].北京：中华书局，1971：886.

养君子与士人，教育内容则以儒学为主，包括《论语》《孝经》必读书目和"五经"《文选》选读书目。至景德王在位六年(747年)，进而扩充国学，"置国学诸业博士、助教"。景德王十八年(759年)对官制进行调整，国学改称太学，并设太学监。公元765年，其子金乾运即位，称惠恭王，当年"幸太学，命博士讲《尚书义》"。公元788年，新罗设读书出身科，考试书籍有《左传》《礼论》《文选》《孝经》，博览《五经》、《三史》、诸子百家者破格擢用，以《太公家教》译成的蒙学教材《太公尚书》直至1684年才被取代。新罗国学于公元777年设算学科，有算学博士为教师，唐代中央官学数学教材采用《算经十书》为教本，教授《缀经》《三开》《九章》《六年》。后由新罗传入日本。新罗神文王时，设医学博士，以《本草经》《甲乙经》《素问》《针经》《脉经》《明堂经》《难经》传授学生，仿唐制开设。

第五章　宋代的学校教材

宋代(960—1279年)的建立结束了唐末五代十国分裂割据的政治局面，中央政权再次一统天下。在此期间，在中国北方还先后出现辽、金、西夏，以及后来崛起出现的元朝等少数民族政权。宋代封建政治和经济都得到了恢复和进一步发展，文化教育也处于一个重要的转折阶段。儒、释、道三家经过长期的斗争、融合，最终在宋代形成了新儒学——理学的思想体系。宋代文教政策的基本内容是尊孔崇儒，提倡佛道，崇尚理学。宋代产生了三种显著的教育思潮：理学教育思潮、功利主义教育思潮和心学教育思潮，既相互区别，又相互借鉴，都在学校教材中有所反映。学校教育制度仍分官私学两类，中央官学继承与创新并存；书院的设立与私人讲学则构成此时教育的显著特点；民间经济的活动，促进了学校向蒙学普及化方向发展。而所有这一切都在教育内容的承载体——学校教材中有所折射。

第一节　宋代学术思想与学校教材概述

宋代在学术思想方面，主要是理学各流派的形成，以及与理学相对，抑或批评其空疏僵化而兴起的功利主义教育思潮和心学教育思潮的并行存在。这些教育流派的发展以教育内容为中介，并由此对学校教材产生了不同程度的影响。这里就前两种教育思潮与学校教材的某种联系加以揭示。

一、理学教育思潮与学校教材

唐朝灭亡后，形成五代十国分裂动乱的局面，儒学地位大为动摇。宋建国之初提倡尊孔崇儒，并规定科举考试要考儒学经典，由是儒术得以复兴。宋真宗不仅尊孔崇儒，重视道教，而且利用佛教作为辅助儒学的统治手段。儒、释、道三家在融合过程中，虽然充满了长期而激烈的斗争，但最终还是以儒学为主体，融合佛道，建立起了新儒学——理学的思想体系。

在理学的发展时期，为学者所重视的儒家经典，当推《周易》《春秋》二经。尤以北宋诸儒更为偏好，唐君毅先生曾对早期理学的发展提出这样一个顺序：

> 宋学之初起，乃是以经学开其先。在经学之中，则先是《春秋》与《易》之见重，然后及于诗书之经学；再及于《易传》《中庸》《大学》及《孟子》《论语》等汉唐人所谓五经之传记；终乃归至于重此传记之书，过于重五经。①

宋儒讲《易》，主要有以下几家：邵雍的《皇极经世》，周敦颐的《太极图说》，程颐的《伊川易传》，朱熹的《周易本义》《太极图说解》等。宋儒讲《易》，着重在《周易》中为新儒学——理学的建立寻找哲学依据，以其严密的思辨性代替佛教的哲学。

宋代讲《春秋》的也有很多名家。如孔复的《春秋尊王发微》，孙觉的《春秋经解》，刘敞的《春秋权衡》《春秋意林》，崔子芳的《春秋经解》《春秋例要》，叶梦得的《春秋传》，吕本中的《春秋集解》，胡安国的《春秋传》，高阅的《春秋集注》，吕祖谦的《春秋左氏传说》《春秋左氏传继说》，程公说的《春秋分纪》，张洽的《春秋集注》，家铉翁的《春秋

---

① 唐君毅. 中国哲学原论·原教篇[M]. 台北：台湾学生书局，1984：12.

详说》等。宋人重《春秋》，是因为讲名分、君臣大义、尊王的《春秋》，颇合理学家的口味及统治者的需要。

朱熹编注《四书集注》，全称《四书章句集注》，包括《大学章句》一卷，《中庸章句》一卷，《论语集注》十卷，《孟子集注》七卷。《四书》之名从此定，注释中发挥理学家的论点。《四书》在宋代也颇受重视。程颐、程颢首先从理论上全面肯定《四书》的价值，并以之为基本教材，广泛地使用于私人讲学之中，二程除与时儒一样重视《周易》和《春秋》之外，特别重视《四书》。

宋代崇文重儒的文教方针，首先反映在取士的科举制度上。太宗时，在"明经"科之外，又增设"九经""五经""三礼""三传"等新科目，加大了儒家经书在科举考试中的比重。父母与师长纷纷以经书教导儿童，使经学得到广泛的传播，成为社会知识启蒙、文化教育的主要内容。但宋仁宗庆历年间（1041—1048年）以后，"义理之学"已经大盛，理学家利用儒经的范畴、命题和理论框架建立新的思想体系成了中国文化总体结构的核心，逐渐向史学、文学、教育、艺术等方面渗透，它深深地影响了学校教材。

学校培养参加科举考试的学生，考试内容是以儒家著作和思想为基础的，两宋时期的都城开封（今河南省开封市）、临安（今浙江省杭州市）设有各级各类官学，宋代的"三次兴学"运动力图梳理科举与学校的关系，推动地方兴学运动，改革中央官学的管理及办学模式，地方学校的兴设达到史无前例的高度及水准。

理学对学校教材的影响过程是艰辛而又曲折的。宋徽宗崇宁年间（1102—1106年），理学被指为"元祐学术"，遭到严禁。虽然屡受打击，程颐一直没有停止教授生徒。流放涪州（今重庆直辖市涪陵区），他在长江岸边高崖险峻脚麓的钩深书院点易洞里给学生讲《易》，临死还带病指导尹焞和张绎。"二程"兄弟俩改变了儒家教育的传统模式，提出把《四书》作为基础教材的想法。除了《四书》，他们讲授的还有《易》《春秋》《诗》《周礼》《尚书》等经典课程。朱熹发展了二程的主张，根据理学论证的逻辑发展和经典的难易程度，全面阐述了理学的教学计划，并运用于实践，使理学教育实现了由博返约的升华，阐述"四书"和"五经"的关系。理学经过一波三折的困苦，终于被统治者肯定。宋宁宗嘉定五年（1212 年），宁宗批准将朱熹的《论语集注》和《孟子集注》列为官学课本。理学著作第一次成为宋朝的法定教材。宋理宗宝庆三年（1227 年）正月，理宗下诏，不但全面肯定朱熹的《四书集注》，而且明确表示自己信奉理学，仰慕朱熹："朱熹《论语》《中庸》《大学》《孟子》注解，发挥圣贤之蕴，羽翼斯文，有补治道。朕方厉志讲学，缅怀典刊，深用叹慕，可特赠太师，追封信国公。"①这次表态标志着以朱熹为代表的理学正式成为政府的统治思想。理宗和后继者宋度宗赵禥又将朱熹的《大学章句》《中庸章句》《仪礼经传通解》《通鉴纲目》，张载的《西铭》，程颐的《易传序》《春秋传序》等定为官学教材。南宋后期，书院教育更是理学一统天下。

二、功利主义教育思潮与学校教材

北宋初年，随着中央集权的加强，一系列社会问题也相应出现，如官僚机构的臃肿、国家财政的困难、统治集团的腐败、人民负担的加重等。为了解决社会危机，在教育上兴起了功利主义的社会改革思潮。相较于理学教育思潮，功利主义教育思潮以其注重"经世致用"的思想给宋代教育以及学校教材以深刻影响。功利主义教育思潮由北宋胡瑗发其韧，王安石继其后，南宋事功学派陈亮和叶适等衍其绪。

(一)胡瑗与分斋教学法的实施

胡瑗（993—1059 年），字翼之，宋代伟大的教育改革家，泰州海陵（今江苏泰县）人。胡瑗从事教育工作 20 余年，先后教学生 1700 多人。他把兴办学校作为培养人才、实行教化、转变社会风气的基础。他说："致天下之治者在人才，成天之才者在教化，职教化者在师儒，宏教化

---

① 　（元）脱脱. 宋史·理宗本纪［M］. 北京：中华书局，1977：789.

而致之民者在郡邑之任，而教化之所本者在学校。"①他主张学校应当教授通经致用的实学，也就是说，除了教授经义外，还教授学生各种实际的专门技能。

胡瑗在自己的教学实践中进行了大胆的革新，首次采用分斋的教学制度，依据教学内容设置经义斋和治事斋两斋。经义斋选择"心理疏通，有器局，可任大事者"，学习儒家经义。治事斋又分治民、讲武、堰水(水利)和历算学科，学生可选择其中一科为主修，另选一科为副修，"治事则一人各治一事，又兼摄一事"②。经义斋的教学目标在使学生根据儒家思想，掌握当代的政治现实，培养高级统治人才；治事斋是为了培养技术人才，旨在使学生掌握某种专业知识和技能。他这种分斋教学，学生学习一个主科、一个副科的教育制度，在当时来说是一种创造性的改革。清初启蒙思想家、实学教育家颜元还明白地说：

> 惟安定胡先生，独知救弊之道在实学。不在空言，其主教太学也，立经义、治事斋，可谓深契孔子之心矣。晦庵先生，所宜救正程门末流之失而独宗孔子之经典，以六艺及兵农、水火、钱谷、工虞之类训迪门人，使通儒济济，泽被苍生，佛、老熄灭，乃其能事也，而区区章句如此，谓之何哉！③

胡瑗的教育思想是对当时儒家教育的重大改革，这一冲击必然影响到教育内容的承载体——学校教材。首先，他提出的教育目标，改变了教育的培养方向，即学校不是为了培养只会诵经的书呆子，而是为了造就有用于社会的实学实用或应世经务，具有现实才能的人才。其次，他主张把民、兵、农、算等实用学科的内容正式纳入学校教学，调整学校以儒经为主的教学内容，突出了实用学科教学内容中的地位。

---

① （宋）胡瑗. 松滋县学记［A］. 周德昌. 北宋教育论著选［C］. 北京：人民教育出版社，1998：65.

② （清）黄宗羲. 宋元学案·安定学案［M］. 北京：中华书局，1986：1.

③ （清）颜元. 四存编·存学编［M］. 上海：上海古籍出版社，2000：114.

(二)王安石《三经新义》的颁布

王安石(1021—1086年),字介甫,号半山,抚州临川(今江西省抚州市)人。宋仁宗庆历二年(1042年)进士及第,初任地方行政官员。时值社会阶级矛盾和民族矛盾日益尖锐化,而北宋政治集团因政治腐败、官吏庸碌,无法解决这一系列社会矛盾。王安石代表庶族地主阶级的利益,为了对豪族地主展开斗争,提出了一些改革的措施,推行新法,要实行新法就不能不统一思想。宋神宗熙宁六年(1073年),王安石提举经义局,吕惠卿兼修撰,王雱兼同修撰,组织人力,对传统的教材——儒家经籍重新进行训释。他亲自撰写《周官新义》,王雱、陆佃等人撰写了《诗义》《书义》,合称《三经新义》,于熙宁八年(1075年)修成奏御,镂版颁行,成了太学和诸州府学的教材。

在王安石看来,《三经新义》修成颁行,在教育上的作用主要有三点:第一,以经术造士是盛王之事,训释经义,教育士子,符合盛王的作法。否则,听任伪说诬民,私学乱治,必然导致衰世之俗。第二,孔子所传经籍,经孟子承袭,盛王之精义犹存,但自秦焚书,源流失正,章句传注由汉起,陷溺人心,淹没了经义的本质,遂使妙道至言,隐而不见,淫辞诐行猖狂一世。《三经新义》修成,正是矫此偏弊,以正源流。第三,训释经籍,使义理明白,解除对经学的曲解,昭晰经籍的疑问,以经籍之本意化民成俗,教育后代。

第二节　宋代及辽、金、西夏的官、私学教材

宋代科举与学校的关系较之以前更为紧密,学校教育制度依旧以官学、私学为主。而不同教育机构中因其培养目标及课程难易度差异,对学校教材的选用也呈现出不同的特色。相继建立的辽、金、西夏王朝与中原王朝的宋朝既矛盾斗争,又吸收融合,在教材方面则主要以接受、采用宋王朝的创制为基本举措。

一、宋代的官学教材

宋代学校依承唐制，官学分中央官学和地方官学两级。中央官学属国子监管辖的有：国子学、太学、四门学、广文馆、武学、律学、小学等；属中央政府管辖的有资善堂，宗学、诸王宫学、内小学等；属中央各局管辖的有医学、律学、书学、画学等。地方官学则包括州、府、县学及军学、监学。

(一) 中央官学的教材

在太祖、太宗、真宗三朝和仁宗庆历四年以前(960—1044 年)的北宋前期，中央官学主要教学经术课程。课程体系的内容是《诗经》《尚书》《周易》《春秋左传》《礼仪》(以上五门课采用孔颖达的《五经正义》)，此外，课程还有《公羊传》(用徐彦《传疏》)、《穀梁传》(用杨士勋、《传疏》)、《周礼》《礼仪》(均用贾公彦《注疏》)。以上课程，每个学生可任选一经。

仁宗庆历四年至神宗熙宁四年以前(1044—1071 年)官学课程体系除上述经术课程内容之外，尚开设诗赋和论策。

神宗当政期间，自熙宁四年之后，官学课程体系发生了变化。学校课程除保留熙宁初的经术、论策之外，将原先的诗赋改为法律。经术课程内容包括《诗》《尚书》《周易》《礼记》《春秋》《论语》《孟子》。每个学生于五经中选学一经，并兼习《论语》和《孟子》，即以策论代替诗赋，以义理代替记诵。

宋哲宗元祐时期(1086—1093 年)，官学的课程设置依照仁宗庆历四年到神宗熙宁四年间的旧制，即为经术、诗赋和论策。从宋哲宗绍圣至北宋末(1094—1125 年)，官学课程体系又曾变易。哲宗绍圣到徽宗建中靖国(1094—1101 年)，官学课程为经术和论策，经术课程内容与神宗朝相类。徽宗崇宁到政和(1102—1117 年)，官学课程为经术、论策和法律，经术课内容与神宗朝相同。徽宗重和到宣和

(1118—1125 年)官学课程为儒经、道经、论策和法律，经术课程与神宗朝相同，另增《黄帝内经》《御注道德经》《御注南华真经》《御注冲虚至德真经》。

南宋时官学课程体系也曾三度变易。高宗建炎到宁宗开禧(1127—1207 年)间，官学课程为经术、诗赋、论策，经术课程的内容，包括"六经"即《诗经》《尚书》《周易》《春秋》《周礼》《礼记》，《论语》和《孟子》仍为兼经。按规定，每个学生须在"六经"中自选一种，并习两种"兼经"。学校教材采用孔颖达《五经正义》、徐彦《公羊传疏》、杨士勋《榖梁传疏》、贾公彦《周礼注疏》、王安石《论语解》等。宁宗嘉定(1208—1224 年)间，课程为经术、诗赋、论策，经术内容仍为上述的"六经"，所用教材除"兼经"改用朱熹《论语集注》《孟子集注》外，大致与上述相同。理宗宝庆到南宋灭亡以前(1225—1279 年)，课程仍为经术、诗赋、论策，"六经"和"兼经"的内容不变，学生选修和兼习的规定也如前，只是新采用的教材变化较大，它们是：朱熹的《四书章句集注》《礼仪经传通解》，周敦颐《太极图说》，张载《西铭》，程颐《易传序》《春秋传序》等。[①]

由于宋代有专门学校教育，其设学的范围、程度层次或知识技术的水平仍属于高等专科教育的范畴。专科教育有更明确集中的专业现实性及技术功利性取向，故受到理学观念及科举制度的影响或桎梏束缚相对较少，在课程教学的安排中有自己的特色，武学、律学、医学、算学、书学、画学等专业均涉猎。

(二)地方官学的教材

宋代地方官学是按地方行政区划而设置的，地方行政分为三级：第一级为路，第二级为州、府、军、监，第三级为县。因路不直接设学，故常设的有州学和县学。

州县学的教材主要是经、史、诗赋，但其中有变动。宋初学校和科

---

① 李纯蛟. 科举时代的应试教育[M]. 成都：巴蜀书社，2004：25-27.

举主要使用唐代的注疏：孔颖达的《五经正义》、徐彦的《公羊传疏》、杨士勋的《穀梁传疏》、贾公彦的《周礼注疏》和《仪礼注疏》。这些注释汇集了汉代至唐朝前期的经学观点。熙宁四年(1071年)，神宗下令改变教育和科举的内容，以此统一士人的思想。中央和州县学的学生在《周礼》《礼记》《诗》《书》《易》中选治一经，兼习《论语》和《孟子》。王安石主持编写《三经新义》，作为《周礼》和《诗》《书》的标准注释。诗赋课程被削弱，经学的地位极大提高。哲宗继位后，朝政转入保守派手中，官办学校保留了神宗朝规定的全部经典和注疏，只是取消了《字说》，恢复了被王安石停罢的《春秋》教学，教材中增加了"三传"和《仪礼》，重新使用《五经正义》等旧解说。学生可以像在神宗时期那样学习经术和策论，也可以学习诗赋、策论和经术。

宋代中央开办地方官立小学，招收8岁至12岁和13岁的儿童，始创时生员较少，只设"就傅"和"初筮"两斋进行教授。宋徽宗政和四年(1114年)，国子监小学生增至1000人，分十斋以处之，小学仿太学立三舍法，学生以诵经、书字多少差次补内舍。若能文，从博士试本经、小经各一道，稍通，补内舍；优，补上舍。①

官办小学的制度对课程有明确的规定。据至和元年(1054年)，《金石萃编》卷134《京兆府小学学规》：京兆府小学的生徒分为三等，即三个年级。最初级一等的教学内容主要是识字(包括读和写)，另外学习少量的诗歌："每日念书五七十字，学书十行；念诗一首。"第二等除识字外，诗赋教学的分量增大，学生开始作诗和读赋，每日撰写对子作为写作诗赋的基本训练，学习典故作为理解和创作诗赋的基础。

可见宋代官办小学开设三类基本课程：识字、诗赋、经术。教学顺序大致是初学儿童以识字为主，然后增大诗赋的分量，最后加入经术，由浅入深，循序渐进。由于课程教材的模糊、交错，乃至于贯通一体情形，在古代学校十分突出，因此，学校教材的选用或编制也依此思路及内容设计。

---

① （元)脱脱. 宋史·选举三[M]. 北京：中华书局，1977：3668.

二、宋代的私学教材

我国古代私学源远流长，自春秋时起就已经成为一种教育制度，在宋代私学更为发达，总体上已经超过唐代。宋代私学分为家传和私授，家传即是由家中长辈对子女进行教育并传授最基本的知识，同时也包括较为高深的家学传授。这样的家学是私学的一种特殊形式，某些家学注重自然技艺的传承，弥补古代官学科技教育的薄弱。如王熙元"幼习父业，开宝中补司天历算"，又如"苗守信，河中人也，父训，善天文，守信少习父业，补司天历算"。①

而师授则内容和形式十分丰富，既包括教授蒙童基本知识以及识字教育，又包括为年龄较长、程度较高的学生进行学习以及参加科举考试设立的精馆、精舍。

宋代私学具有以下特点：第一，由于书院制度的建立，形成了以高等教育和私学形态为主的书院模式，并且逐步规范化、制度化；承担基础或初等教育任务的蒙学充分发展，并且更加社会化、普及化。宋代私学的蒙学阶段，做着扫盲和普及教育的工作。换言之，私学的高级阶段成为书院各派论争的重要基地，宋代学术论争的出现与书院教育密不可分。第二，宋代私学教育内容与官学教育相比更有特色。各级官学教育均以应举为目的，以传统的儒家经学为内容，重习诵、习章句、务文词，有失"德行道艺之实"。书院教育则强调明义理、修身性、尚德操、求致用。以名师大儒为核心，形成了独特的教学风格和办学特色，极大地丰富和活跃了宋代的学术。许多名师大儒曾就学于私学，后又分别从事于私人授徒讲学，如程颢、程颐、张载、邵雍等。程颢、程颐曾拜周敦颐为师，被后世学者视为理学的开端；张载讲学于陕西关中平原，由此发端了理学诸派之中的"关学"；二程四大弟子吕大临、谢良佐、游酢、杨时，开创北宋理学影响最大的"洛学"一派。他们把自己的学术

① （元）脱脱. 宋史·守信传[M]. 北京：中华书局，1977：13499.

思想通过办学、讲学的形式进行传播，宽松的学术气氛、自由的理论追求，在论辩问难中相互融合，促进了学术的发展。

宋代蒙学设置普遍，明显地走向基层社会，担当初等教育的任务，成为推动基础教育发展的生力军。蒙学兴旺发达是有其一定的原因的。宋初专重科举，忽视学校教育。宋中叶以后经过"三次兴学"，官学有所发展，但能在官学里学习的人数毕竟很少。宋朝南渡以后，官学更是有名无实，形成理学家朱熹所述"视庠序如传舍，目师儒如路人；季考月书，尽成文具"①的局面。而这一时期，随着封建经济的发展和印刷术的发明、推广，教育的范围进一步扩大，要求受教育的人数大增，远远不能满足受教育者的要求。

宋代私学主要有师授和家传两种形式，此处对家传教育置而不论。师授这种形式，按其传授内容，大体分两类：一类是教蒙童识字和基本知识的蒙学，另一类是程度较高的私人讲学。除了书院之外的一些程度较高的私学仍然在传授基础知识，而问学和应举仍然为其重点。私人讲学所用的教材除了蒙学教材外，尚有经史及诗赋，以下是一些例证，适当引用说明：

> 程颢，为晋城令，"儿童所读书，亲为正句读……择子弟之秀者，聚而教之"②。
>
> 张载，"屏居南山下……敝衣蔬食，与诸生讲学，每告以知礼成性，变化气质之道，学必如圣人而后已"③。
>
> 邵雍，"少时于书无所不读，……北海李之才摄共城令，闻雍好学，尝造其庐，谓曰：'子亦闻物理性命之学乎？'雍对曰：'幸受教。'乃事之才，受河图、洛书、宓羲八卦六十四卦图象"④。

---

① （元）脱脱. 宋史·选举志三[M]. 北京：中华书局，1977：3670.

② （元）脱脱. 宋史·道学传·程颢传[M]. 北京：中华书局，1977：12714-12715.

③ （元）脱脱. 宋史·道学传·张载传[M]. 北京：中华书局，1977：12724.

④ （元）脱脱. 宋史·道学传·邵雍传[M]. 北京：中华书局，1977：12726.

李侗，"闻郡人罗从彦得河、洛之学，遂以书谒之，……从之累年，授《春秋》《中庸》、(论)语、孟(子)之说"①。

李之才，"师河南穆修，修性亍严寡合，虽之才亦频在诃怒中，之才事之益谨，卒能受《易》。时苏舜钦辈亦从修学《易》，其专授受者惟之才尔"②。

石介，"丁父母忧，耕徂徕山下……以《易》教授于家，鲁人号介徂徕先生"③。

林光朝，"闻吴中陆子正尝从尹焞学，因往从之游。自是专心圣贤践履之学。通六经，贯百氏，言动必以礼，四方来学者亡虑数百人"④。

王应麟，"九岁通六经，淳祐九年举进士，从王埜受学"⑤。

戚同文，"始，闻邑人杨悫教授生徒，日过其学舍，因授《礼记》，随即成诵，日讽一卷，悫异而留之。不终岁毕诵五经"⑥。

谯定，"少喜学佛，析其理归于儒。后学《易》于郭曩氏。……定一日至汴，闻伊川程颐讲道于洛，洁衣往见，弃其学而学焉。……定《易》学得之程颐，授之胡宪、刘勉之，而冯时行、张行成则得定之余意者也"⑦。

但名臣大儒兼通数学，一些私学教师授课时也同时要讲数学，如王应麟曾写过《六经天文篇》，系统研究了天文历算，他正是一位私学大师。南宋四川普州(今四川安岳)人、著名数学家秦九韶在其传世名著

① (元)脱脱.宋史·道学传·李侗传[M].北京：中华书局，1977：12745-12746.

② (元)脱脱.宋史·儒林传·李之才传[M].北京：中华书局，1977：12823.

③ (元)脱脱.宋史·儒林传·石介传[M].北京：中华书局，1977：12833.

④ (元)脱脱.宋史·儒林传·林光朝传[M].北京：中华书局，1977：12862.

⑤ (元)脱脱.宋史·儒林传·王应麟传[M].北京：中华书局，1977：12987.

⑥ (元)脱脱.宋史·隐逸传·戚同文传[M].北京：中华书局，1977：13418.

⑦ (元)脱脱.宋史·隐逸传·谯定传[M].北京：中华书局，1977：13460-13461.

《数学九章》"序"中说："早岁侍亲中都，因得访习于太史。又尝从隐君子受数学。"

三、辽、金、西夏的学校教材

辽是契丹族（鲜卑族的分支）建立的政权。辽太祖神册元年（916年）立国，号契丹。辽太宗耶律德光大同元年（947年）改称辽。早在神册三年（918年），辽太祖诏令建孔庙、佛寺、道观，并于翌年亲谒孔庙，表明他在思想上主张儒、佛、道并举，但更尊崇儒学。辽太祖还在皇都（今内蒙古巴林左旗东南波罗城）创设国子监，设祭酒、司业、监丞、主簿等官。清宁六年（1060年）又置中京国子监。地方官学设有黄龙府学、兴中府学以及诸州县学，皆置博士、助教。

辽的儒学经史传承虽与宋代相比有所不及，但仍为学校教材取向的主流，蔚为风尚。据《辽史·道宗纪》所载，咸宗十年"丁丑诏有司颁行《史记》《汉书》"[1]。1979年山西应县佛宫寺木塔内发现大批辽代雕刻的经卷、书籍杂刻、版画等12卷，使辽代绝版印刷品重现于世，其中有唐代李翰的《蒙求》，当是辽代统辖山西北部大同时私学教育童蒙的启蒙课本。[2]

金是在宋代崛起的女真政权，公元1115年正月，金太祖完颜阿骨打建立金国，1125年灭辽。宋钦宗靖康元年（1126年）灭北宋，随即开始了与南宋长达百余年的南北对峙局面。金国于海陵王天德三年（1151年）始置国子监，规定词赋、经义学生100人，以宗室、外戚、功臣及三品官员以上子弟，年15岁以上者入学。大定六年（1166年）又置太学，初定员160人，其后续有增加。考试制度采用学生会考，三日作策论一道，又三日作赋及诗各一篇。三月一私试，以季月举行，先诗赋，间一日试策论。地方官学设"府学""州学"，学生1000人。府州学设教

---

① （元）脱脱. 辽史·道宗纪［M］. 北京：中华书局，1974：276.

② 所发现李翰《蒙求》1卷，属现存唯一非佛经类辽代版书籍和读本。卷后音义的天头上，还有儿童戏作的墨绘人像，可见此书是儿童用过的读本。

授1员，入学考试由举学校各学官主持。

金朝官学有统一的教学内容选用，教材分经、史、子三大类，而以经史为主。金朝民间私学也很发达，主要通过家庭与私塾形式传授知识，选用教材与宋朝相类似，名家子弟多能从家学中获得教益，从而走上仕途。金代有专门以教学为职业的私塾教师，他们中的一些人科举不第，便以此谋生。也有宦途不显，转而教书者，亦有避乱隐居而执教者。

西夏是党项族（羌族的一支）建立的政权。1038年李元昊称帝，国号大夏，史称西夏。1226年（南宋宝庆二年），蒙古族西征归来大举进攻西夏，次年六月，周旋于宋、辽、金之间，立国近200年的西夏至此灭亡。

李元昊筹备建国，设置机构，就把学校的建设提到了议事日程上，其后诸帝逐步完善。西夏的学校有两类：一是蕃学，是用西夏语言文字授课的学校；一是汉学，是用汉语言文字授课的学校。其级别有中央一级的国学、太学，又有地方一级的州学、县学，还有宫廷的小学、内学。学校设教授。规定宗室子孙七岁至十五岁都可入学学习，生员达三千余人。教材以中原的儒家经典为主。生员学成，量授官职。①

为了发展西夏文化，宋仁宗嘉祐七年（1062年），西夏使者"乞国子监所印术"，宋廷赐给了国子监印书、大藏经等。英宗即位后，赐给了"《九经》及正义、《孟子》、经书"等。20世纪，大批西夏雕版印刷实物的出土，证实西夏政府设有"刻字司""造纸院"等机构，官刻的图书门类很多，有官方颁布的法典、字书韵书、诗歌集、启蒙读物等。

第三节　宋代的蒙学教材

宋代蒙学整体上形式多样、种类丰富，包括私塾、家塾、义学（义塾），另有季节性的村塾、冬学等不同名目称谓。教学内容以识字、习字为主，辅以封建伦理道德和行为规范教育。私塾整体规模不大、学生

---

① 王雄. 辽夏金元史徽·西夏卷[M]. 呼和浩特：内蒙古大学出版社，2007：216.

数量不多，大约在几十人左右，教师在家中设学授徒，教学形式主要以个别传授进行，以教学讲读和记诵练习为主。这类教师往往生活都较为贫困，以学生所交学费（一般为米面等实物为主）为主要生活来源。家塾主要是由官宦世家聘请教师在家内教学，学生主要是官宦的家族子弟，其中一些名人如理学家陆九渊、吕祖谦也开设家塾进行教学。以识字、习字、读书、习作为主要学习内容，学习方法是多读、多背、多温习，辅之以讲书。整体教学具有系统性以及循序渐进性，与现代教学表现出异曲同工之处。义学（义塾）是指个人出资，群众集资，官府、村镇等投资兴建的免费供贫家子弟就读的教育场所，多分布于村镇、县城，其中村镇为多。教师大多由当地聘请教师或者官员，或是地主招聘名人志士，在当地开设学校，教育本族或乡里子弟。这类学校生源较广，办学经费有所保障，甚至设有田产。义学作为古代对寒门子弟所办的教育，对教育普及发挥了重要作用。此外，在农村地区还设置了季节性的村塾、冬学等。这类学校在 10 月份左右农村农忙结束直至次年春播解冻开耕前开设，主要教授儿童读书识字、基本的文化知识，并进行道德伦理教育。

在宋代，蒙学学校的多样性与蒙学教材的多元性相契合，催生了种类繁多的蒙学课程。宋代社会文化的繁荣使得蒙学教材在继承前代经验的基础上还有所创新，甚至出现分类专门化的倾向扶持性，除了基本的识字教材外，还包含伦理道德类、典章名物常识类、诗词歌诀类、历史知识类、女子类和工具书类等教材。这些蒙学教材形式多样，内容丰富多彩，语言简短精练，标志着宋代蒙学教材进入了鼎盛阶段。与此同时，蒙学教材配套的课程也相应而生，种类丰富，而且具有可操作性，在日常的生活行为中把蒙学的理论渗透到儿童生活的方方面面。明代沈鲤在《义学约》中说道："蒙养极大事，亦最难事。盖终身事业此为根本。"①蒙学教材作为蒙学教育的工具，受到学者及社会人士的广泛重视。

---

① 　顾明远. 中国教育大系·历代教育名人志［M］. 武汉：湖北教育出版社，1994：226.

一、宋代蒙学教材的类型

中国历史上有注重儿童教材编写的优良传统，自周代起就出现了历史上记载最早的儿童识字课本《史籀篇》。秦朝更是注重儿童识字教材的编写，如李斯的《仓颉篇》、赵高的《爰历篇》、胡毋敬的《博学篇》等蒙学教材。汉代在其基础上又有所发展，有以三字、七字为句的《凡将篇》和史游仿照《凡将篇》而做的《急就篇》。魏晋至隋唐，唐五代时期虽然呈现政治、军事动荡不安的状况，但也有一些影响较大的书如《千字文》《开蒙要训》《太公家教》等教材。由于宋代整体政局较为稳定，统治者支持教育的发展以及商品经济的拉动，受教育群体逐渐扩大，上至官宦子弟，下至农家子弟和工商从业者均需要教育。所以，蒙学教材内容丰富、形式多样，并形成了比较完整的蒙学教材体系，有了分类的趋势。

(一)伦理道德类教材

宋代统治者认为，国家政治的得失依据伦理道德的好坏，所以道德伦理是教育的重心。

体现在教材之中，这必然令宋代伦理道德类教材注重培养儿童伦理道德和为人处世、待人接物的修养、礼仪和态度。主要有朱熹的《小学》和《童蒙须知》、程端蒙的《性理字训》、吕本中的《童蒙训》以及吕祖谦的《少仪外传》等。

程端蒙的《性理字训》在宋代伦理道德教育类的蒙学教材中最为突出、影响较大。《性理字训》共 30 条，基本上是 4 句成言，共 428 字。整体内容从《四书》和朱熹《四书集注》中提炼出的 30 个理学范畴，加以通俗疏释，和以声韵，以便于记诵。朱熹称赞《字训》说："小学字训甚佳，言语虽不多，却是一部大《尔雅》。"[1]

---

[1] (宋)朱熹. 答程正思[A]. 朱杰人. 朱子全书[M]. 上海：上海古籍出版社，2010：2330.

朱熹所著《小学》是一部全面讲述传统礼教，向儿童进行封建思想教育的教材。教材设有内外篇：《内篇》"萃十三经之精华"，是先秦圣贤的言行，包括《立教》《明伦》《敬身》和《稽古》，以选录儒家经书为主。《外篇》"采十七史之领要"，是汉以后贤哲的言行，有《嘉言》和《善行》，辑录历代贤德之士的拾言警句和事迹风范。明代著名学者章懋就强调要将《小学》熟读玩味，字字句句，都要考究清楚，除了使其道理贯彻于胸中，还要身体力行。即便已经考中了进士的人向他请教"为学之方"时，他的意见是依然要读朱熹的《小学》。

吕祖谦的《少仪外传》广泛征引前哲之懿行嘉言，兼及于立身行己，应世居官之道，不与《礼记》中的经义相雷同，故名曰"外传"，同时书中采缀旧文，体例略同于朱子《小学》。《童蒙须知》分衣服冠履、言语不趋、洒扫涓洁、读书楷子、杂细事宜等目。对儿童生活起居、学习、道德行为礼节等均作详细规定。如"凡为人子弟，当洒扫居处之地，拂拭几案，当令洁净"；"凡读书，须整顿几案，令洁净端正"；"读书有三到。谓心到、眼到、口到。心不在此，则眼看不仔细。心眼既不专一，却只仅仅诵读，决不能记"；"凡为人子弟，须是低声下气，语言详缓，不可高声喧哄，浮言戏笑"。① 吕本中的《童蒙训》，又称《吕氏童蒙训》，共三卷，其旨意是为了光宗耀祖，使祖宗德业流芳千古，并以此勉励自己的后人，认为这才是社会讲究孝道的核心。教材主要讲述尽孝、明礼、诚信、风节、仁慈、谨慎、庄重、勤劳等方面的道德要求；编纂体例采用语录体，内容以作者所见所闻为主，且具有浓厚的理学色彩。

伦理道德教材对于培养儿童道德修养和为人处世、待人接物的态度均有实用价值，直至今天仍有其闪光点，但是也有其缺点。例如对象过于宽泛、模糊不清，既包括教育儿童如何学习、修身，又包括塾师、家长如何教养儿童，缺乏针对性。同时，教育内容超越了儿童的理解能力，只是将理学思想以及道德观念传授给儿童，在方式方法上对儿童的

---

① （宋）朱熹. 童蒙须知[M]. 太原：山西教育出版社，1991.

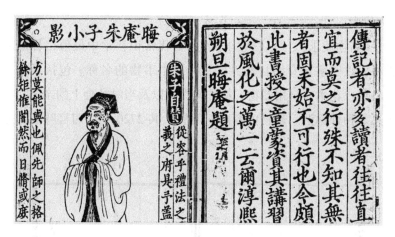

晦庵朱子小影(《标题音训小学书解》明刊本)

妇事舅姑之图(《标题音训小学书解》明刊本)

认识水平和接受能力缺乏考虑，带有灌输和高压的教师权威教学之弊端，因此影响了其在宋代小学初等教育中的流行度。

(二)典章名物常识类教材

典章名物常识类教材主要讲述自然和社会的各种名物知识，以丰富童蒙的知识，并在其中发挥益智育德的教育价值。宋代传授名物制度和自然常识的教材以北宋方逢辰所著《名物蒙求》和南宋王应麟的《小学绀珠》为代表。

1.《名物蒙求》。《名物蒙求》作为古代常识教学中最值得称道的常识教材，以四字句介绍自然界以及社会中事物的名称。包括天文、地理、鸟兽、花木、日用器物、耕种操作，以及当时社会上的亲属、家庭等关系之种种称谓。教材内容广而不繁，共 2720 字；四言叶韵，通顺

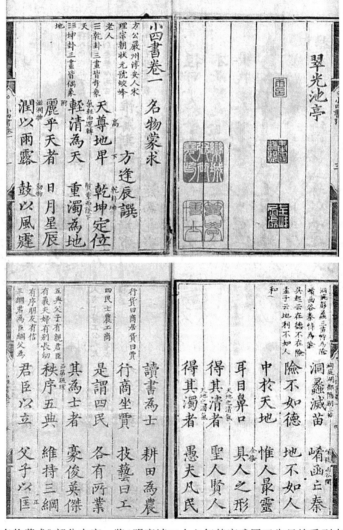

《名物蒙求》部分内容一览(明嘉靖二十六年楚府武冈王朱显槐重刊本)

易懂。在讲自然观念时，编者以科学的方法描述自然现象，宗教迷信附令传闻色彩较少。如："云维何兴？以水之升。雨维何降？以云之烝。"同时，该书作为封建社会的蒙养教材，其中封建的思想意识也相当浓厚。如："人生而群，不可无教。君仁臣忠，父慈子孝。别而夫妇，信而有朋，长幼有序，是为人伦。"①在古代像这样博物知识的教材十分少见，同时这部教材中也有一些超越封建思想的内容，清晰地看到了封建制度下的贫富差距与阶级对照，带有反剥削的平等意识。服饰衣物是人日常所需，大众生活的必需，但不同作品的笔端流露的价值取向和情感心态差异何其之大。《名物蒙求》是这样描述服装的："纨绔公子，锦幛豪家；楚客珠履，杨姨锦花。"②蒙学教材呈现的图景与上述诗歌养蚕女对社会不平等的声泪控诉如同一曲合奏，本质相同。这令人想起宋代文学家张俞所做的《蚕妇》诗作："昨日入城市，归来泪满巾。遍身罗绮者，不是养蚕人。"③

2.《小学绀珠》。南宋王应麟的《小学绀珠》也是该类教材的代表。全书共 10 卷，分 17 类，包括天道、律历、地理、人伦、性理、人事、艺文、历代、圣贤、名臣、氏族、职官、治道、制度、器用、儆戒、动植，共计 2257 条。

该书在编撰体例上也有所创新。以上各条均以数目统率故实，如"两仪""三才""四大"等，列出具体内容，如"三光"后列"日、月、星""五行"后列"水、火、木、金、土"，"八儒"后列"子张氏、子思氏、颜氏、孟氏、漆雕氏、仲良氏、孙氏、乐正氏"。在绝大多数条目的最后还有简短的注释，注明内容的出处，如"三代学"条后列"夏曰校、殷曰序、周曰庠"，最后注："《孟子》：'皆乡学也'。"④

《小学绀珠》无论是内容，还是体例都影响了后来蒙学读物的编撰，

---

① （南宋）方逢辰.名物蒙求[M].兰州：兰州大学出版社，2004.

② （南宋）方逢辰.名物蒙求[M].兰州：兰州大学出版社，2004.

③ 傅德岷，卢晋.唐宋诗鉴赏辞典[M].上海：上海科学技术文献出版社，2019：1.

④ （宋）王应麟.小学绀珠[M].北京：中华书局，1987：6.

如明代张九韶的《群书拾唾》(又名《群书备数》),清代宫梦仁的《读书记数略》,都可以从中窥视个中的踪迹,甚至是以本书为蓝本创作的。虽然作者本意是以名物典章教材扩充儿童知识,但实质上却又实实在在地发挥了多学科知识文化荟萃的功用,更接近于基础教育阶段工具书的价值了。尤其是其艺文类,分为"六艺""五经""四书""三史"等条,不仅包括所注明的内容还略加解说,注明出处,类似于百科小词典,在师生教学尤其是学生自学探索中以作查考。

(三)诗词歌诀类教材

唐宋以后,诗歌成了科举考试的重要内容,即使北宋"三次兴学"中科举考试间或出现将诗赋排除在考试科目的情形之外。但即便如此,由于唐宋诗词创作、传播的惯性力量,以及诗歌教育价值不可否定的客观存在,诗歌教学对蒙学来讲仍有重要影响。宋代蒙学教材中最著名的韵文类诗歌阅读教材有《神童诗》和《千家诗》,在宋代从士大夫到农耕之家,几乎是家喻户晓。

1.《神童诗》。《神童诗》由宋朝汪洙所作,后人编撰成书。全部选用五言绝句,格律严谨,对仗工整,朗朗上口,颇有情趣。全书按内容分类,"劝学"诗14首,皆劝人勤学、治家、出仕。其他门类至为丰富多彩,诸如歌颂皇恩帝德的《状元》《帝都》;描绘四季景物、抒情言志的《春游》《对菊》等计20首;尚有卷首诗28首,多咏风花雪月。由于历代封建统治阶级提倡,《神童诗》宋以后也长期在蒙学中教学传承,师生互答,探讨提问,广为传诵。乃至于寻常百姓瓦舍棚屋之中,并逾越校园围墙,传入官宦士大夫门庭,流布社会,形成民间文化风尚。例如首篇"天子重英豪,文章教尔曹。万般皆下品,唯有读书高"①,其社会价值导向和求学动机引领都很明显。

2.《千家诗》。《千家诗》全名《分门纂类唐宋时贤千家诗选》,宋刘克庄(后村)编选,亦简称《后村千家诗》,实为一部唐时期诗歌选集,

---

① (宋)汪洙. 神童诗[M]. 兰州:兰州大学出版社,2004.

共选诗 200 余首。该诗歌教材咏物言志、写景写情、讽刺时弊、吊古伤今，还有写寺院高僧唐宗侠士隐者，题材多样，内涵丰富，一定程度上反映了唐宗社会生活的方方面面。作品篇幅短小，大多词句浅近易懂，流畅上口。有些名篇如李白的《静夜思》、孟浩然的《春晓》、杜牧的《清明》，几乎是家传户诵，妇孺皆知。在此以后，直到西学东渐近代西方课程教材主导学校教育之前，《千家诗》都是已有蒙学教材中使用最为广泛的教材之一，甚至民国后期私塾间仍流传不衰。它既能对儿童进行品德、知识教育，陶冶情趣，也能当成教儿童习作诗歌的示范教材。

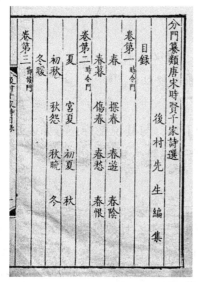
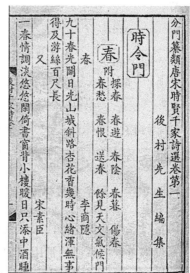

《分门纂类唐宋时贤千家诗选》

诗词歌赋歌诀类教材还有属对教材，如在宋代小学广泛使用的基本课本《对类》以及学习训练使用的教材《对偶启蒙》《曾神童对属》《应对语对》等。《对类》作为乡塾启蒙之本，是一部关于对联类的教材兼文学著作，是古代人们学习诗文对仗的发蒙读物。全书共 20 卷，分为：天文、地理、节令、花木、鸟兽、宫室、器用、人物、人事、身体、衣服、声色、珍宝、饮馔、文史、数目、干支、卦名、通用、巧对等门类。多次翻刻，流传广泛，影响较大，编撰、翻刻情况复杂。《对偶启蒙》由宋代理学家、教育家真德秀撰写，是《声律发蒙》《训蒙骈句》《启蒙对偶》之类属对楹联排比对偶教材的先声。这些教材的知识内容及功夫技巧都是各种对字范例、仿作对象。学童熟读吟诵、默诵体验这些材料，可以积累属对所需的各种对应词句、掌握属对的技巧和方法，为进一步写诗打下基础。理学教育家也重视诗歌的教育作用，在训蒙教材中增加了诗歌的部分，著名理学教育家朱熹编写《训蒙绝句》（也称训蒙诗）以及陈淳凭编写了《小学诗礼》，目的是通过理学教育对儿童进行道德教化。如陈淳在《小学诗礼》之《事亲篇》论述子女如何恭敬父母，遵守礼节：

> 长者必奉水，少者必奉槃。
> 进盥请沃盥，盥卒授以巾。①

《小学诗礼》整体诵读起来朗朗上口，与其说是诗，不如说是通俗化的儿歌，不仅具有趣味性，又能启迪心智。

（四）识字、写字类教材

识字写字类教材是宋代蒙学教育最基本，且数量最多的教材。这类教材不仅将童蒙应掌握的常用字和常识相结合编制，还针对不同教育对象分类编写。对于农家子弟以及工商业者和学徒，有对应的《百家姓》和《杂字》等不同名目教材；对于富有家庭子弟，有对应的《三字经》和《千字文》等教材。除了上述所讲基本教材，还包括民间学塾所使用的农耕手工技巧及家庭辈分关系称谓等知识和内容的读本，其实它们带有实用的字典用途，诸如《四言杂字》《五言杂字》《七言杂字》，以及新编写扩充识字教材《性理字训》《名贤集》和仿唐代蒙求类编写出的《历代蒙求》《名物蒙求》等。宋代还在识字教材的基础上编写了阅读教材，这类

---

① （宋）陈淳.小学诗礼［M］.北京：民主与建设出版社，2019：11.

教材相对较少，著名者如《书言故事大全》，该教材以气候时令、天文地理等分类编写，每则书言故事，先用成语或典故名称作标题，故事正文作解释，标明出处，引用原文，对原文难理解的加上通俗易懂的详细注释，使儿童阅读后很快明白其含义。例如书中一则典故："吠日，罕见而惊曰：吠日，蜀中少日（盖为山高，日难出而易没也）。每日出，则群犬吠之。"①

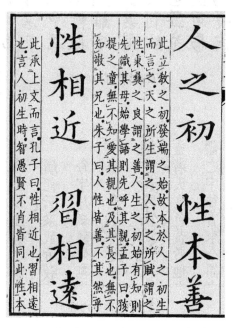

《三字经训诂》

识字和写字教材虽少量比例上有所差异，但绝大多数是共用的。因为初等教育阶段读、写、算三者并列而交融，尤其是前两者。这犹如语言学习中的听、说、读、写须臾不离，紧密结合一样。宋代识字、写字教材不仅数量多，而且自宋开始完全形成的被统称为"三、百、千"的集中识字教材——《千字文》《三字经》《百家姓》通篇采用押韵文体编

① （宋）胡继宗. 书言故事大全［M］. 南京：凤凰出版社，2015：4.

写，句式工整，字清句丽，读起来朗朗上口且极易背诵记忆，还有很强的思想、道德、伦理、历史、文化、习俗、知识等宣传教育功能。

《百家姓》部分内容

《千字文》部分内容

此外，在村塾中也有识字类教科书的存在，即杂字教材，也被称为村书。这种教材是旧时一种识字课本，汇集各类常用字，用韵语编成，便于记诵，有四言杂字、五言杂字、六言杂字等。随着农、工、商子弟入学者增加的实际需要，农工商各业知识和技能逐渐充实进蒙学教材，各种杂字教材开始出现，并得到广泛流行，这时"杂字"已作为一般农家及工商业子弟的识字教材而在民间得到流传。由于宋代造纸术、活字排版印刷术等较为发达，书籍印刷更加便捷，书写纸的成本较低，用笔墨纸砚进行书法练习是小学生必修的书法课，除识字教材同为写字教材之外，专门性写字教材也应运而生，《描红字帖》在其中具有代表性意义。

(五)历史知识类教材

宋代史学的繁荣景象与同时期历史教育的成就休戚相关。其中作为通识与启蒙教育的蒙学，对历史教育发挥了不可忽视的作用，涌现出了大量专门记载历史事件、传播历史知识的蒙学教材，这是水到渠成、瓜熟蒂落的应有之义。这些教材在继承唐代蒙学教材的基础上，已完全形成了"蒙求体""歌诀体""千字文体""咏史诗体"四种主要的编写形式，并出现断代史、通史、古代史等不同体裁。

历史知识教材其主要目的是宣传正统的历史观念，并与"忠君"思想紧密相连，通常用历史或历史人物的所谓嘉言善行来充实议论封建伦常道德，同时传授历史知识，"以古为鉴，可知兴替"，教人们把历史上的兴衰成败、忠奸贤愚，当作一面镜子。宋代的历史教材可分为断代史和通史两种，断代史有《蒙求》、宋人王令的《十七史蒙求》、胡寅的《叙古千文》，通史有宋人黄继善的《史学提要》等。这些历史教材叙述方式不同，有的按朝代先后简述历史经过，有的叙述历史典故或故事。科举考试行文，以及政府民间篇章文告，乃至诗赋戏文需要运用历史典故，这类教材在这方面的用处明显。

唐代李瀚所作，宋徐子光注《蒙求》是一部以历史典故为主要内容的蒙学课本，书名据《易·蒙》"匪我求童蒙，童蒙求我"[1]而来，此句言蒙昧当就明者，以求通达，盖取此义。全书四字一句，一句概括一个历史人物或传说人物的故事。上下两句成对偶，读起来朗朗上口，极有韵味，便于记忆。如"匡衡凿壁，孙敬闭户，孙康映雪，车允聚萤"[2]。《蒙求》在体例和内容上也为后世许多同类读物起了先导作用，如《十七史蒙求》《广蒙求》《叙古蒙求》《春秋蒙求》《历史蒙求》《名物蒙求》等。

---

① （唐）李瀚. 中华经典诵读：蒙求[M]. 杭州：浙江古籍出版社，2021：5.
② （唐）李瀚. 中华经典诵读：蒙求[M]. 杭州：浙江古籍出版社，2021：5.

宋以后广泛流传，还流传到日本、朝鲜，大有"举世诵之"之势。

《十七史蒙求》由北宋王令撰写，作为教育蒙童的素材。与《蒙求》编写相似，该书共 16 卷，共 796 句，3184 个字。四言成句，以类编辑，参以对偶，联以音韵，不拘泥于故事发生的年代顺序，只求上下两句成对；正文之外，还另有注文。

《叙古千文》由南宋胡寅编写，整本书共 1000 字，主要讲述上古到宋代之间的历史，整体文句较为复杂，但也有一些较简单易懂的句子，如："乐育英才，升堂入室"，"董相仲舒，儒术穷研"等。其本质上是通过讲史以维护封建道统和道德伦理的根本道理，使得个人修养得到提升。

最为系统介绍历史知识的蒙书是宋人黄继善编撰的《史学提要》，其书以四言韵语编贯诸史。始自上古，迄于宋末，以便初学记诵。同时在表达历史见解时历史偏见较少，甚至比较开明。例如，谈到武则天时，并未附庸古代文人的看法，而是敢于肯定武则天"亦有权数，善于用人"，同时还称赞曹操"魏武曹操，明略最优"。作者不仅注重历史中王朝更替还体现了历史交替时文化的变迁，将历史从综合的角度考察并分析。例如，在论述唐代历史时也介绍了李、杜、韩、柳这些著名文人。

《史学提要》(一)(明嘉靖二十六年楚府武冈王朱显槐重刊本)

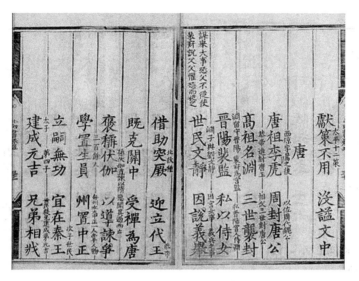

《史学提要》(二)（明嘉靖二十六年楚府武冈王朱显槐重刊本）

(六) 女子类教材

在中国古代封建宗法社会主导下，男女性别不平等，男尊女卑，女子受奴役、压迫，女子地位低下。妇女受政权、父权、夫权、神权的支配，没有受学校教育的权利和机会，只能接受一些不完整的家庭教育。女子类教材是一种特定教育门类读本，表现出从童蒙到成年的一体化特点以及从汉唐到元、明、清传承性较强的特点。因此，这里便需要追溯汉唐女子教育史及女子教材的相关问题。

汉代受儒家思想影响，封建礼教逐渐形成，汉武帝采用"罢黜百家、独尊儒术"的文教政策，培养了一大批经术人才，其中也产生了以学问名家的女子，如班昭，被惯称"女教圣人"。班昭强调女子要受一定教育，她入宫为女师，赐号"大家"，著《女诫》七篇，详述了妇礼，包括妇德、妇言、妇功、妇容等内容。魏晋南北朝时期的儒学中衰惨淡，在唐代虽得以复兴，但封建礼教依然对女子具有约束力，女子教材延用了汉代班昭的《女诫》。不过，唐代女子教材在汉代的基础上思想有所丰富，但内容上更加烦琐，没有什么新的突破。主要有唐太宗长孙

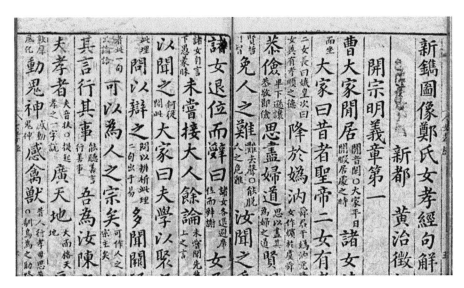

《女孝经》

皇后的《女则》、宋若莘的《女论语》，其妹若昭又加以申释，以及陈邈
妻郑氏所著的《女孝经》。值得一提的是，唐代女子除了基本的女事和
女德学习外，也要求具备学书学算等初级文化知识和基本技能，同时，
也未过多重视女子贞洁问题。

宋代既提倡孔孟儒学，又兼容佛道诸学派精华，将儒学思想推向了
一个新的高度，逐渐形成了新儒学，即理学、宋学或道学。并且，印刷
术的发明及应用使得书籍的数量增多、书价下降，朝廷对科举加大重
视，使得普通的士农工商都有了接受教育的机会。但在宋代由于理学占
据支配地位，女子受到的压迫越加严重且受教育的机会越加减少。

北宋初期，女子教材主要继承唐代，如《女论语》《女孝经》，要求
学习的女子通晓大意。社会富有阶层推崇培养"精通经术，议论明正"
的贤女，班昭的形象被抬高，甚至颇受推崇。大家闺秀、名媛臣女的女
教则以家学为主，学习内容较为多元，既包括经史文章，又包括诗词音
乐，还有琴棋书画、女德女工等内容，甚至能工巧匠家的女子还能女承
父业。

宋代中后期，理学势力扩大，在南宋被确立统治地位，成为封建社

会的统治思想。在理学的天理框架内，男尊女卑成为常理，女子贞节问题成为头等大事，贞节教育成为女子教育的大部分内容，也是女子的第一生命、第一道德。"女子无才便是德"的说法开始渐渐地流行开来。朱熹主张女子应该接受基本的教育："女子亦当有教，自《孝经》之外，如《论语》，止取其面前明白者教之，何如？曰：亦可，如曹大家《女诫》《温公家范》，亦好。"①

　　理学教育是一种重视读书、学问和知识的教育流派，在强调道德纲常礼教化的前提下，对学习和研究有很多卓识。因此，女学教材除了沿袭传统之外，在经史、诗词等方面有所拓宽，基本的文化知识教育更丰富，宋代涌现了一些诗词名家，如李清照之类的才女正是一种证明。

(七) 工具书类教材

　　宋代蒙学教育中工具类教材指用于识字、文化知识学习专用的字典类教材，帮助学生了解如何写诗、作对，也包括教这生写短文的写作参考教材和专门教学工具书。这类专门教学工具书是宋朝教材编写的一大创造。在学会基本的识字、写字之后学生要进行写作、阅读、知识拓展和练习，都离不开适用的工具书作为参考和辅助。宋代蒙学使用的工具书类教材主要有真德秀的《文章正宗》、谢枋得的《文章轨范》、吕祖谦的《古文关键》和王应麟的《小学绀珠》等。

　　其中《古文关键》影响最大，是现存古文评点的代表作，也是初学者学习古文和写作格式的入门教材。该教材选收韩愈、柳宗元、欧阳修、曾巩、苏洵、苏轼、苏辙、张耒等 8 人的散文共 60 篇。卷首列有总论，总述"看文字法" 4 点："看大概主张""看文势规模""看纲目关键""看警策句法"。又分列韩文、柳文、苏文以及曾巩、苏辙、王安石、李廌、秦观、张耒、晁补之等人文章的主要优缺点。最后论"文字病"，指出写作应避免的毛病。所选散文名篇中，分别加首批、旁批，简明扼要地说明行文的起承转合以及精妙之处。所批不乏精当之语，也

---

① 　御纂性理精义 (卷 7) [M]. 武英殿刻本，1715.

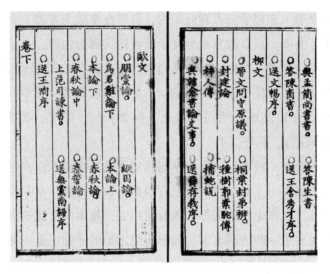

《古文关键》部分内容

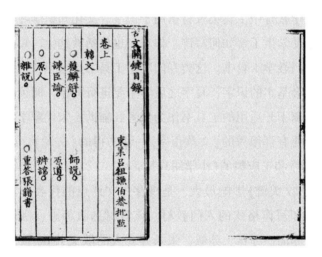

《古文关键》第1卷目录

有程式化的毛病。此书的编纂，目的在于向初学者指示学习古文的门径，是一种普及性的古文选本。①

王应麟撰写的《小学绀珠》是宋代专供师生在教、学过程中查阅，

---

　　① 吴枫. 中华古文献大辞典·文学卷［M］. 长春：吉林文史出版社，1994：1.

用以获得各种名物知识、增长学识的专门名物词典。此书采掇经籍中天地万物百科知识，分为天道类、地理类、人伦类、艺文类、历代类、名臣类、氏族类、职官类、制度类、器用类 10 个部分，各部分内又以时代为序编定。主要为教训童幼学习之用，其中未免失之类目过繁、枝蔓凌乱之弊，但究其教学工具书的适用价值而谈，积极作用是显著的。

二、宋代蒙学教材举要

宋代蒙学教材类型多样、种类丰富。具有注重儿童日常生活与兴趣相结合、识字教学与伦理规范相结合、文字编排通俗易懂、朗朗上口等特点，对封建社会后期蒙学教材的发展具有十分重要的影响。此处对其中影响较大的教材略举数例，以管窥全豹，一叶知秋。

(一)《性理字训》

理学以性理为中心，要求"存天理，灭人欲"以维护儒学的三纲五常实现最高目的的"名人伦"的复性要求。宋朝科举改革，施行以经义取士，朱熹的《四书集注章句》作为官方指定教材，理学确立为思想统治地位之后，童蒙读物便也紧跟着时代的步伐，宣扬同一的性理思想观念，《性理字训》便是这种历史场景的产物。

《性理字训》由程端蒙所著，作者以浅近的语言介绍程朱理学，同时把朱熹《四书章句集注》的主要内容都做了阐释，是少年儿童学习理学思想文化的启蒙教材。整体内容从《四书》和朱熹《四书章句集注》中提炼出的 30 个理学范畴，加以通俗疏释，和以声韵，以便于记诵。大体上分为 3 个部分：第一部分属人性论，包括命、性、心、情、才、志等道德范畴；第二部分讨论"明理"和"修身"，"明理"要求提高对仁、义、礼、智、道、德、诚、信、忠、恕等道德原则、规范的认识，"修身"是以中、和、敬、一等道德要求作内省体验；第三部分讲天理、人欲、义、利、善、恶、公、私等道德问题，表现了作者的禁欲主义倾向。全书共 428 字，30 条，每句 4 字，每条句数不等，少则 2 句，多则8句，并不统一。① 文字的编排与朗读，主要是为了解释性理，而对于如何编写才能让儿童更乐于接受则很欠缺，文字表述味寡韵淡，佶屈聱牙。由于思想内容沉溺于性理，于儿童而言过于抽象玄奥，因而从内容到形式都不大适合蒙童阶段的学习。但得益于宋代科举制度、理学传播以及时代需要，"自古无此体裁"的奇异读本仍然受到了广泛的选用及流行，发挥出精神价值的影响力，成为宋、元、明清蒙学教育中流行的课本。南宋理学家程若庸以此为蓝本增广拓展，撰著《性理字训讲义》。

《性理字训》把常识概念以性理的方式进行了教学，对人类社会和道德行为的概念解释加以升华，具有极高的道德价值。朱熹称赞《字训》说："小学字训甚佳，言语虽不多，却是一部大《尔雅》。"②

(二)《神童诗》

《神童诗》，又称为《汪神童诗》，北宋汪洙著。汪洙字德温，鄞县人，幼善赋诗，有神童之誉。神童是指那些天资聪颖、早慧早熟，在某一方面较早地显露出文学才华的天才少年儿童。

该教材是一部以诗歌形式对儿童进行思想、品德、知识教育的蒙学课本，也是教儿童写诗的示范教材。《神童诗》全部选用五言绝句，格律严谨，对仗工整，朗朗上口，颇有情趣。全书按内容主要分为三部分：第一部分为《劝学》，强调读书的重要性；第二部分为从《状元》到《四喜》，表现科举及第的风云际遇及忠孝节义伦理道德；第三部的描写从早春到除夕春夏秋冬四时农时节气和风光景致。在《劝学篇》开头便是：

> 天子重英豪，文章教尔曹。
>
> 万般皆下品，惟有读书高。

---

① 陈瑛，许启贤. 中国伦理大辞典[M]. 沈阳：辽宁人民出版社，1989：12.
② 朱熹. 朱文公文集·答程正思(卷50)[A]. 朱杰人. 朱子全书(第22册)[C]. 上海：上海古籍出版社，2002：2330.

少小须勤学，文章可立身。

满朝朱紫贵，尽是读书人。

从中可知，蒙学教材中发挥着知识教学的道德性导向，其中渗透了大量封建道德及思想观念，从童蒙时期就鼓励儿童参加科举，考取功名，出仕为官，光宗耀祖，飞黄腾达。

尽管如此，《神童诗》自身又极其富有童真童趣，极具诗歌之天真自然的风采和神韵，这是神童诗最核心的艺术审美特征。如《答钟弱翁》："草铺横野六七里，笛弄晚风三四声。归来饱饭黄昏后，不脱蓑衣卧月明。"还有黄巢的《咏菊花》、路德延的《咏芭蕉》、黄庭坚的《牧童》等，表现出浓郁的生活气息。① 初唐文坛四杰之一浙江婺州府义乌(今浙江金华市义乌市)籍的骆宾王7岁时所写的《咏鹅》诗："鹅，鹅，鹅，曲项向天歌。白毛浮绿水，红掌拨清波。"元初神童陈普的《味白鹭》："我在这边坐，尔在那边歇。青天无片云，飞下数点雪。"②语言的天然质朴、稚嫩真拙，表现了儿童作诗的童心哲理以及质朴素净的真情实感。《神童诗》以独特的理趣、机趣和情趣成为诗歌百花园中的一朵艺术奇葩，甫一问世即广为传诵，后又流传不朽，更为历代诗坛和教坛增辉添彩，受到广大读者和儿童的喜爱。

"神童"现象历代有之，因此神童诗是值得重视的文化现象。在文学领域，神童虽年纪幼小，却能以奇思异想创作出诸多构思精巧、生动形象、充满童趣的脍炙人口、长久流传的佳作名篇，为诗歌艺术增辉添彩。

(三)《十七史蒙求》

北宋文学家王令(字逢原)编写的《十七史蒙求》是宋代"蒙求体"通史类蒙学教材的代表作之一，该书凭借其整齐押韵的句式和丰富的历史

---

① (宋)汪洙. 神童诗[M]. 兰州：兰州大学出版社，2004.

② (宋)汪洙. 神童诗[M]. 兰州：兰州大学出版社，2004.

知识，一直流传至今。"十七史"，乃指从《史记》至《新五代史》17 部史书所记载史事的范围总称。全书共 3184 字，分为 16 卷，内容丰富，涵盖了"圣君、贤相、忠臣、义士、文人、武夫、孝子、烈妇功业事实"①。作者编著此书，目的是通过向蒙童讲解历史知识，传授"忠孝仁义"等传统伦理价值观念。

作者在编写结构上，以独特的史学意识，坚持道德原则与事实原则相统一的标准，选择了忠、孝、仁、义之士的史实，以类相集，联以音韵，编辑成卷。具体、生动的历史事件融于伦理教育中，以事载理，事理并举，再现了时代人物的优秀品质，循序渐进地向蒙童传递了伦理道德观念，让学生能够在了解历史的同时接受道德教育。在编写方式上，作者又寓教于乐，创设多元故事情景，并且重视榜样的垂范作用；采用"非定论式"的历史陈述基调。在编写体裁上，以"蒙求体"编写，四字一句，上下句两两相偶，易于朗诵。

该部教材从知识的选择到编写形式都体现了蒙学教材独特的编写理念，反映了宋代社会世人的意识和价值观念，较之贯穿于官学教育和科举的理学思想更能体现史学的社会功用。

(四)《女诫》

《女诫》作为女子教育教材广泛运用于女童识字读书教学中，如《急就篇》一样，自汉代以后一直沿用，而这两者相较，宋元以后，前者的流行程度更是久远弥长。这类教材还有不少，如《千字文》，后文讲述的"三、百、千"等，都反映出古代蒙学教材跨时代的连续或继承性较强的特点。

《女诫》作者班昭，一名姬，字惠班，号大家，扶风安陵(今陕西咸阳市)人，本书是东汉时关于妇女家庭的伦理著作，也是中国最早由女性撰写的女子教育教材。据黄嫣梨梳理统计，其思想来源于以下典籍：《诗经》及《毛传》、齐鲁韩三家诗、《尚书》《周易》《仪礼》《周礼》《礼

---

① (宋)王令.十七第史蒙求[M].长沙：岳麓书社，1986：11.

记》《春秋左氏传论语》《孟子》《大戴礼记》《荀子》、卜子夏《毛诗序》、陆贾《新语》、董仲舒《春秋繁露》、刘向《列女传》、班固《白虎通义》。①由此可知班昭阅读之广泛、文化修养之高，以至于被和熹邓皇后、汉和帝尊为女师，并参与皇家事务。

《女诫》的中心思想是宣扬男尊女卑的家庭伦理观，其目的是："愿诸女各写一通，庶有补益，裨助汝身。去矣，其勖勉之。"②这里"各写一通"的要求，明确了抄写的重要性，开启了女性抄书的先河，成为传播女教的一种基本方式，此书后来成为家喻户晓的女性教科书。《女诫》共七篇：简明扼要地阐述女性戒除什么，遵守什么，是古代女性日常生活的思想行为准则，"卑弱第一""夫妇第二""敬慎第三""妇行第四""专心第五""曲从第六""和叔妹第七"。第一篇提出妇女应遵守的基本规范，如谦恭让人、做事谨慎等；第二篇叙述夫妻之间的伦理规范，男子的职责是学习礼节与齐家治国之道；女子则学纺织、做饭，以及女红手工技艺；第三篇续论男尊女卑的伦理观，男子刚强，女子柔弱。敬顺是妇人的大节，要度量宽大，否则就会放肆、忿怒；第四篇宣传妇人的四种品行，妇德、妇言、妇容、妇功；第五篇讲述妇无再嫁之礼；第六、七篇叙述妇女如何处理和舅、姑以及小叔、小姑的关系，不要争分曲直、搬弄是非。

《女诫》教材中"妇行"内容最重。"妇德"："清闲贞静，守节整齐，行己有耻，动静有法。"这一条对女子节操、行为提出具体要求。"妇言"："择辞而说，不道恶语，时然后言，不厌于人。"这一条对女子言语规范给出了标准，实际上也在教导如何与人交往。"妇容"："盥浣尘秽，服饰鲜洁，沐浴以时，身不垢辱，是谓妇容。""妇功"："专心纺织，不好戏笑，洁齐酒食，以奉宾客。"这一条是要做好家庭内的本职工作。

《女诫》教材中有很多教育内容，如恭敬、谦让等是传统道德教育

①　黄嫣梨. 汉代妇女文学五家研究[M]. 郑州：河南大学出版社，1993：7.

②　(宋)范晔. 后汉书[M]. 北京：中华书局，2007：8.

的宝贵资源，有普遍教育意义和修身价值，值得我们当代学校教育汲取和学习，但是其中不乏封建传统的糟粕，属于今天看来极不合理的腐朽内容，如强调女性卑弱，对丈夫屈从等，都是对女性的禁锢和束缚，应予坚决摒弃。

(五)"三、百、千"

"三、百、千"即《三字经》《百家姓》《千字文》和《千家诗》，合称为"三、百、千"，是我国古代流传最广、影响最大的蒙学读物。

1.《三字经》

《三字经》由南宋学者王应麟编纂，共356句，1068个字。全书用三言，三字一句或三字倍数成一句；结构严谨，押韵上口，通俗易懂，便于记诵；在体例编排上也是相当灵活，几乎覆盖了文言文的各种基本句式，既能起到训练蒙童语言表达能力的作用，又使全书生动有趣。如"蚕吐丝，蜂酿蜜。""苏老泉，二十七，始发愤，读书籍。""诗书易，礼春秋，号六经，当讲求"等。[1]

该书知识及思想内容十分丰富。首先从正统儒家"思孟学派"的性善论出发，论述了教育的重要性，即"人之初，性本善。性相近，习相远，苟不教，性乃迁。"之后介绍伦理道德、三纲五常，并用此要求儿童，如"三纲者，君臣义、父子亲、夫妇顺。曰仁义，礼智信，此五常，不容紊"[2]。这些内容作为特定时代的产物，一些主张是不可取的。但也有一些值得当今社会道德教育和新文明风尚加以汲取和学习的因素，如"为人子，方少时，亲师友，习礼仪。香九龄，能温席，融四岁，能让梨"[3]。此外，《三字经》还介绍了一些名物常识、文化典籍名目，其间言简意赅地概括了中华五千年历史的重要史事；最后列举了历

---

① (宋)王应麟.国学经典：三字经·百家姓·千字文[M].长春：吉林大学出版社，2011：5.

② (宋)王应麟.国学诵读本：三字经[M].合肥：黄山书社，2015：9.

③ (宋)王应麟.国学经典：三字经·百家姓·千字文[M].长春：吉林大学出版社，2011：5.

史上有名的人物如何刻苦学习，悬梁刺股，囊萤映雪，激励学童向取得成就的人物学习，如"尔幼学，勉而致，有为者，亦若是"①。《三字经》无论在内容上还是在编写上水平都是比较高的，被誉为"袖里《通鉴纲目》"。"魏蜀吴，争汉鼎，号三国，迄两晋。宋齐继，梁陈承，为南朝，都金陵。北元魏，分东西，宇文周，与高齐。"②几句话便将公元220年到581年共362年的历史脉络叙述清楚。通过对《三字经》的诵读、学习，可以培养中华民族尊道德、重学问的高贵品质和刚健不屈、蓬勃向上的民族精神。同时《三字经》作为传统识字类蒙学教材影响很大、流传很广，备受教育界推崇。

2.《百家姓》

《百家姓》是中国古代"杂字书"之一，是广为传诵的蒙学教材。成书于北宋，著者姓名已经不可考。通行本共472个字，绘图本则有单姓452个，复姓58个，共568个字。后改编成504个，其中单姓444个，复姓60个。该书全文采用四言体例，句句押韵，对儿童认字、识字以及民族认同、族性文化起到了重要的辅助作用。如：

> 赵钱孙李，周吴郑王。
>
> 冯陈褚卫，蒋沈韩杨。
>
> 朱秦尤许，何吕施张。
>
> 孔曹严华，金魏陶姜。
>
> 戚谢邹喻，柏水窦章。
>
> 云苏潘葛，奚范彭郎。
>
> 鲁韦昌马，苗凤花方。
>
> 俞任袁柳，酆鲍史唐。
>
> 费廉岑薛，雷贺倪汤。

---

① （宋）王应麟.国学经典：三字经·百家姓·千字文[M].长春：吉林大学出版社，2011：5.

② （宋）王应麟.三字经·百家姓[M].西安：三秦出版社，2018：5.

滕殷罗毕，郝邬安常。

乐于时傅，皮卞齐康。①

《百家姓》字数较少，所列大多数为普通的姓，但诵读起来朗朗上口，有助于儿童充分理解，虽然没有文理可言，但作为识字教材流传使用，经久不衰，不仅是儿童启蒙的重要读物，还是中华文明姓氏宗族的文化传承。

3.《千字文》

《千字文》由魏晋南北朝梁代梁武帝时安成王国侍郎周兴嗣撰，同样是一部体现古代教材延续性、继承性的经典性作品，不仅在南北朝以后的历史时期私学中选为教本，并且流传海外，作为中华典籍文化和教育媒介发挥人类文明交流的积极作用。全书共 250 句，每句 4 字，共一千字，无一重复字。开头便是："天地玄黄，宇宙洪荒。"紧接着依序介绍了天文、地理、历史、农耕、人伦道德等多方面知识文化，涉及的多为儿童有所了解，或者不难理解的日常生活中的内容，贴近现实。在知识技能教学的同时，儿童学会掌握 1000 个常用字。该书中也带有封建宗法社会的印记，如"盖此身发，四大五常。恭惟鞠养，岂敢毁伤。女慕贞洁，男效才良"②。但也有一些内容含有积极意义，如"知错必改，得能莫忘"，教儿童用于改过；"尺璧非宝，寸阴是竞"③教儿童珍惜时光。除此之外，还有一些描写自然景物的内容："云腾致雨，露结为霜，海咸河淡，鳞潜羽翔。"④是较好的例子。

《千字文》在整体上语言简单易懂，基本上没有生僻字，与儿童生活经验结合，能够适应蒙童识字造句的需要，并打下阅读、写作的初步根基。《千字文》自问世以来，不仅被私学塾师用作童蒙识字学文的教

---

① 丁继忠，程建忠. 国学经典诵读系统：三百千·弟子规[M]. 成都：电子科技大学出版社，2016：12.

② （梁）周兴嗣著，罗好礼译. 千字文诠解[M]. 北京：开明出版社，2017：9.

③ （梁）周兴嗣著，罗好礼译. 千字文诠解[M]. 北京：开明出版社，2017：9.

④ （梁）周兴嗣著，罗好礼译. 千字文诠解[M]. 北京：开明出版社，2017：9.

材，在社会上也广为流传，甚至大部分头书卷册的编号，也多采用"天地玄黄"为序。

三、宋代蒙学教材的历史思考

中国古代蒙学教材对于儿童的知识扩展、技能培养、习惯培养等方面都起到很大的教育功能。此外，蒙学教材还具有人格修养、意志磨炼等功能。

(一) 宋代蒙学教材的历史地位

我国历史悠久，有着丰富、灿烂的文化积淀，蒙学教材是其中有价值的代表性元素。宋代的蒙学教材就是其中的代表，堪为古代蒙学教材的侧影，无论在历史地位还是在编写经验上均如此。宋代蒙学在继承前代蒙学的基础上，发展创新，促进了蒙学教材的丰富和提升，为蒙学教育的进步奠定了基础。宋代蒙学教材作为宋代儿童教育的一个组成部分，应该从各种类型蒙学教材实际教学及教材传播影响的角度认真研究，充分肯定其历史地位，并进而阐发其当代价值。

宋代私塾、家塾及村学教育在中国教育史乃至宋代思想文化史上占有重要地位并产生了极大的影响，蒙学教材与之相适应，体现着宋代社会政治经济制度以及教育导向。宋代蒙学教材积淀了非常丰富的教育经验，促进了基础教育的实践活动，不仅发挥出各类私学对儿童实施教学的效用，而且有助于面向社会普及知识，提高民众文化素质，从而推动了宋代民间思想、文学、艺术等领域的进步和深化以及商品经济的快速发展。

宋代蒙学教材在继承前代已有教材编写经验的基础上，还注重吸收时代发展的科学技术、思想文化等最新成果，无论是在教材的内容，还是在编写形式上都有明显创新。在众多类型或种类的蒙学教材中，涌现出不乏某种程度符合教育教学规律的代表作品。尤其是作为综合课程的呈现载体，运用于实际教学，除了能帮助儿童识字、学习知识文化，还能发挥提高儿童阅读能力、丰富生活经验、启迪思想智慧多方面作用。

宋代大多数蒙学教材突出儿童兴趣，符合其认知发展特点；语言文字简练隽永，句式简短；通俗易懂，便于记诵。

宋代蒙学教材还表现出工具性与人文性的统一，使儿童在诵读记忆与理解体验中能够将识字教育、基本知识教育及伦理道德教育有机地结合起来，既能传授知识，又注意培养能力；既能进行道德启蒙、陶冶性情，又能加强良好习惯培养和文化修养。

（二）宋代蒙学教材的编写经验

宋元时期蒙学教材的编写经验主要表现为如下几方面：

1. 蒙学教材开始分类按专题编写，使蒙学教材在内容和形式上呈现多样化，传统的蒙学教材出现新的突破。前代流传下来的以《千字文》为代表的四言韵语类教材出现了不少续编。在编写内容上有较大创新，如《百家姓》《三字经》，采用儿童十分熟悉的姓氏、日常事物作为教学内容，从而能够激起他们的兴趣，效果十分明显。在诗赋方面，前代历来拿成人的教材供儿童学习，到南宋后期有人首次选编了专供儿童学习的《千家诗》，所选诗篇均为唐宋佳作，形象生动，篇幅短小，语言简易，好学易记。

2. 一些著名学者，如朱熹、吕祖谦、王应麟等亲自编撰蒙学教材，对提高蒙学教材的质量起到了重要作用。他们在编写蒙学教材的过程中注意儿童的心理特点，采用韵语形式，文字简练，通俗易懂，并力求将识字教育、基本知识教育和伦理道德教育有机地结合起来，体现了社会主流思想理学价值观念的导向作用。这些经验是值得我们认真研究的。

3. 随着农工商子弟入学者的增加，农工商各业知识和技能逐渐反映到常识教学中来，出现了大量更接近社会生活实际的各类应用型教材。例如专门编辑各类生活常用字的"杂字"书，为适应当时商品经济发达和人们日常书算所用的书算类教材，以及辅导儿童写作的有关礼仪和契约等应用文所用的书仪类教材。

上述经验有合乎教育心理学及教学原理的一面，更重要的是属于中华民族教育文化土壤中生长的民族性教育资源，因此弥足珍贵。它有助于克服盲目移置西方基础教育教材编写手法及观念所带来的水土不服问题，尤其是在注重小学综合课程及教学质量改革的当今，肯定更有其独特意义。

第四节　理学家朱熹的教材贡献

朱熹(1130—1200 年)，字元晦，号晦庵，南宋著名理学家，继承和发展了二程理学，成为理学集大成者。祖籍婺源(现江西婺源县)，出生在福建南剑(今南平)尤溪县。朱熹一生主要从事学术研究和教育活动，毕生讲学，曾长期在福建崇安武夷山"寒泉精舍""武夷精舍"收徒讲学；还主持修复白鹿洞书院，直接讲学，亲自拟订《白鹿洞书院揭示》，成为南宋以后书院和各地方官学共同遵守的学规；知潭州时，又热心提倡州、县学，修复岳麓书院，亲临书院规制壁画，教诲诸生。他在古代学校教材建设与发展中与春秋时期孔子相呼应，成为中国教材史上的绝唱，在世界教育建设史的同一领域，可以比肩于夸美纽斯、第斯多惠及乌申斯基等教育名家。

一、小学教材

朱熹认为儿童自幼需要学习的一些纲常伦理道德都蕴含在优秀书籍中，因此传播儒家学说的"四书五经"理应成为小学教育的教材。但是"四书五经"对于儿童来说，内容太过晦涩难懂，因此，他根据小学教育的目的和内容，特地为儿童编写了一系列既能完整体现儒家道统，又适合儿童特点的课本和读物。这些教材大致可分为三类：专门类教材、指导类教材和辅助类教材。

(一)《小学》

《小学》是朱熹以理学为指导，尊重儿童身心发展的特点与规律，把历史上著名的圣人们的嘉言善行汇集起来而编成的，作为小学儿童必读的书籍。《小学》分内外两篇，内篇所摘录的多半是秦汉以前经传子史中有关小学的道德训练和伦理故事。外篇所摘录的多半是唐宋以后子史文集中有关小学的道德教训和伦理故事。内外两篇的组织和内容大抵相同，外篇可算是内篇补遗或"续篇"。

内篇共四篇。第一是立教篇，其中摘录经传子史内关于胎孕之教、保傅之教、学校政刑之教，师弟子讲习之教的名言。第二是明伦篇，其中选录经传子史内讨论父子之亲、君臣之义、夫妇之别、长幼之序、朋友之交的史言。第三是敬身篇，其中辑录经传子史内讨论心术之要、威信之则、衣服之制、饮食之节等名言。这三篇都侧重抽象原理，其内容都是些道德教训。第四是稽古篇，其中摘录经传子史内有关立教、明伦、敬身的实践之模范。这篇侧重具体行为，其内容都是些伦理故事，是以上三篇的例证。

外篇分两篇。第一是嘉言篇，其中辑录汉唐以后子史文集内有关立教、明伦、敬身的嘉言。第二是善行篇，其中选录汉唐以后子史文集内有关立教、明伦、敬身的善行。嘉言篇是侧重抽象原理的道德教训，善行篇是注重具体行为的伦理故事，是嘉言篇的例证。

全书的三纲领——敬身、明伦、立教与大学的三纲领——明明德、亲民、止于至善是一贯的。敬身是明明德的基础，明伦是亲民的基础，立教的目标是复性，这也是止于至善。所以小学是为大学的基础、根本。①

(二)《童蒙须知》

朱熹主张小学的任务是"学其事"，即通过洒扫、应对、进退等具体的"事"，形成道德习惯，树立道德观念。《童蒙须知》就是为学童学"事"而编写的，它对儿童生活中易知易行之事莫不详细标明。

---

① 邱椿. 古代教育思想论丛(上)[M]. 北京：北京师范大学出版社，1985：55-56.

朱熹在"序"中开宗明义地说："夫童蒙之学，始于衣服冠履，次及言语步趋，次及洒扫涓洁，及有杂细事宜，皆所当知。"从这六个方面，详细规定了道德规范、行为细则、日常生活习惯、待人接物的礼节以及读书写字的常规，其用意是想使儿童从小养成符合封建社会要求的日常习惯。但由于规定得过分具体、琐细，如"凡为人子弟，须是常低声下气，语言详缓，不可高言喧哄，浮言戏笑""凡行步趋跑，须是端正，不可疾走跳踯"等，便在一定程度上束缚了儿童天性的自然发展。

然而，《童蒙须知》对于从小培养儿童良好的生活、学习习惯还是具有很多可取之处。如在生活习惯方面，要求"大抵为人，先要身体端整。自冠巾、衣服、鞋袜，皆须收拾爱护，常令洁净整齐"；"凡脱衣服，必整齐折叠箧中。勿令散乱顿放，则不为尘埃杂秽所污，仍易于寻取，不致散失。著衣既久，则不免垢腻，须要勤勤洗浣。破绽，则补缀之。尽补缀无害，只要完洁"；"凡为人子弟，当洒扫居处之地，拂拭几案，当令洁净。文字笔砚，百凡器用，皆当整齐严肃，顿放有常处。取用既华，复置元所"；"凡饮食之物，勿争较多少美恶"。又如在学习习惯方面，要求"凡读书，整顿几案，令净洁端正。将书册整齐顿放。正身体，对书册，详缓看书，仔细分明读之。须要读得字字响亮。不可误一字，不可少一字，不可多一字，不可倒一字。不可牵强暗记，只是要多诵遍数，自然上口，久远不忘。……余尝谓读书有三到，谓心到、眼到、口到。心不在此，则眼不看仔细，心眼既不专一，却只漫浪诵读，决不能记，记亦不能久也。三到之法，心到最急，心既到矣，眼口岂不到乎"；"凡书册，须要爱护，不可损污绉折""凡写字，未问写得工拙如何，且要一笔一画，严正分明，不可潦草"[1]。对小学儿童进行这样的教育和训练是必要而有益的，也在某种程度上符合儿童的年龄特征和心理特点。

---

[1] (宋)朱熹. 童蒙须知[M]. 徐梓，王雪梅. 蒙学须知[M]. 太原：山西教育出版社，1991：20-24.

(三) 其他

朱熹所撰的《武夷棹歌》《训蒙诗》等辅助教材，能以诗的语言、诗的韵律，惯以"天理"及一般知识，使儿童乐于诵读，从中受到潜移默化的影响。

二、大学教材

朱熹把 15 岁之后定为大学教育阶段，在这一阶段教以格物致知及所以为孝悌者的道理。大学的教学特点是"学其理"，在小学"学其事"的基础上去探究它的道理。小学教学生做些什么，怎么去做；到了大学，就教他们为什么要这样做，说明道理，提高认识。大学和小学的教学内容，有先后之分、深浅之别，但是目标都是围绕着"学以明伦"这个总目标而规定的。朱熹编的大学教材主要是《近思录》和《四书集注》。

(一)《近思录》

《近思录》成书于淳熙二年(1175 年)之夏，由朱熹与吕祖谦共同讨论编纂而成。全书分十四卷。

第一卷("道体")是理学的基础理论篇，整理了四子(即周敦颐、程颢、程颐、张载)从宇宙论到人生观的思维轨迹，简要摘取了太极、理、气、心、性、仁等重要概念以及"理一分殊"的理论。第二卷("为学大要")搜集整理了四子关于为学的言论。从这些言论来看，理学中所谓"为学"，即自修。开头数条专论圣人，实即确立了为学的终极目标。第三卷至第五卷("格物穷理""存养""改过迁善、克己复礼")是讲为学方法的，包括知、行及持敬。第六卷至第十卷("齐家之道""出处、进退、辞受之义""治国平天下之道""制度""君子处事之方")考察了从一个好的家庭成员到一个称职官僚的各种要求。第十一卷("教学之道")与第二卷所讲的自修相反，涉及了教人、治人的问题。第十二卷("改过及人心疵病")根据茅星来的看法，与第五卷的自我省察相反，是指出不能自察、自克的人之缺点，并提供了对症施治的方法。第十三卷("异端之学")是对以佛教为主，包括老庄、道教在内的异端之批判，反映了理学力排异端的理论色彩。第十四卷("圣贤气象")是从尧、舜、孔子到北宋四子的古今圣贤人物论，提示了为学所应达到的圣贤境界。

如果说《小学》着重的是洒扫应对之事，《近思录》则是侧重于仁义礼智之理。在朱熹看来，《近思录》乃是"四书"之阶梯。但是，朱熹并非指必须读完《近思录》方可习"四书"。在朱熹看来，"四书"的特点是"平易"，而《近思录》的特色在于言近且亲切。实际上，学习"四书"，反过来也有助于理解《近思录》。

(二)《四书集注》

朱熹的《四书集注》是宋朝以后影响深远的一部教材。元朝仁宗廷祐年间(1314—1320 年)，复科举，以《四书集注》试士子，从此成为必读的"经书"。书塾里不但要背诵"四书"正文，也要背诵一部分朱熹的注释。科举考试要以朱熹在《四书集注》中的注释作为立论根据。明清的科举考试盛行八股取士。八股文的所谓"代圣贤立言"，实际是把朱熹在《四书集注》中阐述的理学思想在八股文中敷衍一番而已。

所谓"四书"，即指《论语》《孟子》《大学》《中庸》。"四书"原非并行，在宋以前的历代《艺文志》中，《论语》多列为经部，而《孟子》则列为子部，《大学》与《中庸》只是《小戴礼记》中的两篇文章。"四书"并行初见于二程"表章"，《宋史·道学传·序论》说，二程"表章《大学》《中庸》二篇，与《语》《孟》并行。至绍熙元年(1190 年)，朱熹知漳州，始编为'四书'而定其名"。

为了把"四书"纳入理学的轨道，朱熹用毕生精力编著《四书集注》，不断地修改，几易其稿，"毕力钻研，死而后已"，直到临死前一天晚上，还在修改《大学·诚意章》。《四书集注》之所以要不断地修改，用朱熹自己的话来说，是由于"义理无穷"，在注解过程中，"逐字称等"，一字一字地掂分量。他对该书自诩曰：第一，所有注文，恰到好处，既无浮辞剩义，亦无不足之处；第二，注文每个字，在秤上称过，轻重之间，不差一点；第三，对诸家的注释，取舍从违，有明白的选择。这些自我标榜固有溢美之嫌，但应该看到，《四书集注》以洗练的文字阐述了理学思想，具有极大的权威性。

朱熹对于读"四书"的次序和要求，讲得十分明白：

> 某要人先读《大学》，以定其规模，次读《论语》，以立其根本；次读《孟子》，以观其发越；次读《中庸》，以求古人之微妙处。《大学》一篇有等级次第，总作一处，易晓，宜先看。《论语》却实，但言语散见，初看亦难。《孟子》有感激兴发人心处。《中庸》亦难读，看三书后，方宜读之。①

即是说，"四书"是成体系的，先读《大学》以明了"三纲领""八条目"为修己治人之基本"规模"；次读《论语》以立其做人之"根本"；再次读《孟子》以加深对理学思想的理解；最后读《中庸》，以求古圣人道心相传之微妙处。只有通过由易到难的逐步学习，才能获得对理学思想相对完整而又有系统的把握。

"四书"同"五经"的关系，又是如何呢？朱熹认为"四书"是"五经"的阶梯，他赞赏二程的教学：

> 圣人作经以诏后世，将使读者诵其文，思其义，有以知事理之当然，见道义之全体，而身体力行之，以入圣贤之域也。其言虽约，而天下之故，幽明巨细，靡不该焉。欲求道以入德者，舍此为无所用其心矣。然去圣既远，讲诵失传，自其象数名物训诂凡例之间，老师宿儒尚有不能知者，况于新学小生骤而读之，是亦安能遽有以得其大者要归也哉。故河南程夫子之教人，必先使之用力乎《大学》《论语》《中庸》《孟子》之书，然后及乎"六经"。盖其难易、

---

① （宋）朱熹. 大学一・纲领［A］. 邱汉生，熊承涤. 南宋教育论著选［C］. 北京：人民教育出版社，1992：191.

远近、大小之序，固如此而不可乱也。①

据《二程全书·二程粹言》卷 1 所载：二程与门徒有过这样一段问答："或问穷《经》旨，当何所先？于《语》《孟》二书，知其要约所在，则可以观'五经'矣。"上了阶梯，就可以升堂入室，掌握了"四书"的要领，就可以进一步读"五经"了。

程朱的这种读书程序，影响了封建社会后期的教育六七百年。尤其是元代教育家、学者程端礼，发挥了程朱上述思想。他的代表作《程氏家塾读书分年日程》中，依朱熹"读书明理"思想，纠正一些读书人"曾未读书明理，遽使之学文""失序无本，欲速不达"的缺点，认为注重教学程序，才能使"理学与举业毕贯于一"②。当时国子监曾将此书颁郡邑学校，明、清诸儒读书亦受其熏染。

从表面看，这种读书程序是从难易、远近、大小来确定的。"四书"易，"五经"难；"四书"近，"五经"远；"四书"小，"五经"大。先读易的、近的、小的，再读难的、远的、大的，这固然有教学过程中的认识顺序及学生求学的程序阶段的理论基础，符合教学原理的思想观念。而从历史视角分析，这种看法并未触及问题的实质，问题的实质在于"四书"是直接的孔孟之道，更便于阐发理学思想，而"五经"则是孔孟以前的"先王之教"，与理学的关系远一些、浅一些。

---

① （宋）朱熹. 书临漳所刊《四子》后［A］. 邱汉生，熊承涤. 南宋教育论著选［C］. 北京：人民教育出版社，1992：171.

② （元）程端礼. 读书分年日程序［A］. 张鸣歧. 辽金元教育论著选［C］. 北京：人民教育出版社，1991：404.

第六章　元代的学校教材

　　元代是中国历史上第一个由少数民族——蒙古族入主中原而建立的统一王朝，传五世十一帝，历时98年。1206年，成吉思汗统一漠北诸部，于斡嫩河成立蒙古帝国，国号大蒙古国，结束了蒙古草原长期混战的局面。1271年，公布《建国号召》法令，取《易经》中"大哉乾元"之意，改国号为大元，次年，建都于大都(今北京)。1279年，攻灭南宋，统一全国。

　　早在元代建立之前，元太宗(字儿只今·窝阔台)任用耶律楚材，采用汉法，开科取士，奠定了元朝的基础。耶律楚材，"生三岁而孤，母杨氏教之学。及长，博极群书，旁通天文、地理、律历、术数及释老、医卜之说"①。忽必烈在建立元朝后，借鉴金代制度，推行汉法，同时努力保持自身的民族性。任用刘秉忠、姚枢、许衡等大批儒臣，建立了儒户户籍保护和优待读书人制度，尊崇孔子，恢复科举制。许衡，"稍长，嗜学如饥渴，然遭世乱，且贫无书。尝从日者家见《书》疏义，因请寓宿，手抄归。既逃难徂徕山，始得《易》王辅嗣说。时兵乱中，衡夜思昼诵，身体而力践之，言动必揆诸义而后发……往来河、洛间，从柳城姚枢得伊洛程氏及新安硃氏书，益大有得。寻居苏门，与枢及窦默相讲习。凡经传、子史、礼乐、名物、星历、兵刑、食货、水利之类，无所不讲，而慨然以道为己任。"在汉族大儒的建议下，元朝统治者对理学非常尊崇。理学成为元代统治者"治国安民"之道。为此，各级学校增读朱熹提倡的"四书"，使之与"五经"

---

　　①　(明)宋濂. 元史·耶律楚材传[M]. 北京：中华书局，1976：3455.

并列，规定科举考试从"四书""五经"中出题，"四书"以朱注为准。明清科举沿袭这一标准，从此理学成为我国封建社会后期的统治思想。[①]

元太宗接受宣抚王揖的建议，于公元1234年，将全国的枢密院改为宣圣庙(孔子庙)，以后并令各路、府、州、县皆建立孔子庙。武宗(1308—1312年)时加封孔子为"大成至圣文宣王"。元朝建立后，一方面积极吸取中原汉族先进的文化，推行汉代政策，另一方面也努力保持自己的民族性，从中央到地方各级学校的设置都体现了元蒙游牧文化的民族性特征。

元代文化兼容的特点具体体现为"三教九流，莫不崇奉"。元初，大量儒、释、道人物集中于大都，为了恢复一系列征服战争造成的经济衰微，巩固蒙古族对全国的统治，元朝统治者不仅广泛吸纳儒生的意见，而且广亲佛道。佛教及新道教在教理上摄取儒家精华，宣扬自家教义的同时，也不忘对儒家学说进行阐释，儒释道呈现一派融合的景象。虽然汉法推行得不够彻底，但元代并没有停止对汉文化的接纳与吸收，而是采取一种务实的方式，借鉴汉文化中对封建统治有用者，对于无实用价值的部分则弃置不惜。在上述特定历史场域下，元代学校教材在通行的儒学经典、理学著作教材的前提下，科技教材变得十分重要和具有影响力，从中可以得出元代学校教材的特色所在。

第一节　元代学校教材的概述

教材主要在学校使用，但教材不限于书本，其实社会、家庭、实施教人育才工作的资源媒介均为教材。本节拟先对元朝学校做出简述，然后，在此基础上展开讲教材类型。

① 王炳照，郭齐家. 简明中国教育史[M]. 北京：北京师范大学出版社，2007：195.

一、官学

元代中央官学包括在京师设立的国子学、蒙古国子学、回回国子学三种，另有隶属于司天台、太史院的学校，以培训天文、星历等领域的专业技术人才；地方官学除了按路、府、州、县四级设立相应学校外，还举办有民族特点的蒙古字学、医学和阴阳学以及小学教育程度的小学、社学等；民间私学有各种不同的名称，有的成为"小学"。在农村地区农家子弟利用冬闲时节读书的蒙学，则称为"冬学"。此外，还有的称作"乡校""家塾""私塾""蒙馆"等。由于官方设立的小学数量有限，而办理蒙学一般所需经费不多，所以在中小城镇和乡村地区，这一类私人设立的蒙学较普遍。

以下对其要者加以呈现。

(一)国子学

元代国子学创立于元世祖至元六年(1269年)，是专习汉文化的学校，生源为蒙古人、色目人和汉人。

至元二十四年(1287年)，重订国子学规则："立国子学，而定其制，设博士，通掌学事，分教三斋生员。讲授经旨，是正音训，上严教导之术，下考肄习之业。复设助教，同掌学事，而专守一斋。正、录，申明规矩，督习课业。"①元代国子学教材及教学实施计划都有明确规定，接受了宋代理学教育的传统，把《孝经》、《小学》、"四书"摆在优先学习的地位。

为了保证元朝汉化教育得到有效实施和落实，国子学在教学管理上实行"升斋等第法"和"积分法"，并将两者进行联系来共同考核学生。升斋等第法：国子学决定能否升斋的考试每季举行一次，经考试后，中斋生员列优等者准予升入上斋，下斋生员列优等且不犯学规者，准予升

---

① 　(明)宋濂. 元史·选举志[M]. 北京：中华书局，1976：2029.

入中斋。积分法：汉人学生升至日新、时习两斋(上斋)，蒙古、色目学生升至志道、据德两斋(中斋)，就开始实行积分法。"汉人私试，孟月试经义一道，仲月试经义一道，季月试策问、表章、诏诰科一道。蒙古、色目人孟、仲月各试明经一道，季月试策问一道。辞理俱优者为上等，准一分；理优辞平者为中等，准半分。每岁终通计其年积分至八分以上者，升充高等生员，以四十名为额。"①元代国子学生员不受种族的限制，蒙古人、色目人和汉人都可以入学校学习。这在一定程度上促进了蒙汉两种文化的交流和发展，在生员的考核上，不同的民族有不同的对待方式。当然，考核要求对汉人更加严苛，对蒙古人和色目人宽松。这在反映民族差异的同时，客观上促进了蒙古人和色目人对学习汉文化的积极性，但同时也表明了汉人和南人在元代的处境是很不利的。换言之，这既表现出了元朝统治者对汉族的一种歧视，又表现出了元代统治者在进行汉化教育过程中的矛盾心态：元代统治者既需要被承认是中国的主宰，但又不能让人觉得汉族文明比其他民族的文明更优秀和强大，并且以免被中原文化所融合和吞并。

(二) 蒙古国子学

蒙古国子学创建于元世祖至元八年(1271年)春正月。学额初无规定，仁宗延祐二年规定：蒙古学生70人，色目学生20人，汉学生30人。招生限随朝蒙古、汉人百官及"怯薛歹"(蒙古族近卫军)之俊秀子弟，学生分正额与陪堂两种。学官有博士、助教、教授、学正、学录、典书、典给等。关于教材及教学内容，据所掌握的资料判断，主要是两个方面，一是教蒙古文字；二是学习成绩好的官员子弟还兼学算术。此外，还要学习封建礼节和蒙古文教材。

(三) 回回国子学

元代统治者为了巩固新生的政权，非常重视西域各民族教育的发

---

① 　(明)宋濂. 元史·选举志[M]. 北京：中华书局，1976：2030.

展。回回人，由于具有优良的文化和高超的技艺，受到蒙古统治者的赏识与重用，元代统治者先后在中央办了许多与回回人有关的学校，其中回回国子学是最突出的，也是唯一为回回人兴办的高等学校。回回国子学创立于元世祖至元二十六年（1289 年），是专门学习亦思替非文字（波斯文）的学校，生源为公卿大夫及富民之子弟，教材也应以波斯文为主，专门培养与西域各国进行交往的译官和使臣。创办回回国子学，是鉴于当时与西域诸国交流频繁，迫切需要懂得亦思替非文字的专门人才。因此，学校的设立，适应了当时社会的需要。

（四）端本堂

元代的端本堂，主要实施皇太子教育，或者称东宫，它是整个元代教育的重要组成部分，也是元朝早期的蒙古贵族学校的代表。元朝政府为了巩固其政权，十分重视培养接班人，因而皇太子教育备受重视。

元代的皇太子教育机构是比较齐全的，元朝政府于至元十一年四月初建东宫。[①] 大德十一年七月，置宫师傅，设太子太师、少师、太傅、少傅、太保、少保、宾客、左右谕德、赞善、庶子、洗马、率更令、丞、司经令、中允、文学、通事舍人、校书、正字等官。[②] 至正六年四月，立皇太子宫傅府，以长吉等为宫府官，时太子犹未受册宝。至正九年冬，立端本堂为皇太子学宫。[③] 此外，元代的皇太子教育机构还有詹事院，至元二十年立，首命宋衡为太子宾客，辅翼皇太子。[④] 至元三十一年五月，詹事院为徽政院。[⑤] 以后于延祐四年十二月，置詹事院，太子詹事 4 员，副詹事、詹事丞并 2 员，家令府，延庆府设 4 员，典宝监 8 员。[⑥] 至正十三年六月，立詹事院，罢宫傅府，设官多人，其属有家

---

① （明）宋濂. 元史·卷 4《世祖一》，卷 8《世祖五》.

② （明）宋濂. 元史·卷 22《武宗一》，卷 179《宋衡传》，卷 18《成宗一》.

③ （明）宋濂. 元史·卷 92《百官八》，卷 89《百官五》，卷 85《百官一》.

④ （明）宋濂. 元史·卷 22《武宗一》，卷 178《宋衡传》，卷 18《成宗一》.

⑤ （明）宋濂. 元史·卷 22《武宗一》，卷 178《宋衡传》，卷 18《成宗一》.

⑥ （明）宋濂. 元史·卷 26《仁宗三》，卷 25《仁宗二》，卷 24《仁宗一》.

令司、府正司、典宝监、仪卫司、典藏库。十七年十月，置分詹事院，这些下属机构又分别设官多员。① 天历年间，政府把詹事院改为储政院。② 这样，元代历朝都设置了庞大的詹事院机构，元代的皇太子教育机构由丞相负责，至正九年开端本堂，皇太子学于其中，命脱脱领本堂事。③

为了保证皇太子接受良好的教育，元朝政府对端本堂的教师提出了很高的要求，其中的亮点是十分慎重地选择"名儒""鸿儒""端士""孝弟""博文""有才者"来辅导皇太子以保证教育的质量。但是选择太子师儒不拘泥于民族和阶层，即使是布衣，只要有真才实学也可以录用。许衡、窦默、姚燧、姚枢、察罕、相威、王恂、尚文、归旸、李好文、李谦、许有壬、刘因、李孟、阿怜帖木儿等都是皇太子师保的杰出代表。他们之间的民族出生和阶层均有差异，既有蒙古人、色目人，但更多是汉人。元代的皇帝及皇太子都具有尊师重道的良好风尚，师傅与皇太子东西相向授书，不行君臣之礼，显示出师傅享有很高的政治地位，他们往往身兼数职，属国家的重臣，如国师八思巴、亦怜真等都是著名的帝师。

(五)社学

元代的社学也可以称作农业技术教育，它是农桑与教化的统一体。它的创建大大加强了对广大农民的封建教化及科学技术的教育，对元代社会的进步和经济的发展发挥了积极的作用。社学创办于元世祖至元二十三年(1286年)，依元制，五十家为一社，不论何色人等并行入社。每社设一社学，以通晓经书者为社师，推选年长富有生产经验的人为社长。凡超过五十家而在一百家之内的村，就增设社长一人；不满五十家的村可以与邻村合为一社，也可以自立为社，并选出一名社长。由此可见，社学中有两名老师，一名是教授文化课的老师，对农民的子弟进行

---

① (明)宋濂. 元史·卷92《百官八》，卷89《百官五》，卷85《百官一》.

② (明)宋濂. 元史·卷92《百官八》，卷89《百官五》，卷85《百官一》.

③ (明)宋濂. 元史·卷138《脱脱传》，卷183《字术鲁翀传》.

启蒙教育，另一名是有经验的或有专长的农民来担任，对青壮年进行教育。社学的数量很多，但多数很粗陋，只能传授一些很初级的知识。元世祖以后许多地区的社学之制就废弃了，但社学与后来普遍设立的村塾有密切关系。

(六)诸路医学

诸路医学创立于中统二年(1261 年)，生源则大多为在籍医户及开设药铺人家的子弟，有一种"家承式"的色彩。但政府并不拒绝招收普通人家的弟子，只要资质尚可，愿意就读的，也可收为医学生员。课程内容分为十三科，合为十科，分别为：大方科、杂医科、小方脉、风科、产科、眼科、口齿咽喉科、正骨兼金疮肿科、针灸科、祝由科、禁科。学生应先修订一定的预备课程，入学后才可修习专门的必修课科目，如《素问》《难经》《神农本草》《圣济总录》《伤寒论》等。此外，学生也要学习"四书"。

(七)诸路蒙古字学

诸路蒙古字学创立于元世祖至元六年(1269 年)，生源除蒙古人外，也吸收其他民族子弟，旨在培养使用及教授蒙文的人才。课程除了与京师蒙古国子学相类似的科目外，尤其重视蒙文教育和蒙古教材的使用。

(八)诸路阴阳学

诸路阴阳学设于至元二十八年(1291 年)，隶属司天台。诸路阴阳学生源为阴阳户及其子弟。这是为了适应元军在征战过程中对于熟识天文、历数、卜巫等技术人才的客观需求。

二、私学

元代私学包括两部分：私人讲学和民间蒙学，应该以后者为学校制度史考察，私学教育类型与唐宋相似，教学课程、教材方面则明显反映出丰富多元性，元代蒙学教材的探讨拟在后面展开。元代的私学一方面补充了官学的需要，另一方面也为更多的士人造就更多的学习机会。其形式与内容与两宋时期并无多大区别，学校教材的范围、内容较之宋代为广泛，以儒家经典为主，但不拘泥儒经，兼采诸家，甚至涉及科技内容：

> 唐仁祖，畏兀人。"少颖悟，父殁，母教之读书。通诸方语言，尤邃音律。"①
>
> 马祖常，世为雍古都，居净州天山。"祖常七岁知学，得钱即以市书。……既长，益笃于学。蜀儒张翌讲道仪真，往受业其门，质以疑义数十，翌甚器之。"②
>
> 耶律楚材，"生三岁而孤，母杨氏教之学。及长，博极群书，旁通天文、地理、律历、术数及释老、医卜之说"③。
>
> 许衡，"七岁入学，授章句，问其师曰：'读书何为？'师曰：'取科第耳！'曰：'如斯而已乎？'师大奇之。每授书，又能问其旨义。……衡善教，其言煦煦，虽与童子语，如恐伤之。故所至，无贵贱贤不肖皆乐从之，随其才昏明大小皆有所得，可以为世用"④。

上述事例，能够对元代私学办学形成以下几方面印象：（1）从形式上看，自幼寻求名儒或明师授业，有所成就出为世用者，为数最多。（2）从教育内容来看，以儒家经典《易》《诗》《书》《春秋》或《孝经》《论语》《孟子》《四书集注》，甚至道德性质之说为普遍教材，间亦旁及天文、地理、术数及其他学术流派，各有不同。（3）从教师从业取向来看，以"不屑仕进""隐居教授""传道授业""讲学授徒"为一般职责者，最为普遍。

元代数学，可以算是以算筹为主要计算工具的中国古代数学发展的

---

① （明）宋濂. 元史·唐仁祖传[M]. 北京：中华书局，1976：3253.
② （明）宋濂. 元史·马祖常传[M]. 北京：中华书局，1976：3411.
③ （明）宋濂. 元史·耶律楚材传[M]. 北京：中华书局，1976：3455.
④ （明）宋濂. 元史·许衡传[M]. 北京：中华书局，1976：3729.

最高峰。这个以蒙古贵族为主体的封建政权，虽然它的存在仅有短促的88 年，但却拥有群星璀璨的数学人才和令人惊叹的数学成就。元代设立的各种官私学学校都设有术数课程，进行数学教育。特别是科技专门学校中的阴阳学，设有天算科，相当于现在的天文数学系，是培养高级数理人才的基地。

我国早期的数学教育是以儒家六艺中的九数数学为其主要内容的。随着朝代的交迭更替，到了元朝，数学教育的主要教材有：《周髀算经》《河防通议》《大明历》《宣明历》《测圆海镜》十二卷、《益古演段》三卷、《算学启蒙》三卷、《四元玉鉴》三卷、《丁巨算法》八卷、《详明算法》二卷、《算法全能集》二卷、《授时历捷法立成》《透帘细草》《锦囊启源》《事林广记》等。

第二节　元代的官、私学教材

元朝是我国历史上第一个由少数民族——蒙古族统一政权而建立的国家，1206 年春，成吉思汗在斡难河边的大帐竖起九游白旗，集合了他的全部属众，召开"忽里台"大会，他正式被推举为众汗之汗、大草原上的最高统治者。1260 年蒙古忽必烈即位并定都大都(北京)。1271年忽必烈以"中统"为号，设立纪元，建都上都，元朝建立，1279 年灭南宋统一中国。本节试图综合前人的研究成果以及自己对资料的整理，梳理出元代官、私学教材的使用，力求对元代的官、私学教材有所补充和完善。

一、元代的官学教材

元代是一个由蒙古少数民族建立政权的多民族国家，为了巩固统治地位，元朝统治者不仅要保持蒙古本族人民的"好战""骑射"等游牧民族的特点，还间或以怀柔政策笼络人心。这在文教方面既表现为采用汉法的总策略，又表现为重视发展本民族与其他少数民族的教育。因此，元代统治者在制定文教政策时，一方面把尊孔崇儒、推崇理学作为总的指导方针，另一方面也充分尊重少数民族的信仰，采取一系列发展和保存少数民族优秀文化的措施。这种施政方针表现在兴办教育上，就是元代统治者创办的学校既为保持本民族和其他民族特色服务，也为推行汉化教育服务。尤其是在中央官学的兴办上，突出地表现了这种蒙汉双化教育的特点。元代在中央推行双化教育的官学主要有国子学、蒙古国子学和回回国子学。元代不仅在中央设置官学，地方也相应地设有学习儒学、科技和文字的地方官学。

（一）元代的中央官学教材

元代中央官学类型及设置情形已作简介，其中的教材使用情况如何呢？这是要进一步讨论的。

1. 国子学

国子学创立于元世祖至元六年（1269 年），隶属于国子监，是专习汉文化的学校，招收的学生包括蒙古人、色目人和汉人，可见其生徒不区分种族。国子学分设六斋，六斋按程度分为上、中、下三等。上等有时习斋、日新斋，讲说《易》《书》《诗》《春秋》科，习明经义等课文的学生在这两斋；中等有据德斋、志道斋，讲说"四书"、课肄诗律的学生在这两斋；下等有游艺斋、依仁斋，凡诵书讲说、小学属对的学生在这两斋。元代重臣耶律楚材非常尊崇儒家思想，他说："三纲五常，圣人之名教，有国家者莫不由之，如天之有日月也。"[1]其后的元代名臣许衡、吴澄等亦作此强调。因此，国子学的教学内容主要是儒家经典，依据传习的顺序，先授《孝经》《小学》《论语》《孟子》《大学》《中庸》；次及《诗》《书》《礼记》《周礼》《春秋》《易》。由此可见，将儒家的伦理思想作为统一思想，重塑伦理纲常的工具得到了元朝统治者的认可，把它们作为进行汉化教育的重要教材。

---

[1] （明）宋濂. 元史·耶律楚材传[M]. 北京：中华书局，1976：3445.

2. 蒙古国子学

在推行汉化教育的过程中，元代统治者也高度重视本民族的优秀文化，在中央设置蒙古国子学。蒙古国子学创立于元世祖至元八年（1271年），隶属于蒙古国子监。为了彰显蒙古民族的特色及地位，中统年间，元世祖忽必烈命八思巴制蒙古新字，字成之后，元世祖降诏颁行天下，"自今以往，凡有玺书颁降者，并用蒙古新字，仍各以其国字副之"①。由此，蒙古国子学的教学用语就是蒙古文字，教学内容为翻译成蒙古文字的《通鉴节要》；此外，学习成绩好的官员子弟还可兼学算术；蒙古国子学的学生在学习蒙古新字的同时，仍然要学习中原的各种封建礼节。

3. "回回"国子学

"回回"国子学创立于元世祖至元二十六年（1289 年），以往的教育史学者大多认为"回回"国子学的教学内容只是亦思替非文，而亦思替非文即波斯文字或"回回"文。随着学界研究者们的不断深入探讨，可知这种观点是不准确的。"回回"国子学的教学内容实际上包括亦思替非文、思亚格（siaq）计算方法和"回回"语言文字学。

亦思替非文，学者们历来多以阿拉伯文或波斯文称之，但实际情况是，阿拉伯文与波斯文为元初东来"回回"人使用的主要语言，且元代政府各部门均设有专职的"回回"书写、"回回"译史，以专掌波斯文或阿拉伯文文书译写。今据伊朗德黑兰大学穆扎法尔·巴赫蒂亚尔的《亦思替非考》一文可知，"亦思替非"是一种特殊的文字符号，用于国家文书之中，有特定的写法与规则，国王及政府有关财务、税收的诏书、清算单据、税务文书等都用这种文字书写，而以一种称为"思亚格"的方法计算。这种文字类似缩写符号或象形文字，只表意而不表音。"回回"国子学既然以教习亦思替非文为主，那么其中的"思亚格"计算亦应该是学生的必修课程。②

---

① （明）宋濂. 元史·释老·八思巴［M］. 北京：中华书局，1976：4518.
② 王志彦. 论元代中央官学的双化教育制度［J］. 通化师范学院学报，2009(6).

"回回"国子学除教授亦思替非文书之外，尚开设"回回"语言文字学等课程，为政府培养专业书写、翻译人才。据《元史·选举志》载："凡百司庶府所设("回回")译史，皆从本学(指"回回"国子学)取 39 以充焉。"可知，"回回"语言文字学等课程也是"回回"国子学的重要教学内容。在元代，有很多阿拉伯的书籍传入中国，这些书籍中，包括天文、历算、数学、医药、历史、地理及文学等类，其中许多关于语言文字的书籍可能是"回回"国子学的教材。清人刘智在其《天方性理》和《天方典礼》中收录了许多"自元世载入"的"回回"书籍，其中有《米幅他合·欧鲁密》，阿拉伯语意为"学问之钥匙"，是一部语文书。《母格底墨·额得壁》，阿拉伯语意为"学问之基础"，刘智译为《字义类编》，是一部按阿拉伯语字义分类编排的著作。《索哈合》，阿拉伯语意为"完整的、正确的"，刘智意译为《字正》，是一部有关阿拉伯文的教科书，专讲正字法。《特尔林·穆特二林》，阿拉伯语意为"求学之训导"，刘智意译为《为学须知》，是一部阿拉伯语初级启蒙书。[1] 这些阿拉伯语言文字著作的传入，显然是为元代的"回回"语言文字教学采用为教材的。

4. 端本堂

元代端本堂的教育内容基本上囊括了主要学科的精华，其教学内容是根据教育目的和任务来选编的。其一，其中主要侧重于学习儒家经典著作，同时也保留着具有蒙古族特色的教学内容。儒家经典著作有突出地位，学习教材为《孝经》《大学》《论语》《孟子》《中庸》等。其二，还编《端本堂经训要义》，作为补充教材。其三，是军事体育教育的内容。元朝统治者十分重视对皇太子进行军事体育教育，特别重视骑马、射箭、摔跤、打猎等军事体育教育。其四，包括自然科学知识的内容，特别是天文、历法、算数、建筑学等学科占一定的比例。比如，元宪宗蒙哥就是一名杰出的数学家，他曾经解答过欧几里得的若干几何图，并试图在他强盛的时代建一座天文台。[2] 其五，元朝政府也很重视对皇太子

---

① （清）刘智. 天方典礼·采辑经书目[M]. 天津：天津古籍出版社，1988.

② 王风雷. 元代的端本堂教育[J]. 内蒙古大学学报（哲学社会科学版），1992
(2).

进行治国安民方面的教育，所用教材有《资治通鉴》《贞观政要》《武经》《承华事略》《帝训》《帝范》等。其六，端本堂教育，或多或少渗透了一些佛学知识内容，皇太子除了学习上述教育内容之外，有时也学一些佛学知识。为人君者，方其稚弱，为佛弟子，稍长，多从国师习真言，真金太子师事八思巴，武宗、仁宗未践祚时皆师达益巴①。仁宗皇帝妙悟释典，他曾讲道："明心见性，佛教为深；修身治国，儒道为切。"②皇太子爱猷识理达腊也"颇崇佛学"③。

元代的经筵，是蒙元帝王为研读经传史鉴而特设的御前讲席，属端本堂教育的延续，也是古代蒙古族教育的一种特殊形式。可以认为是皇太子未成年时期的一种青年教育，而经筵是继位执政后的教育，类似于帝王成年后的继续教育。

元代统治者为了巩固政权，在不断提高自我修养的同时，也要加强文化学习和道德修养，主要是通过向皇帝陈述祖宗之遗训，考经史之格言揭示治道，以培养君德。元代经筵向皇帝授课活动的中心是讲授儒家经典的学说和学习历史，其中儒家经典主要的教材包括《孝经》"四书""五经"，历史教材主要是《贞观政要》和《资治通鉴》。此外，《帝范》《皇图大训》《大学衍义》《图像孝经》《烈女传》等，也是其重要的教材。

(二)元代的地方官学教材

元代地方官学分为儒学和科技、文字语言两大类，其中儒学包括路学、府学、州学、县学、诸路小学和社学，其中以社学最富特色，科技、文字语言类则包括诸路医学、诸路蒙古字学、诸路阴阳学。儒学中除社学外，其所用教材与国子学相类，故此处不加以赘述。

---

① 谭英华. 喇嘛教与元代政治[A]. 张曼涛. 现代佛教学术丛刊·佛教与政治[M]. 台北：大乘文化出版社，1980.

② 《元史》卷26《仁宗三》，卷25《仁宗二》，卷24《仁宗一》.

③ 《元史》卷43《顺帝六》，卷46《顺帝九》，卷41《顺帝四》，卷42《顺帝五》，卷47《顺帝十》.

1. 社学

元代社学创办于元世祖至元二十三年(1286年)，社学的教材起初没有明确的规定，依赖社师的学问和水平，教读日用表字，至元世祖至元二十七年(1290年)，朝廷才对社学的教材有过规定：先习《孝经》《小学》，次及《大学》《论语》《孟子》《经》《史》。社学农业科技教育的内容主要有：耕垦技术(耕种操作)、播种技术(谷类和纤维、油料作物)、栽桑、养蚕、瓜菜、果实、竹木、植树、药草、孳畜、岁用杂事(农家家庭长生月计划)、粪肥、农田水利灌溉、农业机械、灾荒和病虫害的防治等内容。其教材首先是《农桑辑要》。其次，王祯编著的《农书》针对当时全国各地的生产情况，兼论南北，是我国第一部从全国范围内对整个农业作系统研究的农学专著，它是适合于元代各地农业技术教育的理想教材。其他教材如畏兀儿族农学家鲁明善撰写的《农桑衣食撮要》也十分流行。作者对江淮地区的农业生产情况作了深入调查，并对以往的农书进行了研究，它是一部地域性的农书。元代司农丞苗好谦所撰写的《栽桑图说》、宋代董煟编写的《救荒活民书》等，都是农业技术教育较多采用的教材。

2. 诸路医学

元朝的医学教育是元朝整个教育体系中最具特色的部分。为了加强对医学专业人才的培养，弥补医药专职人员空缺，1261年，太医院使王猷向元世祖奏报："医学久废，后进无所师授。窃恐朝廷一时取人，学非其传，为害甚大。"[1]根据这一建议，忽必烈设立医学，元朝政府对医学作了细致的分科，学生们根据自己报名时的意向分科学习。但无论学习哪科，都要认真学习"四书"等经史子集，如：至元二十二年(1285年)，政府下令：今后从医者，必须精通"四书"。不掌握"四书"不能行医。无论是文官，还是武将，都要学习卜筮之道，故医者也不能例外。[2]

---

① (明)宋濂. 元史·选举志[M]. 北京：中华书局，1976.

② 刘齐. 元朝的医学教育教学与管理制度[J]. 医学与哲学，2013(12)：89.

因为"'四书'实为学之本，进德之门"①。同时也学习《尚书》《春秋》等儒家经典著作。此外，各科医学生都要学习《素问》和《难经》两部医学理论著作及由北宋太医院编纂的医学全书《圣济总录》中若干卷。除祝由书禁科外，其余九科学生均要学习《神农本草》。另外，根据科别之不同还加习《圣济总录》中的不同卷数和《伤寒论》《千金翼方》等内容。

3. 诸路蒙古字学

诸路蒙古字学创立于元世祖至元六年（1269 年），课程内容除了与京师蒙古国子学相类似的科目外，关于元代诸路蒙古字学的教学内容问题，据有关资料，其蒙文教材，主要是译写汉文典籍，印发给各路府州蒙古字学生徒。当时用蒙古文翻译并作为教材的有《通鉴节要》等书，此外，蒙古翰林院也翻译了大量的汉藏典籍，元代的诸路蒙古字学还开设过数学课，还可采用《蒙古字韵》，这些课程和教材对于保存蒙古文字无疑有着重大意义。

4. 诸路阴阳学

诸路阴阳学设于至元二十八年（1291 年），隶属司天台。据《元史》所载：

> 若有通晓阴阳之人，各路官司详加取勘，依儒学、医学之例，每路设教授以训诲之。其有数术精通者，每岁录呈省府，赴都试验，果有异能，则于司天台内许令近侍。延祐初，令阴阳人依儒、医例，于路府州设教授一员，凡阴阳人皆管辖之，而上属于太史焉。②

诸路阴阳学设有天算科，相当于现在的天文数学系，是培养高级数理人才的基地。元成宗元贞元年（1295 年），曾将诸路阴阳学教材定为《占算》、《三命》、《五星》、《周易》、《数学》、《三元经书》（婚元、宅

---

① 元典章[M].北京：中国书店，1990.
② （明）宋濂.元史·学校[M].北京：中华书局，1976：2034.

元、茔元)、《六壬》，其中虽有迷信的内容，但也不失科学因素。

二、元代的蒙学教材

元代的私学并不限于蒙学，但以蒙学为主。私学高层次办学形态和教材使用在上节已有涉猎，不拟讨论，此处主要聚焦于蒙学教材。

(一) 蒙学教材

宋元时期蒙学教材按其教育和教学需要的不同特点，大致可以分为五类：识字教育的教材、伦理道德的教材、历史教育的教材、诗歌教育的教材、名物制度自然常识教育的教材。

1. 识字教材

教材的选用既有继承性，也有创造性。宋元时期流行的识字教材有的是从前代继承下来的，南宋赵汝鐩《憩农家》诗云："农家颇潇洒，虢虢清泉流。……群儿窗下读，千字文蒙求。"南宋项安世说："古人教童子，多用韵语，如今《蒙求》《千字文》《太公家教》《三字训》之类，欲其易记也。"[①]元之前的宋朝除了沿用前代的识字课本，也新编了一些识字教材，其中有些是前代作品的续编。如侍其玮的《续千文》，葛刚正的《三续千字文注》等。宋代还出现了两种具有创新意义的识字教材：《百家姓》和《三字经》。自元代至民国的数百年中，各种仿作的新编《三字经》或《三字鉴》多达二三十种，成为蒙学教材中的一个专门部类。从宋元至民国初年，最流行的儿童识字课本是《三字经》《百家姓》和《千字文》。这三本书往往配合成一套识字教材，被称为"三、百、千"。《三字经》以其特别适合于初学者的体裁，成为识字的入门书。《百家姓》以它容易学习和记忆的内容，用于《三字经》之后的教学。宋元还使用了世界上最早的图文对照课本《对相识字》，这种课本能够激发儿童的兴趣，提高儿童的注意力、观察力与记忆力，是对蒙学教材历史的一种贡

---

① 王炳照.简明中国教育史[M].北京：北京师范大学出版社，1985：222.

献。元代自身问世的识字教材有楼有城的《学童识字》和许衡的《稽千古文》等。

2. 伦理道德教材

北宋蒙学的经学课程一般都用儒家经典为教材。大致从南宋初开始，出现了为儿童编写的伦理教材，作为学习儒家经典的辅助和基础，同时也旨在对儿童实施伦理道德和行为规范的教育。如吕本中的《童蒙训》，吕祖谦的《少仪外传》，俞观能的《孝悌类鉴》七卷，陈淳的《启蒙初诵》，刘清之的《诫子通录》，程端蒙的《性理字训》，朱熹的《童蒙须知》和《小学》，真德秀的《家塾常仪》等，侧重于向儿童传授伦理道德知识以及为人处世、待人接物的准则。元代这类教材进一步增加，如舒天民的《六艺纲目》，郭居敬的《二十四孝》，叶行叔的《蒙训》，许衡的《小学大义》，熊大年的《养正群书》等。这些书的影响同样也很深远，后世的《小儿语》《续小儿语》《名贤集》《增广贤文》等，皆由此演化而成。

3. 历史教材

历史的研究及其研究的价值，深受理学家所推崇。蒙学历史教材种类很多，有的是简述历史的发展，有的是选辑历史故事或历史人物的嘉言善行，既向儿童传授历史知识，又对他们进行思想教育，体例多是四言，参为对偶，联以音韵，便于记诵。流行最广的蒙学历史课本是《蒙求》。宋代根据《蒙求》续作和仿作的历史教材很多，例如王殷范垢的《续蒙求》、叶才老的《和李翰蒙求》、洪迈的《次李翰蒙求》、胡宏的《叙古蒙求》、吴逢道的《六言蒙求》、王逢原的《十七史蒙求》、刘班的《两汉蒙求》、黄日新的《通鉴韵语》、黄继善的《史学提要》沿此路线，继续前行。元代有陈栎的《历代蒙求》，吴化龙的《左氏蒙求》等。课本吸收了《蒙求》的长处，也作了一些调整。第一，作者在编写课文的同时，增加了注释。当时的多数蒙师水平有限，查阅历史文献也不容易，课文带有注释，方便了蒙师开展教学工作，有助于教学质量的提高。第二，出现了叙述历史进程的教材。《蒙求》只讲历史典故，按排比对偶的需要，将史叠加在一起，不考虑时间顺序，因而不利于学生了解历史发展的线索和概况。黄继善编撰的《史学提要》虽然沿用《蒙求》四言韵语的体裁，却按时间顺序对历史作比较全面的叙述。第三，出现了一批蒙学断代史教材，但这类课本由于太专业，故多数未能保持下来。第四，理学思想观念逐渐进入蒙学历史教材。随着理学地位的提升，元时期出现了用理学观点解释历史和通过讲述历史宣传理学的蒙学课本。其中比较有代表性的是陈栎的《历代蒙求》。它以时间为序，用四言韵语讲述从开天辟地到元代的历朝兴衰，内容贯穿着理学思想，课文按理学的观点讲述世界的起源，并宣扬理学的道统说。

4. 诗歌教材

诗词歌赋一向为古代蒙学所重视，作为重要教育内容用以训练、陶冶或熏陶少年儿童。宋元时期作为诗赋教育的教材，主要有朱熹的《训蒙诗》，陈淳的《小学诗礼》，还有汪洙所撰的《神童诗》和刘克庄所编的《千家诗》等。这些教材在蒙学中广为流传，产生了深远的影响。不但能让儿童更好地学习诗歌、陶冶情操，还能对儿童进行文辞和美感教育。

此外，由于属对已成为宋代蒙学的一门基础课程，所以出现了很多属对教材，元代延续推进。如《对类》，宋代真德秀的《分韵四言对偶启蒙》，元代凌纬的《事偶韵语》，祝明、潘瑛的《声律发蒙》等，都是各种对字范例，学习这些教材可以为进一步写诗打好基础。

5. 名物制度和自然常识教材

从儒家"诗教"及经学训练开始，中国古代蒙学便将自然和社会的常识作为教育的重要内容。宋元的常识教材以方逢辰的《名物蒙求》为代表。内容涉及天文、地理、人事鸟兽、草木、衣服、建筑、器具等。还有宋代王应麟编的《小学绀珠》，是一种类似于小百科的名物词典，自序中已说明此书是为训导幼童，广其名物知识，增进其学识而作的。《小学绀珠》全书分《天道类》《律历类》《人伦类》《性理类》《人事类》《艺文类》《历代类》《圣贤类》《名臣类》《氏族类》《职官类》《治道类》《制度类》《器用类》《儆戒类》《动植类》，将一些比较常见的名称、说法罗列出来，寥寥数语，却提供了比较全面的知识，内容涉及语文、政治、历史、地理、自然常识等方面知识。还有一些文字浅显的散文故事类读物，如《书言故事大全》《小学日记切要故事》等，这些故事的内容多是讲人物和名物掌故。

综上所述，元代时期的私学教材在内容和形式上呈现多样化，兼顾了程朱理学与儒学的学习，充分体现了元代尊孔崇儒、推崇理学的文教政策。元代的蒙学教材在宋代基础上弘扬教材，按科目类别和专题设计编写，使蒙学教材的编写上升很大台阶。一些著名学者，如朱熹、吕祖谦、王应麟等亲自主持编纂，对提高蒙学教材的质量起了重要作用。蒙学教材注意儿童的心理特点，采用韵语形式，文字简练，通俗易懂，并力求将识字教育、基本知识教育和伦理道德教育有机地结合起来，所有这些经验都是值得我们认真研究的。

家学也是元代私学的一种形式。元代蒙古、色目等民族家族教育形式包括聘请儒生任教、创立家庙祠堂、订立族规家规、收藏图书、平日教育及临终嘱托、编辑家族文献、母亲教导、改汉姓起汉名等形式。同时有些汉族家族教育呈现出蒙古化倾向。这也是元代时期教育的蒙汉双化性在家庭教育上的体现。

元代家庭教育内容多是儒家学说提倡的仁、义、礼、智、信等内容。畏兀儿人布鲁海牙为子廉希宪"延明师，教之以经"①。廉希宪跟从金代状元王鹗学习。廉氏家族崇尚儒士，布鲁海牙长子廉孚曾请赵安之教授讲席。雍古马氏家族成员多从汉族儒士学习，而马祖常在光州（今河南潢川）时，当地父老还带着子孙向他请教《孝经》《论语》及孔子之说。② 以汉文化教育子孙是廉希宪一贯的做法，他不但自己践行儒家之道，还以此来要求子孙，临终诫其子：要见义勇为，以儒家圣人皋、夔、稷、契、伊、傅、周、召等为榜样③，还嘱咐儿子们要多读书，以承父志。廉希宪之弟廉希贡在临终前也以忠孝勉励其弟与子。还有许多

---

①　(元)元明善.平章政事廉文正王神道碑.元文类卷65.

②　(元)马祖常.石田山房记·附录[M].北京：北京图书馆出版社，2006.

③　(元)宋濂.廉希宪传(卷126)[M].北京：中华书局，2016.

家庭会写诗来教导自己的孩子，大致可分为三方面的教育，即思想道德教育、读书致仕教育和生产生活教育。也有许多家庭将《二十四孝》作为教导的教材。

元代家庭教育仍然大量运用训诫类综合性"家训""家诫"类教材。如司马光的《家训》，赵鼎的《家训笔录》，袁采的《袁氏世范》，叶梦得的《石林家训》，项安世的《项世家说》，陆游的《放翁家训》，李昌龄的《乐善录》等，这类教材的内容几乎无所不包，大体分八类：修身、治家、睦亲、处世、教学、婚姻、择业和仕宦。

元代的女子教育也主要在家学中进行，在富裕有地位的家族中较为常见。其教育形态和内容则是由前期较宽松的蒙古族游牧生产、生活相关内容的教育转向了后期严格的以程朱理学规定的伦理道德为主的德行教育。汉代刘向的《列女传》、班昭的《女诫》为元代女子教育的主要教材，此外，《郑氏规范》《女教书》和《奇童烈女宝鉴》都是元代女子教育的重要教材。

第三节　元代的科技教材

元代特殊的社会背景、思想文化及学校制度，促使科技教育生机勃勃，杰出科学家成就非凡，科技教材或著作闻名于世，流传至今。诚然，这时期学校科技教材与专著往往无明显差别，大多是成于个人，很少由专门机构统一组织编写、审定并颁行于天下，尚未形成规范体系。但正因为如此，编写出了体例独特、类型多样及内容丰富的多元化、多层次的学校科技教材。其中所蕴含的观念及精神可视为古代科技教育之高潮，发挥着"满园春色关不住，一枝红杏出墙来"的突破作用。这些科技教材具有较高学术水平和学术价值，继承了我国古代科技学科的理论基础和优良传统，成功反映了古代的科技成就，成为古代科技文明的重要历史阶段。

一、引言

元朝时期奉行"天下一家，一视同仁"的文化政策，建立起以蒙古族为统治主体的统一的多民族封建国家，极大地促进了各民族文化融合和文化交流。学术思想文化呈现兼容务实的特点，更是表现出开放气概。受元代"天下一家，一视同仁"文化政策的影响，各学术思想流派获得极大的发展空间。文化舞台中既有"合会朱陆"的元代理学，亦有广摄儒家精华的佛教及新道教，还有域外传入的伊斯兰教和基督教等外来宗教。

元朝通过不断的征服战争实现了大一统，但是农业生产在战乱期间遭受严重破坏。攻灭金国后，成吉思汗在耶律楚材的劝谏下，鼓励汉人垦殖，复苏农业，从而保障蒙古帝国的财政来源。忽必烈实行鼓励生产、安抚流亡的措施，农业生产逐渐恢复。在此背景之下，元政府大力扶持关乎国计民生的科学文化，对医学、农学、造船业等给予了高度重视，数学、天文学也取得了辉煌的成就，科学技术进一步发展，在北宋毕昇活字印刷术基础上发明了金属活字、转轮排字法和套色印刷术。

有关元代官、私学教育机构的设置及课程教材实施状况，前两节多次以不同方式表述，此处略而不论，但对其学校类型课程、教学内容等要素从科技教材角度以图表方式描述如下：

表1　元代学校

	教育机构	教育内容
中央官学	国子学	沿袭宋代理学教育
	蒙古国子学	蒙古文字、算术、封建礼节
	回回国子学	亦思替非文字（波斯文）
	司天台、太史院	五科阴阳知识（历科、占候天文科、占候三式科、推步历算科、司辰漏刻科）

	教育机构	教育内容
地方官学	路学、府学、县学、诸路小学、社学	儒学教育为主，社学农桑技术教育富有特色
	诸路医学	"四书"《素问》《难经》《神农本草》《圣济总录》《伤寒论》等
	诸路蒙古字学	与蒙古国子学教育相类似
	诸路阴阳学	天文、历数、卜巫等
私学	书院	官学化，与地方官学教育相类似，兼容科技教育
	冬学，私塾，乡校等	以儒家经典为主，兼采诸家，涉及科技内容

从上述表 1 要目中发现，科技教育机构丰富，甚至政府业务部门也加入其中，而科技教材的种类及呈现方式相对集中。与唐代科技专科教育惊人相似，不过体量和范围都有显著扩张。

二、元代的天文学教材

(一) 中央官学的天文学教材

元代官方天文教育体系主要由司天监掌管。元代掌管天文、推算历法的中央机构有司天台、回回司天台及太史院，三者虽均为专门的天文机构，但其职责各有侧重。据元史记载，"颁历之政归院，学校之设隶台"，司天台成为元代官方的天文学校，延祐元年(1314 年)司天台改名司天监。设提点 1 员，司天监 3 员，少监 5 员，丞 4 员，知事 1 员，令史等吏员若干。属官有提学、教授、学正、天文、算历、三式、测验、

漏刻诸科管勾、阴阳管勾、押宿官、司辰官等。额定天文生 75 人。至
元十二年(1275 年)司天台拟定了一套招收学生和台内升级考核制度，
据文献记载：

> 至元十二年正月十九日，司天台奉秘书监指挥备准中书吏部
> 关：该定拟科举公事，据程试司大格式，备细法度，讲议定拟，疾
> 早申来。承此，本台讲议间，又奉指挥，亦为此事。照得至元七年
> 太保奏，奉圣旨，选取五科阴阳人数。当时本台于各科经书内出
> 题，许人授试，知晓者充收长行，承应勾当。及会得旧日程试司大
> 格式，每三年一次差官，于草泽人内精加考试，中选者收作司天生
> 员，给食，直入台，习五科经书。据司天生本台存留习学子弟，亦
> 三年一试，中选者作长行，待阙收补。为此议得：若依至元七年试
> 例，程试五科阴阳事业，缘为五科经书内，有钦奉圣旨已行拘收禁
> 断名件，民间不得通习，似难依上选试。若令草泽人依旧例程试，
> 中选者收系养赡。却缘草泽许试，经书易为习学。又恐随路贡举人
> 多，难以尽行收系。今来本台参许(详)，令无验各路大小，限定
> 合贡草泽人员，与本台存留习学人，每三年一次，照依下项定拟事
> 理，程试收系，以为相应，缘为例之事。诚恐所拟未当，开坐秘书
> 监照验。①

元代天文学既包括历法、日月五星运行等与现代天文学一致的内
容，也包括阴阳、占卜、三式、"地理"等内容。在元代司天台中，天
文教育分为：占候天文科、占候三式科、推步历算科、测验天文科和司
辰漏刻科。入司天台学习者应具备基本的条件，所有考生必须熟练掌握
《宣明历》《符天历》《王朴地理新书》《吕才婚书》《周易筮法》《五星》等
基础性的天文课程，掌握占卜、地理和阴阳学知识内容，才能进入司天
台学习。考生通过三年一次的考核进入司天台，成为司天生之后，再分

---

① 王士点，商企翁.元秘书监志(卷 7)[M].扬州：广陵古籍刻印社，1988.

占候天文科、占候三式科、推步历算科、测验天文科和司辰漏刻科等五个专业进行专业天文知识的学习。然后，依据不同专业所安排的分科课程及修学年限，有序修学进业，又按照司天生考长行人、长行人考管勾、管勾考教授的次序升级考核。其中，长行人是能够熟练运用五科中其中一科进行实际工作的人才，管勾是五科中其中一科的专家，教授则是精通五科的专家。

占候天文科是对司天生的专业教学培养，具体课程规定：《景佑周天星格图直图》《晋天文》《隋天文》《宋天文》中任习一家，占候三式科所习经书包括：《太一金镜式经》《景祐福应集》《遁甲天一万一诀》（又名《三元式经》）《景祐符应经》《神定经》《六壬连珠集》《补阙新书》等。三式，即太乙、奇门和六壬，属于易经象数学，是古代最高层次的预测学。它以天体运行、四季更替以及时间、空间变化的自然规律，把宇宙万事万物纳入特定的时空范畴，判断其与自然规律的相互作用，从而揭示其吉凶祸福的客观规律。推步历算科主要培养推算天象历法的人才，专研此科的司天生需要学习《大明历经串》，同时也应该具备一定的算学知识。测验天文科规定司天生在《晋天文》《隋天文》《宋天文》中任习一家，并且学习《浑仪总要星格》。出于天文观测的需要，这一科目司天生对视力有较高要求。司辰漏刻科主要培养掌管漏刻的官吏，所习经书为《宋天文内漏经》。刻漏是中国古代科学家发明的计时器，漏是指带孔的壶，刻是指附有刻度的浮箭。《宋史·律历》中记载了漏刻的使用方法：

> 其制有铜壶、水称、渴乌、漏箭、时牌、契之属：壶以贮水，乌以引注，称以平其漏，箭以识其刻，牌以告时于昼，牌有七，自卯至酉用之，制以牙，刻字填金。契以发鼓于夜，契有二：一曰放鼓。二曰止鼓制以木，刻字于上。
>
> 常以卯正后一刻为禁门开钥之节，盈八刻后以为辰时，每时皆然，以至于酉。每一时，直官进牌奏时正，鸡人引唱，击鼓一十五声，惟午正击鼓一百五十声。

　　至昏夜鸡唱，放鼓契出，发鼓、击钟一百声，然后下漏。每夜分为五更，更分为五点，更以击鼓为节，点以击钟为节。每更初皆鸡唱，转点即移水称，以至五更二点，止鼓契出，凡放鼓契出，禁门外击鼓，然后衙鼓作，止鼓契出亦然，而更鼓止焉。

　　五点击钟一百声。鸡唱、击鼓，是谓攒点，至八刻后为卯时正，四时皆用此法。禁钟又别有更点在长春殿门之外，玉清昭应宫、景灵宫、会灵观、祥源观及宗庙陵寝亦皆置焉，而更以鼓为节，点以钲为节。①

由于刻漏科所培养的官吏需要报时，因此对学习这一专业的司天生的声音及礼仪有着严格要求，在"司天生试长行"的过程中，"备将试中之人试验声响礼数，升降名次"。②

(二)地方官学的天文学教材

元代政府不仅在中央设置司天台，培养天文人才，在地方也设置了各路阴阳学，力图将天文教育从都城推广到全国各地。诸路阴阳学设于至元二十八年(1291年)，隶属司天台，学官有教授，所习为天文、术数等科教材，学有成就者录于司天台就职。③ 据《元史》所载：

　　若有通晓阴阳之人，各路官司详加取勘，依儒学、医学之例，每路设教授以训诲之。其有数术精通者，每岁录呈省府，赴都试验，果有异能，则于司天台内许令近侍。延祐初，令阴阳人依儒、医例，于路府州设教授一员，凡阴阳人皆管辖之，而上属于太史焉。④

①　马玉琴. 二十五史·宋史[M]. 延吉：延边人民出版社，2001：382.

②　王士点，商企翁. 元秘书监志(卷7)[M]. 扬州：广陵古籍刻印社，1988.

③　王炳照. 简明中国教育史[M]. 北京：北京师范大学出版社，2007：196-197.

④　(明)宋濂. 元史·学校[M]. 北京：中华书局，1976：2034.

诸路阴阳学生生源于阴阳户及其子弟，这是为了适应元军在征战过程中对于熟识天文、历数、卜巫等技术人才的客观需求。元代地方天文教育所选用的教材与中央官学基本保持一致。元成宗元贞元年（1295年），曾将诸路阴阳学教材定为《占算》《三命》《五星》《周易》《数学》《三元经书》（婚元、宅元、茔元）。这些天文教材虽有迷信的内容，但也不失科学因素。

（三）书院的天文学教材

自宋代建立官学、私学、书院为主体结构的学校教育体系以来，书院作为官、私学沟通的过渡角色，以及初等教育与高等教育程度游移的办学模式，呈现出其独有的风范。封建王朝的思想控制、价值取向及科举束缚对于书院办学而言，影响相对较弱。这就使得书院的课程与教材以及教学组织方式都更灵活多样，有一定的自主性，并不会因为官学化的引诱和导向而完全丧失。理学之外的天文、数学课程及教材明显地排列于书院的教学方案之中，而尤以北方书院堪为代表。下面以河北书院的若干例证加以说明：

1. 董公书院

董公书院由元代大儒董朴创建，又称龙冈书院。董朴（1232—1316年），字太初，元顺德（今邢台市）人，元初大儒，学者尊称为"龙冈先生"。董朴自幼强记，曾向乐顺卿、刘德渊学习，对六经及孔孟融会贯通，成为一代大儒。至元十六年（1279年），胡壁垒慕名请董朴出任陕西提刑按察使。董朴因亲老归养后，忽必烈又请其为太史院主事，领导天文历算等科研工作，董朴后以年老告辞还乡，在邢台创办龙冈书院，教书授学。皇庆初，董朴已年逾八十岁，元朝皇帝再次特诏董朴为翰林院修撰。从董朴的生平中可以看出，他前期精通儒学，对六经和孔孟之道融会贯通，后期又主持天文历算等科研工作，因此可以推算，在他创建并担任主讲的书院里，教育内容应该既有孔孟之道，又有天文历法，是传统儒学和先进科学的碰撞。显然，董公书院有传统汉唐经学的余脉遗风，但更为强调科技知识的作用，使用教材主要以经史、科技学科领域内容为主。

2. 紫金山书院

紫金山书院是元代闻名全国的书院，因坐落在今河北邢台紫金山上而得名。元定宗二年(1247 年)由元代名臣刘秉忠创办。紫金山位于邢台市西南 65 公里处，山阴岩石呈紫色，学名紫砂岩，这便是紫金山的来历。紫金山地处太行山分水岭上，拔地而起，有一股超凡脱俗的灵气，当地群众称之为"灵山"。紫金山书院在紫金山小寨处的北部山腰，山顶上还有"紫金山书院"石碑一块。书院有十几间房屋和数十丈长的围墙遗址，包括大门、书房、操场、宿舍、读书台、观象台共六部分。

紫金山以及在此创建的紫金山书院与当时一批出类拔萃的人物有着密切关系，被后人称为"紫金山五杰"或"紫金山学派"。从历史资料分析，紫金山学派代表人物为刘秉忠、张文谦、张易以及传承并超越其思想及方法的郭守敬、王恂等人。

刘秉忠(1216—1274 年)，元朝重臣，著名政治家，辽、金贵族后裔，邢台县人，初名侃，字仲晦，号藏春，释名子聪。17 岁时，当元太宗初年，为邢台节度使府令史，不安心所事，即弃去，后出家为僧。乃马真后元年(1242 年)，经海云禅师荐入忽必烈幕府，因博学善论，深得赏识。海云迷失后二年(1250 年)向忽必烈上书言策，深得嘉纳，又举用张文谦、王恂等。中统元年(1260 年)元世祖忽必烈即帝位，命制定各种制度，至元元年(1264 年)，令其还俗，复姓刘，易名秉忠，官居太保、参领中书省事等职。此后，主持设计大都(今北京)城，奏建国号大元，定朝仪、官制等，精通天文、历法、水利、算术，皆有论著，合辑为《藏春集》。

元定宗二年(1247 年)，刘秉忠回故乡邢州奔父丧之际，在邢州西紫金山设书院讲学，至今仍留存的紫金山山阴断壁残垣就是紫金山书院的旧址，《元史》有列传记载，崖头村公庙前之碑碣对此也有简要记述。

张文谦(1217—1283 年)，字仲谦，邢州沙河(今河北沙河)人，少时与刘秉忠同学。元定宗二年(1247 年)，由刘秉忠推荐，入仕元世祖忽必烈幕府，后历任王府书记、中书左丞参知政事、大司农卿、御史中丞、昭文馆大学士、领太史院事、枢密副使等要职。为改革蒙古旧制，用汉法，在元王朝统一和治理过程中立下功绩，如入忽必烈幕府掌管教令笺奏。元至元元年（1264 年），以中书左丞行省事于西夏中兴等路，用郭守敬浚唐来、汉延二渠，灌田 10 余万顷。1271 年，拜大司农卿，请立诸道劝农司，与窦墨请立国子学。次年，主持修订历法。

张易（？—1282 年），元太原交城（今属山西）人，字仲一，元中统元年（1260 年），任燕京行省参政，至元年间（1264—1294 年）由中书右丞累官至中书平章政事、枢密副使、知秘书监、太史院、司天台事。

王恂（1234—1281 年），元中山唐县（今属河北唐县）人，字敬甫，少从刘秉忠求学，精通算术。元宪宗三年（1253 年），因刘秉忠荐，辅导忽必烈子真金，元世祖至元十三年（1276 年），受命与郭守敬、杨恭懿等创制新历，又与郭守敬共创招差术，为独特的球面三角学。1280年，所制新历完成，号《授时历》，颁行天下。

郭守敬（1231—1316 年），字若思，邢台县人，元代著名天文学家、数学家、水利专家和仪表制造家，曾任都水监、太史院同知。郭守敬，"大父荣，通五经，精于算数、水利。时刘秉忠、张文谦、张易、王恂同学于州西紫金山，荣使守敬从秉忠学。中统三年，文谦荐守敬习水利，巧思绝人"。

忽必烈时期郭守敬修复西夏诸渠，疏通燕京旧漕河，开凿通河，引西山泉水入京，"一生相治河渠坝堰百余所"。郭守敬还是世界"海拔"概念最早提出者和应用者，黄河源头第一个探测者。在王恂、张易和郭守敬主持的太史院（相当于科学院）里，天文、数学取得了世界领先的成就，郭守敬创制的"简仪"是世界最早的大型赤道仪，比欧洲第谷斯早 300 年，他发明的滚珠轴承比欧洲达·芬奇的设计早 200 年。他组织了空前规模的天文测量，创建了登封观星台、大都司天台，在此基础上制定了《授时历》，在世界数学史上最早提出和运用了三次内插法和球面三角法的计算公式，规定一回归年为 365.24 日，和现在世界通用的公历计算数值完全一样。

刘秉忠、张文谦、王恂、张易、郭守敬诸人从事天文、水利工程、数学、土木建筑等方面科技创造，取得了重大成果，形成了一个科研团体，史称"邢州学派"。同时他们又劝农桑，减赋税，兴学校，在社会的诸多领域做出了很大贡献，被称为"邢州五杰"。他们的书院及学术团体传承、探讨的内容及教材主要属科技教材，而且从其科学成就及伟大贡献而论，教材的水平及先进性是世界前沿的，这足以令人叹谓，颇有些费思量了。

据《元史·郭守敬传》记载，郭守敬编撰的天文历法著作有《推步》《立成》《历议拟稿》《转神选择》《上中下三历注式》《时候笺注》《修历源流》《仪象法式》《二至晷景考》《五星细行考五十卷》《古今交食考》《新测二十八舍杂坐诸星入宿去极》《新测无名诸星》《月离考》等十四种，共 105 卷，这些天文学著作也成为元代天文学教育所依托的重要教材。

(四) 元代天文学教材的典范：《授时历》

《授时历》，中国古代历法名。公元 1276 年(元十三年)元世祖命许衡"领太史院事"，全面负责历法修订工作，并以郭守敬、王恂为副，共同研订。原著及史书均称其为《授时历经》。其法以 365.2425 日为一岁，距近代观测值 365.2422 仅差 25.92 秒，精度与公历(指 1582 年《格里高利历》)相当，但比西方早采用了 300 多年。《授时历》，每月为 29.530593 日，以无中气之月为闰月。它正式废除了古代的上元积年，而截取近世任意一年为历元，打破了古代制历的习惯，是我国历法史上的第四次大改革。其中推算的黄赤交角与现代所测数据仅差 1′.4。拉普拉斯曾给予高度评价。明代改为"大统历"，实际内容未改。《授时历》行用了 364 年，是我国古代推算最精确和使用最久的一部优秀历法。①

《授时历》被誉为中国历史上最优秀的历法，是中国本土科学家研

---

① 顾明远. 教育大辞典(第 8 卷)[M]. 上海：上海教育出版社，1991：266.

制的最后一部历法。采用此历法仍可预报 2012 年 5 月 21 日发生的日食，其预报北京地区的见食情况时食甚时刻误差 4min，食分误差为0.04。《授时历》推步的 1990—2050 年北京的见食情况及精度，其中食甚时刻的标准偏差为 103.04min，食分的标准偏差则不低于 0.33。由此可见，此历法具有极高的精度，可谓"集古法之大成，为将来之典要者矣！"①明朝《大统历》与朝鲜《七政算内篇》便是将此历作为成书基础。

三、元代的数学教材

隋唐以降，以国子监为主要教育机构的中央官学中，便已经设置了数学教育内容——"算学"，元代国子监中虽未设置专立算学，但在其职官教育及科举制度中均体现出了对数学教育的重视，中央教育机构均设置有术数课程，以培养精通历算的人才。在元代主要的天文教育机构司天台中，设有推步历算科，推步历算科主要培养推算天象历法的人才，专研此科的司天生需要学习大明历经串，同时也应该具备一定的算学知识。《元史》《新元史》记载了具有科举性质的数学教育客观存在："至元二十八年始立阴阳学时有令，其有术数精通者，每岁录呈省府，赴都试验，果有艺能则司天台(监)内，许令近侍。"②

(一)官学的数学教材

宋元时期，堪称中国古代数学发展的最高峰。尤其是以蒙古族为统治中心的元朝，在这个封建王朝短促的 98 年历程中，接连涌现出大批数学人才，数学领域群星荟萃，创造出无数令人惊叹的数学成就，这必然助推数学教材的编写和教学使用。

宋代数学教育的教材继承唐代传统，以《九章算经》《周髀算经》《海

---

①　(清)阮元.畴人传·郭守敬传[M].北京：商务印书馆，1955：3845.
②　《元史》卷 81；《新元史》卷 64。

岛算经》《孙子算经》《五曹算经》《张邱建算经》《夏侯阳算经》等为主。①
元代重视汉化教育，尊孔崇儒，克服民族文化习俗差异，致力传播理学，兴学设教，以儒学经典为主要教材，并开设了一些具有特色的学校。中央设太学、国子学，教学内容以经学为主，因此，中央官学的数学教育只限于经书中所涉及的内容。元代学校沿袭宋制，在教材选用方面与宋朝相差无几，仍以算经十书为蓝本。例如，根据秘书监试题"问浑天、周髀盖天、宣液三家孰长"，从中推测可知，《周髀算经》是元代一部极重要的教材。

元代地方官学除路、府、州、县学之外，还有社学和阴阳学，社学教育中包括数学知识内容，而直接进行数学教育的是阴阳学。阴阳学设于路、府、州，开设天文和数术学科，相当于现在的天文数学系，学习《占算》《三式》《五星》《六壬》《周易》等著作或教材，以及所涉及的广泛数学知识技能，是培养数理人才的重要基地。

(二) 书院的数学教材

元代对于书院采取奖励政策，宽松的政策环境对书院的创建与运行创造了有利的条件。书院教学内容以程朱理学为主，也讲授天文、数学等自然科学知识。如李冶主持的封龙山书院，主要向学生传授赵复(元代大儒)、许衡(赵复传人)之学，并旁及天文、数学。在封龙山书院，李冶教学相长，学术传授与专业研究紧密结合，相互促进，相得益彰。他进一步总结研究中国古代天元术(列方程的方法)，并有所发展创新，对他撰注的《测圆海镜》一书进行补充、修订，集中国天元术之大成，并加以弘扬普及。又用通俗朴实的语言著成《益古衍段》一书，讲授不辍。在天元术、几何学(关于直角三角形和内接圆所造成的各线段间关系)上有卓越成就。李冶所创立的天元数代数，不仅是对中国古代独创的半符号代数的重大发展，而且比欧洲代数的产生早至少300年左右，

---

① 赵颖霞，吴洪成. 中国古代数学教育及教材探析[J]. 保定学院学报，2023
(1).

在当时世界数学史上具有尖端地位。他的两部天元术著作，奠定了他在13世纪世界数学史和中国自然科学史上的重要地位。封龙山书院也因李冶在此集中国天元术之大成，并加以推广，成为我国古代自然科学教育史上的一处圣地。以下摘引两书"序言"片断，以窥一斑：

测圆海镜序
（元）李冶

数本难穷，吾欲以力强穷之。彼其数不惟不能得其凡，而吾之力且惫矣。然则数果不可以穷耶？既已名之数矣，则又何为而不可穷也，故谓数为难穷斯可，谓数为不可穷斯不可，何则？彼其冥冥之中，固有昭昭者存；夫昭昭者，其自然之数也，非自然之数，其自然之理也。数一出于自然，吾欲以力强穷之，使隶首复生，亦未如之何也已。苟能推自然之理，以明自然之数，则虽远而乾端坤倪，幽而神情鬼状，未有不合者矣。余自幼喜算术，恒病夫考圆之术例，出一牵强，殊乖于自然。如古率、徽率、密率之不同，截弧、截矢、截备之互见，内外诸角，析剖支条，莫不各自名家，与世作法，及反复研究，卒无以当吾心焉。……于是乎又为衍之，遂累一百七十问，既成编，客复目之测圆海镜，蓄取夫天临海镜之义也。……戊申秋九月晦日栾城李冶序。

益古演段（自序）
（元）李冶

术数中居六艺之末，而施之人事，则最切务。故古之博雅君子、马、郑之流，未有不研精于此者也。其撰著成书者，无虑百家，然皆以九章为祖。而刘徽、李淳风又加注释，而此道益明。今之为算者，未必有刘、李之工，而偏心局见，不肯晓然示人，惟务隐互错糅，故为溟涬黯甚，惟恐学者得窥其仿佛也。……近世有某者，以方圆移补成编，号《盖古集》，真可与外、李相颉颃，余犹恨其阙匿而不尽发，遂再为移补条段，细翻图式，使粗知十百者，便得入室唱其文，顾不快哉。客有订愚曰："子所述，果能尽轩隶之秘乎？"余应之曰："吾所述虽不敢追配作者，诚令后生辈优而柔之，则安知轩隶之秘，不于是乎！"始客退。因书以外自序，时大元己未夏六月二十有四日，栾城李冶自序。[①]

元代书院数学教育比较盛行。上述邢州"紫金山学派"数学家刘秉忠精通天文、律历、地理之学，培养出了王洵、张文谦、郭守敬等数学、天文历学以及水利工程学家。他们成了元代研制《授时历》的核心人物，是元代私学所造就的杰出人才。

朱世杰是元代私学教育中最出色且著名的专业数学教育家。美国著名的科学史家 G·萨顿称"是他所生存时代的，同时也是贯穿古今的一位最杰出的数学家"。[②] 朱世杰所作《四元玉鉴》是中国数学史同时也是整个世界中世纪最杰出的数学著作。为了给数学初学者讲授数学知识，他又专门编著了《算学启蒙》教材，共 3 卷 20 门，259 个问题，所论数学知识内容大多与当时的社会生活有关。从数学学科分析，从简单的四则运算入手，逐步深入，直到高次开方、天元术等较高深的内容，形成了比较完整的体系，是很好的一部数学启蒙教材。

(三)元代数学教材举要

1.《数学九章》

《数学九章》，即《数书九章》由南宋数学家秦九韶所著，最初称《数术大略》或《数学大略》(9 卷)。全书采用问题集的形式并不按数学方法来分类。题文也不只谈数学，还涉及自然现象和社会生活，成为了解当

---

① 叶新民. 辽夏金元史徵·元朝卷[M]. 呼和浩特：内蒙古大学出版社，2007：430-431.

② 中国大百科全书编辑委员会. 中国大百科全书·数学[M]. 北京：中国大百科全书出版社，1988：859.

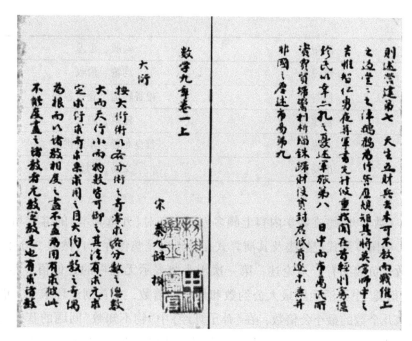

《数学九章》

时社会政治和经济生活的重要参考文献。它概括了宋朝时期数学的主要成就，标志着中国古代数学的高峰。此教材在元代的学校教材中也得到了广泛沿用。

全书共 18 卷，分大衍、天时、田域、测望、赋役、钱谷、营建、军旅、市易等九大类，每类用 9 个例题阐明算法①。主要内容如下：

表 2　《数学九章》九大类别对应例题

大衍类	一次同余式组解法
天时类	历法计算、降水量
田域类	土地面积

---

① 杜石然，范楚玉，陈美东，等.中国科学技术史稿[M].北京：科学出版社，1982：98.

续表

测望类	勾股、重差
赋役类	均输、税收
钱谷类	粮谷转运、仓窖容积
营建类	建筑、施工
军旅类	营盘布置、军需供应
市易类	交易、利息

《数学九章》在数学内容上颇多创新，是对《九章算术》的继承和突破。中国算筹式记数法及其演算式在此得以完整保存；自然数、分数、小数、负数都有专条论述，第一次用小数表示无理根的近似值；卷1"大衍类"中灵活运用最大公约数和最小公倍数，并首创连环求等，借以求几个数的最小公倍数；在《孙子算经》中"物不知数"问题的基础上总结成大衍求一术，使一次同余式组的解法规格化、程序化，比德国高斯(Gauss)创用的同类方法早500多年，被公认为"中国剩余定理"；卷17"市易类"给出完整的方程术演算实录，书中还继贾宪增乘开方法进而作正负开方术，使之可以对任意次方程的有理根或无理根来求解，比19世纪英国霍纳(W. G. Horner)的同类方法早500多年；书中卷5田域类所列三斜求积公式与公元1世纪希腊海伦(Heron of Alexandria)给出的公式殊途同归；卷7、卷8测望类又使《海岛算经》中的测望之术发扬光大，再添光彩。

2.《详解九章算法》《乘除通变本末》

杨辉，字谦光，出生于钱塘(今浙江杭州)，南宋著名的数学家和数学教育家，与秦九韶、李冶、朱世杰并称宋元数学四大家。杨辉一生留下了大量的著述，著名的五种二十一卷，它们是：《详解九章算法》12卷(1261年)，《日用算法》2卷(1262年)，《乘除通变本末》3卷(1274年，第3卷与他人合编)，《田亩比类乘除捷法》2卷(1275年)，《续古摘奇算法》2卷(1275年，与他人合编)。其中后三种为杨辉后期所著，一般称之为《杨辉算法》。

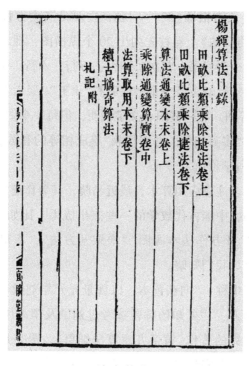

《杨辉算法》

《乘除通变本末》三卷，皆各有题，在总结民间对等算乘除法的改进上作出了重大贡献。上卷叫《算法通变本末》，首先提出"习算纲目"，是数学教育史的重要文献，又论乘除算法；中卷叫《乘除通变算宝》，论以加减代乘除、求一、九归诸术；下卷叫《法算取用本末》，是对中卷的注解。《田亩比类乘除捷法》，其上卷内容是《详解九章算法》方田章的延展，所选例子非常贴近实际。下卷主要是对刘益工作的引述。杨辉在《田亩比类乘除捷法》序中称"中山刘先生作《议古根源》。……撰成直田演段百问，信知田体变化无穷，引用带从开方正负损益之法，前古之所未闻也。作术逾远，阆究本源，非探喷索隐而莫能知之。辉择可作关键题问者重为详悉著述，推广刘君垂训之意。"①《田亩比类乘除捷

---

① 周瀚光.周翰光文集·科学史与科技古籍研究(第4卷)[M].上海：上海社会科学院出版社，2017：307.

法》卷下征引了《议古根源》22 个问题，主要是二次方程和四次方程的解法。《续古摘奇算法》上卷首先列出 20 个纵横图，即幻方。其中第一个为河图，第二个为洛书，其次，四行、五行、六行、七行、八行幻方各两个，九行、十行幻方各一个，最后有"聚五""聚六""聚八""攒九""八阵""连环"等图。有一些图有文字说明，但每一个图都有构造方法，使图中各自然数"多寡相资，邻壁相兼"凑成相等的和数。卷下评说《海岛》也有极高的科学价值。

杨辉著作大多注意应用算术，浅近易晓。其著作还广泛征引数学典籍和当时的算书，中国古代数学的一些杰出成果，比如刘益的"正负开方术"，贾宪的"开方作法本源图""增乘开方法"，幸得杨辉引用，否则，今天将不复为我们知晓。

杨辉在序言中称："向获善本，以魏景元元年刘徽等注释，圣宋右班(殿)直贾宪撰草。"①可知杨辉曾参考过刘徽及李淳风对《九章》的注文，也参考过贾宪的著作《黄帝九章算法细草》。贾宪是北宋天算家楚衍之弟子，活动于北宋乾兴、皇祐年间，著有《算法敩古集》二卷和《黄帝九章算法细草》九卷，此二书均已失传，幸喜杨辉在《详解九章算法》引录贾宪之说，才使贾宪学说得以流传。

《详解九章算法》对《九章算术》的 246 个题目中较难的 80 题作了详解，并增添了"图解、乘除算法和纂类"三卷。一卷是图，一卷是讲乘除算法的，居九章之前，一卷是纂类，居书末。今卷首图、卷 1 乘除、卷 2 方田、卷 3 粟米、卷 4 衰分的衰分、反衰诸题、卷 6 商功的诸同功问题已佚。卷 4 衰分下半卷、卷 5 少广存《永乐大典》残卷中，其余存《宜稼堂丛书》中。杨辉在《详解九章算法》一书中还画了一张表示二项式展开后的系数构成的三角图形，称作"开方做法本源"，现在简称为"杨辉三角"。杨辉三角是一个由数字排列成的三角形数表，一般形式如下：

---

① (清)四库全书存目丛书编纂委员会. 四库全书存目丛书·自然科学类·算学算术对术表几何[M]. 济南：齐鲁书社，1997：4672.

$$1$$
$$1 \quad 1$$
$$1 \quad 2 \quad 1$$
$$1 \quad 3 \quad 3 \quad 1$$
$$1 \quad 4 \quad 6 \quad 4 \quad 1$$
$$1 \quad 5 \quad 10 \quad 10 \quad 5 \quad 1$$
$$1 \quad 6 \quad 15 \quad 20 \quad 15 \quad 6 \quad 1$$

....

杨辉三角最本质的特征是，它的两条斜边都是由数字 1 组成的，而其余的数则是等于它肩上的两个数之和。

3.《算学启蒙》《四元玉鉴》

朱世杰(1249—1314 年)，字汉卿，号松庭，燕山(今北京)人氏，元代数学家、教育家，被誉为"中世纪世界最伟大的数学家"。他曾周游四方，既接受北方的数学成就熏陶，也吸收了南方的数学成就，尤其是各种日用算法、商用算术和通俗化的歌诀等，"踵门而学者云集"。"先生遂发明《九章》之妙，以淑后图学，为书三卷……名曰《四元玉鉴》。"[①]由朱世杰所著的《算学启蒙》《四元玉鉴》，被视作中国古代数学发展进程中的一个重要的里程碑。

《算学启蒙》，元大德己亥(1299 年)朱世杰撰，共 20 门，凡 259 问。卷上 8 门，113 问，包括各种乘除捷算法和歌诀的应用题，以及各种比例算法。许多问题反映了元代的社会经济情况。卷中 7 门，71 问，是面积、体积及各种算术问题。卷下 5 门，75 问，是关于分数运算、垛积(即高阶等差级数求和)、盈不足术、线性方程组解法、天元术及增乘开方法等问题，还处理了开方过程中系数变号的问题。其中所采用的名词术语，多与《四元玉鉴》为表里，由卷首列的筹算布列规则，直到天元术，由浅入深，循序渐进，名为启蒙，实为《四元玉鉴》的导引。

---

① 刘芳. 勾股方圆之妙 中国数学史话[M]. 贵阳：贵州教育出版社，2013：103.

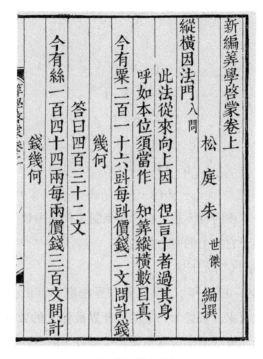

《新编算学启蒙》

《算学启蒙》卷首有江苏淮扬数学家赵元镇的"序"。赵元镇也曾出资替朱世杰刻印《四元玉鉴》。

《算学启蒙》包括从乘除法运算及其捷算法到开方、天元术、方程术等当时数学各方面的知识技能，由浅入深，形成了一个较完整的体系。正文前，列出了九九歌诀、归除歌诀、斤两化零歌、筹算识位制度、大小数进位法、度量衡制度、圆周诸率、正负数加减乘法法则、开方法则等18条作为总括。作为全书的预备知识，其中正负数乘法法则不仅在中国数学著作中，在世界上也是首次出现。许多歌诀比杨辉的更加完整准确，有的已与现代珠算口诀几乎完全一致。这是中国数学著作中第一次出现的与现今一致的口诀。

作为一部通俗数学名著，《算学启蒙》曾流传海外，影响了朝鲜、日本数学的发展。朝鲜有李朝世宗十五年（1433年）的庆州府刻本。清顺治十七年（1660年）金州府尹金始振翻刻。清罗士琳诸人闻此书，遂请人于北京寻获金刻本，道光十九年（1839 年）由阮元作序，在扬州刊刻，后来诸版皆依此。

《四元玉鉴》是中国元代数学重要著作之一，数学家朱世杰所著，其中的成果被视为中国筹算系统成果的顶峰。

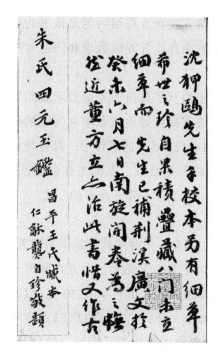
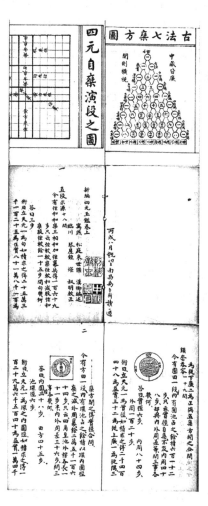

《四元玉鉴细草》

《四元玉鉴》分卷首、上卷、中卷、下卷，24 门，收录 288 问，包括天元术 232 问，二元术 36 问，三元术 13 问，四元术 7 问。卷首四问是例题，有草(解题步骤)，其他 284 问只有术而没有草。书中所有问题都与求解方程或求解方程组有关，其中四元的问题(需设立四个未知数者)有 7 问，三元者 13 问，二元者 36 问，一元者 232 问。卷首列出了贾宪三角等四种五幅图，给出了天元术、二元术、三元术、四元术的解法范例；后三者分别是二元、三元、四元高次方程组的列法及解法。创造四元消法，解决多元高次方程组问题是该书的最大贡献，书中另一个重大成就是系统解决高阶等差级数求和问题和高次招差法问题。

朱世杰对"垛积术"的研究，实际上得到了高阶等差级数求和问题的普遍的解法。自宋代起我国就有了关于高阶等差级数求和问题的研究，沈括(1031—1095 年)和杨辉(1261—1275 年)的著作中，都有垛积问题，这些垛积问题有一些就涉及高阶等差级数，朱世杰在《四元玉鉴》中又把这一问题的研究进一步深化，得到了一串三角垛的公式。

4.《测圆海镜》《益古演段》

《测圆海镜》，古代数学教材，由中国金、元时期数学家李冶所著，成书于 1248 年。李冶(1192—1279)，字仁卿，号敬斋，金元之际河北西路真定(今河北栾城县)人，著名数学家。金大正七年(1230 年)以词赋登进士第，授均州(今属河南禹县)知事。开兴元年(1232 年)蒙古军攻陷钧州，乃微服渡河，流落忻、崞间(今山西忻县、原平一带)，由词赋转向算理研究。元世祖忽必烈闻其贤，召至潜邸，问治天下之法，答以"立法度，正纲纪"。晚年居元氏封龙山，时年在蒙古宪宗元年(1251 年)，李冶从此结束了流亡生活，从山西东归。"冶晚家元氏，买田封龙山下，学徒益众"[①]，潜心治学，主讲书院，诲人不倦。为接纳更多学子求学，在乡民及真定路都元帅使史天泽、真定督学张德辉和著名学者元好问(李冶好友，时隐居获鹿县，即今石家庄西郊鹿泉市)等人支持下，修整李昉讲堂，重振封龙书院。至元二年(1265 年)，以学士召见，就职一月即辞去，返归封龙书院讲学授徒。

---

① (明)宋濂. 元史·李冶传[M]. 北京：中华书局，1976：3760.

　　《测圆海镜》共有 12 卷，170 问。这是中国古代论述容圆的一部专著，也是天元术的代表作，其中所讨论的问题大多是已知勾股形而求其内切圆、旁切圆等的直径一类的问题。勾股形的解法是中国古代数学的重要内容之一。

　　在《测圆海镜》问世之前，我国虽有文字代表未知数用以布列方程和多项式的工作，但是没有留下很有系统的记载。李冶在《测圆海镜》中系统而概括地总结了天元术，使文词代数开始演变成符号代数。《测圆海镜》不仅保留了洞渊九容公式，即 9 种求直角三角形内切圆直径的方法，而且给出一批新的求圆径公式。卷一的"识别杂记"阐明了圆城图式中各勾股形边长之间的关系以及它们与圆径的关系，共六百余条，每条可看作一个定理（或公式），这部分内容是对中国古代关于勾股容圆问题的总结。后面各卷的习题，都可以在"识别杂记"的基础上以天元术为工具推导出来。李冶总结出一套简明实用的天元术程序，并给出化分式方程为整式方程的方法。他发明了负号和一套先进的小数记法，采用了从零到九的完整数码。除 0 以外的数码古已有之，是筹式的反映。但筹式中遇 0 空位，没有符号 0。从现存古算书来看，李冶的《测圆海镜》和秦九韶《数书九章》是较早使用 0 的两本书，它们成书的时间相差不过一年。《测圆海镜》重在列方程，对方程的解法涉及不多。但书中用天元术导出许多高次方程（最高为六次），给出的根全部准确无误，可见李冶是掌握高次方程数值解法的。

　　《测圆海镜》数学上的成就有三点："天元术"，即列方程解决问题的--种"机械化"程序，相当于现代设 x 为未知数列方程的方法，这是一项具有世界意义的创举；勾股形解法，把传统的勾股形研究推进到一个新的层次；数学抽象化的新起点：此书虽然形式上仍采用问题集的表述方式，但问题显然已不是从实际生活中得来的，而是出于数学研究的需要产生的，只是出于传统，披上了"实用"的外衣，这对中国古代数学无疑是一种重要的突破和补充，就内容看，给出了一些专门的概念和公式（"识别杂记"），采用了演绎推理的方法等，在中国数学思想发展中占有重要的地位。

《益古演段》，元代李冶撰。据至元壬午砚坚"序"称：

> 冶《测圆海镜》既已刻梓，其亲旧省掾李师徵，复命其弟师珪请冶是编刊。行是成在《测圆海镜》之后矣。其曰《益古演段》者，盖当时某氏算书（案：冶序但称近世有某，是冶已不知作者名氏。）以方圆周径幂积和较相求，定为诸法，名《益古集》。冶以为其蕴犹匮而未发，因为之移补条目，厘定图式，演为六十四题，以阐发奥义，故踵其原名。其中有草，有条段，有图，有义。草即古立天元一法，条段即方田、少广等法，图即绘其加减开方之理，义则随图解之。盖《测圆海镜》以立天元一法为根，此书即设为问答，为初学明是法之意也。①

"益古"指蒋周的《益古集》，"演段"指蒋周的算书。蒋周，北宋平阳（今山西临汾）人，字舜元，著有《益古集》，为天元术的产生创造了条件。《益古集》中的条段法基本上是已知平面图形的面积，求圆的半径、正方形的边长和周长等。书中先用天元术建立方程（多数是二次方程），再用条段法旁证。

《益古演段》中题目的格式，分四部分："法曰""条段图""依条段求之""义曰"和"旧术曰"。法即天元法，条段图和条段法是蒋周《益古集》的方法，义就是文字说明，旧术是《益古籍》中的方法，依条段求之指用条段法证明天元术。四库全书所收知不足斋丛书《益古演段》三卷，一共 64 问。

四、元代的医学教材

元代医学教育继承宋代医学教育规制办理，又有所突破、变化，医

---

① （清）纪昀. 四库全书总目提要（1—4 册）[M]. 石家庄：河北人民出版社，2000：2736.

学教材也与此一致，节律同频。

(一)官学的医学教材

战国时期神医扁鹊创立了师承相传的医事制度，刘宋时期的元嘉二十年(443年)秦承祖上奏请置医学，并主张设立一系列医官，医学教育自北魏以来已有漫长历程。隋唐时期，不但继续沿袭着家传和师徒传授的优良传统，更发展了学校式的医学教育。宋代医学教育虽不如唐代稳定，却有所改革和创新，医政与医学分立，太医局成为国家最高医学教育管理机构，地方也设有医学教育机构专门培养医药人才。

元太祖时期，初步建立了太医机构，中统二年(1261年)五月，太医院使王酰、副使王安仁奏请设立各路"医学"，八月立诸路医学教授，九月世祖差遣王安仁悬带金牌，前往各路设立"医学"，至此，元代医学教育体制正式确立。中统三年(1262年)，元世祖忽必烈重建久已废弛的各路医学教育，各路医学设教授1员，由朝廷委任，学录、学正各1员。上、中、下州备设学正1员，由太医院委任；各县设学谕1员，由各路医学教授选聘。至元九年(1272年)八月，置太医院医学提举司，又称"诸路医学提举司"，负责全国医学教育，考查、选派医学教官，并负责校勘名医著述，辨验药材。①

医学教官按照不同级别承担不同教学任务，包括教授、学录、学正、教谕、学谕等。元代对医学生及教学人员严格加以考查、考核，医学提举司下发解答题目3道，主要检验的是教官的病情分析和处方能力，年终时另行造册，呈报太医院，作为依据考核其是否称职。由此可见，元政府十分重视医学教官的教学质量，采取严格考核措施以避免地方举荐庸医滥竽充数。这些考核措施降低了医学教官尸位素餐的概率，也将检查成果与其切身利益相联系，一定程度上加强了各医学教官的教学责任感和自我专业提升要求，整体提升了医学教官的教学水平。与此同时，由医学提举司每年拟定13科疑难题目，呈报太医院转发各路医

---

① 高伟. 元代医事年表[J]. 中华医史杂志, 1994(3).

学教授，令医学生依式每月学习医义一通，年终时造册呈报医学提举司，以考查医学学生学习成绩。

元代官学医学分为13科：大方脉、杂医科、小方脉科、风科、产科、眼科、口齿科、咽喉科、正骨科、金疮种科、针灸科、祝由科、禁科。据《元典章》礼部卷五记载：都省令太医院"合科目一十三科，后合为十科，各有所治经书篇卷、方论条目"。① 合为十科后，分别为大方脉杂医科、小方脉科、风科、产科兼妇人杂病科、眼科、口齿兼咽喉科、正骨兼金创科、疮肿科、针灸科、祝由书禁科。

元代的医学教育继承了宋代的"儒医"教育，各科学生虽然各自的修习内容有所差别，但首先都要精通《春秋》《四书》《尔雅》《三礼》等书。在精通《春秋》《四书》《尔雅》《三礼》等书的基础上，各科学生都要学习医经著作《素问》，除祝由书禁科外，其余九科学生均要学习《神农本草》《难经》，以掌握基础的医学理论。此外，根据学科的不同学习《圣济总录》中的不同卷和《伤寒论》《千金翼方》等内容，针灸科学生还需加习《铜人针灸经》。由此可见，"儒医"培养模式的教材体系已经形成，其中呈现出医学专业教育的通识课程、专业课程结合，受医学专业的培养方向差异影响，教材选择有明显针对性。

(二)私学的医学教材

元代医学专业人才的教育培养类型，除官方政府设置的医学教育机构外，还包括家学传承及师徒传授两种类型，都属广义的私学医学教育类型。

通过家学方式进行医学专业教育具有独特优势，世家子弟自幼深受环境的熏陶，学习各种医学专业知识及技术，尤其家传秘方及实践技能的普世价值更突出。师徒传承以及家学承袭中使用相应的专业医学教材，如《针灸甲乙经》《脉经》《神农本草经》等。拜师学艺、家学医学教

---

① 陈高华，张帆，刘晓等点校.元典章[M].天津：天津古籍出版社，2011：1109-1110.

育方式与官学医学教育在专业分科及教材运用上具有差异性，同时也有统一性。当然，这也会使医学弟子的医药知识和医疗技能更加扎实。

元代重视身怀技艺的百工，医生也包括其中。在设立诸色户计时（元代各种人户的总称），医生单独列为医户，享有某些相应的特权，同时规定，行医之家凡在户籍上登记为医户者，必须世代以医为业，不能随便改易。尽管元代户籍制度较混乱，但医户的推行从制度上加强了医学专业教育的家学传统。医学传承需要长期的钻研和经验的积累，重视家学的教育力量是一种有效途径。真定窦氏"以医术名著百余年矣，至君而名益显"。元世祖在位期间，广征贤能，任命其为尚医。河间路医学教授王彦泽，"家河间数世矣，皆以医业相传。至先考教授府君而名益着。疾者请之辄往，贫则惠之以米，远近求药者踵门，赖以生全者众。府君为人慈祥而孝友，尤善事亲，晨夕躬奉甘旨以致其养。平生乐趋人之急，宗族饥寒者岁时济之不厌，子弟孤幼者皆教养之。居乡党事长者尽其礼，抚幼者中平节。每儒服持谒，必馆于家，苟有所求，亦周给之。故乡社之人爱而敬之，既没而犹思焉。尝训彦泽等曰：'比见世人以治疾取财，居药致富，鲜克能久，汝曹当以为戒。'"①

元代和州行医超群的葛应雷，其祖父葛思恭，以医术名于宋代，其父葛从豫"业儒而于九流百家靡所不通，尤工行医"。葛应雷继承家学，学儒业，精义理，于南宋亡后进入元代，刻苦钻研家藏医书，"其必方剂施砭火芮率与他医异，以此名动一时"。时中州（今河南一带）名医浙江提刑李判官自诊治父疾，复商讨于应雷，为应雷之精论所惊，乃与之讨论刘守真、张洁古之医学，或云刘张之学自此而行于江南。后应雷由平江路医学教授升江浙官医提举，著有《医学会同》二十卷。该书提出检测人体健康状况的医理，称："惟五运六气之标本，察阴阳升降之左右，以定五脏六腑之虚实。"②尚撰有《经络十二论》，已佚。

①　（元）苏天爵. 医学教授王府君墓表·滋溪文稿（卷19）[M]. 北京：中华书局，1997.

②　严世芸. 中国医籍通考（第2卷）[M]. 上海：上海中医学院出版社，1991：2323.

　　在古代医学专业人才的培养中，拜师学艺也是重要的成材途径，有志学医的青年往往跟随已经行医的医生学习。那些医术高明的医生希望自己的医术得到继承，以报国利民，造福千秋万代。医学生们则拜师学艺，通过师长的悉心教导与自身坚持不懈地刻苦勤学，最终成为赫赫有名的医生，学富五车，行医济世，拯救苍生，受到众人的爱戴。家学中的医学传承，既是家庭教育的重要方式，同时还成为他们的信念支撑力，极大促进了医学的绵延、弘扬及创新。北方名医罗天益，幼承父训，有志经史，攻读诗书。长大后，逢乱世，弃儒习医。罗天益是保定路易水河畔号称"金元四大家"之一李杲的徒弟，跟随李杲学医数年，尽得其术。李杲亡故后，他将李杲的多部医学著作整理刊出，推动了"东垣之学"的传播。被任命为元太医后，即便在随军征战过程中，仍不忘四处访师问贤，以提高医术。他将医学知识分经论证，以方剂分类，历3年之久，三易其稿而成《内经类编》。至元三年（1266年），以所录东垣效方类编为《东垣试效方》九卷。罗天益撰集《卫生宝鉴》二十四卷（1283年），讨论方、药及药理，附列验案。另著《药象图》《经验方》《医经辨惑》。其中甘温除热的观点，是对金元四大家针灸学术思想的继承和创新。金元四大家之一的朱震亨，30岁时改儒学医，他听闻罗知悌之名，"遂往拜之，蒙叱咤者五、七次，趑趄三阅月，始得降接"①。罗知悌看到朱震亨专心求学，被其诚意打动，才将自己的医学知识倾囊传授。朱震亨对金元四大家中的其余三位医学名家的学术见解作了认真研究，钻研《黄帝内经》以来各家学说对于"相火"的见解，创造性地阐明"相火"有常有变的规律，提出了著名的"阳常有余，阴常不足"的观点，在诊断和治疗疾病上提倡滋阴降火之法，同时强调节制"食欲""色欲"的重要性。他的学说丰富了中国医学思想，在国内有很大的影响，被誉为"集医之大成者"。在国外，日本于十五世纪曾成立过"丹溪学社"，专门研究他的学说，他被尊为"医圣"。朱震亨的医学著作主要包括：《格致余论》一卷，《丹溪心法》《金匮钩玄》《医学发明》

---

　　① 《格致余论·张子和攻击注论》.

一卷,《局方发挥》一卷,《本草衍义补遗》一卷以及《素问纠略》一卷。

(三)元代医学教材举要

元代医学著作一般而论均发挥了其培养专业人才的教材功能。上述医学著作数量极多,择其要者叙述如下:

1.《东垣先生试效方》

该教材由元代北方名医罗天益将"金元四大家"之一李杲临床之经验效方辑录整理而成,卷首可略见李杲师承经历及学术特点概况。全书共九卷,设二十四门,每门之下,先论证候病源,继而给出治疗方法及药方:卷一为药象、饮食劳倦、燥热发热门;卷二为心下痞、中满腹胀、五积、心胃及腹中诸痛门;卷三为呕吐、衄血吐血、消渴、疮疡门;卷四为妇人、小儿门;卷五为头痛、眼、鼻不闻香臭门;卷六为牙齿、腰痛门;卷七为大便结燥、痔漏、泻痢肠澼门;卷八为小便淋闭、阴痿阴汗及臊臭门;卷九为杂方门。全书涵盖 29 篇列论,240 余首方剂,20 余则医案及临床治病心得。

2.《卫生宝鉴》

元代北方名医罗天益著,至元十八年(1281 年)刊行。罗天益为弘扬"易水学派"中医思想,以《黄帝内经》为主旨,兼采众家之长,并结合临床经验,撰成此书,成为最早创用"导尿法"治疗癃闭(中医病名,又称小便不通)的医著。全书分为"药误永鉴""名方类集""药类法象""医验纪述"四大部分,共二十四卷,其中卷一至卷三为"药误永鉴",记载了 25 篇医论,以病案形式进行专题辨析,借以警示医者勿犯用药之误;卷四至卷二十为"名方类集",辑选罗氏自拟方及历验古方 770余首,以证集方,理法兼备,备述各科病证的治疗;卷二十一为"药类法象",记载 21 篇医论,传承发挥名医之药学理论;卷二十二至二十四为"医验纪述",记载了 18 则验案及医论,主要记述罗天益本人的临证经验。全书立论处方,既承袭易水之学,又兼采历代名方,并参以己验,正于经旨,多有精辟见解,具有非常重要的临床指导意义。后人有赞其辨证用药酷类其师李杲,而灵活权变尤胜一筹,甚至认为"李氏之学，得罗氏而益明"，足见《卫生宝鉴》理论之渊博，临床应用价值之广大，对于今天的临床辨证论治及临床研究，也具有重要的参考价值。

3.《格致余论》《金匮钩玄》《局方发挥》

《格致余论》是元代"养阴派"名医朱震亨著的医学论文集。朱震亨，字彦修，号丹溪翁，为金元四大家之一。该部医学教材共载 42 篇医论，包括反映其主要医学思想的名篇《阳有余阴不足论》《相火论》等，不仅广泛涉及临床内、外、妇、儿各科，而且在养生学、老年医学、优生学等方面也提出了独到见解。《格致余论》是学习和研究朱震亨学术思想和学术内容的重要资料，对于临床、教学及科研均有一定的启发和参考价值。

《金匮钩玄》是一部综合性医书，由朱震亨撰。前两卷以内科杂病为主，兼述喉症及外科一些病证；卷三论述妇人、小儿病症。书中较充分地反映了朱氏"阳常有余、阴常不足"之说，分证论治，条理赅括，词旨简明。

《局方发挥》是朱震亨所著的问答体例医学教材。该教材针对局方配伍原则与辨证论治等方面内容，共提出三十多个问题，着重阐发了滋阴降火的治疗法则，指出宋代官修《和剂局方》常以温补、辛香燥热之剂治病的偏向，主张戒用温补燥热之法。现存元刻本、明刻本、日刻本和清刻本等多种版本。

五、元代的农学教材

（一）农学教材概述

《元史·食货志》中提到，元世祖首诏天下："国以民为本，民以衣食为本，衣食以农桑为本"，体现出元政府对农业生产的重视。元代实行重农政策，在中央设立"劝农司""司农司""大司农司"等机构，地方则设"劝农官""六道劝农司""营田司""屯田司"等官署，在基层农村发展村社组织，通过大兴屯田、奖励垦荒、兴修水利、轻徭薄赋等措施，大力促进农业与手工业经济提升。

元代农业技术教育最早出现于中统元年(1260 年)，怀庆路总管谭澄，"令民凿唐温渠，引沁水以溉田，民用不饥。教之种植，地无遗利"①。元代官学农学教育的典型机构为"社学"，集劝课农桑与教养教化为一体，开创了中国古代农业技术教育的先例。"社学"教师由民间推荐，地方政府遴选，生源皆是普通农家子弟，农闲时令子弟入学，读《孝经》《小学》《大学》《论语》《孟子》，并以教劝农桑为主要任务。元代末期，师资发生一些变化，出现了专门推广农业生产技术的农师，他们皆为通晓农业生产技术的种田能手，个别为地方官吏。元代杰出的畏兀儿族农学家鲁明善，出任太平路总管时，"刊《大学》经传授诸生，朔望讲说，下至小学皆有成诵。复茸农桑为书以教人，皆我侯劝勉之力"②。农学教材则选用前人或当代所著的以总结实践经验的农学著作为主，例如，北魏地理学家贾思勰所著综合性农学教材《齐民要术》，元代司农司编行的《农桑辑要》以及鲁明善编纂的《农桑衣食撮要》等。

(二)元代农学教材举要

中国古代奉行以农为本的经济产业政策，手工业行业技术也主要服务于农业生产及其生活需求，农业知识及经验技术主要在劳动及生活中加以传授和学习。也就是说，专门农学教材不仅是稀有的，还是较少受人关注的。但这不等于正规农业教育及教材并不存在，而是实际推行且有成效的。

1.《农桑辑要》

《农桑辑要》是元朝司农司撰写的一部农业科学教材，是我国现存最早的官修农书。该书完成于至元十年(1273 年)，正值黄河流域多年战乱、生产凋敝之际，此书编成后颁发各地作为农学教材，兼负指导农业生产之功用。

---

① 顾菊英，周良霄.元史[M].上海：上海人民出版社，2003：7890.
② 李修生.全元文(第 37 册)[M].南京：凤凰出版社，2004：213-215.

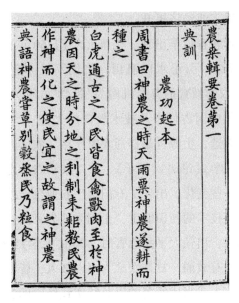

《农桑辑要》

全书共 7 卷，包括典训、耕垦、播种、栽桑、养蚕、瓜菜、果实、竹木、药草、孳畜 10 部分。其中的内容以北方农业为对象，农耕与蚕桑并重。卷一典训，记述农桑起源及文献中重农言论和事迹；卷二耕垦、播种，包括总论整地、选种和种子处理及作物栽培各论；卷三栽桑；卷四养蚕；卷五瓜菜、果实；卷六竹木、药草；卷七孳畜、禽鱼等。内容绝大部分引自《齐民要术》以及《士农必用》《务本新书》《四时纂要》《韩氏直说》等历代农书。该部教材虽系选录汇编，但取其精华，摒弃名称训诂和迷信无稽的说法；其中也有一些文字是出于编纂人之手，都以"新添"标明。

本教材在继承前代农书的基础上，对北方地区精耕细作和栽桑养蚕技术有所提高和发展；对于经济作物如棉花和苎麻的栽培技术尤为重视。这在当时是一本实用性较强的农书。

2.《农桑衣食撮要》

《农桑衣食撮要》亦称《农桑撮要》或《养民月宣》，是元代"月令"体裁的综合性农学教材，由维兀尔族人鲁明善撰于延祐、至顺年间

（1314—1333年），语言通俗易懂，口语性较强。① 全书分上下卷，以十二月令为序，简述蔬菜、水果、竹木之种植，农产品收藏和加工、酿造之法，畜、禽、蚕、蜂之饲养技术。文字简明易晓，节气开卷了然，收入《四库全书·子部》"农家类"、《丛书集成初编》"应用科学类"等。②

这本农学教材内容丰富，体裁以事论文。"凡天时、地利之宜，种植敛藏之法，纤悉无遗，具在是书。"③

全书总共11000余字，所载农事有208条，主要内容包括气象、物候、农田、水利、作物栽培（如谷物、块根作物、油料作物、纤维作物、绿肥作物、药材、染料作物、香料作物、饮料作物等）、蔬菜栽培、瓜类栽培、果树栽培、竹木栽培、栽桑养蚕、畜禽饲养、养蜂采蜜、贮藏加工等。《农桑衣食撮要》不只是一本农业教材，而且也是一部有一定学术价值的农书。

3.《王祯农书》

作者王祯，字伯善，元代东平（今山东东平县）人。王祯在旌德和永丰任职时，劝农工作取得很大成效，政绩斐然。他所采取的方法是每年规定农民种桑树若干株；对麻、苎、禾、黍、穬麦等作物，从播种至收获的方法，都一一加以指导；还画出"钱、镈、耰、耧、耙、麹"各种农具的图形，让老百姓仿造使用。他又"以身率先于下"，"亲执耒耜，躬务农桑"。最后，把教民众耕织、种植、养畜所积累的丰富经验，加上搜集到的前人有关著作资料，编撰成《王祯农书》。

《王祯农书》完成于元仁宗皇庆三年（1313年），正文共计37集，371目，约13万字，有插图281幅，是一部图文并茂、百科全书式的农学教材。其具体体例结构分《农桑通诀》《百谷谱》和《农器图谱》三大部分，最后所附《杂录》包括了两篇与农业生产关系不大的"法制长生

---

① 景盛轩.试论《农桑衣食撮要》的语料价值[J].黔南民族师范学院学报，2003(5).

② 顾明远.教育大辞典[M].上海：上海教育出版社，1991：269.

③ 中国历史大辞典·科技史卷编纂委员会.中国历史大辞典·科技史卷[M].上海：上海辞书出版社，2000：311.

屋"和"造活字印书法"。在《农桑通诀》《百谷谱》和《农器图谱》三大部分之间，相互注意各部分的内部联系。《百谷谱》论述各种作物的生产程序时，就很注意它们之间的内在联系。《农器图谱》介绍农器的形制以及在生产中的作用和效率时，又常常涉及《农桑通诀》和《百谷谱》。同时，根据南北地区和条件的不同，而分别加以对待，既照顾了一般，又重视了特殊。

《王祯农书》在前人著作基础上，第一次对所谓的广义农业生产知识作了较全面系统的论述，提出中国农学的传统体系。明确表明广义农业包括粮食作物、蚕桑、畜牧、园艺、林业、渔业，而把《齐民要术》中的酿造、腌藏、果品加工、烹饪、饼饵、饮浆、制糖，以及煮胶、制笔等农产品加工的内容都去掉了。将农具列为综合性整体农书的重要组成部分是从《王祯农书》开始的，这是其一大特点。

六、元代科技教材的主要特点

(一) 元代科技教材的作者特点

流行于世的教材总是与教材编写者的学养素质、专业知识结构，乃至兴趣爱好、价值判断有莫大关系。就此而论，元代科技教材也是如此，元代科技教材的作者大致有以下特点：

1. 才学富赡

元代著名数学家王恂，字敬甫，中山唐县（今河北唐县）人。其父任金朝中山府吏，辞官后潜心钻研数学，造诣颇深。王恂的母亲也具有深厚的文化素养，在父母的教养与熏陶下，再加上他本人天资聪颖、勤奋好学，13 岁便能够演算勾股、线性方程等疑难数学题。后与郭守敬一道跟随刘秉忠学习数学和天文历法，精通历算之学，成为学识渊博的颖秀青年。其他可考证的郭守敬、鲁明善等人也都出自有涵养的科技世家，条件优越，家学影响大，教育条件好，文化水平极高；即便出身平凡的朱世杰、李冶、罗天益、朱丹溪、王祯等人，或自幼爱学或后来奋发图强，也均为博览群书、才学富赡的毓秀人才。这些素养成为他们从事科技教学、研究事业、科技创造发明，以及编写科技教材成功的基础条件。

2. 擅长整合多学科资源

元代科技教材的作者大多学识渊博，知识结构完备，担任政府官员，恪尽职守，兼具丰富的实践经验和深厚的专业知识，拥有撰述科技教材的丰富经验和有益资源。许衡、郭守敬、王恂等人，精通历算之学，在元世祖的任命下，共同研订了《授时历》。据《旌德县志》记载，王祯在旌德县尹任内，教农民种植、树艺，发明水转翻车帮助农民抗旱，不仅搜罗以前的历代农书，孜孜研读，而且经常注意观察各地的农事操作和农业机具，从而为他撰写农书奠定了坚实基础。元代后期杰出的农学家鲁明善，出任安丰肃政廉访使，兼劝农事；察视江淮地区农情，研讨诸种农书，促成他成功编纂刊印了农学教材《农桑衣食撮要》。

3. 专研科技专业农学教材

元代科技教材作者具备渊博的知识体系，将学术作为毕生旨趣，著书讲学，培养大批科技领域人才，成为科技教育专家。元代数学家朱世杰，毕生从事数学教育，在天元术基础上发展出"四元术"，以及消元求解方法，还创造出"垛积法"与"招差术"。13世纪后半叶，朱世杰作为数学名家周游大江南北20余年，最后寓居扬州，从事数学研究和讲学，吸引了众多学者聚集在扬州从事数学学术交流和探讨。李冶，晚年居元氏封龙山，从学者甚众。在他看来，"金璧虽重宝，费用难贮蓄。学问藏之身，身在即有余"①。李冶在北宋李通读书堂故基上建起封龙书院，在这里，他教学相长，学术传授与专业研究紧密结合，相互促进，相得益彰。他进一步总结、研究中国古代天元术（用代数方法列方程），并有所发展创新，对他在山西撰著的《测圆海镜》一书进行补充、修订，集中国天元术之大成，并加以弘扬普及；又用通俗朴实的语言著

---

① 中华文化通志编委会. 中华文化通志·第七典科学技术：算学志［M］. 上海：上海人民出版社，2010：72.

成《益古衍段》，作为数学教材，讲授不辍。在天元术、几何学（关于直角三角形和内接圆所造成的各线段间关系）上有卓越成就。李冶所创立的天元术代数，不仅是对中国古代独创的半符号代数的重大推进，而且比欧洲代数的产生至少早 300 年左右，在当时世界数学史上具有尖端地位。他的两部天元术著作，奠定了他在 13 世纪世界数学史和中国自然科学史上的重要地位。封龙书院也因李冶在此集中国天元术之大成并加以推广，成为我国古代自然科学教育史上的一处圣地。

4. 以天下为己任

元代科技教材的作者不仅具有渊博的知识体系，也具备较强的社会责任心，他们著书立说，不仅是为了学术思想的进步，更是为了解决现实问题。师承金元四大家之一的李杲，后为元太医，仍不忘四处访师问贤，以提高自身医术水平；金元四大家之一的朱丹溪，在逆境中成长，性格豪迈，见义勇为，在任义乌双林乡蜀山里里正期间，他刚正不阿，敢于抗拒官府的苛捐杂税，深得民众的拥护，连官府都忌他三分。丹溪不仅在医学方面，而且在做事及思想方面，也留下了一笔可贵的财富，不愧为一代名医。元代农学家王祯恪尽职守，公正无私，勤勉务实，为民办事，他的言行充满了对穷苦人民的深切同情。

道德为学术之魂，知识技术应具有正能量价值及教育思想取向。元代科技教材的创作者与所著教材之间的逻辑关系也正是如此。

（二）元代科技教材的体例特点

1. 构思严谨

元代著名数学家朱世杰撰著的《算学启蒙》中，所采用的名词术语，多与《四元玉鉴》相为表里，由卷首列的筹算布列规则，直到天元术，由浅入深，循序渐进，实为《四元玉鉴》的导引。《算学启蒙》是一部很好的数学教材，它把当时的初级和中级数学知识按照内容体系进行编写，构思严谨；《东垣先生试效方》，是罗天益将李氏临床之经验效方，按照不同门类进行辑录、整理而成的医学教材，每门之下，先论证候病源，继而展示法治方药，全书涵盖 29 篇列论，240 余首方剂，20 余则医案医话，体现出"探病源——寻病方"的医学教材教学思路。

2. 注重实际

元代科技教材并不是局限在广泛参阅先圣古籍、博采众长、深入专研的基础上，查缺补漏、修正注解，而是作者们在经过实地考察、长期观测、反复验证后，融入自己的亲身经历、日常的生活实践，依据学理及临床经验撰著而成。教材中既有详实的理论阐述，也有结合实际的案例，甚至囊括一些解决技术疑难的习题。像数学家编写教材时，多取材于手工业、建筑以及社会经济生活等领域，用于解决实际应用问题，如《数书九章》，不只谈数学还涉及自然现象和社会生活，分大衍、天时、田域、测望、赋役、钱谷、营建、军旅、市易等九大类。医药学家们大多是亲自采药，四处行医，救死扶伤，在积累大量的临床经验的基础上，结合古代药典，整合自身经验，独创医学教材。罗天益以《黄帝内经》为主旨，博采众家之长，并结合临证治疗情形，撰著的《卫生宝鉴》便是有力的例证。全书立论处方，既承续中医"易水之学"，又兼采历代名方，且结合自身诊断治疗经验，具有非常重要的临床意义。天文学家、地理学家、农业学家们的著作也都是在经过长期观测、亲自试验，获得准确认知后，依据实际事实撰著而成的。为修订历法，元世祖派14名天文学家，到国内26处地点进行了几项重要的天文观测，历史上把该活动称为"四海测验"，测定了夏至日的表影长度和昼、夜时间的长度，为《授时历》的编制提供了很多精确的数据；王祯以身率先于下、"亲执耒耜，躬务农桑"，把教民耕织、种植、养畜所积累的丰富经验，加上搜集到的前人有关著作资料，编撰成《王祯农书》。如此等等，都是元代科技教材注重实际，务求实用操作，以提升生产、生活及解决困难效率的真切体现。

3. 富于创新

教材在教学中不仅是已有知识经验的叙述及梳理，而是带有研究性创新和技术的改革导向，而科技教材更有后者特征。因此，元代科技教材成功编写的一个表征是具有创新性。

朱世杰在《四元玉鉴》中，创造四元消法，探讨多元高次方程组问题，并有效解决高阶等差级数求和问题和高次招差法的技术，是对数学代数领域的重大贡献。朱震亨采用问答体例撰写的《局方发挥》，针对局方配伍原则与辨证论治等共提出30多个问题，着重阐发了滋阴降火的治疗法则，指出宋代官修《和剂局方》常以温补、辛香燥热之剂治病的偏向，主张戒用温补燥热之法。《王祯农书》共计37集，371目，约13万字，有插图281幅，图文并茂，将农具列为综合性整体农书的重要组成部分也成为本书一大特点。《农桑衣食撮要》创新性地以十二月令为序，述蔬菜、水果、竹木之种植，农产品敛藏和加工、酿造之法，畜、禽、蚕、蜂之饲养。《农桑辑要》在继承前代农书的基础上，对北方地区精耕细作和栽桑养蚕技术发展有所提高和发展，对于经济作物，如棉花和苎麻的栽培技术，尤为重视，助推了农学的进一步发展。

4. 简明易晓

元代科技教材在注重知识的科学性和严谨性的同时，使用了不少歌谣、歌诀、典故、谚语等喜闻乐见的语言词汇，以便于教师生动教学、学生理解自学，或社会宣传、推广。科技教材也关注到学生的兴趣激发、学习特点和认知水平，注重可读性、科学性和趣味性的有机统一。以朱世杰撰著的《算学启蒙》为例，此书正文前，列出了九九歌诀、归除歌诀、斤两化零歌、筹算识位制度、大小数进位法、度量衡制度、圆周诸率、正负数加减乘法法则、开方法则等18条，作为全书的预备知识。这些口诀简明易懂，便于记忆。杨辉著作大多注意应用算术，浅近易晓。其中还广泛征引数学典籍和算书，以及古代数学的一些杰出成果，比如刘益的"正负开方术"，贾宪的"开方作法本源图""增乘开方法"。在这一点上，这些成果可以说幸得杨辉引用，否则，今天将不复为我们知晓。元代"月令"体裁的综合性农书《农桑衣食撮要》语言通俗易懂，口语性较强，以十二月令为序，述蔬菜、水果、竹木之种植，农产品敛藏和加工、酿造之法，畜、禽、蚕、蜂之饲养，文字简明易晓，节气开卷了然。有效能和水准的教材不是故作高明，高深难解，而是以简明易晓、通俗可解，以及要言不烦的体裁文本、语言风格加以呈现。

科技教材难度较大，专业性更强，但也同样如此。元代的科技教材正是如此。

(三)元代科技教材的内容特点

1. 选编实用性知识

从元代官、私学的教育和各科教材的数量比例中可见，数学、医学两大学科占主导地位，教材数量众多，内容极其丰富。其次是农学、天文学也有不少教材资源，而其他方面的内容则涉猎较少。数学知识体现在日常生活中的方方面面，童蒙时期就要学习，是人们必掌握的知识，历来备受各级各类学校重视。医药对社会现实中的各阶层人物来说，能治病保命、救死扶伤。此外，蒙古帝国发动了一系列征服战争，战火纷飞、生命无常，医药知识技能更受人们青睐。频繁而大规模的战争对当时社会的农业生产造成极大破坏，元统一后，为了恢复经济，巩固政权，施行重农政策，鼓励农业生产，农业科学知识及技术深受重视。这样的教材门类分布反映了社会环境的客观需求，更是体现了当时以实用性知识为主的科技学术风潮。

2. 贴近日常生活

元代科技教材是元代教育实用化色彩的直接反映。例如，数学教材内容多选用手工业、建筑、市易、田域，特别是社会经济生活等方面的素材，大多实用性强。像医学、天文学、农学等方面的教材，大多是科学家们亲身经历或实地考察后总结日常生产生活经验而成，因此教材内容极其贴近实际问题，解决生活的客观需求，这样的教材易于理解，便于普及和推广。

3. 德育渗透于科技教材

元代科技教材不仅仅强调科技知识、科技能力的学习及训练，同时融入大量修身、齐家、治国、平天下的道德思想，注重学生或其他学习者在科技知识技术及方法学习、掌握的同时，有助于其德行的培养，从而臻至德艺双馨、德高术精的境界。许多科技教材的字里行间中无不渗透着为国为民、心怀天下的家国精神，除旧革新、敢于创新的开创意识，一丝不苟、躬身实践、反复求证的科学态度，以及博采众家、谦逊求教的开阔胸怀。这些品性其实就是我们传承千年的道德文化，中华民族的"根"和"魂"。中华民族生生不息，拥有强大凝聚力的内在体现，科技教材也在其中发挥了自身的力量。这是我们不能忽略的。

七、元代科技教材的历史反思

(一) 元代科技教材的教育价值

元代科技教材具有明显针对性、科学性和创新性，对科学教育发挥着重要作用。以数学教材为例，以基础数学知识为主体的《算学启蒙》是一部经典的数学教材，具有较高的科学价值；《数书九章》《四元玉鉴》《策圆海镜》等数学教材，对中国古代数学教育无疑是一种重要的推动杠杆或催化剂。元代医学教材多按照病症进行分类编撰，在实证经验的基础上，阐述其病源，明确病况，作出治疗处方和效验证，具有极高的科学和创新性，进一步推动医学发展。

元代科技教育的课程结构大多分为基础课和专业课两部分，基础课、专业课的教材有的继承前代的科技成果，并根据不同专业人才的目标要求以及不同学科的特点，加以改编而成，更多则是由元代杰出的数学家、天文学家、医学家或者农学家自行探究创新完成。元代注重实用性学科，为大批数学家、天文学家、医学家乃至农学家提供了施展才华的机会，许多人潜心钻研，将毕生心血总结编撰成册，以便之后的学生和民众参考学习。所有这些都深深影响到了之后的科学技术教育史。

科技教材在教学中使用有赖于专业教师的知识能力和考核评价。同时，这也是科学技术教育成败得失的关键。为了保证科技人才的培养质量，司天台拟定了一套招收学生和台内升级考核制度，按照不同专业所安排的分科课程及修学年限，有序修学升阶，按照司天生考长行人、长行人考管勾、管勾考教授的次序加以晋升考核。元政府对医学教官的教学质量十分重视，采取一系列考核措施以避免地方举荐滥竽充数的庸医。这些措施从一定程度上降低了医学教官尸位素餐的概率，也将考核结果与其切身利益挂钩，一定程度上加强了各医学教官的教学投入，有助于提升医学教学的质量。

(二) 元代科技教材的历史地位

元代学术思想文化呈现兼容务实的特点。这一时期，儒释道呈现一派融合的景象。元政府大力扶持关乎国计民生的科学文化，对医学、农学、造船业等给予了高度重视，数学、天文学也取得了辉煌的成就，科学技术进一步发展，在大规模的对外交流中，推动了中西方科学技术知识的融合。这些都为科技教材建设及发展增添资源，提供内在支持条件。因此，元代科技教材除继承了前代的成果外，还有自身鲜明的特色。大批少数民族科学家进入中原，为繁荣中华科学技术做出了应有的贡献。元代官方对实用性的科学技术教育的重视为科技教材的编写及使用提供了政策保障依托；而优质、充足的科技教材又促进了科学技术教育的有效推行，以及不同专业科技人才培养目标的达成。元代发达的科学技术教育，以璀璨辉煌的科技教材为依托，培养出大批天文、医学、数学、农学等方面的人才，为社会的进步和民生的改善发挥了积极作用。

元代科学技术教育以职官教育为主，官员的选任方式与科举制关联并沟通，这就使科技教育及教材与科举取士的科目、内容紧密结合。例如，《秘书监志》中记载：

> 至元十二年正月十九日，司天台奉秘书监指挥备准中书吏部关：该定拟科举公事，据程试司大格式，备细法度，讲议定拟，疾早申来。承此，本台讲议间，又奉指挥，亦为此事。照得至元七年太保奏，奉圣旨，选取五科阴阳人数。当时本台于各科经书内出题，许人授试，知晓者充收长行，承应勾当。及会得旧日程试司大格式，每三年一次差官，于草泽人内精加考试，中选者收作司天生员，给食，直入台，习五科经书。据司天生本台存留习学子弟，亦

三年一试，中选者作长行，待阙收补。为此议得：若依至元七年试例，程试五科阴阳事业，缘为五科经书内，有钦奉圣旨已行拘收禁断名件，民间不得通习，似难依上选试。若令草泽人依旧例程试，中选者收系养赡。却缘草泽许试，经书易为习学。又恐随路贡举人多，难以尽行收系。今来本台参许(详)，令无验各路大小，限定合贡草泽人员，与本台存留习学人，每三年一次，照依下项定拟到事理，程试收系，以为相应，缘为例之事。诚恐所拟未当，开坐秘书监照验。①

(三)元代科技教材的现实启迪

元代特殊的社会背景、思想文化及学校制度，促使科技教育生机勃勃，杰出科学家成就非凡，科技教材闻名于世，流传至今。诚然，这时期学校科技教材大多是成于个人，很少由专门机构统一组织编写、审定并颁行于天下，尚未形成规范体系。但正因为如此，元代编写出了体例独特、类型多样及内容丰富的多元化、多层次的学校科技教材，与元代官、私学教材相比较，更为出彩，显现出"满园春色关不住，一枝红杏出墙来"的景观。这些科技教材是古代智者留给我们的宝贵财富，不仅反映此期社会文化、教育教学的一个侧影；其中贯穿的许多教育思想与教学方法，蕴含着不少值得我们总结的经验，也为当今科技教育教材的创编提供了有益参照或现实启迪。

1. 科技教材应经得起教育实践的检验

元代的科技教材，无论是数学、医学，还是天文、农学等诸多种类教材，之所以影响深远、扬名海内外，备受人们的认可与推崇，是因为它们经历了一代又一代教育实践的检验。这些科技教材在传授的过程中经过学习者们的不断使用，逐渐丰富，方成定本。无论是在当时，还是

历经明、清两朝，无论是在中国还是传播到日本、朝鲜等多个国家，都经得起教育教学的考验。即使是在科技发达的今天，其中所述的不少专业知识与思想内容仍是经典。而反观当前不少科技教材则编制随意、错误频出，却仍然大行于世，却鲜少有人发觉，这不得不引起教材编写者，以及编辑、出版者的深思。科技教材作为知识文化及理念方法的载体，育人的工具，准确性、科学性极其重要。即使处在快节奏的今天，教育改革一轮接着一轮，科技教材更新快换代快，难以经历漫长的检验，但需要接受教育实践的检验，仍然是编撰者需要铭记于心，并付之于行的座右铭；更是教师和学生需要在教学活动中时刻应该遵循的原则。

2. 科技教材应具备民族性、本土化特色

元代科技教材在编写中加入大量的注释，用以辅助理解或创立新说，采用歌诀、歌谣、俗语、谚语等大众喜闻乐见的语言形式加以呈现，内容取材多选取日常生活或生产实践中的素材资源；重视科学技术、科学知识传播的同时，育德于知，强调修身养性、立德树人等思想品德的培养和求真务实、躬身实践、不畏艰难的科学精神的弘扬。所有的这一切，无不体现着优秀民族文化传统与本土特色，既符合我国优秀文化积极进取的主流价值和学习特点，又适合学生自学探索为主、教师指点讲解为辅的科技教育启发式教学思想。以民族化、本土化方式编写教材，呈现科学知识和技术方法，不仅便于教师授业，也应有利于学生自学。在当今这个秉持着追求学生自主学习、发挥学生主观能动性教育理念的世界里，这种编写教材的经验非常值得我们汲取。因为它不仅符合学生发展的认知规律，有利于科技知识的理解与传播，更有助于学生核心素养能力培养与思维品质的提高。

3. 科技教材应在继承的基础上创新

元代科技教材种类如此繁多，领域广泛，在很大程度上是因为人们并不满足于过去的成就，一味地沿袭前代教材，而是在其基础上结合实践有所探索和不断创新的结果。例如上述天文、数学、医药类教材，正是学者们在钻研前人著作时，发现其中存在许多错误混乱、残缺不齐，抑或是有求难得的问题，他们便通过一系列的反复观察、实地考察、四处寻访、精心研磨；又结合自己的实践，整合修正、补充完善、添加注释、融入心得，最终创造出独具特色、影响深远的相应科技教材。这种不脱离理论基础、不忽略实践活动，在继承基础上发展创造的精神和方法，正是我们如今科技教材乃至科技教育所应弘扬的宝贵财富、所应秉承的价值观念。

第七章　明代的学校教材

元朝末年，农民起义频发。朱元璋、朱棣分别在南京、北京建立明王朝（1368—1644年）。明末李自成、张献忠率领的农民起义军动摇了其统治基础，入关的清军，扫平了义军力量，取得了统治政权，建立了清王朝（1644—1911年）。明代统治者认识到学校为教化之本，实施高度专制独裁的文教方针，主要包括尊孔读经、笼络并利用汉族文人、提倡理学和编纂书籍、清代继之并变本加厉、制订严禁结社会盟和大兴文字狱以及订立"学规"等多方面措施。

明代官学的教育内容以程朱理学为主，学校逐渐成为科举的预备场所。明清之际进步思想家，主张弘扬个性和解放生产力，提倡面对现实和经世致用。他们受晚明西学东渐、思想启蒙潮流的洗礼，注重科学和"务实"的学风，反对君主专制政治。封建政治经济与思想文化的复杂多样性交织在封建社会后期教育制度与思想活动之中，而这在学校教材中也有所反映。

第一节　明代文化学术的变动与学校教材

明朝建立后，统治者将"尊经崇儒"作为文教国策，尤其推崇自两宋以来形成的程朱理学。明代学校教材作为主流学术文化及新知识内容传承、延续的载体，必然集中体现一定社会与时代的思想与文明，并且以政府的制度建设、法律规章及经济投资为保障，从而成为上述社会思潮渊薮或表征。

一、程朱理学地位的确立与学校教材

明王朝自洪武年间(1368—1398 年)起，便注重加强君主专制的中央集权统治，且以种种措施建立一系列制度来保证它。除了尽力将各级政治行政权收归中央，集权管理统治之外，还设置"东厂""西厂""锦衣卫"等特别机构作为监督，继续推崇"程朱理学"作为主流思想，调整科举考试制度，以八股取士为程式，"制艺""时文"盛行于明清文教领域，尤其是明太祖朱元璋对《孟子》一书语录文字的删改，更是对民主平权思想压制与扼杀的淋漓尽致的表现。对此，明末研究专家吴晗的言论最深刻：

> "四书""五经"是儒家的经典，洪武五年，明太祖面谕国子博士赵俶："尔等一以孔子所定经书诲诸生。"(《南雍志》卷一) 孔子的思想是没问题的，尊王正名，君君臣臣父父子子这一套，最合帝王的需要。可是，孟子就不同了，洪武三年，他开始读《孟子》，读到有几处对君上不客气的地方，大发脾气，对人说："这老头要是活到今天，非严办不可!"下令国子监撤去孔庙中孟子配享的神位，把孟子逐出孔庙。他认为这本书有反动的毒素，得经过严密的检查。洪武二十七年(公元 1394 年)特别敕命组织一个"审查委员会"，执行检删任务的是当时的老儒刘三吾，把《尽心篇》的"民为贵，社稷次之，君为轻"，《梁惠王》篇"国人皆曰贤""国人皆曰可杀"一章；"时日曷丧，予及汝偕亡!"和《离娄篇》"桀纣之失天下也，失其民也，失其民者，失其心也"一章，《万章篇》"天与贤则与贤"一章，"天视自我民视，天听自我民听"；"君有大过则谏，反复之而不听，则易位"；以及类似的"闻诛一夫纣矣，未闻弑君也"；"君之视臣如草芥，则臣视君如寇仇"；一共八十五条，易位这些话不合"名教"，全给删节掉了。只剩下一百七十九条，刻板

颁行全国学校。①

明初程朱理学统治地位的确立，不仅表现在科举考试以程朱理学为依据，更重要的是明代第三任帝王朱棣永乐年间《五经大全》《四书大全》《性理大全》的颁行。这三部"大全"，是明成祖朱棣永乐十二年（1414年）命翰林院学士胡广等人组织编纂的。明成祖在《御制性理大全书序》中标榜，要用"大全"来集诸家传注，明《五经》之道。但"大全"又以主观需要决定取舍，即所谓"凡有发明经义者取之，悖于经旨者去之"②。因此，三部"大全"并不具有明显的经学价值。若论经学史地位而言，它比不上唐代的《五经正义》，而其主旨意义则在于继元代以后又一次以官方的形式肯定了程朱理学的统治地位。

二、西方自然科学知识的传入及其对学校教材的影响

明清之际，伴随商品经济的发展和资本主义的萌芽，中国封建社会走向衰落。正当此时，西方学术文化以利玛窦等耶稣会士为媒介传入中国，开始了中西文化的汇合交流。

1582年，利玛窦来华，初到广东肇庆，就开始翻译数学、地理、天文等方面的书籍。他所带来的西方天算知识、欧几里得几何学及其演绎推理思维方式、寰球地图，以及水利、火器、望远镜等"远西奇器"，对于当时中国正在酝酿的思想启蒙和学风巨变起到重大引发作用。继利玛窦之后，1620年，金尼阁、傅汎际、汤若望等自欧洲来华，也都以介绍西方科学和参与修订历书为媒介，达到传播天主教教义、扩大西方宗教势力的目的。

当时中国先进学者对西学东渐的欢迎态度，显示了一种历史的自觉。如江苏松江府（今上海市）徐光启把数学方法视为近代各门科学理

① 吴晗. 读经札记［M］. 上海：上海三联书店，1956：326-327.
② 谢祥皓，刘宗贤. 中国儒学［M］. 成都：四川出版社，1998：663.

论和应用技术的主要基础。浙江杭州府（今浙江杭州市）李之藻注意到亚里士多德的形式逻辑体系是"百学之宗门"，主张引进西方科学文化，加以会通。

明清之际西学的输入为耶稣会传教士的附带事业，其所传播的内容以天文学为主，数学次之，物理学又次之，其余包括地理学、生物学、医学、建筑、火器制造等。社会科学则有哲学、伦理学、心理学、教育学、西方语言、神学等，另有绘画、音乐等西洋艺术。众多的学科知识，大大丰富了中国传统的学术文库，传教士还直接翻译引进了当时西方大学的讲义，冲击了中国几千年来的传统教材类型及篇章内容。

在西方书籍的翻译、传播中，天主教传教士居于重要的地位，扮演着主动兼主角的作用，即使是徐光启、李之藻这样一些较为热心于西方自然科学的中国新潮学者，对传教士的译著又能做到一种什么程度的合作呢？著名教会学者徐宗泽①在谈到明末清初西方自然科学著作翻译的程序时说："此种书籍是否由西士亲自执笔著述，或西士口述而华人笔之，或由西士起稿而华人润色之？曰此三种方法大抵皆用，不能执一而言之。"②然而就是华人"笔之"或"润色之"的译著，"必经西士寓目审考"③。

引进西学只是传教士传播福音的一种手段或媒介，是宗教事业的副

①　徐宗泽（1886—1947 年），字润农，教名约瑟，晚明著名科学家、中国早期天主教徒徐光启裔孙。徐氏曾在笔者所在单位河北大学任教授。他早年就读于徐汇公学，1907 年入耶稣会初学院，1909 年卒业后留学欧美，获博士学位并晋升司铎。1921 年回国，不久就接任上海耶稣会机关刊物《圣教杂志》主编及徐家汇藏书楼主任。在担任《圣教杂志》主编期间，曾在该杂志发表大量关于神学、哲学和教史的论著，这些论著仅汇集成书在土山湾印书馆出版的就有 20 余种之多。作为一名研究中国天主教史的史学家，他在 20 世纪上半叶的中国教会内可谓成果不菲，贡献卓著，其代表作品有两种：一部是《中国天主教传教史概论》，另一部就是《明清间耶稣会士译著提要》。

②　徐宗泽. 明清间耶稣会士译著提要[M]. 上海：上海书店出版社，2006：8.
③　徐宗泽. 明清间耶稣会士译著提要[M]. 上海：上海书店出版社，2006：10.

产品。因此，当时输入的西学以教理书为主，据徐宗泽对徐汇藏书楼书籍的分类统计，七类书中，圣书、真教辩护、神哲学、教史四类纯属于宗教方面，其余三类为历算、科学和格言。另据出版史学家钱存训先生统计，从1584—1790年两百余年中，耶稣会传教士共计译书437部，其中与教义有关的达251部，占总数的57%。此外人文科学占13%，自然科学和其他占29.1%，教育4部，占0.9%。① 显然，这份书籍清单影响晚明教育课程及教材的作用是不容低估的，只可惜这样的文献佐证或成果发表已经极少可见。

第二节　明代的官、私学教材

明代的官、私学教材依托于明代官私学学校制度，而且明代以后官学中心转向国子监，书院之外的私人讲学较之宋、元又有新的抬头，无论是类型，还是程度，均远远超出元代的存在态势，且体现出多元学术思想流派之实然状况以及争论。其间蒙学教育及教材显示出更高权重地位。

明代开国皇帝朱元璋在立政初期即制定了"重文崇儒"的方针，尤以科举和学校为取士、养士的机构，学校教育颇受重视。国家办学的教育主体力量是官学体制及推行，教材是其保障性因素。

一、明代的官学教材

明代学校仍分中央和地方两级：中央官学包括国子监、宗学、武学等；地方官学则沿元制、分儒学(府、州、县学)及社学，另外还有日渐走向官学化的书院教育。这里拟探讨这几类组织机构的课程及教材问题。

---

① 钱存训. 近世译书对中国近代史的影响[J]. 戴文伯，译. 文献，1985(2)：21.

(一) 中央官学教材

1. 国子监

创立于明太祖初定金陵(今江苏南京)的 1365 年, 初名国子学, 洪武十五年(1382 年), 改为国子监, 其生源依其入学资格分为举监、贡监、荫监、例监四类。国子监的教学内容遵循"教本之德行文以六艺"的原则, 使用的教材主要是"四书""五经"《易》《诗》《书》《春秋》《礼记》, 人专一经;《大学》《中庸》《论语》《孟子》则兼习之。明朝尤其注重律令的学习, 明太祖新撰《御制大诰》《大明律令》, 刘向的《说苑》都是学生必读课本。除此之外, 每日还须习字 200, 以欧阳修、虞世南、颜真卿、柳公权诸帖为蓝本。

国子监的教材以"四书""五经"为主, 教学的指导思想是崇儒道、尊君权、行纲常, 以加强君主专制统治的政治制度。此外, 还注意本朝律令大诰的应用, 书法艺术、历史故事以及文章的技巧, 比宋元的教学内容有所扩充。

2. 宗学、内书堂

宗学是指专为皇亲国戚等贵族子弟而设, 招收世子、长子、众子、将军、中尉年未弱冠者入学, 称宗生。宗学的教师, 从王府长史、纪善、伴读、教授中挑选学行优长者担任。学生诵习《皇明祖训》《孝顺事实》《为善阴骘》诸书, 此外诵读"四书""五经"《史鉴》《性理》等。至明英宗朱祁镇掌政的正统年间(1436—1459 年), 又命司礼监设立内书堂, 选十四五岁内侍、小太监进内书堂读书学字。此外宫内又教宫女读书, 宫女读的启蒙读物除上述内容之外, 又多《女训》《女诫》等妇女读物。

内书堂的教材, 包括三个部分, 一是社会上通行的儿童启蒙读物, 如《百家姓》《千字文》《神童诗》《千家诗》《孝经》等书; 二是当时士子们所诵读的《大学》《论语》《中庸》和《孟子》, 即"四书"; 三是小内侍的专业读物, 即《内令》《忠鉴录》《貂珰史鉴》和"判仿"、习字等。

总之, 内书堂作为特殊的中央学校, 其教材既重视文化知识和伦理, 也注意进行有针对性的教育。

3. 武学

明朝设有中央武学和地方武学，用以教导武官子弟。《明会要》卷
25《学校上》记载："正统六年（1441 年），设京卫武学，置教授 1 员，
训导 6 员，教习勋卫子弟。以兵部司官提调。七年，设南京武学。"成
化元年（1465 年），审定武学学规。学生是都司卫所应袭子弟，年满 10
岁以上者，由提学官选送入学，或都指挥官年长失学的亦令五日来听讲
一次。武学内分六斋，即："居仁""由义""崇礼""宏智""惇信""劝
忠"。教材分两类，一类以诵习《小学》《论语》《孟子》《大学》为主；另
一类则以《武经七书》《百将传》为主。每人可于各类中任习一书，使其
通晓大义，然后专门学习军事理论知识和基本军事技能。

（二）地方官学教材

明代地方官学则以儒学和社学为代表，教材使用显示其独到的
特色。

1. 儒学

儒学包括按地方行政区划设立府学、州学、县学，按军队编制设立
的都司儒学，以及在谷物财货集散地设置的都转运司儒学，在土著土族
聚居地区设立的宣慰司儒学和安抚司儒学。而最普遍、一般的则是府、
州、县学。

府、州、县学的普遍设立始于洪武二年（1369 年）。该年，明太祖
朱元璋"召天下府州，具皆立学"。凡入府、州、县学肄学者，通称为
生员（亦称诸生），分为廪膳、增广、附学三类，廪膳、增广生员在学
期间均食廪，即享受政府提供的伙食及考核奖赏。课程内容在洪武初年
以礼、乐、射、御、书、数设科分教，洪武二年（1369 年）重新规定，
分礼、射、书、数四科。礼科包括经史、律令、沼诰、礼仪诸方面；射
科则在每月朔望在公庙、射圃或闲地举行射法演习；书科则为临摹名人
法帖，日习 500 字；数科则以熟习《九章算术》为主。

2. 社学

社学是地方州、县儒学的预备学校，是为幼童准备求学的基层教育

机构。洪武八年(1375年),朱元璋诏令:"今京师及郡县皆有学,而乡社之民未睹教化,有司其更置社学,延师儒,以教民间子弟,导民善俗,称朕意焉。"

社学的教材多沿袭宋、元以来的启蒙教材,少有创新。它的主要内容包括三个方面:一是《百家姓》《千字文》《三字经》等传统启蒙读物;二是宋、元时一些著名理学家所著的启蒙读物,如朱熹的《小学》,程端礼、程若庸的《性理字训》;三是儒家经典,如《孝经》"四书"等。

二、明代的私学教材

中国古代私学产生于春秋时期,以孔子为代表,其私学规模最大、影响最深,同时各家各派思想极其丰富,以儒学为代表,道家、法家、阴阳家、墨家学派为后朝私学奠定了基础。随着封建社会的历史演进,官学逐渐代替了私学的位置,但私学为学术思想的繁荣、人才的培养及其社会文明的开化昌明做出贡献。明代的程朱理学、陆王心学不仅在官学中具有地位,也引导着私学的走向。

明代的私学离不开所积累的经验演变所积累的经验,春秋战国在政治上礼崩乐坏、"学在官府"变为"学在四夷"。各诸侯国为了夺取权力,需要大量的谋士,也称"士阶层",便产生了诸家学派,其中以儒家、墨家、道家、法家影响最深,同时其他各学派也纷纷兴起。私学的发展在一定程度上推动了"百家争鸣",具有重大历史意义。这时期的私学没有小学——大学衔接的制度,大多以讲会为主要形式,其中很多教材流传到明清甚至于现在,成为重要的学校教材,如"四书""五经"成为后世士人学习的必修教材。

汉代中期,汉武帝以"罢黜百家、独尊儒术"为文教政策,建立相应的官学,但也鼓励私人办学,出现了"书馆、经馆"的私学教育机构。汉代经学大师还可以自立"精舍""精庐"开门授徒。东汉时期朝廷中各势力的斗争,官学相较于私学而言发展较为缓慢。私学主要以古文经学和今文经学为教育内容。汉朝在继承春秋战国时期教材发展的同时也创造了一些新的教材，如《尔雅》《诗经》《仓颉篇》《史籀篇》《论语》《孝经》《易经》等①。魏晋南北朝时期，虽然政治动乱，但是私学仍然保持着发展势头。

虽然隋朝仅存在 38 年短暂历史，但隋朝学校却为唐朝奠定了基础。唐朝学校以"安史之乱"为界，分为前后期，经历了发展、衰落多次起伏的过程。在唐朝不仅官学建立了中央—地方衔接的制度，私学也蓬勃兴旺。由于当时经济发展的繁荣、政府政策的倡导以及社会民众的需要，私学更加规范制度化。一时间陆续出现了初级私学、高级私学以及书院等多种形态。初级私学对儿童进行启蒙识字教育，而高级私学进行专经传授以及其他专业知识技术学习，书院产生于唐末五代，既有藏书、又有教学活动，起到培育人才和传播中华文化的双重作用。唐代私学不仅承担对儿童进行启蒙识字基础教育的作用，还承担着比官学更广泛的民族文化传承的任务。唐朝私学教材也很丰富，有《千字文》《开蒙要训》《孝经》、郑玄注《论语》、孔安国传《尚书》、郑玄注《礼记》、何晏《论语集解》等②。

宋、元的私学制度及教材问题前面已作梳理，此处不拟赘述。

明代私人讲学，有三种不同类型的学者承担：一是民间自学成才的知识分子；二是告老或离职归乡，收徒讲学；三是边做官边讲学。私人讲学在很大程度上体现了个人的偏好，尤其是个人对教学内容、教材的个体性选择，有一定的自主性，从而补充或丰富了官学教育偏于儒学伦理、法律政令教育素材的相对单一、狭窄的偏颇，拓展了知识内容多学科化的广泛性。

明代私人结庐收徒讲学，形成和发展了不同学派，如薛瑄"学一本程朱，其修己教人，以复性为主"。③ 吕柟在"天下言学者，不归王

① 熊承涤. 汉代学校的教材与经学（上）[J]. 课程·教材·教法，1986（1）.

② 姚崇新. 唐代西州的私学与教材——唐代西州的教育之二[J]. 西域研究，2005（1）.

③ （清）张廷玉. 明史·薛瑄传[M]. 北京：中华书局，1974：7229.

守仁，则归湛若水"的情况下，"独守程朱不变"。① 而以王守仁为代表的心学一派，通过授徒讲学，来传播自己的学说，王氏门徒"四方踵至"，其高足弟子钱德洪、王畿"先为疏通其大旨，而后卒业于守仁"②，大兴私人讲学之风，形成明中叶以后，陆王心学昌盛，而程朱理学中衰。

明代承担私学初级形态任务的学校大量涌现，呈现出古代社会空前的景观。随着社会政治经济的发展，教育对象不断扩大，印刷技术的推广运用，书籍的成本降低，因而出现了种类繁多的蒙养教材。由于受教育者成分来源以及未来职业需求的多样化，对教材的要求也逐渐复杂，以往单一的综合性教材不能满足蒙养教育的需要，因而必然会呈现教材的"百花齐放"局面。明清时期还出现了一批总结前人经验、专门论述蒙养教育的教学法著作，如王守仁的《训蒙大意示教读刘伯颂等》《教约》，吕坤的《社学要略》，王虚中的《训蒙法》。

明代各地根据不同情况分别设置不同私学类型的课程及内容，决定了教育内容不仅包括受儒家思想以及升级改造后的理学教育、道德伦理教育，还包括识字教育、历史教育、诗歌鉴赏、典章名物、书法、数学教育、科技教育等。

其中，义学作为小学教育的一种类型，与私塾、蒙馆等是交叉或从属关系，以往较多地将之归为家族制度的产物，并认为盛行于清代，民国以后逐渐归并为新式小学。其实，义学在明代已很盛行。地方上出钱延聘塾师，在公众地方设塾以教一般农户子弟或贫寒子弟的，称义学或义塾。明代义学的规则，征诸史料，莫如忠《陆氏义学记》载：

> （陆）公且雅慕先哲之风，志敦古道，既割俸置族田以赈其贫乏，又因族田余积，益己资，置田三百亩，议兴于学，延四方博闻有道术者为经师，俾陆氏子弟就学焉。而束脩廪饩笔札之资，咸取

---

① （清）张廷玉. 明史·吕柟传［M］. 北京：中华书局，1974：7244.
② （清）张廷玉. 明史·吕柟传［M］. 北京：中华书局，1974：7271.

给于田之入。①

义学往往由地方士绅主持，地方出钱，或由私人捐钱捐田，建立学田制，利用学田租金，请教师在一公共场所设塾，招收本族子弟或一般庶民子弟，传授初浅的文化知识，尤其是纲常伦理。学生在学，加以必要的考查与管理。

私塾是明清时期在民间广泛设立由私人经办的学校。明清时期，一些富家巨室往往私自开办蒙学机构，聘请当地名师食宿家中，专门教育自己的子弟。私塾以传统小学教材《千字文》《百家姓》《三字经》《孝经》等为主，兼习书算和八股文等举子业。但这类私学的教师主要是本地的儒学生员、乡村学究，因而教育质量也很一般。一旦所聘请的教师不得其人，就会贻误子弟。上述初级阶段私学组织的教材教学拟集中在下节叙述。

三、明代的蒙学学校、课程

蒙学，在当代流行的大型工具书(《辞源》)中释为"启蒙之学，犹今之小学"。"蒙"有幼稚、暗昧之意。蒙学作为传统教育中的一个重要阶段，与小学、大学并列，是我国传统启蒙教育的总称，既称"蒙馆"(等于现代的幼儿园和小学)，也指在蒙馆学习的教材与内容，不仅包括幼儿启蒙的内容，也包括小学教材和课程。蒙学教育主要以培养儿童认字和书写的能力为目标，以养正、教化为职能，同时养成良好的生活习惯、培养基本的伦理道德规范、掌握基本知识和文化常识，形成孝子贤孙的忠厚思想。蒙学教育包括识字和读经。传统蒙学教材以《三字经》《百家姓》《千字文》《幼学琼林》等为基础。

明代蒙学教材的数量和质量较诸宋元时期又有提高，吕得胜、吕坤

---

① 顾明远. 中国教育大系·历代教育制度考(下卷)[M]. 武汉：湖北教育出版社，1994：1219.

父子分别编写《小儿语》《续小儿语》是此期广泛流行的蒙学伦理课本；萧良友编写《蒙养故事》是用韵语编撰的故事书，经杨臣净增订改名为《龙文鞭影》；陶赞廷编写的以白话解说的《蒙养图说》更是图文并茂、生动形象的教材，蒙学和蒙学教材的发展推动了明代私学。

现代著名中国教育史家、北京师范大学教授瞿菊农在《中国古代蒙养教材》一文中，把古代蒙养教材的发展分为三个阶段：从周秦到唐末为第一阶段，该时期的蒙学教材内容多为综合性，既灌输道德思想，又介绍一般知识；从北宋到清中叶是第二阶段，这一时期的蒙学教材有分门专写的倾向，有关于道德教育、历史故事、典章名物、诗词歌诀的专书；从清中叶到新学校和新教科书的出现为第三阶段，这一阶段的蒙学教材处于从古代向近代的过渡时期。① 明代正是处于第二阶段，其蒙学教材类包括基础理学教材、历史故事、典章名物、诗词歌诀、书法教材、数学教材、妇女教材等专门书籍，整体呈现分类化、制度化的特点。

(一)理学教材

明代理学思想与统治思想融合，程朱理学在其中占据重要的位置。无论是在官学还是在私学教材中，均有理学思想反映。明代在继承宋代教材的同时也有所变动，除朱熹的《小学》、吕本中的《童蒙训》、吕祖谦的《少仪外传》、吕得胜的《小儿语》外，比较突出的还有朱熹的学生程端蒙所作的《性理字训》、元代程端礼的《程氏家塾读书分年日程》。理学教育思想强调封建伦常秩序的同时，也体现了蒙养教育注重培养儿童道德品质的呼声。

(二)道德教材

道德教育自古便是教育的重要内容，"孝悌恭俭""仁义礼智"一直被视作"修身""齐家"的基础和为人处世的准则，发挥着教化、训诫和

---

① 瞿菊农. 中国古代蒙养学教材[J]. 北京师范大学学报(社会科学版)，1961 (4).

引导等教育作用。随着封建统治思想的重构，道德教育愈加结构化，重要一点便是道德教育教材的意义更受关注。在明代由于理学和心学的发展，"德"在教育中的地位愈加突出，无论是官学还是私学，道德教育教材都有极大的丰富性，如明代流行一时的《幼仪学箴》《性理字训》《小儿语》"四书"《孝经》《小学古训》等教材都对道德教育提出了更高的要求。

(三)典章名物教材

介绍掌故、名物、各科知识的蒙学课本始创于唐李翰的《蒙求》，该书一直流行到明清时期。典章名物类的书籍以介绍名物、掌故、科学知识等为主要内容，对儿童起到扩展视野、拓展知识的作用。明代此类教材在私学中占有很大比例。其中，既包括前期的教材，也出现明代新编成新补注教材。如《幼学故事琼林》《名物蒙求》《龙文鞭影》《书言故事》。《书言故事》侧重于典故，以实为意，初始编纂目的是学习辞藻典故，以备诗文写作之用。到明代，对此书所做的修订主要是增补内容、注释意义及改进形式。每则"故事"有图相配，且为韵语，增强了故事的感染教化效果，便于幼童学习。①

(四)杂字教材

杂字教材是将一类文字汇集编排而成的识字教材，具有图文并茂、简单有趣的特点，深受学童喜爱。明代比较常见的杂字教材有：《相对四言》《百花门》《群珠杂字》《益幼杂字》《鳌头备用杂字元龟》《魁本对相四言杂字》(金陵王氏勤有堂于洪武四年年刊出)等。

(五)诗词歌诀教材

诗词歌诀是古代蒙学教育的重要内容，通过诗词歌诀的学习促进儿童的诵读和记忆，最终达到"蒙以养正"的目的。孔子的《论语·季氏》

① 赵传仁，鲍延毅，葛增福. 中国书名释义大辞典[M]. 济南：山东友谊出版社，2007：216.

有"不学诗，无以言"。古人非常重视诗教，幼童启蒙往往都会诵读一些诗词，一方面使蒙童逐渐体会、掌握平仄韵律等知识，儿童也能够从中学习识字、道理与文化常识；另一方面，诗赋也是除八股文之外，科举考试的重要内容，学习诗词韵对也是为科举考试做准备①。诗词歌诀主要包括格言、儿歌等朗朗上口的内容，不仅有趣而且有精神教化的作用。诗词歌诀逐渐规范化的同时，教材也逐渐丰富和多元化，医学教材如明代李梴《医学入门》、数学教材如《算法统宗》等都有体现。明代诗词歌诀教材在继承前朝的同时也编写了一些新教材，《小儿语》《续小儿语》分为四言、六言和杂言，形式多样、内容丰富。杨林兰的《声律启蒙》用作儿童启蒙诗歌教材的同时，也是为适应科举所编写②。《神童诗》以五言绝句为模式，格律严谨，韵味独特，是蒙学教育长盛不衰的经典诗文教材。

(六) 书法教育教材

书法学习是古代文人雅士教育的组成部分。明代涌现出一批著名的书法家，如沈周、唐寅、仇英、祝允明等。明代书法教育较为繁荣，书法教材在数量、质量和形式上更是有所突破。这一时期的书法教材不仅保留了前朝的特点还具有明显的时代特色，如注重道德行为培养、学生知识面的扩展以及诗文杂学的辅助和衔接等多重功能发挥。其中代表性教材有梅膺编撰的《字汇》，这是一本大型文字字典，加深了学生对书法教育的认知和字词的理解。③

(七) 识字、写字教材

识字、写字是蒙学教育最基础的目的之一。明代由于童蒙教育的识

---

① 潘帅. 传记史料中的晚清传统童蒙读物研究[A]. 童蒙文化研究 (第二卷) [C]. 2017: 316-330.

② 熊承涤. 明代的蒙学教材[J]. 课程·教材·教法, 1991(11).

③ 李美玲. 探析明代书法教育对当下书法教育的借鉴意义[J]. 美与时代 (中), 2018(11).

字、写字需求加大，印刷业的发展，识字、写字教材种类、数量更加多样、丰富。这类教材分为通用型的教材和专门的识字教材，通用的教材有传统的《三字经》《百家姓》《千字文》以及模仿、续写之作和注解本、插图本，如《三字经》相关教材有《增补三字经》《节增三字经》《广三字经》；《百家姓》有《重编百家姓》《御制百家姓》《新编百家姓》；《千字文》则有《续千字文》《再续千字文》《三续千字文》《别本续千字文》《增广千字文》。其他又有赵南星的《三字经注》、黄周星的《重编百家姓》、吴沈的《皇明千家姓》、周履靖的《广易千文》，还有以正字为目的，区别形似字、音近字的李登的《正字千文》等①。除了以上通用教材外还有专门识字的教材，如《日用俗字》《农庄杂字》（后来还出了《绘图农庄杂字》）、《幼学字表》等杂字用书。②

（八）数学教材

蒙学的数学教育虽然是简要的数字计算为主，但经过各朝代的发展，数学教育越来越复杂。明代蒙学数学教材有所突破，其中以算学教材《筹算蒙课》《算学启蒙总括》和刘徽的《九章算术》为代表。刘徽创立了著名的"化曲为直"的极限学说，体积计算方面提出了"出入相补"理论；还对整勾股数进行了描述；在论证勾股定理的同时，对勾股数加以公式证明，发现"方幂"等算法；而勾股数相关的线段计算则体现在其《九章算术注》中。刘徽对中国古代的几何、代数、数论等内容进行了创新性的探究。所取得的成就在促进数学学科进步的同时，对于蒙学数学的教材、教学具有重要作用。

（九）历史教材

"学史明理""学史明智"，古人的智慧大量体现在历史中。所以，

---

① 刘艳卉. 我国古代蒙学识字教材的历史沿革[J]. 安阳师范学院学报，2002(4).

② 李伯重. 明清江南的出版印刷业[J]. 中国经济史研究，2001(3).

历代君王、士人将历史作为学习的必修课。历史读物早在夏、商、周时期便体现在"六艺"教材中，直至明清时期历史学习资料中仍然地位显著。私学作为官学的补充，历史亦是教材内容的重要部分。

明代蒙学历史教材，包括典故类的读物，如萧良的《龙文鞭影》、程吉登的《故事寻源》《十七史蒙求》，以及上述《幼学故事琼林》等。蒙学历史读物，依据各朝各代历史编织而成，有助于儿童更好地了解历史、学习历史，起到普及历史的作用。这类读物在宋代出现，明代有所继承与创新。例如，明代李廷机的《鉴略妥注》、刘班的《两汉蒙求》、孙承恩的《鉴古韵语》、程敏政的《咏史绝句》、赵南星的《史韵》等却属于新编教材。历史蒙学教材还有些是综合类性质的，一本书承载丰富的知识和综合性的内容，以启迪儿童智慧。明代虽然在这一类教材中少有突破，但继承了大量前朝的教材，起到了文化传承的作用。如宋代朱熹的《小学》、吕本中的《童蒙训》、吕祖谦的《少仪外传》、方逢辰撰写的《名物蒙求》，记述了中华文明的起源以及封建社会的变化：从分封制到郡县制的演化。《鉴略妥注》，又名《五言鉴》，是一部用五言诗和纪传形式来叙述古今历史的教材。该书包括上、中、下三卷，辑录了许多历史典故和史事，如写陶侃："陶侃少孤贫，事母全孝敬，母剪发延宾，范逵为举进，都督过八州，功被于四境。"[①]文字通俗，并运用适当的韵语，便于学童记诵，因而流传甚广。

蒙学历史教材以其灵活多样的编写形式、极高的社会重视度、有效的文化传播，以及品德教育与历史教育结合等特点，凸显古代历史教育的价值，对于今天历史教材的改革具有显著意义。

(十) 女子教材

虽然明代封建统治者反对妇女受教育，但是随着社会的发展，妇女对于受教育的愿望越来越迫切。统治者在维护自己统治的基础上出于加

---

① (明)李廷机著，古卫兵译注. 五字鉴译注[M]. 太原：北岳文艺出版社，2016：112.

强对妇女的限制的需要，女子教育及教材便顺应而兴。明代女子教材代表性的有《女四书》(包括汉班昭的《女诫》、唐宋若华的《女论语》、明成祖后徐氏的《内训》、王相母刘氏的《女范捷录》四种女子教育书籍)、周履靖编的《广易千文》、李登编的《正字千文》、吕得胜编的《女小儿语》、吕坤编的《闺范》、朱升和诸儒修的《女诫》、温璜为其母笔录的《温氏母训》等①。这些教材内容中重点突出的便是"女德"教育，还有基础知识、生活琐碎知识以及劝诫性的知识等方面的教育，其中，既包括基础内容，也包括训诫类道德规范。虽然统治者在主观因素上是为了进一步钳制妇女的思想，但在客观上有助于女子教育的发展，推动了女性教育的进步。

(十一) 综合性教材

明代不仅有分门别类的蒙学教材，还有更加具有综合性的蒙学教材，后者发挥出独特的教育作用。这些教材的具体内容包括宋儒理学、日用常识以及简要的历史知识等诸多方面，朱升编的《小四书》堪为代表，其他如宋方逢辰的《名物蒙求》、程若庸的《隆理字训》、黄维学的《史学提要》、元程栋的《历代蒙求》、朱升的《小四书》、《三字经》、《百家姓》、《千字文》等最具代表性，这些大多是前代所编教材，但也有在此基础上改编而成的《正千字文》《三字经注》等教材。此外，明代还出现一些总结前人经验的蒙学教材，如王守仁的《训蒙大意示教读刘伯颂等》《教约》，吕坤的《社学要略》，王虚中的《训蒙法》等。在一些图画故事类的蒙学教材中也有所体现，如《日记故事》和《二十四孝》，故事和图画紧密结合，具有较强的趣味性②。综合性教材的出现不仅使学生在一本教材中学习广泛的知识以及起到启迪的作用，还标志着明代蒙学教材突破了专一教材、具有近代化教材的特征。

(十二) 其他教材

除了上述讲到的教材外，明代还有一些很难归类统属的教材，此处

---

① 熊承涤. 明代的蒙学教材[J]. 课程·教材·教法，1991(11).
② 梁彩霞. 我国明代时期蒙学教材、教法发展研究[J]. 兰台世界，2014(18).

329

暂列为其他类型教材。这类蒙学教材如《声律发蒙》《训蒙骈句》《对类》等，它们在教导儿童音韵、习作等方面发挥作用。科技知识在蒙学中也是必要的学习内容，《千字文》的开篇，便是"天地玄黄，宇宙洪荒"；《鉴略》在讲述历史之前，先说"首出御世，肇开混茫"；《步天歌》和《括地略》就是反映基本天文地理知识的蒙学读物，前者讲日月星辰，后者讲舆地山川。

明代音律、天文、地理等蒙学教材，不仅丰富了蒙学教材的种类，还丰富了学子的学习内容，具有近代学科教材建设的特征。

四、明代蒙学教材举要

明代蒙学教材类型多样、种类丰富，具有注重儿童日常生活与兴趣相结合、识字教学与伦理规范相结合、文字编排通俗易懂、郎朗上口等特点，对清代蒙学教材的发展具有明显的影响力。此处对明代影响较大的教材略举数例，以窥一斑。

(一)《龙文鞭影》

《龙文鞭影》，原名《蒙养故事》，是明清时期影响较大的儿童蒙学读物，由明代万历年间萧良所著，夏广文曾为其逐句做注，最后经杨臣进行修补增订，改名《龙文鞭影》。在古代"龙文"是一种千里马的名称，也比喻才华出众的弟子。该马无须鞭打、只要看见鞭子的影子就会奔跑，也隐喻聪慧的儿童通过此书的学习便能增长学问和智慧。通过此名，借以鞭策少年无须扬鞭自疾，就能达到"逸而功倍"的效果。

《龙文鞭影》内容丰富，包括理学、道德、历史、识字、写字、名物等生活常识；在具体内容上以四言的形式编写，简练整齐，韵味十足，是四字孕育童蒙读物中的经典教材。整书共1062句，即531组对句，以韵编排，采用平水韵的平声韵，上平声15韵为卷一和卷二，下平声15韵组成卷三和卷四。以韵语的形式编写的小故事却有大道理，在阅读中增加记忆、陶冶性情。由此可知该教材是四字韵语蒙童读物中

《龙文鞭影》

的大成之作。在编写体例方面，该教材采用四言短句，一句一个典故。在句式结构上，以主谓结构为主体。"相同或相似的结构，本身又具有一种诗歌的回环复沓之美，易于儿童讽咏诵记。"如"伯俞泣杖，墨翟悲丝。能文曹植，善辩张仪。温公警枕，董子下帷。会书张旭，善画王维。周兄无慧，济叔不痴。杜畿国士，郭泰人师"。在整体结构中，整本书承前启后，衔接性极强。作者根据儿童的学习规律，由浅入深、由简入繁循循善诱，在儿童学会基本知识后为下一阶段阅读和写作打下基础。

　　《龙文鞭影》所蕴含的思想要旨中极大凸显理学为代表的儒家思想。在书中的前四句就写到"粗成四字，诲尔童蒙，经书暇日，子史须通"，表明教育的目的，而经书就是指儒家经典，如《诗》《书》《礼》《易》《春秋》《论语》等①。《龙文鞭影》在明清蒙学教育中发挥着重要的作用。

---

　　①　（明）萧良有. 龙文鞭影［M］. 赵建黎，华山，注. 西安：陕西人民出版社，1998：1.

(二)《幼学琼林》

《幼学琼林》原名《幼学须知》,由明代程吉登编撰,后由清代邹圣脉增补、注释为《幼学故事琼林》。该部教材克服了朱熹等理学家、教育家对童蒙教材的编撰的不足,在遵循儿童心理发展规律的基础上以有趣的内容和具有艺术性的形式编写而成。

《幼学琼林》内容广泛,包括理学、儒家、道德、历史、识字、宗教迷信、风俗礼仪、衣食住行、天文地理、天文舆地、政史、礼仪、修身、格致、宗教信仰等。整本书在内容上通俗易懂,与日常生活相联系,如"布衣即白丁之谓,青衿乃生员之称"(《卷2·衣服》)、"安步可以当车,晚食可以当肉;饮食贫难,曰半救不饱;厚思图报,日每饱不忘"(《卷2·饮食》)、"民家曰间阎,贵族称为阀阅(《卷三·宫室》)、"望开茅塞,是求人之教导;多蒙药石,是谢人之蒄规"(《卷3·人事》)等。

《幼学琼林》教材体例、体裁形式丰富,如运用大量词语、格言、典故、神话故事等,还兼具韵味性、朗朗上口、通俗易懂,儿童通过学习形成自己的伦理道德观念、价值观念,其独特的编排体系和编写方式有利于儿童享受音韵的美,习得一定创作模式,学习各类知识,最终形成一定知识体系。例如,在编排形式上以多变句式为特点,涉及四言、六言、七言、八言、九言,亦有很多的长句,便于诵读与记忆,同时使用骈体文这种文体和对偶的修辞手法,注重音韵和音节。总之,《幼学琼林》作为明代百科全书式的蒙学教材,以其多元的内容、多变的句式、独特的文体等形式有助于儿童学习和掌握丰富的自然、社会初步文化,为过渡到下一阶段奠定基础。

如:天子天下之主,诸侯一国之君——《朝廷》

龙之种,麟之角,俱誉宗藩;君之储,国之贰,皆称太子。——《朝廷》

称人有令子,曰麟趾呈祥;称宦有贤郎,曰凤毛济美。——《祖孙父子》

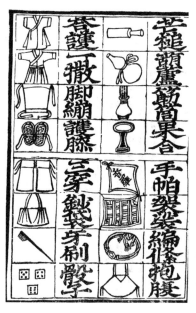

《魁本对相四言杂字》记录相关算盘图

(三)《魁本对相四言杂字》

金陵王氏勤有堂于洪武四年(1371年)刊出的《魁本对相四言杂字》不仅保留有传统杂字教材的风格还具有看图识字的特点,在这本书中共收录名物308件、图306幅,文字、词与图画相对应,呈现图文对照的形式(也称对相)。在具体字、词的解释上对字性分类、释义。整本书的内容十分丰富,包括技能知识、商业知识、生活知识等,语言通俗易懂,并且注重道德教育。不仅在当时产生重要影响,明代刻书家陈伯寿在日本也刊出此书。看图识字读本的盛行推动了识字教育的发展。

(四)《小儿语》《续小儿语》

《小儿语》由明代吕得胜编写,属于道德教育类的童谣题材的童蒙读物。这本书的主要目的是培养儿童的良好道德、教儿童做人的道理。在语言形式上采用四言、六言、杂言等语言形式,内容贴近儿童生活,通俗易懂但意味深长,是一部具有良好道德教育意义的童蒙读物。

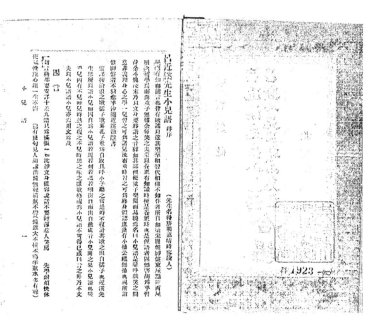

《小儿语》

《小儿语》

如：

"一切言动，都要安详，十差九错，只为慌张。"

"沉静立身，从容说话，不要轻薄，惹人笑骂。"

"先学耐烦，快休使气，性躁心粗，一生不济。"

"能有几句，见人胡讲，洪钟无声，满瓶不响。"

"一争两丑，一让两有。"等。

《续小儿语》由吕得胜之子吕坤编撰，在《小儿语》的基础上增添了一些内容。在保留原有教材的内容上，又强调学以致用，使"使童子乐闻而易晓"。不仅强调记忆、背诵还强调应用，有利于儿童养成良好的道德行为规范。

(五)《算学启蒙总括》《九章算术》

《算学启蒙总括》是由元代朱世杰所编写，该书在整体编写逻辑上适应了儿童的心理发展特点，由浅入深，循序渐进，对儿童的数学启蒙发挥着重要的作用。整本书采用问答的形式，共有 259 问，分为 20 门。整体内容丰富，包括运算、开方、天元术等数学内容。不仅在当时很受

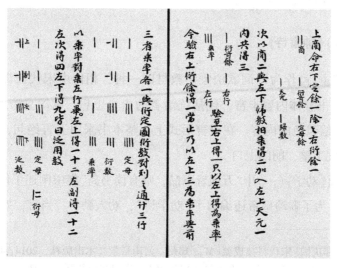

《九章算术》部分内容表述

儿童的欢迎，还出版了翻刻本和注对本，传播到朝鲜、日本①。

《九章算术》不仅是当时规定的官方教材，在私学中也有所涉及，整本书共九卷，24 个算题。"九章"分别为方田、粟米、衰分、少广、商广、均输、盈不足、方程、勾股九章，在每一章下又按照解题法分为若干类，具体的解题法则称为"术"，如"方田"中有"方田术""合分术""减分术"等②。该教材并不是简单地传授数学知识，而是将数学知识领会运用于社会各个领域，并以算法的形式表述。如：

> 又有九十一分之四十九。问约之得几何。
> 答：十三分之七日。
> 约分术曰：可半者半之，不可半者，副置分母子之数，以少减多，更相减损，求其等也，以等数约之。

在每一章也呈现出"问""答""术""注"等不同条目。分别对应为"提出问题""做出具体数量的回答""列出解决问题的方法、公式或定理""最后对术原理的解释"，在编写上具有缜密的逻辑。在当时蒙学的数学教育中具有重要意义。

(六)《神童诗》

《神童诗》作为诗词歌诀蒙学教材的一种，相传由宋代汪洙编撰而成③，该书整体内容丰富，包括统治者的指导思想、歌颂皇帝的"劝学诗"和描绘景色的内容。在语言形式上，整本书采用五言绝句，格律严谨，对仗工整，朗朗上口。

首篇《劝学》(一)中"万般皆下品，唯有读书高"集中阐述了作者的指导思想，为了歌颂皇帝还编写了"劝学诗"，劝人勤学、当官，如《状元》

---

① 邵庆国.宋代科技成就[M].郑州：河南科学技术出版社，2014：413.
② 王当发，李德生.《九章算术》新论[J].贵州文史丛刊，1993(3).
③ 汪圣铎，汪洙及.《神童诗》考辨[J].中国典籍与文化，2003(2).

《帝都》等。还有描绘景物和风花雪月的诗《春游》《对菊》等40多首。

如《神童诗》首篇为：

天子重英豪，文章教尔曹。万般皆下品，唯有读书高。
少小须勤学，文章可立身，满朝朱紫贵，尽是读书人。
学向勤中得，萤窗万卷书，三冬今足用，谁笑腹空虚。

虽然这本书内容丰富，具有陶冶儿童性情的功能，但是该书在儿童极小的时候就灌输"学而优则仕"的思想具有过强的功利主义。

(七)《性理大全》

《性理大全》是明代的综合类童蒙教材之一，这本书以理学思想为指导，收录了诸家学说，包括宋儒学说一百二十余家，如《太极图说》《通书》《西铭》等。整本教材从二十五章起分为两部分，前二十五卷收录宋儒著作九种，独立成篇；在二十六卷起收录性理内容共十三类分一百三十余目，整体叙述内容均十分完整。这本教材作为程朱理学学派的经典著作，不仅吸收宋元理学诸儒注解精华，还修正了不合时宜内容的

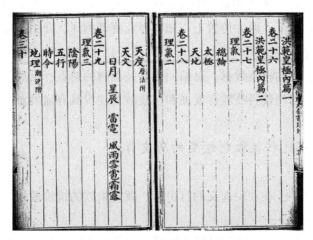

《性理大全》部分目录

解释。对于程朱理学的繁荣以及发展具有重要意义①。

在传统封建制度和理学思想的影响下，明代私学教材史的发展也是明代教育制度、教育思想的发展史。建立在"蒙学—书院"这一私学制度下的教材，具有阶段性、创新性、丰富性等特点，不仅推动了私学的发展、学术的繁荣，扩大了教育对象，使得私学与科举制度、人才选拔联系愈加密切，还推动了学术思想在朝鲜等国家的传播。虽然在历史趋势下，明代书院逐渐朝着官学化的方向发展，但对于现代学校教材也有启示作用，如建立适合儿童发展不同阶段的学校制度，选择适合儿童身心发展规律的教材，注重教材的教育性、道德性等。可见我国古代教育道德发展对现代教育具有一定的促进作用，而并非全部向西方学习的结果。现代教育的更加高效发展不仅需要借鉴古代教育也要与时代结合，才能建立更加优质、高效、公平的教育体系。

第三节 明代的科技教材

受封建专制性教育政策及程朱理学思想束缚，明代科技教育滞后保守，科技教材在中央官学课程教材中萎缩，主要在地方官学和私学、书院中选用推行。明代中后期社会经济发展，"心学""实学"思潮崛起，西学东渐背景下，西方传教士与知识界觉醒者翻译、介绍西方的先进科技知识文化，促进明代科技教育和科技教材水平提升，涌现出不同门类、丰富多样的科技教材。总结明代科技教材的特点，反思其历史经验教训，对我国当代科技教育发展和科技教材建设具有启发意义。

一、明代科技教材嬗变的历史背景

元朝末年，在农民起义的打击下，蒙古贵族的统治政权元朝很快被

---

① 姜海军.《五经四书性理大全》编纂、思想与文化认同[J].历史文献研究，2016(2).

推翻，朱元璋建立了明王朝（1368—1644 年）。元覆灭的历史教训提高了明代开国帝王朱元璋对政权维护的警觉，元代疏于精神思想管控的问题在明代得到了转变。明王朝极力加强封建大一统专制统治的建设。首先，抬高程朱理学思想的主流地位，将"学校为本""教化为先"的认识主张付诸行动。这种高度统一的文教政策与科举八股取士制度相结合，在稳定社会政治秩序的同时，也发酵着它的负面影响。至明中叶，王守仁提出"知行合一""致良知"等心学学说；实学思想的兴起让人们逐渐开始把视野转向社会实际生活之中，反对空疏无用的理学教育，力图摆脱仁义礼制的窠臼。至明万历、天启年间（1573—1627 年），学术思想，尤其是江南一带的学风逐渐转向社会实际和实证应用。而在同时，这种思想学术风气的转向又为此期西学传播创造了一种较为有利的文化环境，并由此催生出诸多科技教材，在一定程度上揭开了明代科技教育暮春深秋或落日黄昏之际的耀眼一幕。

（一）文化专制主义对思想的禁锢

"制科取士，一以经义为先，网罗硕学"①，"科举必由学校""明制科目为盛……学校则储才以应科目者"②。这些文献记录表明明代官学教育内容以儒家经典、道德伦理及文学诗赋为主，同时重视法制的普及和教化。明代封建政治的各种体制机制更加严密，学校课程教材与选拔考试接轨，入仕、科举与学校的关系也进一步强化。学校逐步变成了为科举服务的"工具"及训练场所。科学技术在正统儒学，尤其是理学的视域中，时有"奇技淫巧""旁门左类""枝叶末流"之称。虽然也有少数有识之士认识到科技教育的重要性，曾提出应于科举考试中加入兵法、天文地理类知识技能，改良人才的选拔要求，不过，十分遗憾的是没有得到实行。"穆、神二宗时，议者常言武科当以技勇为重……三科各就

---

① （清）张廷玉. 明史［M］. 北京：中华书局，1975：5372.
② （清）张廷玉. 明史［M］. 北京：中华书局，1975：1317.

其兵法、天文、地理所熟知者言之。报可而未行也。"①整体来说，明代官学体系对科技教育没有足够的重视，不论是专业学校设立，还是专科教育内容计划，中央官学都将之边缘化冷冻处理，从而致使科技教育所占比重极低。这种现象的问题本质恰是文化专制主义禁锢知识界和民众独立思想的深刻反映。

(二)西学东渐引进西方先进科学技术

明代万历、天启年间以后，西方传教士逐渐进入中国，西方文明与传统中国文明碰撞并激出火花，西方自然科学知识也随之进入中华大地。利玛窦(Matteo Ricci，1552—1610年)，一名意大利传教士，于16世纪后期来华，辗转澳门、北京等多个地区进行传教活动，以其先进的学术思想为桥梁和媒介辅助传播基督教，那些从未见闻的西方文明成功引起了部分有见识和觉悟的国人的兴趣和思考。毋庸讳言，在利玛窦及其后续者翻译、介绍和传播的西方学术思想中，不可避免地带着宗教印记，但明清之际第一次"西学东渐"给明代逐渐僵化的思想注入一剂鲜活剂，犹似临近窒息的一口空气。西方科学技术的传入，打破了当时单一的知识体系和结构，也随之衍生出一大批科技著作，包括传教士翻译介绍以及随后国人编撰刻印的书籍，极大地丰富了学校教育，尤其是私学和书院教育的科技教材资源。

(三)学术思想新动向

明代中期心学思潮兴起。明代著名哲学家、教育家王守仁(1472—1529年)提出"心即理""知行合一""致良知"等学说。"心学"及批判理学的思想主张，促使人们逐渐将视野转向社会实际生活之中，反对空疏无用的义理学派，主张摆脱仁义礼制的窠臼。一时间出现一些批判静坐读书和空谈性命的早期启蒙思想家，他们主张经世致用，提出应恢复儒学原本的"救世""经世"之思想及实践。

①　(清)张廷玉. 明史[M]. 北京：中华书局，1975：1341.

"知行功夫，本不可离"。① 王阳明主张学习知识的目的是指导实践更好地进行，真知真正的境界应该是躬行实践，而反对空疏无用的凭空思索。明代后期教育家顾宪成（1550—1612 年）复兴东林书院，主张体悟与行动相结合，反对注重参悟而轻实际行动。东林书院所讲皆日常须臾所需之事，不论乡野之人还是孩童都可以听讲，认为"内圣"的目的是"救世"，而不应该是欺世盗名，"风声雨声读书声声声入耳，家事国事天下事事事关心"是书院办学关心时政的体现。明清之际实学教育家、"颜李学派"首创者颜元（1635—1704 年）批判理学教育为"纸上功夫""文墨世界"。他主张习行实际有用之学、兵学、农学以及礼乐，教育应培养经世致用之才，既要有通儒也要有专才，为实现国家发达富强而服务。为此，必须改革教学内容，将兵、农、钱、谷、水、火、工学等加入传统礼、乐、射、御、书、数"六艺"之中，推动科技教育发展。"读尽天下书，而不习行六府六艺，文人也，非儒也；尚不如行一节，精一艺者之为儒也。"②很明显，颜元要求打破唯书本至尊的局面，把有用作为教育的目的追求。

明末清初的一些教育家在批判八股取士、提倡实学精神的同时，也用自己的实际行动勾勒着新的教育蓝图，希望以此培养出具有真才实学、可治国安邦的人才。明代科技教材的市场力量在明末清初有所增强正是体现这种教育理念和人才质量要求。

二、明代官学、私学的科技教材

（一）官学科技教材

1. 中央官学教材

明代国子监的教材以"四书""五经"为主，教学的指导思想是崇儒

---

① （明）王守仁. 传习录［M］. 南京：江苏文艺出版社，2015：20.
② 顾树森. 中国古代教育家语录类编（下册）［M］. 上海：上海教育出版社，1983：291.

道、尊君权、行纲常，以加强封建君主专制统治的政治制度。国子监同时注重本朝律令大诰、书法艺术、历史故事以及文章技巧等方面的教育训练，教材的选用主要有《性理大全》《说苑》及《御制大诰》《大明律令》等。概而言之，国子监的课程与教学主干内容就是"四书""五经"、律令及经史典章，教学活动中尽管也有一定比例的书数课程，但总体上忽略科技教育，自然科学类的书籍极少，则是不争的事实。有的史料记载明代官学延续宋、元旧规，推行医学教育研修探讨及实践应用。只是国子监中有无实施，并不明晰。有鉴于此，本文将医学教材的使用放在地方官学中叙述。

宗学学生诵习《皇明祖训》《孝顺事实》《为善阴骘》诸书，精读"四书""五经"《史鉴》《性理》等著作。对于那些经济相对薄弱的宗室子弟，则允许他们学习医学，选王府良医任命为业师，教学《难经》《素问》等医学教材。

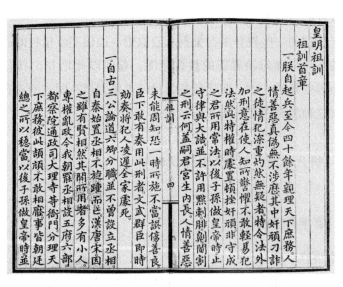

《皇明祖训》

明代宗室人口众多，宗室子弟受教育方式多样，教材的选用也有拓展空间。比如，皇帝利用各种机会对教育亲自过问，又修订书籍让子弟学习,"建大本堂,取古今图籍充其中,征四方名儒教太子诸王,分番夜直,选才俊之士充伴读"①。同时,也将古之行为可鉴者编制成书供诸子弟学习。明代宫廷皇室往往有大量的藏书,除了大本堂,还有文渊阁、东阁等都储存着大量的书籍,宗室子弟能够有机会阅读一些珍贵文献,学习内容自然不止于"四书""五经",优越的学习条件、教师资源,也使得明朝宗室子弟中涌现出不少人才。

例如,郑藩朱载堉,在数学、物理以及天文学方面都有突出成就。他在世界上最早利用珠算进行开方,解决了同进位制的小数换算问题,测出水银的密度,实验完全八度和纯五度的和声;结合以往历书和实践,重新推算了回归年长度,编纂《圣寿万年历》和《万年历备考》等历法论著。周定王朱橚,在医学方面获得较大创新,所著《救荒本草》记录了414种野生植物,配有详解图,考证翔实,他的另一部作品《普济方》,更是我国古代规模最大的方剂学著作。②

2. 地方官学教材

明代地方官学主要以"四书""五经"及律令为教材,但却较为关注数学教育,开设相应书数课程。府、州、县学的教学内容是传统"六艺",即礼、乐、射、御、书、数,采取分科教学的方式。数学教材各地有所不同,灵活多变,往往根据教师及学生情况,有选择地采用唐代钦定颁行"十部算经":《九章算经》《海岛算经》《孙子算经》《五曹算经》《张丘建算经》《夏侯阳算经》《周髀算经》《五经算术》《缀术》《辑占算术》《算术记遗》以及《三等数》,其中尤以《九章算经》为主。明末已有开通风气转先或开明学者选用部分西方翻译介绍的著作的情形,如《几何原本》《同文算指》《圜容较义》等,这在地方官学中也应有所体现,只是所据材料有限,无法细述。《九章算经》,原称《九章算术》,因唐代数学家李淳风等加注释阐发,改算经。该教材约成书于公元1世纪,作为古代数学经典之作,唐宋时期就已经明确规定为教材使用,在明代也

---

① （清）张廷玉. 明史[M]. 北京:中华书局,1975:2971.

② 侯鑫忠. 明朝宗室教育研究[D]. 兰州:西北师范大学,2014:43.

是广泛应用于数学教育实践的。全书分为九章：方田、粟米、衰分、少广、商功、均输、盈不足、方程以及勾股，共计收入246个与生活实践相关的实际问题。每个问题都有对应的解答过程和答案，有的还列有多种解答方法。书中问题紧密结合生活实践，所论及的诸种数学方法在当时居于世界领先地位。

明朝科技教育中医学教育比其他专业教育更受重视。医学教育大致有官学和私学两大类。地方官学医学教育有了长足的进步。明洪武十七年（1384年）政府规定府、州、县除设立儒学、阴阳学外，须同时设立医学，就地培养医学人才。明代官学医学延续元代分科教学的方式，对宋元时期的分科有取消和增补，将医学分为诸如"大方脉、小方脉、妇人、针灸"等十三科，"凡本院习业分为十三科，自御医以下，与医士医生，各专一科"①。官学医学教育通用的教材一般有中医经典著作，诸如《难经》《素问》《脉经》《脉诀》《本草经》《伤寒论》以及《千金翼方》等。宋朝问世的《太平圣惠方》《圣济总录》在元朝被列为医学教材。同时，在实际办学中又依据不同学科增加不同的教材，同时提供诸如刘纯的《医学小经》、李梴的《医学入门》等为参考书目。②《医学入门》成书于万历四年（1576年），教材的内容形式主要是诗歌，另附注释加以解读说明。《医经小学》六卷，作于洪武二十一年（1388年），其特色是以韵语的形式分类摘取医学经典中的重要知识，朗朗上口，成为很多入门医学者的参考书。③从广义的医学教育而言，明代官办医学还包括太医院和卫所军户医学。太医院中的医学教育主要是为本院培养对口人才。这种医学专业培训性质的机构所使用的教材应该是上述教材的选编，或实用操作性的讲义。

明代地方官学中也间或开展农业以及一些手工业知识的传授和学习。明代前期，传统农业和手工业生产技术方面所占比重更大，相关的

---

① （明）申时行.明会典［M］.北京：中华书局，1989：104.

② 席榕.古代官办医学分科教育管窥［J］.中医研究，2018（4）.

③ 段乃粲.明清太医院医官培养制度研究［D］.济南：山东师范大学，2017：35.

著作逐渐增多，有官方发布的农业、手工商业教材《务农技艺商贾书》《天工开物》就曾颁行官学，对诸生选讲，或由明代官私学结合过渡的一种教育结构、学校类型——社学，在教学中用为教材。

《务农技艺商贾书》明洪武年间（1368—1398 年）奉敕撰，作者不详。全书仅 1 卷，一部关于农业和商业的教材读本。《明太祖实录》卷 21 记载："壬辰……其民间商、工、农、贾子弟，亦不知读书，宜以其所当务者，直辞解说。"明太祖曾诏令，待书撰成，便命颁布发行学习，其中"直辞解说"是指使用通俗晓畅的语言讲解，并注重本地语言习惯，以利于教材的实际发行和使用。该教材主要是介绍农业和经商贸易类的一些基础知识和技能技巧。当代经济史学专家王孝通在《中国商业史》中将此视为中国实业教育教科书的原初。①

《天工开物》由明末宋应星撰于崇祯七年（1634 年），3 年后初刊广泛流传，清初又在福建刊行第二版。据作者"序言""天工"即大自然中藏有丰富的物质生产资料，而"开物"是人类从自然界中开采和利用各种资源。全书共计 3 卷 18 篇，总结了许多农业和手工业的技术经验，记述了 130 多种生产和制造技术以及相关器械。同时，配有相应的图画 123 幅，囊括社会生产生活的各方面。如"穿衣"方面，从衣服原料的生产、纺织、染色，到制作衣物所用的各类器具，都分章一一记述；"食物"方面，从粮食生产、脱粒、粉碎，到油、盐、糖、酒的萃取和酿造都有详细叙述；材料方面，对珠玉陶器、纸张颜料、金属矿物等工艺技术都有涉猎。总之，这是一部关于生产、生活的"工具书"，体现出人类与大自然和谐相处，以人类智慧改造自然，从而服务于人类社会的实学功利思想。

有些地方官学实际上存在由教师讲授或学生自学依一方水土而编撰的本地养蚕、种芋等农桑专业教材，以及西方传入的水利技术的书籍。这些往往是属于乡土教材。例如，《种芋法》一卷，明代黄省曾编撰，介绍芋的类别和名称、芋的历史及农谚，食用芋的各种禁忌以及种植芋

---

① 王孝通. 中国商业史［M］. 上海：上海三联书店，2014：188.

的各种技术和经验。黄省曾还编撰了《蚕经》，书写明代长江三角洲嘉兴、湖州一带植桑、养蚕缫丝的知识技能、工艺技术及民俗生活，具有极强的实用性，全书篇幅短小精悍，对于杭嘉湖平原植桑养蚕的诸多方面反映甚为全面，对养蚕过程中各种可能出现的问题和事项做了比较全面的梳理和探讨。① 以上两部农桑教材均收入现代出版家、著名报业学者王云五主编的大型文献类书《丛书集成初编·应用科学类》之中。

水利灌溉的知识、技术对于农耕社会的生产和经济发展非常必要，相关的专业人才深受地方社会欢迎。有的地方官学也开展相关的教学活动，尤其是学生课后延伸拓展的学习内容中包含该方面的信息。明末农学家徐光启的《农政全书》是明清之际官私学农业教材的代表，其中言及水利、灌溉对于农业的重要性称："水利者，农之本也。"徐光启曾请意大利传教士熊三拔介绍西方先进的水利科技，明万历四十年(1612年)，两人合译了《泰西水法》，共6卷，"是书皆记取水蓄水之法"，存雨化雪、取江河之水以及开泉钻井等各类"水法"，以及相应需用的器械。其中运用《泰西水法》向国人介绍西方先进而实用的水利技术，1612年在北京刊印发行后，由清乾隆朝(1736—1795年)大学士纪昀编入《四库全书》。

(二)私学科技教材

明代中叶之前，中国传统科学技术步入低谷，明代立法禁止民间研究天文历法致使天文学发展式微，同时连带传统数学也不见起色。但明末清初西方科学技术的传入，其影响涉及社会农业、军事、机械制造等各个方面。这无疑给中国传统儒学文化和理学教育带来冲击，同时也伴随一种激活民间潜在科技力量的作用，这主要表现在私学科技教育与教材之中。

明代医学包括官学和私学，而私学也有家传、师承以及自学等多种类型。家传更明显，诸如万密斋在家族医学传承的基础上撰写了一系列

---

① 顾明远.教育大辞典(第8卷)[M].上海：上海教育出版社，1991：269.

儿科医学教材《幼科发挥》《育婴家秘》等。沈之问总结利用其先祖及父亲的病案，合作编写了《解围元薮》，其中对麻风病的病因、症状以及用药作了较详细的叙述，是我国早期关于麻风病学的教材；虞抟、杨继洲继承家族医业后各自编撰《医学正传》《针灸大成》；薛己父子、江瓘父子分别撰成《保婴撮要》《名医类案》；李时珍几代行医，除了《本草纲目》，还著有《命门考》《三焦客》等。①

明王朝统治历史中不乏自学成为名医的事例。众所周知，人的成才是离不开教师的教诲和引领的，自学成才者同样如此。他们更多是以制度弱化的私学或家庭教育为奠基，或以灵活方式与教师、学者讨论并受到指导。举例来说，吴又可因经历和目睹了疫病对整个村落灭绝式的屠杀，翻阅医学古籍经典，通过刻苦钻研和反复实践成为名医，后来撰写了《温疫论》，这是世界医学界第一部传染病著作。李中梓的家人多次误于庸医之手，自己早年也多病身弱，诸多缘由之下自学医学，在名医指导下，不懈努力，搜求大量民间药方，病理探究和诊疗实际相结合，最终著有《伤寒括要》《内经知要》等中医学专科名著，其中语言质朴，要言不烦，却又深入浅出，切中病患要害，成为很多医学学者的参考教材。

此外，还有书院医学教育形式。明末浙江名医卢之颐创办"侣山堂"，并讲学于书院，以传统经典医学著作诸如《素问》《灵枢》等为主要教材，也有自己编撰、并用于书院医学专业人才培养的讲义。他还时常邀请当时名医去书院讲学，丰富医学课程内容以及实际治疗的经验。

明代私学讲学活动主要受科举八股取士以及理学思想的控制，科技教育的开展与教材的使用并不突出。私学办学除了蒙学教育与明中叶以后的心学门派弟子王阳明私学讲会活动之外，主要是实学、西学交互作用下的新派士人、官僚开展的讲学活动。前者使用的教材内容主要是经学、心学派哲学著作，以及其他学派知识读本，与科举考试科目内容难以分割。后者所实施的应属科技教育，并实际广泛开展科技教材教学、

---

① 谢云. 中国古代传统医学中的教育技术研究[D]. 呼和浩特：内蒙古师范大学，2015：24.

探究和开发的活动。

　　明代蒙学教育基本上属于文化知识启蒙、道德教育以及科举考试预备的初步训练，但一些蒙学也在高年级修习经典文学、数学和地理学，会部分选用科技著作和教材，尤其是晚明时期长江中下游地区，以及运河流域为代表。文献记载《徐霞客游记》在教学中的传授、阅读是较多见的。

　　《徐霞客游记》全书分为 10 卷，共计 60 多万字，作者徐宏祖，号霞客，半生历经齐鲁燕冀、粤西滇南等大地山河，所行之处记录了丰富的资料，经整理而成一部集地理学、文学、植物学等多种学科价值于一体的著作。作者以 30 余年光阴游历祖国大地。他足迹踏及之处，均以日记的形式记录了所在地的地质、植物、山川、江河、水文，乃至生产生活特色与民俗文化风情等内容，内容大致分为两大部分：第一部分是 51 岁之前的山河游历。徐霞客自少年就有游历之志，慕游名山大川、川流湖畔以及田野草地，颂扬并赞美祖国大地秀美壮丽，有登名山之作 17 篇；第二部分记录其历时 4 年之久的南方之行。在滇中游历时言"滇中花木皆奇，而山茶、山鹃、杜鹃为最。"①随之，对这几种花都各自作了描述和介绍。如游至黄山时，"上至平冈，则莲花、云门诸峰，争奇竞秀，若为天都拥卫者"。② 寥寥数语将黄山奇景留于笔墨画卷之内。作为第一部详尽记述自然地理环境，尤其是世界上最先记录岩溶地貌及其成因的一部典籍，在徐霞客生前并没有得到刊行，而是以民间私家抄录收藏的形式存留，处于辗转不断流传状态中，一直到清乾隆年间（1776 年）首刊。迄今流传版本主要有清乾隆四十一年（1776 年）刊本、嘉庆十三年（1808 年）重校刊本以及上海商务印书馆出版版本（1933 年）等，目前有河南中州古籍出版社影印本及中华书局重排本。

　　西学东渐中的"实证""实用"之学与明中后期的实学思潮一定意义上是相契合的，这也是西学吸引当时中国知识分子的一个重要原因。儒

---

① （明）徐霞客. 徐霞客游记［M］. 北京：中华书局，2010：2382.

② （明）徐霞客. 徐霞客游记［M］. 北京：中华书局，2010：85.

学与西学的这种联系也使西学的影响不止于儒士教徒，还逐渐扩展到提倡实学、经世致用之学的学者的讲学、讨论等活动之中。从内容本身来说，西学的传入一定程度上推动了明清之际实学思潮的传播和发展，而实学思潮也为西学传播奠定了一定的思想基础。在实学思潮和西学影响下出现的一些科技著作成为明代科技教材的重要来源。明末崇祯年间（1628—1644 年），西方传教士、儒士教徒与东林党、复社交游，书院和讲求实学之风日起，与西学之间有着不可忽视的联系。

传教士借助西方先进的天文、历算等知识深入当时中国社会的顶层、封建王朝的宫廷，树立一种西儒的形象。如此一来，他们拉近与官僚士大夫阶层的距离，进一步向士人讲授、传播天文、火器、水利诸门西方近代前夜刚形成的科学技术。明末儒士教徒如徐光启、李之藻等人在学术立场上的一个重要特点是重视实学，主张"实用"。这就真实地反映出实学思潮对当时儒士教徒所发生的实际作用远比人们想象更大；同时，也体现出儒士教徒对西学知识思想价值及社会功能的一种期许。比如在《泰西水法·序》中，徐光启就对此进行了阐释："至其他有形有质之物，有度有数之事，无不赖以为用，用之无不尽巧尽妙者。"[①]从中我们可以看出，关注实学思想方法和知识内容本身也是他接受西学的一个重要认识基础。在翰林馆课拟作《刻紫阳朱子全集序》中，又提出以有用无用作为辨别治学优劣的标准，在天文历算、火炮、水法、农事等知识的研究活动中，正是贯穿了这一求实的作风。

在明末李自成起义、满族关外崛起后直逼山海关，以及崇祯帝披肝沥胆艰难维系王朝统治的复杂多变、风雨飘摇时期，以徐光启、李之藻为代表的知识界先进人物居官从事私家讲学，应聘书院教学。在这当中，作为晚明主要从事西学科技著作的讲授和传播的科学家，教学过程和培养专业人的活动也必然存在科技讲义及教学资源的开发，只可惜明清更替，战乱频仍，历史文献对此记录稀缺，无从查考。

---

① ［意大利］熊三拔，（明）徐光启. 泰西水法［M］. 北京：国家图书馆出版社，2013：11.

三、明代科技教材举要

有关明代科技教育和科技教材的推行、使用状况较复杂，难以作整体化简单判断，应该认为前后期是存在着明显差别的。因此，史学界长期流行的就该历史问题的一概而论，或所持消极或低调评价是可以再商榷的。

明代前期科技进步相对落后，更多的是传统工艺技术的发展，农业技术、水利工程以及医学状况稍好。而与同时期的西方相比，明代前期在近代自然科学领域的突破创新几乎处于停滞状态。在教育教学方面，明代教育体制对科技教育没有足够的重视，不论是专业学校的设立，还是教育内容方面，学校系统中科技课程所占比重是极低的。但是，随着明代中后期社会演进，西方传教士来华，揭开西学东渐帷幕，社会上对科技的认识开始达到一个新的高度，私学中科技教育较积极和丰富，也有许多官方科技教材依时而生。以下对此以分类例举的方式进行介绍。

(一)数学类教材：《几何原本》《同文算指》《圜容较义》

明代国子监把数学作为拓展延伸的课程，府、州、县地方官学则较为严格开展数学教学，一些私学教师从事数学讲学则更多见。此期的数学教材以唐代"算经十书"(《九章算术》《海岛算经》《孙子算经》《五曹算经》《张丘建算经》《夏侯阳算经》《周髀算经》《五经算术》《辑古算经》《缀术》)为主。除了传统的数学教材之外，引进西方的一些著作也成为教学活动教材，诸如《几何原本》《同文算指》《圜容较义》等。

1.《几何原本》

《几何原本》是古希腊欧几里得(Euclid，约前330—约前275年)所编纂，一直以来是欧洲各类学校数学教学的选用教材或广泛读物。15世纪至19世纪的400年左右时间里，它被译为多种文字印刷了不下1000版，流传极广。明末利玛窦和徐光启合作翻译，到利玛窦离世之时还未完成，后续与意大利传教士熊三拔(Sabbatino deUrsis，1575—

1620 年）一起完成了剩余部分。作为明代部分官学、书院使用的西方数学教材，共计 12 卷，附《算法原本》2 卷。其中卷 1 主要是论述点、线、面以及体；卷 2 主要介绍三角形的各种知识；卷 3 论述四边形和多边形；卷 4 是关于圆和切线；卷 5 介绍平面以及垂线；卷 6 至卷 8 都是论述比例问题；卷 9 至卷 12 是关于等边和等角的问题。在译刻过程中，利玛窦也向徐光启详细讲解了西方数学严密的逻辑和数字符号的表述形式。该书与《同文算指》都属明清之际，乃至于近代早期中国士人学子学习西方近代数学必不可少的教材。

2.《同文算指》

明朝的数学学科在西方传教士进入国门传播西学之后有了新的气象。利玛窦和李之藻合作翻译《同文算指》就是一个例证。该数学教材于 1613 年问世，次年刊行。该书共 10 卷，是我国第一部介绍西方数学计算的论著，分为《前编》《通编》以及《别编》。《前编》2 卷，主要介绍自然数、小数的算术四则以及笔算的进位法；《通编》8 卷，介绍开方、方程、级数以及盈不足等方面内容；《别编》不分卷章，篇幅较少，主要是讲述测圆诸术。书中所述的西方笔算方法比我国传统的"珠算""筹算"等更为简便；同时，引进了中国传统数学中没有的"验算"方法。该书融合德国数学大师克拉维乌斯（Clavius，1537—1612 年）的《实用算术概论》和明代数学家程大位的《算法统宗》，以及其他一些中西方数学资料，属中西算术融合汇通之作。此书初刊为明万历本，后又有诸如《中西算学丛书初编》《丛书集成初编》以及《海山仙馆丛书》等不同的版本流传。

3.《圜容较义》

《圜容较义》是由李之藻与利玛窦合作翻译的一部几何测量学教材，书成于明万历三十六年（1608 年），1614 年北京首刊。该教材与《几何原本》互为补充，深入介绍西方几何学原理和方法。开篇称世间万物皆有形，而唯圜最大；接着论述物体各种形状，方形、多边形以及圆形等，其中以圆形为大。"以周线相等者验之，边之多者，莫如浑圜之体。"①

---

① ［意]利玛窦，（明）李之藻. 圜容较义[M]. 南京：凤凰出版社，1903：2.

《圜容较义》以几何学的核心问题之———"等周问题"为基础，层层论述，推理得出平面体中圆形的面积最大，立体图形中则球体的体积最大。"圜无所不容，天亦无所不容。"①同时，从几何学链接到宇宙之无穷、上帝教义等宗教哲学问题，从中反映出科学技术与宗教哲学杂糅交错的文化复杂矛盾性特征。

(二)农业教材:《农政全书》

明代前期，传统农业和手工业生产技术方面所占比重更大，农业类教材相对比天文、地理等其他类更加丰富。有官方发布的农业教材，如《务农技艺商贾书》；也有上面所述的依一方水土所撰本地养蚕、种芋教材；还有集各类农业生产活动实地经验的"农业百科全书"——《农政全书》。真可谓教材种类繁多，数目可观。

徐光启官至高位，有机会和条件学习许多西方先进科技知识，在天文、历法、数学等方面都有突出的成就，同样，在农业方面也是如此。他感叹国家对农业技术的研究和推广不够重视，不设立专门管理农业的部门；士人普遍不关心，甚至鄙薄农业，言谈之间极少涉及农务；而民众更是在农业技术方面不够专业。基于此，他引经据典论证"重农"思想，通过自身从事农业实践活动，精细观察，与拥有丰富种植经验的老农交流，记录宝贵经验，融合调查、访问、观察以及实验等方法，最终仍未杀青完稿，未待书成而辞世。后由门人陈子龙对其遗稿整理修改完稿，此即为流传后世的《农政全书》，于崇祯十二年(1639年)刊行，版本为"平露堂本"，今有中华书局，1956年标点本。

《农政全书》共计60卷，约60万字，分农本、田制、农事、水利、农器、树艺、蚕桑、蚕桑、种植、牧养、制造、荒政12门目，对农事活动的各方面都做了较全面的介绍和论述。最后一目"荒政"占全书的30%，就历年来影响农作物生长的天灾加以探讨，对各种赈灾政策和方法加以分析，还就各代备荒政策方法等做了述评。与以往农学著作不同

---

① ［意］利玛窦，(明)李之藻. 圜容较义[M]. 南京：凤凰出版社，1903：3.

的是，《农政全书》同时涉猎西方文献，向国人介绍西方先进的农业生产科学技术，这也是该著作的一个重要特点。

(三)医学教材：《濒湖脉学》《奇经八脉考》《本草纲目》

相较于天文、地理、数学等科目，明代医学教育有更加充分的表现，官私学教育中对此均相当重视。明代医学教材以传统医学经典为主，同时还有一家之传、师门之承等方式。此时期的医学教材除了传统医学经典之外，还有诸多时代创新之作，并对历代医学教材进行了补充和纠正。令人诧异的是，医学教材的诸多创新性教材出于著名医学家李时珍之手，下面分述之。

1.《濒湖脉学》

《濒湖脉学》1 卷，是明代医药学家李时珍综合其父《四诊发明》，以及前人诸多脉诀精粹而成的一部脉学教材，成书于嘉靖四十三年（1564 年）。李时珍(1518—1593 年)，字东璧，晚年自号濒湖，湖北蕲州(今湖北省蕲春县人)。该书在前人二十四脉的基础上又增补三脉，即为二十七脉，把临床上复杂多变的脉象归结为二十七脉，对每一种脉象都有简短而精确的描述，同时用脉象主病深化认识，对相类似的脉象也有区分和鉴别。全书语言表述以七言韵句为特色，明白晓畅，富有韵律，便于识记，成为初学脉学者的重要书目。比如对微脉的体状描述："微脉轻微瀌瀌乎，按之欲绝有如无……重按如欲绝者，微也。往来如线而常有者，细也。"①寥寥几句，将抽象的"微"形象化，便于学习者更贴切地理解和把握就诊者的病患的轻重缓急。

2.《奇经八脉考》

《奇经八脉考》由李时珍于明万历五年(1577 年)撰述，次年刊行。该书对人体十二经脉之外的任脉、督脉、冲脉等八条经脉进行详细的介绍，该书首篇"总说"内称："盖正经犹夫沟渠，奇经犹夫湖泽，正经之

---

① （明)李时珍.濒湖脉学[M].上海：上海人民出版社，2005：19.

脉隆盛，则溢于奇经。"①作者将十二主经脉比作"沟渠"，其余八脉为"湖泽"，发挥着辅助、调节功能。

3.《本草纲目》

《本草纲目》是一部中国古代本草集成大典，更属明代医学者必学的教材。该著作由李时珍参阅 800 余种古代文献，以《证类本草》为底本，历时 27 年，于万历六年(1578 年)撰成，有"东方医学巨典""中国植物志""中国古代百科全书"之誉。全书共 52 卷，190 余万字，收录药物共计 1892 种、药方 11096 首，以及 1160 幅药物绘图，分为 16 部、62 类。李时珍在前人医药学成就的基础上，结合自身实践考察、验证、更正以往医药记载；同时又补充完善药物多种，并且依据药物的不同属性和功能，将前人医书里记载混乱的药物重新归类，更加便于学医者领会和应用。《本草纲目》于万历二十四年(1596 年)在金陵(今江苏省南京市)正式刊行，虽然首刊之路坎坷，但问世之后一时之间在全国迅速流传。在发挥医学教材培养专业人才价值的同时，对生物、化学、天文、地理、地质、采矿等多学科研究亦有极大价值。目前国内流行的版本主要是 1977 年、1982 年人民出版社刘衡如校点本，国外有英、日、俄、德、法、拉丁等多种文字译本。

(四)天文历法教材:《乾坤体义》《浑盖通宪图说》

天文历法与农业社会生产，尤其人们的日常生活息息相关。在中国传统文化中，人类与天象及物候气节的关系十分紧密。封建统治者更加重视天象灾异与人间现实政治的交互感应，传统的天人合一思想让统治者对星官占验之说格外重视。明朝初期，朱元璋注重天象活动和变化，让一些学者对天文星象等方面的资料进行整理，为了方便官宦士绅及学者的交流，设立了专门工作部门。《明史·志第一·天文一》中称:自古有志天文者，古今天象并无大异，而"谈天之家，测天之器，往往后胜于前"。②

---

① (明)李时珍. 奇经八脉[M]. 上海：上海人民出版社，2005：4.

② (清)张廷玉. 明史[M]. 北京：中华书局，1975：263.

晚明西方传教士来华带来诸多前所未闻的天文知识、观天仪器工具。这些包裹在西方宗教外衣之下的天文知识逐渐映入国人眼帘，随之产生了一大批相关著作并作为官私学教材广泛流传。

1.《乾坤体义》

明万历三十三年（1605 年），利玛窦与李之藻合译了《乾坤体义》。该书分为上、中、下三卷。上卷介绍西方天文宇宙观，与下文将述地理学教材《坤舆万国全图》互为补充，提出"地和海本是一体而合为一球"的地圆说①；中卷论及地球与日月五行的关系，运用数学理论知识，讨论地球与月球的运行轨道、日月交替及年月日的周期问题；下卷由 18 道几何题组成，反映关于天文历算数理的知识与技能。作者将天文学与数学相结合，其中有摄入中国传统天文历算之法，也有引进西学开拓时人眼界之处。比如，地圆说在 17 世纪的明清之际就曾卷起一波热浪，并与中国传统的天圆地方观截然不同。一时间出现诸多学者为其中论调做出了论证和辩解，典型反映为"西学中源"说。例如，徐光启从《周髀算经》中寻根，李之藻提出《黄帝素问》也是一个依据，还有人提及中国"浑天说"也是地圆说的渊源之一。但无论如何，这种观点最终也得到很多人认同，曾在此期部分书院和私学中广泛传播和讨论。

2.《浑盖通宪图说》

明末流行西方宇宙观的高层次天文学教材当属由利玛窦和李之藻合译而成的《浑盖通宪图说》，刊于明万历三十五年（1607 年）。该书详细叙述星盘这一西方天文仪器的构造及功能，讨论浑象知识及计算方法，也涉及相关图形的几何画法。共分为两卷，附录一卷，上卷主要介绍如何制作和运用星盘的思想方法，包括各种经纬绘制技术，比如赤道坐标、黄道坐标以及地平坐标等坐标系统在平面上的投影。其中又重点阐述黄道坐标系、晨昏朦影的严格定义，以及利用月食定经度原理等内容；下卷论述星盘的结构，包括星盘的使用，以及在其上面标出恒星的技术，采用欧洲度量方法。

---

① （清）纪昀. 钦定四库全书 [M]. 上海：上海古籍出版社，1987：756.

《浑盖通宪图说》以西方数学为基础，系统揭示文艺复兴末期西方重要的天文学理论及实践，原先是文艺复兴时代罗马大学的一部讲义，传播到中国以后，明清之际的部分官私学同样选作教材使用。

(五) 地理学教材：《坤舆万国全图》《职方外纪》《地震解》

明朝地理学教材类型较丰富，包括中国传统地理志、游记、舆图以及西方传入地理图志类。除了上述《徐霞客游记》之外，此外对其他代表性地理学教材描述如下：

1.《坤舆万国全图》

明万历十二年（1584年），利玛窦在广东肇庆首次绘制世界地图，即《坤舆万国全图》，万历三十年（1602年）在北京印行。地图整体上呈椭圆形，右上角和右下角分别是九重天图与天地仪图，右上角还标有"坤舆万国全图"字样；左上角画有赤道北地半球图与日食、月食图。左下角则是赤道南地半球图和中气图。地图中所标各大洋中还绘制帆船和各种海洋生物，南极大陆画有相应的动物，并附有许多关于图像的解释说明文字，包含天文、地理等多方面知识。另外，在图的左下方标有量天尺图。中国传统的认知是天圆地方，中国位于世界中央，故称"天朝大国"。《坤舆万国全图》打破了世人的观念图谱，更新了他们对中国以及全球的地理认知，引入了大洋以及大洲等地理学名词，使人大开眼界。

2.《职方外纪》

《职方外纪》成书于明天启三年（1623年），共5卷，意大利传教士艾儒略（Giulio Aleni，1582—1649年）编撰。"职方"二字在意大利语中有"疆土"之义，是继《坤舆万国全图》之后又一部向华人系统介绍世界人文、地理的地理学。该书叙述欧洲文明，从古希腊、古罗马、埃及以及古巴比伦文化再到欧洲文艺复兴，漫漫历史长河中欧洲诸多国家、美洲大陆以及非洲地带的区域分布及文化风俗，其中所涉猎全球地理大发现、世界各国山河古迹，以及各地习尚人情等诸多内容，为人们呈现了一个与以往认知不同的世界。

3.《地震解》

《地震解》由意大利传教士龙华民(Niccolo Longobardi, 1559—1654 年)编撰，这是第一部中文地震学教材，1626 年刊印成书后广为流传。全书以对话问答式叙述作为体例方式，一位华人向龙华民询问有关地震的一些知识，龙华民就地震的主要问题做出解答，诸如地震发生的原因、地震可以分为几个等级、地震发生前有何征兆、地震发生时的声音、何时何地发生几级地震，以及本次地震发生的时长等相关内容加以回答和剖析。

(六)物理学类教材:《远西奇器图说》《火攻挈要》

明代前期科技史上物理学的发展相对缓慢，相关的教材也较为欠缺，一般散落在其他著作中，如宋应星在《天工开物》中《佳兵》《舟车》《论气》等部分有对力学、声学的论述，《农政全书》中也有关于力和器械的内容。明末西方物理学的传入在相当程度上推动了明代物理学的进步。明代火器制造技术的提升，带动专业著作涌现，各类兵书中对火器制造技术、火药的配置及使用方法等有详细的介绍。

1.《远西奇器图说》

明天启七年(1627 年)德国天主教传教士邓玉函(Johann Schreck, 1576—1630 年)与明朝科学家王徵合译的《远西奇器图说》出版。该物理学教材共分 3 卷，引入当时西方先进的一些物理学和机械工程学的知识、技术和思想。首卷是"绪论"和"重解"，论述机械工程的主要性质和作用，以及重学、力学。第二卷是"器解"，介绍诸如杠杆、轮盘等简单机械的原理和相关的计算方法。第三卷是"力解"，探析比较复杂的实用型机械，诸如风车、水泵以及起重机器等内容，主要叙述西方设计巧妙的机械器具。全书的体例安排特点是每条定理解释都配有相应的插图说明，图文并茂。这应该是我国第一部力学教材。

2.《火攻挈要》

离明亡清兴仅 1 年之际，明崇祯十六年(1643 年)，德国天主教传教士汤若望(Johann Adam Schall von Bell, 1592—1666 年)与他的学生焦勖合译《火攻挈要》，又名《则克录》，并刊印发行。该书介绍了西方火炮战术，从其发展历史到制造方法，再到地雷与炸弹等的原料，都有详尽的剖析。同时，也对明代末期本土的火器技术做了较系统的概括和总结。译者在编排体例上独具匠心，结合物理、数学等知识，对应之处附有详细的绘图和说明。

明代后期，社会经济、手工业不断发展，随着西方科技知识逐渐传入，再加上动荡战争的刺激，火器制造技术发展相对较快，同时社会上也涌现出一批火器技术类的文献，如焦玉于1412年编撰的《火龙神器阵法》，其第一卷就论及火器。何汝宾于1606年撰《兵录》，卷11至卷13《火攻总说》《制器炼铁法》《西洋火攻神器》，在不同程度上对西方使用的战炮及各种火药进行了梳理和解读。这些均与《火攻挈要》的导入和传播相汇合，并交织构成军事物理的知识技术图谱。以明清之际实学教育家颜元的少年民间求学、青年办私学和晚年主持邯郸漳南书院的课程和教材分析，西学军事知识技术是融入教学实践的。当然，这些军事著作及教材并未挽救明王朝覆灭的命运，这是由社会矛盾斗争及其他更严重的危机造成的。

四、明代科技教材的特点

从整体上考察，明代社会经济以农业、传统手工业为主，近代自然科学的发展动力明显不足。相比于唐宋元科技的盛势和同时期西方近代科技的进步，明代前期的科技处于衰落状态。从教育教学方面来说，明代学校系统中科技教育的比重较低，僵化的教育体制阻碍了明代科技进步。直至明中后期，西学东渐，伴随西方传教士带入诸多西方近代自然科学著作，一定程度上丰富了明代科技教材，使明代科技教育激起一片涟漪。然而，这种科技以外来引进为特色的情势一定程度上有其历史局限性。

(一) 明代科技教材的作者特点

1. 群体格局：官方、民间及宗教力量多方参与

明朝科技教材编译群体大致可以分为三类，即官方人员、民间士人

以及宗教传教士。其中官方人员主要是指其身居官位或者以官方要求编纂科技著作的人员。诸如徐光启，松江府上海县徐家汇人（今属上海市），官至礼部尚书兼文渊阁大学士，后来跟随利玛窦学习西方科技知识，遍习"兵机、屯田、水利诸书"，所涉猎范围十分广阔，一生中著作颇丰。明崇祯年间（1628—1643 年），他受朝廷之命，与西方传教士一同编译《崇祯历书》，又与熊三拔合译《泰西水利》，与利玛窦、熊三拔合译《几何原本》。他身居官宦高位，却忧思为国家安危和民众福祉，在重农思想驱引下编撰了《农政全书》等农学教材。李之藻，浙江杭州府仁和县（今属杭州市西湖区）人，历任明工部分司、开州知州、南京太仆寺少卿等职位，《坤乾体义》《浑盖通宪图说》《圜容较义》《同文算指》等地理学、数学教材都是他与西方传教士合作完成的。这两位政府高层官员的成长经历有其共性，即除了接受官学教育之外，还有条件接触和学习到一些先进的西方自然科技知识，作为他们的知识储备来源。

另一类群体是民间人士，比如从小便有"朝碧海而暮苍梧"之志的徐霞客，因目睹亲人一个个死于病魔灾难而弃仕从医的李中梓，以及创办书院讲学医学的地方名医卢之颐等，他们先后参与科技教材的建设。这也许是"无心插柳柳成荫"的无意之举，但实际效果是同一的、积极的。明清之际来华的西方传教士，出于传播基督教教义和扩张西方宗教神学的需要，以学术传教的方式，引进介绍欧洲文艺复兴末至近代资产阶级工业革命初的西方文化思想及知识技术，与中国士人合作翻译西方科技著作，迎合了此期中国社会批判理学教育空疏无实、压抑个性的潮流，一定程度上也充实了明代后期科技教育的教材。

2. 地域分布：南北方、东西部不均

在政治经济发展不平衡条件的影响之下，文化教育的状态也呈现出一定的地域特色。相对于南方，历史时期北方战乱频仍。明朝于 1638 年朱元璋建都南京之后，南方的经济文化等各方面要比北方优越，南方士人及民众无论是整体知识水平，还是参加科举的人数与北方都存在差异，呈现出高于北方的特点，尤其是长江三角洲流域民众教育开展导致识字率上升。徐光启、李之藻、徐霞客分别为上海人、浙江人、江苏人，明清时期所称的"天下进士半江浙"，便是这种文化地理分布的写照。与此相对，经济文化相对闭塞的北方和信息相对闭塞的西部地区又与江南及东部存在着差异，其所拥有知识观念的更新和科技教育的认识高度会高于前者，这在很大程度上是由后者的地域文化优渥条件所致的。正因为如此，明代科技教材编译者的地域来源以东部和南方地域为主。

（二）明代科技教材的内容特点

1. 学科门类广泛

明代传统的科学技术无疑深受封建专制思想观念的羁绊和阻碍，教育体系中科技教育占比很低，明代后期这种困顿萎靡格局有所转变。随着社会经济中资本主义生产关系的产生，资本贸易生产方式的近代性因素增强，以及西方传教士的到来，原本以程朱理学为主要内容的教材体系受到了相当程度的冲击，包括天文、历法、算数、地理、机械工程以及物理学等在内的科技知识体系慢慢地进入人们的视野。天文历法类如《坤乾体义》《浑盖通宪图说》《崇祯历书》；算术类如《几何原本》《同文算指》等的印行；地理类如《坤舆万国全图》等，更是改变了明末清初部分教育机构的课程设置和教学设计。科学技术的传播，以及书籍、讲义的使用，在扩充新知识素材资源的同时，也丰富了科技教材的种类、教学内容及方式方法。

2. 紧密联系实际

与科举教育偏向社会道德伦理修行、文字书本记诵及八股文技巧训练的路数不同，明代社会各种类型的科技教育更加切合生活实际的现实利益。天文历法算数类知识也好，医学农业火器类技术也罢，在文本内容上都是为生活实际而服务的。科学技术的显性知识更多的是来自社会实践的积累和总结，也是为了满足生活实际需求。同时，科技教材中隐性的精神体系是程朱理学类教材中所没有的。随着一系列自然科学技术知识的传入，人们在开拓视野的同时，实学功利和工具操作的思想方法也浸润着他们的精神世界。比如，天文历法与人们的生活，尤其农业生产活动息息相关。明代延承元代《大统历》，但至崇祯年间频频出现天象预测与实际物候不符的情况，急需有一部更加准确的历法来指导人们的农业生产和日常活动，这导致了《崇祯历书》的编撰。《泰西水利》《种芋法》《蚕经》以及《农政全书》等农业水利类教材也是源于其对农业生产活动发挥着切实的指导作用。《同文算指》以及《九章算术》也是源于生活实际，涉及农田计算、商业活动等多个方面。医学类教材虽然很大程度上是继承前人的宝贵经验，但同时也启迪了新的研究，集中表现在药物学家李时珍对医学教材的贡献上。明朝不断受到外来势力入侵，热兵器诸如火器之类的发展是刻不容缓，因此物理学教材的军事技术内容偏向便是鲜明的特点。

（三）科技教材的编写特点

1. 教材资料来源：不拘于时，广泛收集

明朝时期学校繁盛的同时，科举对人们思想的禁锢也显著加大。传统儒学的观念世界中，以伦理道德之类为正道，而科学技术则被正统学者视为"奇技淫巧"，致使中央官学科技教育明显欠缺，幸亏地方官学与私学科技教育有更多实施和积极成效，明代后期则更表现为私学和书院对科技教育的响应和实际担当。不论是高阶层士人凭借优越条件直接接触到西方传教士带来的先进科学技术知识，或是书香世家读书不落于科举八股窠臼，还是少年立志行踏大江南北，他们都不囿于"四书""五经"等教材的知识范围。除了官学规定的入仕必备的社会历史文化及文学诗赋知识之外，很多学者通过私学体系获得了许多广泛的科学思想和实用技术，而所探讨撰述的著作也成为教育活动中广为流传的科技教材。这其中也有不少学者不满于静坐读书，崇尚经世致用和来自实践经验的直接经验记载，明清之际的王夫之、黄宗羲、顾炎武、颜元等启蒙思想家、教育家就是代表，如顾炎武的《日知录》中有不少科技知识内容的呈现，徐霞客本着实学精神踏遍祖国山河搜集一手资料，其经历及材料记录本身就是生动丰富、有独创性的教材。

2. 教材语言文字：质朴简洁，富有韵味

明代大部分科技教材译自西方，在翻译的过程之中，以外来文化本土化为重要原则，内容客观确凿，在语言表达方面更便于国人接受和学习。徐光启和李之藻等人在与西方传教士合译西方科技著作的时候，几度推敲，注重语言的精准表达，诸如徐光启翻译的《几何原本》中流传至今的"对角""平行线"等术语都是经过反复斟酌而成的。再如《徐霞客游记》作为一部地理学、文学教材，更是文辞清雅，引人入胜，使人读之兴味盎然。尤其是作者以日记、游记的方式呈现，现实经历翔实，文学表达浪漫活泼，想象奇异，便于教材的多角度开发和有效利用。这样的科技教材不止知识内容上实用创新，表达方式独特，也具有美学思想方面的价值。

五、明代科技教材的现实观照

科技是第一生产力，科技在当今和未来时代极其重要，掌握核心技术就等于把控国际战略竞争的主动权。科技教育要改进和变革，从而促进我国科技不断进步。从教育学的视野考察，科技教育主要是通过科技教学实施的，由此科技教材的意义便十分突出。在这方面，明代科技教材所蕴含的历史教训和现实价值都存在，需要我们加以挖掘和反思。

（一）高度重视科技教育和科技教材的作用

教育的功能和作用是多方面的，明朝统治者为了维护封建专制统治，推崇程朱理学，以科举为杠杆，实行一系列措施以加强思想控制，这是时代使然，但由此导致官学科技教育落后则是历史的局限性。晚明西学东渐背景下，科技教材不断涌现，但实际上，主要在私学和其他社会化教育中实施，很少进入中央官学及课程，这更是历史的教训。

教育与社会发展的关系非常紧密，国家重视科技教育，地方政府更应该依据该地具体问题和现实条件推行有益于本地的科技教育，并发挥科技教材的作用。

目前，我国地方政府依据当地条件加大了教育资金投入，改善科技教育设备和器材等硬件设施条件。地方学校按国家课程计划开设科学、实验课程，但是许多学校形同虚设。一些学校的实验设备并不完善，西部还有很多学校的实验室仅是为应对检查，或者学生数量和实验器材数量相差太多，科技教育课程的实施没有条件支撑。科技教育课程实施，教师要起着主导作用，这种作用不止体现在课堂领导能力，也体现在教师的知识水平以及各方面专业能力。而现实中的高素质、能胜任的科技师资仍然不足，急需加强及扩充。

教育的作用必然具有延缓性和滞后性，这是毋庸置疑的，但教育与社会的关系十分密切，并不能单纯地因科技教育投入大，效果后显而忽视科技教育的作用。而反观现实，部分学校管理者对科技教育仍然没有正确的认识，或停留在表面，实际落实远不到位。他们的潜意识之中或者因为科学、实验课、信息技术课等不及语数外等"主课"重要，于是，便削减这些课程课时，增加"主课"的教学时间；或者以"学生对实验设备的损坏十分严重"为由让科学实验课徒有形式，闲置浪费。上述科技教育中的弊端应予警醒，并加以克服。尤其是学校管理者应该正确认识科技教育的重要性，培养学生的科学兴趣，而这些兴趣也会影响学生选择高校专业的方向。尽管这些问题并不都属于科技教材的范围，但其中涉及科技教材的内容和方法。况且，广义教材的外延也涵括技术、设备及工具等方面。

明朝科技教育诸如《种芋法》《养蚕经》等农业科技类教材的流传是有极强区域意义的。芋头和蚕之类的经济作物都具有较强的地域性，相关知识的普及必然会带动一个地区经济的发展。再如一方名医，悬壶济世，行的是死生之道，价值凸显。因为，民众健康素质是个体发展的基础因素，也是社会发展的重要依托。

(二) 充分发挥教材语言的积极功能

信息传递是语言功能最基本的内容，教学是一项以知识为媒介的育人活动，语言是知识的重要载体之一，它连接着教师和教材、教师和学生、学生和教材，必然会很大程度地影响到知识的理解和内化。语言又是思维的工具，每个领域也都有其独特的语言表达方式。或许含有学者批判语言分析是类似于不去研究东西，而是把注意力放在指向东西的那根手指上。而事实表明，恰到好处的表达会使理解事半功倍，科技教材更加要求语言表达的精准性和专业性。

语言的趣味性对教材编写者来说也是一个巨大挑战。教材是教学文本，有着知识价值、实践价值和道德价值，它连接着教师和学生，也沟通着知识和社会。教材的语言呈现和教师的教学语言都会影响到学生对教材内容的理解和内化，而枯燥无味的语言也会影响学生的学习兴趣。因此，教学内容与教材语言的有机统一十分必要。徐光启和李之藻等人在翻译西方外来科技著作的过程中考虑到中西文化差异和国人接受学习的习惯等，在翻译时对文字反复推敲，诸多术语沿用至今，就是一个鲜活而成功的例证。如徐光启在翻译《几何原本》时将 Geometria 翻译为"几何"，使得这个外来词赋予了中国传统语言气息，"几何"，即含有数量、衡量意义的疑问词。将外来词本土化，更有助于《几何原本》在中国的流传和学习。李之藻在翻译《浑盖通宪图说》时，结合中国传统天文历算知识，融入"浑天说""盖天说"等本土化理念，融通中西，语言质朴，便于理解。在其序言中言明："语质无文，便要初学，俾一览而见天地之大意。"①明代医学教材除使用医学经典之外，链接有诸多参考书辅助学习，且注意对重点和难点知识技能的诠释。如李梴于万历四年（1576 年）编撰的《医学入门》，语言明白晓畅、图文并茂，同时附有注释，帮助学医者更好地理解。

（三）积极培养科学思维和创新精神

科学思维包括理论思维、实验思维以及计算思维，是人类感知认识世界的必不可缺的思想力量。创新精神是科学发展的必要条件，创新本质上包含矛盾解决本身，人类社会就是在不断创新、不断解决矛盾的过程中发展进步的。重视科学思维和创新精神培养是科技教育有所成效的

① ［意］利玛窦，（明）李之藻. 浑盖通宪图说［M］. 北京：商务印书馆，1936：10.

关键所在。

明代科技教材中有很大比例源自西方自然科学技术。明代后期的西学东渐给僵化的封建专制统治注入了一剂鲜活力量，但同时也折射出明代前期原有科技发展力量的薄弱，科技教育的薄弱带来本土科技教材相对较少。宋元时期中国原有的秦九韶、杨辉、邵雍、李冶等领先世界的数学家，以及郭守敬在水利、天文学方面的创造性成就，都只是历史记录，成为昔日已逝的辉煌。在明王朝尊崇的程朱理学思想压制之下，明代科技发展缓慢，本土的科技教材《养蚕经》《种芋法》《天工开物》以及《农政全书》中的科技内容很多属于实践经验总结，本土数学教材大多沿用历代传统经典，自身新的突破并不多。这可以从社会经济基础制约文化教育水平层次的原理加以分析。宗法制度下小农经济一直以来占据中国经济发展的主导地位，即使在明代中后期出现了资本主义萌芽，但受到封建政府重农抑商政策的抑制和剥削，社会生产和商业贸易方面并没有得到质性上升。恩格斯对社会生产与科技发展的关系作这样的论述："科学的发生和发展一开始就是由生产决定的。"[1]社会对科技发展的需求，最根本的和最基本的仍然表现在生产领域，而社会生产需求与生产关系和生产目的有密切的联系。家庭农业和手工业相结合的小农经济为主导的生产方式根深蒂固，重农抑商让资本积累又回到原生态生产。这样的社会经济背景之下，农业、手工业等传统技术发展较快，而由此导致天文、地理、数学的理论研究缺乏足够的动力和基础。

诚如上文所述，对于科技进步来说，创新精神和科学思维尤其重要。在明代后期，西方传教士来华，在出于为传教布道开辟道路而引进西方科技文化和制造工艺的过程中，以徐光启为代表的具有危机意识和责任担当的先进知识界针对本国科技薄弱的现实，寻找中西差距，以主动积极的姿态和行为参与其中。其间开展翻译、编纂西学科技教材的活动，表现出一种历史的自觉，以及创新探求的精神。他们意识到挖掘本土的有效资源嫁接西学，在仿效译述和传播推广中，存在着部分民族化的改进和转化。这种科技教育的前沿意识以及教材成就发挥了积极效

---

① ［德］恩格斯. 自然辩证法［M］. 北京：人民出版社，1971：162.

果。直到清初，晚明的科技教材对思想家、科学家戴震、梅文鼎、方励之、颜元的数学、物理学研究以及科技教材教学均产生推动作用。明代科技史所潜藏的这种不懈努力、克服不足，以及勇追世界潮流的责任担当，在当今国际科技竞争中仍急需大力提倡和发扬光大。

（四）努力促进理论与实践的结合

科学技术是服务于人类社会的重要工具和手段，从实践需要出发深入开展理论研究，再回到实践操作应用，在实践中检验成效后加以推广或调整改进。这就是理论与实践结合的辩证唯物论在科技教育中的应用。明代科技教材是明代科技教育活动的要素，自然符合这一基本原理。历史上中国作为一个农业大国，"重农"思想长时期来具有实时性，也具有进步性，农业的作用之于当今我国社会工商贸易在经济比例中占比更高的形势下，也具有不可忽视或边缘化的地位。习近平总书记反复强调、谆谆教导："中国人的饭碗必须牢牢掌握在自己手里。"真是高瞻远瞩的至理名言。徐光启在其《农政全书》中也言及农业发展的重要。《泰西水利》以及《远西奇器图说》属于选择性地介绍西方水利工程技术和机械器物的知识装备，并与中国实际相联系的科技教材。《徐霞客游记》的创作也是理论知识与亲身践行结合的产物。地理学家徐霞客摆脱静坐读书的做法，另辟蹊径，将有关典籍和文学记录的地理、天文、植被等知识与实际游历相互印证，在亲近山川草木的同时，观察、记录所行之处的自然景观、地形地貌、河流湖海以及花草树木，从而丰富相关知识内容的理解和感悟。从教育心理学方面来说，理论与实践相结合也有利于学生知识的自主建构和内化，提高学生的学习兴趣。教材对于学生来说不再是空洞的说辞，而是直接经验与间接经验的结合与升华。教材内容来自生活实际，实践验证和提升书本知识，两者缺一不可。这就要求在科技教材的教学中重视实践应用和动手操作，而不是纸上谈兵，空谈教条，无补于事。

明代科技教育有其固有的时代局限性，这是不争的事实。就科技教材方面来说，明代前期以农业和传统手工业为主要类型，也更加倾向于经验的收集和总结，缺乏理论探索和创新。随着中后期西方传教士的进入，西方近代自然科学技术逐渐渗入，明代科技教材得到一定程度的补充和提升，出现了进步势头，但学校教育系统对科技教育的重视程度远远不够。也正因如此，我们更应该站在历史的高度深化认识，以史为镜，对明代科技教育和科技教材的特征与内容加以具体分析及利用。当前，要实现中华民族伟大复兴，科技教材的重要性不言而喻。然而，在现实的科技教育中，不论是科技教材的改革和完善，还是教学方式的实践与探索，都存在着诸多挑战和困难，这就需要我们在拥有理性思考，寻求历史资源借鉴的同时，还要有坚韧不拔、势如破竹的勇气。

第八章　清代的学校教材

清朝(1636—1911 年)步入 2000 余年封建集权社会晚期，进一步确立了高度集中的君主专制，封建皇权推到顶峰，对汉族和各族人民实行高压和笼络兼用的统治政策。经过明皇权易主的争锋角逐，清朝确立统治地位之后，经过数代的休养生息，农业、手工业和商业得到较大发展，诸如耕地面积和人口增长，农业技术得到提高，江南一带推行双季稻，产量成倍增加，农产品商品化程度显著上升。农业的发展，推动手工业的进步。产生于明代中后期的资本主义生产关系萌芽，虽因清初的战火而遭破坏，但是到康熙中期以后，又得到恢复。在棉纺织、矿冶等行业，普遍出现资本投资经营现象。随着商品经济的发展，城市和一些市镇也繁荣起来。康熙、雍正、乾隆时期以其社会经济的恢复和繁荣，被视为清朝的"盛世"。但是，清嘉庆以后，土地兼并加剧，吏治败坏，军队腐化，封建统治面临深刻的危机，一片"山雨欲来风满楼"的景象。道光朝后期，由于西方列强的崛起和侵略扩张，中华民族发生五千年未有之"大变局"。这种状态一直延续至清末传统文化教育逐渐解体为止而并未发生根本改变。清代的学校教育是清代社会历史嬗变及状况的深刻写照或一个侧面的刻画。

明末清初，经学中兴，顾炎武、黄宗羲、王夫之、颜元等提倡经世致用之说，学风为之一变。他们提倡朴实的学风，推崇郑玄、许慎所代表的汉学，直接推动清代考据学的繁荣。[①] 清代书院及各类私学的教材

---

① 肖东发，杨虎. 插图本中国图书史 [M]. 桂林：广西师范大学出版社，2005：157.

加强选编实学知识，容纳自然知识与科技艺能，关注社会经济与日用民生，表现出与程朱理学思想观念迥异之处，昭显了西学传播背景以及近代科学教育的演化迹象。

清朝康熙帝期间（1662—1722 年），为了巩固清王朝的统治，大力提倡程朱理学。规定科举考试的论题多从理学诸书中选取。程朱理学的思想内容不仅成为官私学教育课程主干，还作为文化教育的主流意识，渗透到学校管理及规章制度之中，起到规范和控制师生思想的作用。明代科举论题一般泛取于"四书""五经"，清初为了强调孝道，规定论题皆从《孝经》中选取。康熙于康熙二十九年（1690 年）下令论题除出《孝经》外，兼用《性理大全》《太极图说》《通书》《西铭》《正蒙》等理学著作。

清康熙帝玄烨于康熙三十二年（1693 年）以法兰西科学院（1666 年建立）为模式，在畅春园蒙养斋首建算学馆（实即皇家科学院雏形），聘请法国传教士白晋、张诚等讲授天文、数学、测量、解剖学等自然科学，并组织了空前规模的大地测量。1718 年绘成《皇舆全图》，后又编成《历象考成》《数理精蕴》《授时通考》等科学巨著。西学东渐，中西文化汇合，古老的中国文化要沿着自己的特殊道路走向近代化是不可违阻的历史的必然，此时正在形成的乾嘉朴学思想，无论在古文献的考订、辨伪、辑佚方面，还是在古代数学、天文、地理、医学、农学等自然科学史料的整理、汇编方面，都处处表现出受到了西方逻辑方法和科学思想的影响。但尽管如此，康乾以后的清代在保留满族民性以反映西方文化科技因素渗透的同时，主要是传统教育和科举的势力强势主导学校教育，只是在清代突出了程朱理学和八股取士的个性图。清代的学校教材也的确如此。上述种种不同格调、内容的复杂图谱，正是清代学校教材的场域依托。

清道光二十年（1840 年）6 月，鸦片战争爆发，两年后中英不平等条约《南京条约》签订，清王朝统治面临西方列强和国内阶级民族矛盾的多种冲击，处于"四面楚歌"的岌岌可危之势，官学日渐式微，面临崩溃瓦解，西方近代工业化体制下的学制日趋盛行。因此，本文的清代官学主要指清代前期的制度化相对较成熟的时段，同时适当顺延至清代后期的相关内容。至于清代各地普遍兴办的书院，虽然官学化严重，与官学教育差距缩小，但毕竟与官学体制不相统属一体。据此，清代数量庞大的书院及其所使用的教材不属于本文探讨范围。

第一节　清代文教政策与学校教材

清王朝是关外崛起的少数民族满族在中原建立的大一统的封建政权。清朝统治者在稳固政权之后，亟须在思想上征服人心，使王权适应固有的封建政治基础，从而确立正统地位，为此，清圣祖康熙在《四书讲义序》中称："万世道统之传，即万世治统之所系也。……道统是在，治统亦在是矣。"①这就是说，清王朝的建立和稳固，应以道统支持治统，以治统捍卫道统。这里的"道统"显然是程朱理学的思想教条及清王朝的规程律法；"治统"则是清代封建政权的合法地位及统治权威的有效性。这二者相互为用，尤其倾向于以道统巩固并加强治统。学校教育、教材及经审查或钦定的书籍传播都是其中的有效手段和方式。

清代文教政策是对明代的继承和发展，以维系封建统治秩序为中心，具体表现为尊崇程朱理学、推行科举考试，以及注重文化典籍编修、整理三个方面。总结来看，这些文教政策内容及活动对清代官学教材的影响不是单一的，而是复杂多变的。

一、程朱理学削弱学校教材的创新性

1644 年，清顺治帝入关后，在给礼部的《谕令》中称："帝王敷治，文教是先。""今天下渐定，朕将兴文教，崇经术，以开太平。"②由此确定了"兴文教，崇经术"的文教政策。清廷作为外族统治，为了减缓汉

---

① （清）日讲起居注官. 清圣祖实录（卷70）[M]. 北京：中华书局，1986.
② （清）赵尔巽. 清史稿·选举一[M]. 北京：中华书局，1976：3114.

民族的抵抗和阻力，对汉族文化予以充分的吸收利用，上尊孔孟，下崇理学。"非'六经'、《语》《孟》之书不读，非濂、洛、关、闽之学不讲。"①"六经"是指孔子整理的《尚书》《诗经》《易经》《周礼》《春秋》《乐》，"语"，即孔子的言行录《论语》；"孟"，指孟轲的著作集《孟子》。濂、洛、关、闽分别指宋代著名理学家周敦颐、程颢和程颐、张载、朱熹的理学思想和学说。这些都成了当时学校教学的内容及资源，是官私学和书院必读教材，也是科举考试的内容和立论依据，尤其规定朱熹所注"四书"为府州县学、国子监必学内容。

清康熙年间(1662—1722年)，统治者大力提倡程朱理学，以正伦理，规定科举考试的论题多从理学诸书中选取。康熙二十九年(1690年)规定科举命题及参考答案源自《孝经》、"四书"(《论语》《孟子》《大学》《中庸》)、《性理大全》、《太极图说》、《西铭》及《正蒙》等理学著作。

"四书""五经"作为科举教育的基本教材，也是各级官学和书院的核心课程。这些教材与广泛刊印发行的《性理大全》《朱子全书》《性理精义》《周易折中》相结合，彼此联系交织、互补融通，作为国子监和府、州、县学与各地书院办学的教学资源和对话交流媒体。康熙帝曾为此亲撰"圣谕"以弘扬。雍正规定《圣谕广训》用以约束学生。并规定，每月初一、十五必须将学生集中在一起，由教官宣读，发挥政治教材的功能价值。

清康熙五十二年(1713年)，大学士熊赐履、李光地等理学名臣受康熙帝之命编辑《朱子全书》，全书66卷。且康熙帝亲自为书作"序"，可见其重视程度。

> 至于朱夫子集大成，而绪千百年绝传之学，开愚蒙而立亿万世一定之规，穷理以致其知，反躬以践其实，释《大学》则有次第，由致知而平天下，自明德而止于至善，无不开发后人，而教来者

---

①　(清)陈鼎. 东林列传(卷2)[M]. 清乾隆文渊阁四库全书本.

也……虽圣人复起，必不能逾此……朕读其书，察其理，非此不能知天人相与之奥，非此不能治万邦于衽席，非此不能仁心仁政施于天下，非此不能外内为一家。①

从中可得知，康熙帝对理学家朱熹的推崇达到叹为观止的程度。四年之后，他又为新编的《性理精义》一书亲自撰"序"，将程朱理学再次掀起高潮。

乾隆帝爱新觉罗·弘历称朱熹"于理学公私义利之界，辨之至明"，"为国家者，由之则治，失之则乱，实有裨于化民成俗，修己治人之要。所谓入圣之阶梯，求道之途辙也。学者精察而力行之，则蕴之为德行，学皆实学；行之为事业，治皆实功。此宋儒之书所以有功于后学，不可不讲明而切究之也"②。由此，程朱理学在以为政以仁、宽怀治理相标榜的乾隆王朝十分盛行。但是，程朱理学自南宋确立官方思想主流地位以后，偏于精神心理的致思和探讨，逐渐成为僵化的思想教条，在科举教育和考试中不允许出现任何怀疑或创见，这必然极大地束缚了广大士子的活力和创造性发挥，对学校教学以及社会士风人心等都产生了消极影响。

清王朝为了巩固政权，在意识形态领域利用儒学的消极面力行文化专制主义政策。文字狱严格控制士人思想，成为一种思想钳制手段和工具。据不完全统计，清代文字狱共90起，罪名包括私修明史、诽谤本朝、影射皇帝、诋毁理学，以及散播异端邪说等，巧立名目，无以复加。文字狱的消极影响，必然带来人人自危，内心胆战心惊，作为创作见鳝为蛇，甚至如临深渊、如履薄冰。于是，官绅士子大多潜心于所谓的文字训诂、名物考订的考据学，埋头于故纸堆中，以保身家性命的安全。

伴随大兴文字狱的同时还有"文禁"。为打压反清复明民族主义思

---

①　（清）御制文集（卷21）[M].武英殿刻本，1764.

②　（清）素尔讷.钦定学政全书·崇尚实学（卷5）[M].武英殿刻本，1774.

想的传播，借以巩固清王朝封建统治，将不利于其政权稳定的相关奏疏、史述、八股文选本大加查禁。乾隆帝以编修《四库全书》为借口，下令通过征求、购访等各种方式征集珍贵古今书籍，随后又以各种名义下令禁毁所征集来的一些有违于其政治利益的典籍，其实是以征书之名，行禁书之实。清王朝诏令：“明季造野史甚多，其间必有诋毁本朝之语，正当及此一番查办，尽行销毁。……各省已经进到之书，见交四库全书处（馆）检查，如有关碍者，即行撤出销毁。”[1]通过编书，将反对封建统治或批评封建伦常的书籍加以销毁禁止。据资料记载，自乾隆三十九年（1774 年）至四十七年（1782 年），共焚书二十四次，凡 538种，共计 13862 部，焚书之多，前所未见，此举被认为是“寓禁于征”[2]，由此造成了学术创作新薄弱，教材编纂及教学活动的拘谨机械、刻板呆滞之诸多弊端。

二、科举制度限制学校教材的开放性

清代沿袭明代建立了国子监和府、州、县学等自上而下的官学系统。官学教育与科举制度互为一体，通过科举选拔出功名优胜者，及第士子，大多成为官僚队伍的后备人选。由此可见，科举制背后蕴藏着的是巨大的政治经济资源，而政治官场与科举教育也是密不可分的。在清代教育被现实功利驱使的常态下，官学就难免成为科举的附庸，导致官学的所有教学活动都受到科举制度的控制。正因为这种杠杆机制的作用，科举自然也就决定了官学的办学，尤其是其中关键部分的课程和教材，而课程是教学的科目设计，教材是其中的文本呈现或现实载体。

以“四书”“五经”和宋明理学为科举考试核心内容体现出中央集权专制统治的鲜明特色，完全服务于封建社会制度巩固和强化的需要。科

举考试科目内容，"有清科目取士，承明制用八股文。取'四书'及《易》《书》《诗》《春秋》《礼记》五经命题，谓之制义"①。"首场'四书'三题，'五经'各四题，士子各占一经。'四书'主《朱子集注》，《易》主程传、《朱子本义》，《书》主蔡传，《诗》主朱子集传，《春秋》主胡安国传，《礼记》主《陈浩集说》。其后《春秋》不用胡传，以《左传》本事为文，参用《公羊》《榖梁》。二场论一道，判五道，诏诰表内科一道，三场试经史时务策五道。乡、会试同。"②另外为了选拔军事人才，在武科考试选举中除了《论语》和《孟子》，还将《孙子》《吴子》和《司马兵法》作为考试内容。选拔八旗子弟科举功名，满蒙翻译人才，清代宗学、觉罗学及为八旗子弟所特设的"旗学四书"《四书释义》《易经解义》《性理精义》《孝经衍义》《大学衍义》《古文渊鉴》《资治通鉴纲目》等书作为考题选择资源。各类及各级考试中，在程序环节上加强细化，规范设施"凡考试日期、录取定额、考试程序、考官、试题程式、考场规程以及复试、殿试、朝考等作详细规定"，对试题纸、答题字数、避讳、字体、写作格式等都有具体要求。

清代科举考试的内容自然引导、规定官学课程和教材的教学，即使在师生讲解交流，尤其是士子拓展性理解学习中，知识技能或文化思想有所拓展延伸及丰富充实，但科举考试考题来源、考试要求、答题依据，乃至表达文体、写作格式等都框定、明确，师生所能链接、发挥的科考限定之外的课程教材内容是有限的，即使是武科、翻译和人才选拔有其专业特性，但理学文化、八股制艺的比例仍然居高不下。显然，科举教育导向下的官学教材无论是学科门类，还是知识体系、文化思想等均偏于狭窄，难以拓展开放。

三、清代学术文化整理的学校教材价值

与清代文教政策专制高压情形形成明显对比的是，清政府除了施行

---

① （清）赵尔巽. 清史稿·选举三[M]. 北京：中华书局，1976：3147.
② （清）赵尔巽. 清史稿·选举三[M]. 北京：中华书局，1976：3148.

上述强硬控制打压之外，又采用拉拢利用软化手段，其中花样方式很多：如"恩诏""招贤"，征聘"山林隐逸之士"，开"博学鸿词科"，以此来笼络汉族士大夫和前明卓越的知识界精英。清代科举"制科"以"博学鸿词科"为主。该科设于康熙十七年（1678年），选拔的标准是"学行兼优，文词卓越之人"，结果录取彭孙通等50人，均授翰林官员。

与此同时，清朝统治者对当时的图书典籍收集、整理及编修工作十分重视，其目的就是为了吸引大批拥有反清复明意识的山林隐士、社会贤达，以宣扬清代文治盛世来减缓民族抵触心理，笼络人心，不至于造成政府的异己力量。

康熙时编纂有《明史》《大清会典》《康熙字典》《佩文韵府》《古今图书集成》等。《古今图书集成》10000卷，内容分历象、方舆、明伦、博物、理学、经济六篇，取材宏阔，脉络清晰，是我国现存规模最大的类书。乾隆时编有《续通志》《续通典》《续文献通考》《皇朝文献通考》《皇朝通典》。其中，最重要的是《四库全书》和《大清会典》。《大清会典》又称《钦定大清会典》。清代共有5部官修会典，康熙朝开创先河，到了雍正、乾隆、嘉庆和光绪年间又有四次重修。从清初至清末，前后跨越200余年，几乎贯穿清代历史始终。这是记载清代典章制度的官修史书。该书仿《明会典》的体例，但具体类目颇有增损。具体而言，以"六部"为纲，分述各行政机构职掌的事例，凡职方、官制、郡县、营成、屯堡、觐享、贡赋、钱币诸大政于六曹庶司之掌，无所不隶。以下简述《四库全书》的相关知识。

《四库全书》，全称《钦定四库全书》，是在乾隆三十七年（1772年）乾隆皇帝的主持下，由纪昀等360多位官宦名流及学者文人编撰，3800多人抄写，耗时10年编成的丛书。共收集各类图书3503种，89000多卷，装订成36000余册，保存整理了大量历史文献。编写体例按隋文帝杨坚时期所确立的经、史、子、集四部分类，故名。其中"经部"10类，包括易类、书类、诗类、礼类、春秋类、孝经类、五经总义类、四书类、乐类（古代的《乐经》已失传，这一类收录的是关于古代音乐理论和古乐器的著作）、小学类（包括研究字义、字形和音韵的著作）；"史部"

15 类，包括正史类、编年类、纪事本末类、别史类、杂史类、诏令奏议类、传记类、史钞类、载记类、时令类、地理类、职官类、政书类、目录类、史评类；"子部"14 类，包括儒家类、兵家类、法家类、农家类、医家类、天文算法类、术数类、艺术类、谱录类、杂家类、类书类、小说家类、释家类、道家类；"集部"5 类，包括楚辞类、别集类、总集类、诗文评类、词曲类。《四库全书》分藏于北京故宫文渊阁、沈阳故宫文溯阁、北京圆明园文源阁、河北承德行宫文津阁、江苏镇江文宗阁、扬州文汇阁、浙江杭州文澜阁。

为了编撰《四库全书》，清高宗乾隆帝下旨广征天下遗书。书籍来源有四种：一是政府藏本，二是清代皇帝的著作和奉皇命修撰的书籍，三是各省官、私人进呈和书肆市场通行的书籍，四是从《永乐大典》中辑录的佚书。此外，还收录妇女著作 5 种，如宋李清照的《漱玉词》、朱淑贞的《断肠词》等；佛教徒的著作 44 种，如南朝宋法显的《佛国记》、辽朝行均的《龙龛手鉴》等；道教徒的著作 22 种，如唐朝李筌的《太白阴经》、元朝张雨的《勾曲外史集》等；宦官的著作有汉史游的《急就章》等；少数民族的著作，如清满族图理琛的《异域录》，元回族萨都剌的《雁门集》等；外国人的著作，如朝鲜佚名的《朝鲜志》，安南黎崱的《安南志略》等；明末清初来华传教的欧洲人自然科学译著，如意大利利玛窦（Matteo Ricci，1552—1610 年）的《乾坤体义》和他与中国学者徐光启合译的《几何原本》，葡萄牙人阳玛诺（Emmanuel Diaz，1574—1659 年）的《天问论》等。而他们所传来的天主教教义经典则不予收录。

以《四库全书》为代表的一系列大型丛书文献编修，突出了儒家文献的高占有率，尤其是理学思想主流的地位；与此相应，对那些批评儒家礼教或揭露理学思想流弊的著作，视为禁书，且在《四库全书》的"存目"中大加诋毁，表明清统治者对具有有违理学价值观的作品是严格加以剔除、罢斥的。

以康熙、乾隆王朝为集中期，清王朝历代封建统治者组织如此浩大工程，编纂文献书籍，其动机固然并非全在于保存文化典籍、整理历史资源，而是有上述的政治治理动因。但是，这些大型图书的问世，确实保存和丰富了古代中国历史文化的浩瀚博大内容，而且是"康乾盛世"时代清政府尚文重教的反映。这种情形表明清代虽创新性疲弱，但属于文教领域综合化及聚集性的集大成时期是当之无愧的。从清代官学教材的视角分析，这些图籍著作或文献汇编是重要作品，且符合统治者教育化民、培育人才的道德意识和价值要求。因此，其中大量的篇目、选材、文章，甚至是部分著作，都必然作为官学课程教学的教材资源，或课外阅读、课文及单元教学拓展链接选项。也就是说，除了许多直接选用或采纳为文学、语言、历史、医药、天文数学，乃至经济、法律、军事、教育，以及哲学、图情诸多学科的教材之外，也有部分会发挥教学中辞典或工具书的功能。这在清代官学教材史所产生的实际作用是广泛、复杂而多元的，与上述所论文化背景中专制与高压文教政策，以及科举八股取士扼杀限制教材的多元性和创新性相对比，其积极意义更为突出，不能视而不见，一叶障目，作简单化否定处理。

第二节　清代的官学制度及教材

清朝是继元代蒙古族之后第二个少数民族入主中原的政权，又是封建社会的最后一个王朝。清代和元代一样，在竭力稳固民族特性的同时，主动采取汉化政策，尊孔崇儒。这种复杂多变的思想文化观念，也反映在官学制度及课程的设置上，而课程与教材是密不可分，甚至是相互交错结合的。因此，官学教材不仅成为官学制度不可或缺的因素，也是官学教育服务科举选士，造就社会贤才，以及教化民众诸多目标达成的必要条件。

清朝官学制度主要反映在鸦片战争之前的前清时期。此期的官学制度基本上沿袭明代，依旧有中央、地方两级之分，中央官学包括国子监、宗学、觉罗学、旗学、算学等，地方官学则包括府、州、县学等。

清代中央集权高度集中，官学教育与科举制度结为一体。以"四书"、"五经"、《数理精蕴》、《大清律例》和宋明理学著作为主的官学教材服务于官学教育实际需要，并同时发挥封建王朝选拔官吏、造就地方贤达绅士，以及传播学术文化、教化民众等多种功能。清代官学教材不仅保障官学教育的实施，有助于稳定封建社会秩序，也作为中华文明厚重历史资源的组成部分，对传统思想文化的延续和当今学校教材改革有着深刻的启示。

一、清代官学制度述要

清代的教育制度建立于顺治至康熙年间（1644—1722 年），形成了从国子监、满族官学、地方官学、书院到蒙学、社会教育的宝塔型教育系统。

清代官学的设学取向及功能发挥是多层面的，养士育才以适应政治需要是其中的直接目的。官学教育围绕科举选士，展开其各项活动，同时也力图通过官学开办为地方造就贤达绅士，并借以教化民众，以巩固封建政治统治基础。这一多元而一贯化的教育目的贯彻清代至 20 世初"新政"之前官学办学的始终。

清代官学办学活动为了实现上述教育目的，通过县试、府试、院试与月课、岁考具体环节，实施教学过程，调整教学计划及教学方式。

官学推行实施种类、名目以及时段以儒家经典、理学著作和清代律例为主的考试内容，即为官学教学课程及教材的主体。[①] 由于清代官学成为应试教育的典范，科举考试尽管不属于学校体制中的任何部分，但都成为官学教材的制衡力量。清代较诸之前的封建王朝对科举制度尤为重视。"有清一代沿明制，二百余年，虽有以他途进者，终不得与科第出身者相比。康、乾两朝，特开制科，博学鸿词，号称得人。然所试者亦仅诗、赋、策论而已。"[②]众所周知，科举考试的首要功能是选拔官

---

① 吴洪成，张珍珍，蔡晓莉. 重庆学校史［M］. 北京：知识产权出版社，2021：296-297.

② （清）赵尔巽. 清史稿·选举一［M］. 北京：中华书局，1976：3099.

吏，但官吏的考评内容及质量要求是与学校教育难以脱钩的。换言之，人才的选拔首先有赖于人才的培养，而学校教育则是养成人才的根本。

据《钦定八旗通志·学校志》称："学校之制，与选举相表里。后世选举与古异，故学校之教亦异。唐、宋、元、明选举之法又微异，故学校之教从而亦微异。大抵古司徒、司乐论德论材，后世变而论文艺。文艺之中，唐以词章为主，而辅以经义；宋经义、词章递相主辅；元、明则经义为主而辅以词章，延祐之六经兼采古注。洪武之三场沿为今体，其选举之法即学校之教矣。"①也就是说，学校的教学目的是应付科举考试，为考取政治功名服务。学校总是随着科举的变化而变化的。而统治者就利用科举考试的导向作用，调控学校教育的内容和方向，掌握教育的主导权，以实现其培养后备官僚和教化的目的。正如清高宗乾隆反复强调的："国家以经义取士，使多士由圣贤之言体圣贤之心，正欲使之为圣贤之徒，而岂沾沾焉文艺之末哉！"②因此，清代教育成了科举教育，以维护皇权专制为终极目标。

清代对官学的教学内容没有统一规定，而是以科举考试入仕为目的，设置相应的课程、教材方案，以"四书""五经"、《大清律例》为主，辅以文学诗赋、历史典章。顺治九年（1652年）下诏："尔部传谕直隶学臣，训督士子，凡理学、道德、经济、典故诸书，务研求淹贯。"③以后清代诸帝也多此谕令礼部及各行省学政，切实担负教育职责，要求生员诵习"四书""五经"、《性理大全》《资治通鉴纲目》《大学衍义》《历代名臣奏议》《文章正宗》等典籍，有效发挥官学教材的科举教育功能。

清代沿明制，地方设官学，称儒学；设儒学必同设文庙祀先师孔子，表尊师重道之意。儒学和文庙合称学宫。由州、县办的儒学称州县儒学，由府设的儒学称府儒学，简称州学、县学、府学。士子参加科举

---

① （清）鄂尔泰. 钦定八旗通志学校志·卷94［M］. 清嘉庆元年（1796年）影印本。

② （清）昆冈. 钦定大清会典事例·卷332（礼部·贡举）［M］. 清光绪二十五年（1899年）刻本影印。

③ （清）赵尔巽. 清史稿·选举一［M］. 北京：中华书局，1976：3114.

考试首先要经过童试取得生员资格后方得进县学或府学深造。

按照《清史稿·选举志一·学校上》的记载：清代府州县学儒童入学考试内容为"四书"文《孝经》论各 1 篇，并参以《性理》《太极图说》《通书》《西铭》命题。这种规定可视为清代地方官学入学前预备性学习内容。雍正朝又规定官学科试加经文、策论的内容；乾隆朝增试《小学论》、书艺、经艺、五言六韵诗。地方官学教学内容基本上遵循科举考试的要求。地方教材选用与中央官学有所相似，更多差别只是降低难度。当然，各地办学也表现出差异及实施过程中的灵活多样性，而在教学中的内容选择、难易程度或水平要求等方面，则肯定具有教师与学生协作发挥的校本课程教材开发的意义。

二、中央官学教材

(一)国子监

清代国子监始设于顺治元年(1644 年)，置祭酒、司业、监丞、五经博士满汉各 1 名，六堂助教 6 名、学正 4 名、学录 2 名、典簿满汉各 1 名、典籍 1 名。博士、助教、学正、学录直接负责国子监授课任务。国子监不仅是清最高学府，也是管理全国学校的最高行政机关，其生源按资格分为贡生和监生。贡生除"例贡"外，恩、拔、副、岁、优贡称为"五贡"，是科举考试之外入仕的正途。监生，即不以生员身份在监肄业者，包括恩监、荫监、优监和例监。国子监设率性、修道、诚心、正义、崇志、广业六堂为讲习之所。"六堂"各设助教一人，前四堂各设汉学正一人，后二堂各设汉学录一人，分掌教习之事。

国子监的教材，以"四书"、"五经"、《性理大全》、《资治通鉴纲目》等书为必修，并随监生资性所近，学习"十三经"、"二十一史"、诸子百家，每日临摹晋、唐名帖数百字。乾隆朝国子监祭酒赵国麟奏准将《钦定四书文》颁布于大堂，令诸生诵习。

《钦定四书文》是清代官定之八股文选本。清代方苞于乾隆元年

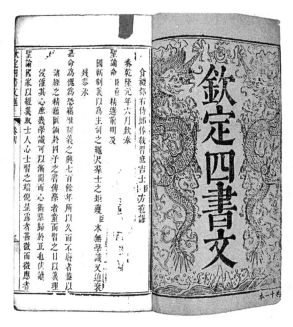

《钦定四书文》

(1736 年)奉敕编，从明迄清，共选入了二百七十一位作家的七百八十三篇八股文，共四十一卷。分明文四集，清文一集。四书文，即八股文。编选此书直接原因在于顺应科举之需，士子竞习八股文，但八股时文选本，汗牛充栋，为此迫切需要一部标准教材，"以为士林之标准"。编者自诩此书"大抵皆词达理醇，可以传世行远""圣人之教思无穷，于是乎在。非徒示以弋取科名之具也"①。作为官修时文选本，《钦定四书文》自编选颁行后，迅速颁发到全国各地的学宫，定为官修古文科举范本，被天下士子所追崇。书中保存了庞大而又极富价值的名家八股文，为研究明清八股文提供了丰富的材料。编者是清代早期理学大师，桐城派文宗鼻祖，他所标示的"清真雅正"宗旨，反映出清廷对科举文风的规范和理念诉求。

经学在清代官学教育的课程教学中占据显著地位。《钦定国子监则

---

① 顾明远.教育大辞典(第 8 卷)[M].上海：上海教育出版社，1991：26.

例》卷 16 载：国子监贡生、监生通晓"十三经""二十一史"，"博极群书者"，允其选学课程的某种自由度和差异性发展，即"随资学所诣"。"凡六堂肄业生，所习'五经'，于会讲之期，随时挑背，验其生熟。"由此可见，国子监教育对经学的重视。同上书卷 34 中记载，国子监学生还须学习清朝有关诏、诰、表、策论、八股文、判等公文知识和写作技巧。

《清史稿·选举制一》这样描述国子监教学活动与教材学习的安排："月朔，望释奠毕，博士厅集诸生，讲解经书。"祭酒，司业"月望轮课'四书'文（八股文）一，诗一，曰大课。祭酒季考，司业月课，皆用'四书''五经'文，并诏、诰、表、策论判。月朔，在博士厅课经文，经解及策论。月三日，助教课；十八日，学正、学录课，各试'四书'文一，诗一，经文或策一。"又据《清文献通考·学校考三》记载：监生在"听讲书后，习读讲章。有未能通晓者，即赴讲官处讲解，或赴两厢质问"。每月初一、十五两日，各监生到国子监随祭酒、司业行释奠礼，后听六堂官讲"四书"、《性理》、《通鉴》等，听博士讲"五经"。听讲后，各监生读讲章、复讲、上书、复背课文。如有未能通晓者，即到讲官处再请讲解。可知选用教材的教学方法既有教师讲授，又有学生自学和质疑问难。

这里的《通鉴》是指《资治通鉴纲要》，由南宋理学教育集大成者、著名思想家朱熹完成于宋孝宗乾道八年（1172 年），共 59 卷，附例 1 卷。朱熹认为司马光《资治通鉴》294 卷史实太详，不便阅读，因而从《资治通鉴》中节取史实，仿照《春秋左传》的"经""传"形式，重新编撰成书。该书体例设计采用纲、目结合结构。"纲"相当于《春秋左传》中的《春秋》经，用大字书写，概括史实；"目"相当于《春秋左传》中的左丘明传，用小字分注，详叙细节。

作为一部史学教材，《资治通鉴纲目》因其史事简明，条理清晰，因此所创立的纲目体裁，为后世所效仿，流传极广。同时，又因其突出儒学伦理纲常正统，也就有了经学教育价值。该书的编纂方式，每一论事又皆以"凡"字发之，以模拟《左传》"五十发凡"。据朱熹所撰《自序》

所述:"使夫岁月之久远,国统之离合,辞事之详略,议论之同异,通贯晓析,如指诸掌。"更兼之清康熙皇帝又在"纲目"之上加有御批,称为《御批通鉴纲目》,突出了著作的教育意义,使其官学教材的地位更加提高,成为清代官学通用的教材。

国子监实施课程教材的教学活动期间,采用讲授法、讨论法、自学法等教学方法。乾隆二年(1737年),据刑部尚书兼管理监事大臣孙嘉淦的建议,仿照宋代胡瑗的"苏湖教学法"实施"经义,治事分斋"的分斋教学制度。明经者,或治一经,或兼治数经,明其源流利弊,并能达到通经致用;"其治事者,如历代典礼、赋役、律令、边防、水利、天官、河梁、算法之类,或专治一事,或兼治数事"。[1] 至此,上述办学设计及实际教学工作全面开展,清代国子监至乾嘉时期(1735—1820年)已经达到全盛。而且这种情形还表明清代国子监出于已经崛起于海洋世界西方国家所构成的威胁,以及启蒙思想和实学教育思潮的洗礼,已经适当融入科技知识和民生经济的实学内容。这必定会反映在教材的讲解与学习的各种活动或环节之中,从而在较大程度上突破程朱理学控制,以及科举考试的束缚。乾隆四年(1739年)在国子监附设算学馆,称国子监算学,额设学生满、汉各十二,蒙古、汉军(清制以八旗辽东人为汉军)学生各六,续设汉肄业生二十四,依御制《数理精蕴》定为教本,分线、面、体三部分,限于一年内通晓。同时研习七政(指日、月、五星,即天文学),将其推广到春夏秋冬四季、天文、地理、天象与四季的确定,限两年内通晓。这更是在课程教材的计划中改变了理学教义、科举八股的垄断地位,数学教学在中央官学代表的国子监实施,是一种社会转型变革引发教材调整的风向标。

(二)算学馆

早在清康熙九年(1670年)就在八旗官学附设算学馆。康熙五十二

---

① 王炳照,郭齐家. 简明中国教育史[M]. 北京:北京师范大学出版社,2007:232.

年(1713年)，又专设算学馆于畅春园之蒙养斋，简大臣官员精于数学者司其事，特命皇子亲王掌理事务，选八旗世家子弟学习算法。有教习16人，算学生30余人，从每旗官学中挑选资质聪明者充任，学时规定为"未时起，申时止，学习算法"，即13～15时起床，开始学习算法，一直学到15～17时。

出于新设算学馆开展具体教学急需适用课本的实情，康熙帝命著名历算学家、数学家梅文鼎之子梅瑴成编纂《数理精蕴》53卷。作为新建算学馆的钦定教材，《数理精蕴》整理、介绍1685年以后传入中国的西方数学知识内容，上编包括《几何原本》3卷、《算法原本》1卷；下编40卷，包括算数、代数、平面几何、平面三角、立体几何等初等数学，附有素数表、对数表和三角函数表。其基本内容除传统数学和明清之际由欧洲天主教传教士明末传入的西方数学外，还有清代初期从西欧新传入的借根方比例、"连比例"法、椭圆面积和椭球体积以及计算尺、素数表等，是一部比较全面的数学百科全书。1773年收入《四库全书》，"为清代西学东渐第一个时期引进的西方数学教科书，并'贯通中西之异同''辩订古今之长短'，是融会古今中外数学成就的一套数理丛书"①。

(三)贵族学校

清代的中央官学，除国子监外，京城内为贵族功臣子弟设立学校，尚有宗学、觉罗学、旗学。宗学与觉罗学是宗人府分别为宗室和觉罗子弟设立的贵族学校。顺治九年(1652年)，每旗各设宗学。凡未封宗室之子，年10岁以上者，俱入宗学。入学贵族子弟有放松不循礼法者，学师具报宗人府。小则训责，大则奏闻。次年，每旗选取满汉生员一人为师，给予七品顶戴。凡宗室子弟10岁以上，俱入宗学，教习清书。其汉书听自延师教习。康熙十二年(1673年)及康熙三十九年(1700年)

---

① 澳门中央图书馆.刘羡冰女士赠书目录[M].澳门：澳门中央图书馆，2002：9.

对宗学的设置及教材的安排都有规定。宗学的教材包括清书、汉书、骑射几类，但清统治者对宗室子弟更强调坚持满族传统，防止汉化，所以并不鼓励学习汉文。初入学者分班学习满文、汉文，兼学骑射，其后再学经史，每月考试经义、翻译和骑射。

雍正七年（1729年）奉上谕："每旗各立一衙门，管辖觉罗。……即于本旗衙门之旁设立一学，除情愿在家学习者外，择其可教之人，令其读书学射，满汉兼习。……八旗觉罗内，自八岁以上，十八岁以下子弟，俱令入学读书。"①入学年龄及待遇与宗学相同，课程分为清书、汉书及骑射三科，并实施严格考核。觉罗学创设后，每学设总管1人，由王公充当；副管2人。国子监内附设八旗官学，"先实行而后文艺，……以经世致用为要，以弧矢之利威天下"②。顺治元年（1641年），"每佐领下取官学生一名，以十名习汉书，余习满书"。乾隆初，"定八旗官学生肄业，以十年为率，三年内讲诵经书，监臣考验材资聪颖有志力学者，归汉文班，年长愿学翻译者，归满文班"。乾隆五十四年（1789年），"于每旗百名内裁十名，选取经书熟文理优者二十人，加给膏火以资鼓励"③。

显然，这些贵族的官学与一般国子监的教材有所不同，但其中所指"汉书""满书""读书学射""骑射""文艺"以及"满汉兼习"等具体所指课程及教材名目、内容是什么，包括哪些方面，并不具体确切，颇引人思量，难以索解。

清代贵族学校中还有俄罗斯学馆、琉球学馆。雍正六年（1728年），俄罗斯遣其陪臣子弟鲁喀、佛多德、宣晥等到京，恳请肄业。清廷即在北京国子监下设立"俄罗斯学馆"，选派汉满教师，教授其学习汉满语文，学习语文、"四书"、"五经"、《资治通鉴》、《本草纲目》、中国历史、中国地理和其他方面的文化知识。琉球学馆初设于康熙二十七年

① （清）清世宗实录·卷84[M].清雍正七年（1729年）闰七月癸未刻本．
② 任时先.中国教育思想史[M].台北：台湾"商务印书馆"，1982：247.
③ （清）赵尔巽.清史稿[M].北京：中华书局，1976：3111.

(1688年)，时有琉球国子弟梁成楫、郑秉均等四人来京留学，国子监内附设学馆。此后，雍、乾、嘉、道各朝均连续办学。琉球学馆教材以儒学经史、理学精义为主，其有余力且好学诗文者，各就资性所近，指授讲读，研习探讨。教学中要求学生依章肄业求学，不得旷课，虚度光阴。

清代俄罗斯学馆、琉球学馆的课程设置及教材使用与国子监及其他官学相比，有明显特征：教材内容及教学更加灵活多样，受八股文为题材科举取士的束缚极少；以儒学经典、理学著作及其他汉籍文本作为教材除了自身的教学意义之外，还发挥了中外文化教育交流的功能。

三、地方官学教材

(一)府、州、县学

清代地方行政最高级别为直省，省以下为道，道以下为府及直隶州，府及直隶州以下为属州及属县。学校建置依其行政区划设有府学、州学、县学，统一曰"儒学"。其职责是为国子监输送贡生，为科举乡试提供考生。少数地区在省、道之下，取名直隶厅及属厅的，所立儒学与州、县学相等。上述种种，可以概称为地方官学。府学、州学与县学，名虽为学校，实则仅为科举考试的预备场所。学官除了择日招集诸生讲解八股课试及"四书""五经"等科举科目课程及试题范文之外，不重其他学业课程讲解和教授，士子不重广泛求学，仅为进身之阶。清朝对地方官学教育除围绕科举外，着重于政治和法律劝诱和规训，乾隆九年(1744年)对文化教育常规教学活动有所规定，教师月课时，教学检查，并督促学业。"嗣后各学教官，训迪士子，每日照例面课四书文外，即于赴课时，将士子专经令其分写诵习，纲目必分年详解，面加谆劝，务期实力讲贯。或间月，或每季，试以本经疑义及史策，并二场表判。"[①]这

---

① (清)素尔讷. 钦定学政全书[M]. 武英殿刻本，1774.

里表述了理学著述、历史典籍在地方官学中用作教材，以及怎样组织教学的具体情形。"诵习""详解""谅劝""讲贯"以及"表判"，都是教材为媒体开展教学活动的具体方式方法。

清朝官学教育的推行，一是靠考试的导向，选用有效的教材，二是靠规程和颁发与推行的书籍，同时也以此作为教材。为了控制生员学习的内容和抵制官方认为的"不正统"书籍，清朝向各地学宫颁发书籍。顺治九年（1652年）首次规定了各地官学的学习内容：

> 今后直省学政，将"四子书"、"五经"、《性理大全》、《资治通鉴纲目》、《大学衍义》、《历代名臣奏议》、《文章正宗》等书，责成提调、教官，课令生儒诵习讲解，务俾淹贯三场，通晓古今，适于世用。坊间书贾，止许刊行理学政治友谊文业诸书，其它琐语淫辞，通行严禁。

地方儒学所规定的学科教材，据《大清会典》所载为：《御纂经解》《性理》《诗》《古文辞》及校订"十三经""二十二史""三通"（《通典》《通志》《文献通考》）等书，又据《皇朝文献通考》所载则为："四子"、"五经"、《性理大全》、《资治通鉴纲目》、《大学衍义》、《历代名臣奏议》、《文章正宗》、《古文渊鉴》、《钦定四书义》、《御制律学渊源》等。

上述不同文献中所述地方官学所用教材具体书目名称、内容有所差别，但可作补充合并理解。因为各时期以及各地教材用作课内外或必修、选修的具体设计是有差异的。总之，地方官学教学中使用的不外儒家思想，宋、明理学家学说，以及文史、辞赋、法律规章一系列的教材。这类书籍，都由政府颁发，并许书贾刻版流行。至其他非规定的书，绝对不许诵习，即所谓的"若非圣贤之书，一家之言，不立于学官者，士子不得诵习"。①

"性理"，宋明理学的基本范畴，指性和理的关系。宋明理学把

---

① 顾树森.中国历代教育制度［M］.南京：江苏人民出版社，1981：203-205.

"理"视为自然界和人类社会的最高原则和封建的伦理道德规范。程朱理学认为"理在心外"，而陆九渊、王守仁则认为"心外无理""心即性，性即理"。虽然两派关于理有心内、心外之别，在道德认识与修养方法上有"格物致知"与"发明本心"之差，但都是教人用禁欲主义去约束自己。他们鼓吹"灭人欲"而"穷天理"，都是封建礼教的卫道者。正因为这一点，性理之学成为宋以后历代统治者推崇的正统学说。明成祖命胡广编纂《性理大全》，清康熙帝将其压缩，删订为《性理精义》刊行。无论是"大全"还是"精义"，均作为官、私学教材，通过教学传播以及社会及家庭教育等多种方式，对中国的人伦道德及社会心理影响极大。

清代地方官学学生还须学习《圣谕十六条》《御制训饬士子文》《御制卧碑文》《圣谕广训》和《大清律例》等，这些规程、法典是规范、管理书院、官学以及其他教育类型机构的具体要求，其中内容涵盖了儒家经典、宋儒学说和法学条例。因清代科举考试盛行，学写八股文，即所谓的制艺时文的程式、要求，也成为地方官学的教学内容，发挥着教材教学传承、认识体验的作用。

各地州县各学宫刊立"卧碑文"，对生员垂以明训"学为忠臣、清官""上报国恩，下立人品"，约以条文。"卧碑文"铭刻清政府颁定办学宗旨、生员的学习目的和恪守条规。如《增修万县志》卷7"地理志·学校"所载：建于顺治九年(1652年)的万县(今重庆市万州区)儒学，"题准刊立卧碑置于明伦堂之左，晓示生员。道光间(1821—1850年)，训导钟崇盛重刊。清咸丰五年(1855年)，训导范泰衡谨书石，儒学弟子员重刊"。

清顺治九年(1652年)，清世祖颁示的《御制晓示生员卧碑》，要求立于直省儒学明伦堂，卧碑开门见山，政府设学育才的目的：

> 朝廷建立学校，选举生员，免其丁粮，厚以廪膳，设学院、学道、学官以教之。各衙门官以礼相待，全要养成贤才，以供朝廷之用，诸生皆当上报国恩、下立人品，所有教条开列于后：一、生员

之家，父母贤智者，子当受教；父母愚鲁者，或有为非者，子既读书明理，当再三恳告，使父母不陷于危亡。二、生员立志，当学忠臣清官，书史所载忠清事迹，务须互相讲究；凡利国爱民之事，更宜留心。三、生员居心忠厚正直，读书方有实用，出仕必作良吏；若心术邪刻，读书必无成就，为官必取祸患；行害人之事者，往往自杀其身，常宜思省。四、生员不可干求官长，交结势要，希图进身；若果心善德全，上天知之，必加以福。五、生员当爱身忍性，凡有司衙门，不可轻人；即有切己之事，止许家人代告，不许干与他人词讼，他人亦不许牵连生员作证。六、为学当尊敬先生，若讲说皆须诚心听受，如有未明，从容再问，毋妄行辨难；为师亦当尽心教训，勿致怠惰。七、军民一切利病，不许生员上书陈言，如有一言建白，以违制论，黜革治罪。八、生员不许纠党多人，立盟结社，把持官府，武断乡曲，所作文字，不许妄行刊刻，违者听提调官治罪。①

以下详细规定了8条规范要求，内容的核心在于要求生员"立志学为忠臣、清官，书史所载忠清事迹，务须互相讲究；凡利国爱民之事，更宜留心"。做利国爱民之事，并用天命论诱惑学子："若果心善德全，上天知之，必加以福。"②

康熙十六年(1677年)，颁《圣谕十六条》：

敦孝弟以重人伦。笃宗族以昭雍睦。和乡党以息争讼。重农桑以足衣食。尚节俭以惜财用。隆学校以端士习。黜异端以崇正学。讲法律以警愚顽。明礼让以厚风俗。务本业以定民志。训子弟以禁非为。息诬告以全良善。戒窝逃以免株连。定钱粮以省催科。联保

---

① 　(清)昆冈. 钦定大清会典事例·卷388[M]. 清光绪二十五年(1899年)刻本影印.

② 　(清)昆冈. 钦定大清会典事例·卷388[M]. 清光绪二十五年(1899年)刻本影印.

甲以弭盗贼。解雠忿以重生命。

此十六条，概括了封建国家对安分守己的"良民"的基本要求，言简意赅，通俗易懂，实为宣扬三纲五常、伦理道德的规范教材，其中有些条款又体现农耕社会的生活及心理精神状态。如"重农桑以足衣食、尚节俭以惜财用、隆学校以端士习、黜异端以崇正学、讲法律以警愚顽、明礼让以厚风俗"①。

康熙三十九年（1700 年），清政府钦颁《上谕十六条》于直省学官："直省奉有钦颁《上谕十六条》，每月朔望，地方官宣读讲说，化导百姓……发直省学宫，每月朔望，令儒学教官传集该学生员，宣读训饬，务必遵守。"②从中可知，《圣谕十六条》作为教材作用的教育对象于官学已不限学生，而是波及社会民众，功能范围也就突破学校院墙，而深入民间的社区村寨、城镇集市。

雍正二年（1724 年），清世宗胤禛为了更好地宣扬封建道德思想，并以此对百姓进行教育，故于《圣谕十六条》每条加以注释，命名为《圣谕广训》；并亲制"序文"，独立成篇《御制圣谕广训序文》，颁行天下，将其定为科举考试内容、各地教化的教本。又诏令各府州县学官，每月朔望两日，择地聚集士庶，宣读条文。在乡村，除宣读外，还要用通俗语言讲说，以便能做到家喻户晓。

《圣谕广训》实为维护封建纲常伦理秩序的工具和规范学校师生，乃至社会士人的精神教条，规条在各地学宫作为政治或道德教材普遍推行，甚至在乡村学馆私塾中贯彻。如道光年间（1821—1850 年），重庆府南川县邑令魏崧为使"圣谕"家喻户晓，下令乡学馆师，每逢朔望（即农历每月初一、十五日），轮赴场市、乡村宣讲圣谕，以使"乡愚心解神移，感恩效法"。凡馆师宣讲勤明、训课认真、查有实效者，免其一

① （清）昆冈. 钦定大清会典事例·卷 397［M］. 光绪二十五年（1899 年）刻本影印.
② （清）素尔讷. 钦定学政全书·卷 4［M］. 武英殿刊本，1774.

年一考，并准于次年加修接请。同时，子弟启蒙，馆师必考《圣谕十六条》。凡子弟初入学，南川知县要召集生员先谒孔庙，拜孔子；次谒学师，跪着听读《御制卧碑》和《圣谕十六条》。①

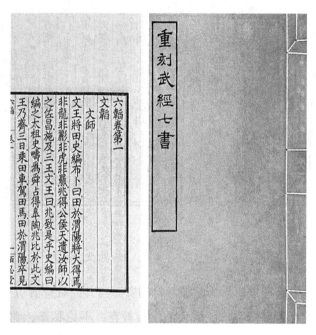

《重刻武经七书》

清代非常重视骑射，中央官学、地方官学也与八旗贵族官学相类似，开设相应课程来训练儒生习骑射，如《武经七书》《百将传》等。其中以《武经七书》最有代表性。这部军事教材由北宋福建浦城人何去非辑，又名《武学七书》，简称《七书》，宋神宗元丰年间（1078—1085 年）始选为武学教材，以后各代沿用。该书收《孙子》3 卷、《吴子》2 卷、《六韬》6 卷、《司马法》3 卷、《三略》3 卷、《尉缭子》5 卷、《李卫公问对》3 卷，计有 7 种 25 卷。

---

① 南川县教育局. 南川县教育志［M］. 重庆：重庆市庆岩综合加工印刷组，1987：53.

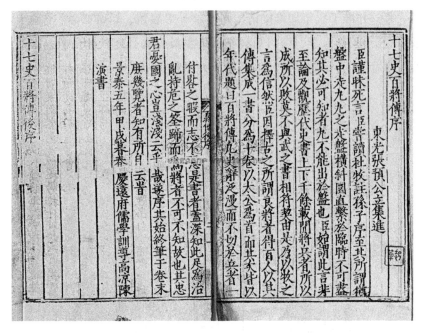

《百将传》

　　上述学校管理规章作为学校教材的资源与其他教育活动及内容相结合，服务教育的目标需求。清代的学校教育，不论私塾、学馆、书院、儒学，对学生的教育，无一不是为了培养忠君、尊孔的封建社会适用的人才这个总目标而进行。通过课堂及课外的教学组织活动，达到教育、教学目的的具体要求。在这当中教材的使用及开发是不可缺、十分重要的环节，甚至是贯穿始终的。地方官学把日常生活及节庆仪式也寓教育于其中，发挥潜在课程的教育价值，与显性、规范的课程、教材协调统一，发挥合力的作用。诸如师生节日活动、衣着穿戴、举止言笑，均要合乎封建礼仪规范。每年一度的孔子诞辰(8月27日)师生都要到所在地学宫文庙参加隆重的纪念典礼，顶礼膜拜。不能去的，也要在学堂内专设孔子牌位，举行祭祀活动。清乾隆十九年(1754年)重庆市江北厅建有孔庙，每月"朔望"(农历的初一、十五日)县城学校师生都要去孔庙行跪拜升降礼仪，同时向学生宣讲"卧碑文"教条，以此加深尊孔观念。每年万寿圣节、皇后千秋节，学堂都要开展庆贺活动，以此加强忠君意识。每逢节日活动，学生的衣着穿戴、举止言笑，均要求合乎封建礼教规范。

(二)社学

社学萌芽于元代，广泛推广于明清两代，是乡镇地区最基层、最普遍设立的教育机构。但社学办学主体的属性前后却有变化。大体而言，元代至清代初期主要属官学性质，由封建地方政府投资设学；而清代中后期以后，社学逐渐演化为由民间私人、家庭及其他团体捐资或集资办学，成为私学的一种类型。1670年，康熙帝玄烨曾令各省设社学，置社师。"凡府州县每乡置社学一，选择文艺通晓、行谊谨厚者，考充社师。免其徭役，给饩廪优膳。"①社学的教师享受生员的待遇，免除差役、领取廪饩，办学成绩卓著者由地方官保荐，通过议叙的途径入仕为官。清代早期社学教育一般而论，主要学习"四书""五经"及政法别、史籍诗文、掌故等，社学学生的管理纳入官学的统一管理体制，社学考生考列第一等者，可以升入州、县官学，取得廪生资格，廪生无缺额，则以增广生员的资格入学，待廪生有出学者递补；增广生员无缺额者，以附学生员资格入学，依次递补。从社学设计的课程分析，教学中所试用教材，与地方官学、州、县学相类，大概教学程度更低，难度要求下调。

此外，清代设有大量的义学，如雍正元年(1723年)，雍正帝胤禛曾"命各省改生祠、书院为义学，延师授徒，以广文教"。②但此类义学除少量附属于州、县学及官办学院者之外，大多数应属私学初等教育阶段，其教材教法及教学组织方式应与清代以私塾为主的蒙学教育及其蒙学教材无多少区别。对此，笔者不再赘述。

四、清代官学教材举要

清代官学教材状况已如上述，以下就其中代表性教材加以列举分

---

①　(清)张廷玉.清朝文献通考·学校考[M].武英殿刻本，1787.
②　(清)张廷玉.清朝文献通考·学校考[M].武英殿刻本，1787.

析，以丰富认识，点面结合，并管窥全豹。

（一）"四书"

《大学》《中庸》《论语》《孟子》，合称"四书"，又名"四子书"。宋代把《大学》《中庸》与《论语》《孟子》配合编在一起。宋淳熙间（1174—1189 年），朱熹撰《四书章句集注》，他所注解的"四书"包括《大学章句》一卷，《中庸章句》1 卷，《论语集注》10 卷，《孟子集注》7 卷。朱熹对"四书"章句作了全面系统的注释，大量而广泛地宣扬了理学家的论点。其中，《论语》系孔子弟子关于孔子言行的记录，全书用问答式叙述儒家思想，是代表儒家思想的主要典籍。《孟子》系战国时孟轲及其弟子万章等所著，书中记载孟子的政治活动、政治学说及哲学、伦理、教育思想等。"四书"是清代学校必读教材，科举必考内容。

（二）"五经"

儒家经典《诗》《书》《礼》《易》《春秋》的合称。孔子为了教育学生，对所收集到的古代文献资料，加以选择、修订和整理，编定《诗》《书》《礼》《易》《乐》《春秋》6 种教材，后世称作"六经"。秦始皇焚书，以上文本散失。汉武帝时，受儒学大师董仲舒的影响，实行"罢黜百家，独尊儒术"的文教政策，把孔子所编定的教材，定为"五经"，立于学宫，这是"五经"名称正式命名之始。汉成帝时（前 33—前 7 年），刘向搜集各种文本，进行勘比，排错匡正，核定"五经"。汉灵帝熹平年间（168—189 年），将"五经"刻石立在太学，世称"熹平石经"，被定为官方的标准经文读本。唐代太宗时期又孔颖达等学者在对考订"五经"基础上，编辑《五经正义》，定为"明经科"考试的依据。明朝永乐年间（1403—1424 年），编印《四书五经大全》，是当时官私学均采用的主要的教材。历史风云变幻，代朝易革，该书仍为清代科举考试的标准用书，学校学习的必修教材。

（三）《性理大全》《性理精义》

1.《性理大全》。明胡广等于明永乐十三年（1415 年）奉明成祖朱棣之命编撰，共 70 卷。该书推崇孔孟圣道，认为周敦颐、程颐、程颢诸儒使"周公、孔子、孟氏之传焕然复明"，唯孔孟的"仁义"学说能"尽人之道"；又强调以《论语》《孟子》《中庸》《大学》"四书"中的义理来涵养品性，倡导致知、力行、持敬、主静的读书方法，为研究宋儒的思想提供了丰富的史料。书成，即作为明代钦定教科书之一，清朝沿用，与《四书五经大全》同颁于两京、六部、国子监及全国府州县学。清代康熙帝因其庞杂无绪，命福建名儒、理学家李光地等"撷其精华"，节编《性理精义》12 卷。

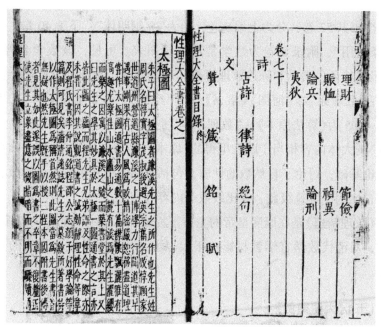

《性理大全》

2.《性理精义》，亦称《御纂性理精义》，封建伦理道德思想体系的纲要性读本。清大学士李光地等于康熙五十六年(1717 年)奉诏编辑。该著为明代胡广等撰《性理大全》的精选本，卷帙仅及原书七分之一，共 12 卷，为清代学校、书院的重要教材。其中"学类"分小学、总论、为学之方、立志、存养、致知、力行、人伦等科目，突出论述封建伦理道德中的人格理想模式；"性命类"分性命、心性、情、五常诸类，强调封建纲常规范；"治道类"重治道、君道、臣道、用人，规定上自帝王，下至百姓的行为规范。

(四)《数理精蕴》

《数理精蕴》由清梅瑴成(1681—1763 年)主编，陈厚耀、明安图等助编，张诚、白晋等法国数学家提供了译稿的数学教材。自康熙二十九年(1690 年)至康熙六十年(1720 年)成书，是清代官私学通用的科技类教材。

全书共 53 卷，分为上编 5 卷，题为"立纲明体"；下编 40 卷，题为"分条致用"，附录 8 卷为数学常用工具图表。可见，该数学名著"上编"最具特色，揭示和陈述数理思想和理论要义。故此处对此简介：卷 1 包括《数理原本》《河图》《洛书》《周髀经解》，卷 2 至卷 4 为《几何原本》，卷 5 为《算法原本》。"数理原本"是论述数学起源的观点。"几何原本"的大体内容相当于欧几里得的《原本》，"算法原本"介绍基础数学的理论基础，讨论了自然数的性质，包括自然数的相乘积、公约数、公倍数、比例、等差级数、等比级数等内容和方法。

《数理精蕴》是在康熙皇帝的主持下完成的，故有"御制""敕编"的称谓，对清代数学官学教材影响很大，也是研究中外数学交流的重要著作。

(五)《大清律例》

清代权威法律著作，并作为官学法律教材使用，发挥官吏培养和教化民众法律知识、意识修养的多重功能。清初入关时，沿用明律。顺治三年(1646 年)制定《大清律集解附例》，颁行全国，这是清代第一部成文法典。后经康熙、雍正两代屡次增订，乾隆时重修，对原有律令逐条考证，于清高宗乾隆五年(1740 年)历时近百年编成《大清律例》。

《大清律例》在形式结构上与《大明律》相同，仍以刑名、法例为名例律，置于篇首。随后是吏律、户律、礼律、兵律、刑律、工律，共 7

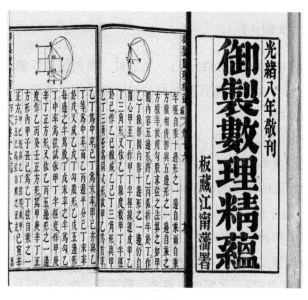

《数理精蕴》

篇，47 卷，律文 436 条，律后附有例 1409 条。

其中，刑律在《大清律例》中所占比例最高，清代刑罚较前代更严酷，包括迁徙、充军、发遣、死刑等方面的内容规定，"工律"是关于营造、河防的法律规定。文本末所附之条例，乾隆十一年（1746 年）规定条例 5 年一小修改、10 年一大修改。律文条例之间的参差抵牾，便于官吏们奸猾刁钻，徇私枉法。

《大清律例》在审判制度上，扩大了清朝法律的适用范围，还规定了完整的审级制度，审判官回避、秋审以及朝审制度。但是，较之以往的法律却更体现了封建专制的性质，如对"谋反""大逆"处以极刑，同时又规定高层封建官吏享有"八议"的特权；满族犯罪由特定的司法机关审理，并享有"减等""换刑"的优待；此外，又以法规的方式，为制造大量文字狱提供依据，加强思想文化领域内的专制统治。

作为清代官学的主要教材之一，《大清律例》集中国历代封建法律之大成，在中国刑法史上占有相当地位；同时，也为清王朝维持封建秩序，统治社会各阶层民众发挥法律工具作用。

(六)《古文观止》

清康熙年间(1662—1722 年)，吴楚材、吴调侯叔侄编选的散文选集《古文观止》作为代表性官学教材，被广泛选用，并流行于私学和家学的语文教育中。

《古文观止》取材广泛，多选取千古传诵、脍炙人口的优秀作品，打破历代文章选本不收经、史之旧例，体裁、风格多样。同时，在所选文章之后附有简明扼要的注释和评论。

《古文观止》编选作品数量比较适中，篇幅以短篇为主，适应青年学子无法集中精神学习的特性，避免冗长枯燥的文章消磨诵读积极性。应该说，历代很多名著、名家及名篇被网罗其中，如名作《左传》《礼记》《战国策》《史记》；名家如王羲之、陶渊明、李白，以及唐宋八大家之韩愈、柳宗元、欧阳修、苏洵、苏轼、苏辙、曾巩、王安石及其他等；名篇如《曹刿论战》《邹忌讽齐王纳谏》《谏逐客书》《报任安书》《过秦论》《出师表》《桃花源记》《陈情表》《兰亭集序》《滕王阁序》《与韩荆州书》《陋室铭》《阿房宫赋》《岳阳楼记》等。这些古文精华，历经千百年沧桑而经久不衰，其中的文化意蕴需细细体悟。

以上所选介绍的是清代官学教材的典型取样，包括理学、科技、法律及文学 4 个部分，大体从一个侧面体现出清代传统教育主要领域的教育内容。当然，在清代统一文教政策和科举考试制度的导向下，私学办学也会选择类似教材实施教学，只是后者的灵活性、多样性知识技能的文本更加明显。还需要指出的是，清代官学使用的教材远不止这些。而且在实际教学中，师生互动交流，协作配合，会在具体教学中生成、构建或开发出许多新的教学资源，发挥着教学的实际功能。

五、清代官学教材之主要认识

在社会历史浩荡奔腾，不断变易和积淀深厚的背景下，倾注了清代统治者与精英知识分子不同教育观的博弈，折射出清代近 300 年的教育轨迹。从清代教育史视域考究，清代官学教材在总体上发挥的作用是正向积极的，但也存在局限和不足，值得加以历史反思。

(一)官学教材种类多样化

清代封建政治统一，经济恢复，并达到"康乾盛世"的高度。这些都为其文化教育事业奠定了基础，也为文化事业的发展提供了有力的扶持与经济支撑。清代统治者十分注重教育，清代官学教育更加制度化，官学教材更是分门别类，种类多样。有宣扬封建伦理道德、伦理哲学的教材，如"四书""五经"《性理大全》《大学衍义》《资治通鉴纲目》《历代名臣奏议》《文章正宗》等；有规范行为习惯及法律的教材，如《圣谕十六条》《御制训饬士子文》《圣谕广训》及《大清律例》等；有数学、天文、地理等科技方面的教材，如《数理精蕴》《九章算术》《古今图书集成》《农政全书》等；有武学教材，比如《孙子》《吴子》以及《司马法》等；还有翻译教材，比如将《四书释义》《易经解义》《孝经衍义》《古文渊鉴》等书翻译成满文。尤其是《数理精蕴》对18、19世纪中国数学的普及与提高起了积极的推动作用。此外，还有文学艺术类教材，如《古文观止》《古文辞类纂》《古文约选》《唐宋文醇》《唐宋诗醇》等。官学教材的多样化在一定程度上促进了文化的多样性，维系了清代文化广博、绵延的成就。

(二)官学科技类教材受西学东渐影响

在明末清初的学术思想中，还有一个不能忽视的重要方面，即西学东渐产生的文化教育价值。自明万历年间起步，西方耶稣会传教士陆续来华，他们在传教的同时，传播了天文、数学、地理、化学、火器等西方近代科学技术知识，大大丰富了清朝以数学为代表的科技知识，也促进了数学的近代化转型。清初，耶稣会教士汤若望、南怀仁等先后在钦天监任职，受到清世祖、清圣祖的器重。清圣祖康熙喜好自然科学，曾学习几何学，后又学习测量、天文、物理和医学，并且，介绍17世纪传入我国的西方数学，使之成为重要科技教材，以此带来西学的传播，对转变社会重义轻利、空疏无实的价值观念，开阔知识界的视野都有解放和促进意义。此外，乾隆年间由政府组织编写的大型医学丛书《医宗金鉴》是一部医学教科书，全书内容丰富完备，叙述简洁扼要。各科心法要诀，以歌诀体概括疾病诸证的辨证施治，全面而精辟，切于实际，成为学习中医的重要读物，同时促进了清代医学教育的进步。

（三）官学教材有效发挥社会教化作用

社会教育是面向平民百姓的教育，古代称之为教化。清朝社会教育的最大特点是在历史上第一次建立全国统一的乡规民约教育制度，封建统治者亲自制订教化教材《圣谕广训》等，在用作地方官学教材的同时颁发于城乡各地。每月固定时间由专人进行宣讲，普及道德和法律知识。同时，辅以"旌表""乡饮酒礼"等其他教化规制，力求通过教化，使百姓文明懂法，维护地方稳定。科举考试作为选拔官僚人才的"抡才大典"和整个教育的核心，为全社会所瞩目。清统治者为之花费了大量精力，其制度之周密细致，堪称历代之最。考试前的禁闭院和回避、考场中对所有人员的搜检、考试内容与形式的标准化、录取名额的按地区分配、官民商民分别录取、复试磨勘的实施等，各项规程、措施都那么可圈可点，特色鲜明。在这当中，清代官学、书院以及私学教材与这种人才选拔制度实现了同构互通、一体化融合的结构体系。其中，明显寓有坚持考试选拔的公平、公正原则，制止各项舞弊行为发生，并反映出社会道德、法律、风尚培育的内在诉求。

《古文观止》蕴含着丰富的关于家风建设的智慧，尤其是在家风的塑造，先人德行功业的颂扬，家族成员行为的规范等多个方面，都给予鼓励和促进，提出修身立德、尊老孝慈的思想和行为的要求。其中以《马援戒兄子严敦书》《三槐堂铭》《泷冈阡表》以及《敬姜论劳逸》等为典型，从不同角度展示了古人的家教例证。

（四）官学教材传播海外

清代学校教育数量和规模急剧增加，外国来华留学也有新的展现。

作为清朝的最高学府，国子监开设有留学生教育分支机构，设立俄罗斯学馆和琉球学馆，外国留学生在国子监学习 3 年，期满回国。清朝皇帝亲自为之挑选教师，并派博士、助教专管，学习内容"以讲读经史为主，其有余力，愿学诗古文者，各就其资性所迁，指授所读书，时为讲解，毋得旷业"①。实际上，国子监接受外国留学生，沟通了中国与俄罗斯、琉球的文化交流，传播了中国传统文化，加深了国家和地区间的友谊，为我国古代中外教育交流写下了夕阳般绚丽的篇章。"四书""五经"《数理精蕴》《资治通鉴纲要》等官学教材都翻译了俄文、英文及日文版，流传海外，影响深远。

及今观之，清代官学教材也存在问题或局限，这同样需要我们加以清醒理解和反思。清代封建中央集权制高度集中，极端管控的文教政策与八股取士、政教合一导致官学教材成为科举的附庸。科举考试发展至清代已沦为应试教育的代表，教材编写的标准化完全跟随科举考试内容变化而变化。以科举考试为走向的官学教育非常僵化和刻板，考试的标准文体——八股文要求文章有固定格式，文章内容与社会实践疏离脱节。如此，清代官学教学活动中教材运用的过程就呈现出了一幅学子士人摇头晃脑、咬文嚼字的图谱，师生双方的教学活动主要演绎为在八股文中讨生活。这就束缚了人们的思想创新，从而妨碍了教材编写的实用性和应用价值。

然而，回归历史，又不禁会悄然产生沟通换位的理解。清代官学教材衍生于 2000 多年的封建社会末世，积淀了丰富的精神财富和历史素材。它们是清代社会不同阶层思想观念、知识文化、风俗习惯、生活方式，以及情感态度的集中表达，涉足广泛的教育心理、文学艺术、科学技术、人文学术等诸多领域。所有这些至今仍然具有深刻的历史文化和教育思想内涵，值得我们加以汲取，而其中所蕴含的历史经验教训、利弊得失更值得我们作深刻的分析解读和扬弃反思。

---

① （清）汪廷珍. 钦定国子监则例·卷17（博士厅）[M]. 清道光四年（1824 年）刻本.

第三节 清代私学状态及教材

清代的私学除了民间社会星罗棋布的私塾、义学、家塾、族学之外，还有学派的专门讲学，传道授业、学术传承薪火不绝，各类私学教材编印、使用蔚为大观，兴盛繁茂。

一、私人讲学及教材

有清一代，私人讲学之风较之明代更昌盛，其中所用的教材多元复杂，体现了清代学术思想的流变及其实态。在这当中，尤以乾嘉学派的思想及教材内容较鲜明突出，对后世的作用明显。

(一)清代私家学派概览

清代的学术思想从清政府的倡导及主流思想意识而言，主要为程朱理学，或称义理之学，而从民间学派的内容及表现等方面考察，则远远突破了这一限制及范畴，甚至包括文学、星象历算及科技的学说主张。但究其主体而言，大概可从以下三个部分呈现：

1. 程朱理学兴盛、陆王心学衰微。此期理学讲学授业情形多见。例如，姚宏任"受业于应谦，日诵《大学》一过，一言一行，服膺师说。谦卒，执尚如古师弟子之礼"[①]。劳史"少就傅读书，长躬耕养父母。读朱子小学，中庸序，慨然发愤，以道自任"[②]。张尔岐"逊志好学，笃守程朱之说，著《天道论》《中庸论》，为时所称。所居败屋不修，艺蔬果养母。……遂教授乡里终其身"[③]。反观陆王心学私学传承颇为稀少，

---

① (清)赵尔巽. 清史稿·沈昀传附姚宏任[M]. 北京：中华书局，1976：13122.

② (清)赵尔巽. 清史稿·劳史传[M]. 北京：中华书局，1976：13148.

③ (清)赵尔巽. 清史稿·张尔岐传[M]. 北京：中华书局，1976：13169.

真可谓"门前冷落鞍马稀"。

2. 体现时代特色的"实学"教育。明末清初颜元、李塨为代表的"颜李学派",揭起反宋明理学的大旗,设私学,立书院,以"实学、实习、实用"教授生徒,形成清代行为主义教育。颜元"著《存学》《存性》《存治》《存人》四篇以立教。名其居曰习斋。肥乡漳南书院,邑人郝文灿请元往教。有文事、武备、经史、艺能等科"①。李塨"学务以实用为主,解释经义多与宋儒不合。又其自命太高,于程、朱之讲学,陆、王之证悟,皆谓之空谈"②。

3. "潜心汉学"的乾嘉学派,即考据学派。许多清代名儒纷纷高举旗帜,关注现实及学术求真,"潜心汉学",弟子甚众。他们以经史训诂教授生徒,使学术思想为之一变;并且在经史教授的同时,还传播其他学说,乃至自然科学。

二、考据学派与教材的拓展

在乾嘉以后,一些学者受到汉学的影响,主张以汉代古文经学的形式、风格,重新探讨古代典籍,挖掘其中的思想文化。这种学派后世名之曰"朴学""乾嘉之学"或"考据学派"。从学校教材史上观察,考据学派扮演了拓宽教材内容乃至类型范围的历史作用,明显弥补清代官学教材之不足。如著名学者阮元设诂经精舍于浙江,设学海堂于广东,不课八股文,而以经史为主,并及文字考订、名物训诂学、天文、地理、算法等学科,这些教材运用于书院以及私人教学,为学界开创了一种新的学风。

惠栋推动了乾嘉学派的形成,继承家学并设私学讲授。数学名家钱大昕、戴震等皆为其弟子。阮元所著《畴人传》卷4一称他"凡经史、文义、音韵、训诂、历代典章、制度、官制、氏族、里居、官爵、事实、

---

① (清)赵尔巽. 清史稿·颜元传[M]. 北京:中华书局,1976:13132.

② (清)赵尔巽. 清史稿·李塨传[M]. 北京:中华书局,1976:13134.

年齿、古今地理沿革、金石、画像、篆隶，以及古《九章算术》，迄今中西历法，无不了如指掌。"钱大昕也设私学，清代数学家梅文鼎族人许多受业于钱。戴震的皖派经学是乾嘉学派达到高峰的标志。他经惠栋及另一教师数学家江永的指导，精通天算，有许多数学著作，如《策算》（1744年）1卷，叙述西洋算的乘除法和开平方法；《勾股割圆记》3篇（1755年）介绍三角八线、平面三角解法、球面三角形解法等。戴震"读书好深湛之思，少时塾师授以《说文》，三年尽得其节目。……震之学，由声音、文字以求训诂，由训诂以寻义理。……震卒后，其小学，则高邮王念孙、金坛段玉裁传之；测算之学，曲阜孔广森传之；典章制度之学，则任大椿传之：皆其弟子也"①。

三、清代蒙学及教材

清代的私塾、义学（义塾）等均属蒙学，都属小学教育程度。蒙学数量庞大，办学形式多样，学制灵活。有的是地主、商人设立，有的是市民或农民集资设立。其种类、规制与明代相类似。它的主要教育对象为15岁以下儿童，入学的多数为城市市民子弟和农村的农民子弟。其中，有的只求粗识些文字，就走上谋生的道路；少数升入高一级教育机构，也有的当作科举应试童生的预备性教育。

清代的私学主要属蒙学教育，对儿童进行初步的读、写、算等基本知识和基本技能的训练。但有些私学也进行科技知识的传授与学习，例举《畴人传》卷35、37、40所记载的史料，可以窥其一斑：潘圣樟，字力田，吴江人，与王锡阐友善，"锡阐尝馆其家，讲论算法，常穷日夜"。梅文鼎，"儿时俟父士昌，及塾师罗王宾，仰观星气，辄了然于次舍运转大意"。学成之后，广授门徒，曾称道："吾为此学，皆历最艰苦之后，而后得简易。有从吾游者，坐进此道，而吾一生勤苦，皆为若用矣。吾惟求此理大显，使古绝学不致无传，则死且无憾，不必身擅

①　（清）赵尔巽. 清史稿·戴震传［M］. 北京：中华书局，1976：13198-13200.

其名也。"事实也果如其言，慕名求其门下者日多，"刘湘煃，字允恭，江夏人也。闻梅文鼎以历算名当世，鬻产走千余里，受业其门"①。其他"裹粮走千里，往见梅文鼎"的还有张雍敬、陈万策、丁维烈等人。可见梅氏私学之盛。

这一时期，随着私塾等初等教育机构的发展以及印刷术的进步和书肆的增多，以及我国重视教材编写的优良传统，私塾教材可谓丰富多彩。既有前代留传下来继续使用的，还新编了一些教材和学生读物。由于思想控制及精神统治的需要，清初开始便加强对学校的规章管理，康熙雍正朝颁布的《圣谕广训》不仅是官学的教材，而且也是私学的政治读本，要求"家弦户诵"，府试生员、秀才初级功名还得考背几条。由于清代科举重书法，蒙学所使用的教材，常与书法训练结合，往往选用某种名家字体与蒙学教材有机结合。例如，唐人欧阳询的字体，有《欧三字经》《欧百家姓》《欧千字文》《欧体格言》。唐鉴《义学示谕》云：

> 蒙以养正，读书不可不审也。"四书""五经"外，如《孝经》《小学》最为蒙童切要之书，读之即知作人之道。……至初发蒙之幼孩，先取顺口，则《小儿语》《好人歌》《三字经》《千字文》皆可取其易于成诵，亦不失为蒙养之初教也。②

《变通小学义塾章程》载：

> 塾中功课，未识字者先识方字一二百，即授《小学诗》。新刻《续神童诗》，为人道理，都要说到，尤妙在句句明白，如《续千家诗》及《孝经》《弟子职》《小儿语》各种，如有余力、皆可接读。③

---

① 赵尔巽. 清史稿(卷11)[M]. 长春：吉林人民出版社，2020：4557.

② (清)唐鉴. 唐确慎公集(卷5)[M]. 光绪元年(1875年)刊本.

③ (清)余治编. 得一录(卷5)[M]. 苏城得见斋同治八年(1869年)刊，宝善堂光绪十一年(1885年)重刊本.

　　以上各种私塾课本，从形式言，有韵语故事、名物掌故、谚语、格言、对子、诗歌等体裁，都以简赅的文字，严格的组句（三言、四言、七言），整齐的押韵表述。除少数比较艰深外，还包括历史知识、自然知识、生产知识、文字知识、日常生活知识。

《烈女传》

　　清代的女子教育在江南地区有出色表现，但女性因地位、身份及生活背景的不同，受教育的机会或内容上便有很大的差别。据清人周郁滨所撰《金石萃编》反映嘉庆年间清代女子生活场景、入学后及学习教材的场景，内称："乡村妇女，终岁不御脂粉，纺织之外，兼以助耕饎饷，闲月归宁，必携针线，制鞋履，归以献其舅姑。早作晚眠，手胝面诟，其勤十倍于市镇。"这当是讲自耕农和佃农家里的妇女。至于所谓"市镇诗礼之家"，则"不观戏，不入寺观，迎神赛会，间有观者，必重于户，亲族庆吊，始以往来。女子六七岁，亦就傅读《闺门女训》《孝经》《烈女传》，写字习算法……间有学习韵语者"①。可知，清代女子教育女童就学所用教材较之明代已有进步。

　　　　————————————

　　①　黄永年. 黄永年古籍序跋述论集［M］. 北京：中华书局，2007：392.

第四节 清代的蒙学教材

一、清代蒙学及教材概述

清代蒙学继承了明代蒙学的课程与部分教材，是对儿童进行启蒙教育的学校。蒙学以 8 ~15 岁的儿童为招生对象，学习识字、写字、读经、历史、封建道德等内容，目的是通过蒙学教育让儿童掌握基础知识、养成良好道德行为，加强思想教育。清代蒙学学校主要有社学、义学和私塾，又以私塾为主。私塾大多分布在市镇和乡村，是民间私人创办的学校，具有幼儿启蒙的性质。这类学校创办形式多样，可由塾师在自己家里，或借祠堂、庙宇，或租借他人房屋设馆招收附近学童就读，可由一族一村延师择址建馆课，也可由富裕人家独自一家聘请教师在家设馆，专教自家子弟及亲友子弟。乾隆后期还出现专馆和散馆等类型。

在整体上，清代蒙学的教材都以《圣谕广训》《三字经》《百家姓》《千字文》《千家诗》等为主，也传授一些如历史、博物等常识，初识生活礼仪。蒙学教育不仅增加了民间学生受教育机会，还为学子参加科举考试做了基础性的准备。

二、清代蒙学教材的主要类型

清代蒙学课程及教材是在沿用前朝的基础上加以创新而成，整体教材类型丰富、数量繁多。以下主要从学科课程门类角度加以介绍。

(一) 识字、写字类教材

识字、写字教材是蒙学教材中最基础的教材。主要教授学生认字、识字、写字，为儿童后续的学习打基础。这类教材内容十分丰富，有

《三字经》《百家姓》《千字文》等历朝历代流传至今的教材；还有新订的《御制百家姓》、何桂珍的《训蒙千字文》、李毓秀撰的《弟子规》，程允升著、邹圣脉增补的《幼学琼林》，王绮的《文字蒙求》，张应鼎著、柯龙章注的《鉴纲咏略》，还有《千家诗》《唐诗三百首》等教材。清代蒙学还广泛应用供农家子弟和商人子弟学习的杂字书。这类教材属于非正规的乡土教材，如《益幼杂字》《庄农杂字》《士农工商买卖杂字》《便蒙六言杂字》《增广改良四言杂字》《绘图中西日用杂字》《群珠杂字》《六言杂字》《五言杂字》、王相《世事通考杂字》、蒲松龄《日用杂字》、陈继儒《群珠杂字》等教材①。虽然这些杂字类教材流传至今的较少，但在非正规的乡土教材中发挥了巨大的作用，这些教材在字数上都比原有的"三、百、千"大大增加，伦理教育色彩也较为浓厚，在儿童的基础教育中起到了重要的作用。

(二) 历史教材

清代尤其重视历史教材的发展，在官学和私学中都重视历史教育及教材的设计比重。在这类教材中，不仅仅局限于历史教育还包括传统知识和道德教育，即通过潜移默化的潜在课程渗透，对儿童进行思想和道德教育。

清代的历史教材类型丰富，有延续明代的历史教材，如杨臣诤的《龙文鞭影》、程登吉的《故事寻源》等。这类教材较多从古代神话、小说中取材，比较活泼，朗读起来朗朗上口，在蒙学教学中很受师生欢迎；还有新撰写的历史知识类读物，如鲍东里的《史鉴节要》、王仕云的《鉴略》《读史论略》《蒙求》、仲宏道的《增订史韵》、许循翁的《韵史》、黄微藩的《历朝鉴略》等②，其中影响较大的有《史学提要》《历代蒙求》和《鉴略妥注》等教材。其中不乏也有简要记述历史的读物，如齐

---

① 吴洪成，李文慧. 清代前期蒙学教材研究[J]. 广州大学学报(社会科学版)，2007(9).

② 李良玉. 中国古代的蒙学历史读物[J]. 阜阳师范学院学报(社会科学版)，2006(6).

令辰的《述史三字经》，虽只有396字，却将中华几千年的历史叙述得条理清楚："周东迁，王纲坠，逞干戈，尚游说。始春秋，终战国，五霸强，七雄出。"①；此外，还有传授历史人物嘉言善行的教材，如大禹治水三过家门而不入，周幽王烽火戏诸侯以博美人一笑，赵高指鹿为马试人心，鸿门宴暗藏杀机显胜负，苏武牧羊保汉节，刘备三顾茅庐等②。历史教材的多样性丰富了蒙学教材的内容，有效提升了蒙学教育的质量水平。

(三)道德教材

道德教育作为封建教育的重要内容，在历朝历代都占据着重要的地位，启蒙教育的核心就是伦理道德教育，知识的传授与培养反而在其次，真是反映孔子在《论语》中所述的"行有余力，则以学文"。清代统治者极其重视道德教育，即通过道德教育达到统一思想和价值观的作用。

在道德教材中，有沿用前代的教材，如《幼仪学篇》《性理字训》《小儿语》《续小儿语》《四书》《孝经》《小学古训》《太公家教》《小学》《弟子规》等教材。雍正二年(1724年)出版的官修典籍——《圣谕广训》，作为道德教材影响也较大。这本教材内容简短易懂、目的是宣扬伦理道德、用之于民间教化。如儿童在乡里迎神赛会之类的祭祀庆典活动上，一般都可以听到《圣谕广训》《圣谕》和《卧碑文》等内容的宣讲，私塾的考试中也会以开卷的形式默写《圣训广谕》。由此可见，我国古代的童蒙道德教育旨在帮助幼童养成圣贤人格，力求培养童蒙知情意行之初步认识和修为能力。

(四)名物蒙求类教材

清代蒙学不仅包括传统的儒家经典和道德教育等内容，还包括自然

---

① 柴永贤，柴翔宇. 中学历史记忆宝典[M]. 兰州：甘肃文化出版社，2014：219.

② 李良玉. 中国古代的蒙学历史读物[J]. 阜阳师范学院学报(社会科学版)，2006(6).

科学知识的教学。后者如实地反映了明清时期传入的西方思想与中国传统思想的碰撞。此类书籍，如丁有美编撰的《童蒙观鉴》，分"志学""孝友""高洁""智识""才力""颖敏"6卷，共选649个故事。故事来源于史传或小说、文学作品，并经作者改写，字数在百字左右。《童蒙观鉴》注重育人功能，传递社会行为规范，且雅俗共赏，易于通晓，讲解透彻，能够启发儿童去效仿学习，践之于行。此外，还有《时务蒙求》《地球韵言》《算学歌略》等教材是在鸦片战争后西学东渐风气下出现的改编之作。清代名物蒙求类教材尤其以邹圣脉增补编著的《幼学琼林》最为流行，该教材主要介绍自然、社会、历史、伦理等方面的知识，综合性极强。这类名物蒙求类教材丰富了幼儿学习的内容，拓宽了幼儿学习的视野，为实学教育的学习奠定了理论基础。

(五)诗歌韵律类教材

诗歌韵律类教育主要目的是通过诗词、歌曲陶冶儿童性情、培养儿童的审美能力。自春秋战国时期我国就出现了诗词音律类的教材，沿用到清代；与此同时，清代也有一些突破与创新。如孙洙编的《唐诗三百首》选诗精当，作为当时较高年级的教材很受欢迎。《古文观止》作为历代散文总集，由清代吴楚材、吴调侯1694年编选。由清康熙年间进士车万育编的《声律启蒙》、清代李渔编的《笠翁对韵》、谢泰阶编的《小学诗》，以及《训蒙骈句》《千家诗》一直风行。稍后出现的《五言千家诗》《唐诗三百首》与之风格类似。清代在吸取了大量前代教材的精华内容后重新编撰而成的诗词音律类教材具有文学和教育的双重价值。

(六)女子教材

明清时期伴随手工业的发展，早期的资本主义萌芽渐渐产生，农本商末的社会习俗逐渐发生动摇。与此相应，受教育的热情逐渐提高，尤其是女性受教育的愿望逐渐提升。统治者为了加强思想控制，便下令编撰一些书籍。其中主要有：王相的《女四书》(包括汉班昭的《女诫》、唐宋若华的《女论语》、明成祖后徐氏的《内训》、王相母刘氏的《女范捷

录》四种女子教育书籍)，还有《女儿经》《女训约言》等教材，以及沿用
至明代的教材《女小儿语》、吕坤编的《闺范》、朱升和诸儒编的《女
诫》、温璜为其母笔录的《温氏母训》等教材①。女子教材内容突出之处
便是"女德"教育。在此背景下，兼容基础知识、生活琐碎知识以及劝
诫性的知识等多方面内容。

(七) 数学教材

在清代，由于资本主义萌芽出现，实学教育受社会思潮影响成为当
时教育的一个侧面所在，包括天文、地理、水利、数学、医学、兵法、
战术、历史、时务、火学、工学、象数等内容。数学是实学教育中最基
础的课程内容，在蒙学阶段主要学习任务是认识数字、计算数字，以及
数学知识拓展和方法技巧。清代代表性数学教材有清代李塨撰的《小学
稽业》，共 5 卷，成于康熙四十四年(1705 年)。其中的内容分别为：小
学四字韵语，十岁前各阶段的教学内容(食、言、数、名、让、仪等)，
学书，学计(数)，学乐舞、诵诗等②，该教材在小学阶段学习，贯彻了
李塨的有关实习、实行、实体和实用的教育思想。除此之外还沿用前代
的教材，如《算学启蒙总括》《九章算术》等。清代蒙学数学教材不仅突
破了传统的程朱理学教育思想，还为其他实学相关学科的学习奠定
基础。

(八) 散文故事类教材

该类教材主要以散文或骈句的形式记录历史故事，所记载的内容时
间跨度长、选材多为历史名人，内容繁简适中。清代蒙学散文故事类教
材主要有《日记故事续集》、丁有美《童蒙观鉴》，吴楚材、吴调侯编选
《古文观止》等；论说类教材有《大学》《中庸》等。这类教材在蒙学高年

---

① 李良玉. 中国古代的蒙学历史读物[J]. 阜阳师范学院学报(社会科学版)，
2006(6).

② 陈青之. 中国教育史[M]. 北京：北京联合出版公司，2015：534.

级学习使用，需要学生具有较高的文学修养和写作水平，对知识文化积淀条理能力要求极高，其中最有代表性的是《古文观止》，在当时深受师生的欢迎，成为当时学子必读的教材之一，直至今天仍继续发挥其重要价值。

三、清代蒙学教材举要

清代蒙学教材泱泱大观，难以统计细算，总量可观，无法一一陈列介绍。此处选其要者加以叙述。

(一)《史学提要》

《史学提要》是由黄继善编写清代沿用的历史蒙学教材。本书编写形式为四言韵语，共 2782 句、15128 字，记述了元代之前的历史。该教材不仅字数较多、篇幅较长，而且涵盖内容丰富，以描述唐朝为例，《史学提要》则多达 1200 字，较详尽地叙述了唐朝历史的演进，涉及政治、军事、经济、文化以及历史人物等各方面的知识内容。《史学提要》还对中国历史上存在的一些割据政权如晋时的五胡十六国、五代时的十国等均有较多的介绍，这在其他蒙学历史教材中也是不多见的[①]。相较于《蒙求》《龙文鞭影》等蒙学读本而论，《史学提要》无论在内容还是篇幅上都占有优势，儿童通过此书的学习便可以详细了解历史变迁及大事知识要点。

(二)《幼学琼林》

《幼学琼林》原名《幼学须知》，又名《成语考》《故事寻源》，是一部讲成语典故、名物制度常识的蒙学教材。由清程允升所著、嘉庆间邹圣脉增补注释，改名《幼学琼林》，简称《幼学》，有的版本，称为《幼学故事琼林》。这本书属于综合类教材，博采古籍中有关自然、社会、历

---

① 吴洪成. 中国学校教材史[M]. 重庆：西南师范大学出版社，1998.

史、伦理等方面的典故，分类编纂。整书共 4 卷，33 个门类，以骈偶语式叙述，朗朗上口、便于记忆。在体例和内容上也借鉴了《蒙求》。卷 1 为天文、地舆、岁时、朝廷、文臣、武职；卷 2 为祖孙父子、兄弟、夫妇、叔侄、师生、朋友宾主、婚姻、女子、外戚、老幼寿诞、身体、衣服；卷 3 为人事、饮食、宫室、器用、珍宝、贫富、疾病死丧；卷 4 为文事、科第、制作、技艺、讼狱、释道鬼神、鸟兽、花木，共计 33 类。开篇"混沌初开，乾坤始奠，气之轻清，上浮者为天；气之重浊，下凝者为地"，其对宇宙形成的认识虽不科学，但十分简洁地概括了古代宇宙论的基本哲学思想，末篇名为《花木》，"植物非一，故有万卉之名；谷种甚多，故有百谷之号"①。旁及各类植物，包孕不少促人奋进的格言。全书两两相对的骈语，节奏感很强，文字简练，内涵丰富，学童在朗读背诵中即能获得各方面的基础知识。"在一定意义上，《幼学琼林》也可以说是一本常用成语典故及各类常识的小辞典。"②注重押韵、对偶的编写方式也很适合儿童的特征，读来朗朗上口，饶有兴趣，终生不忘。《幼学琼林》在当时影响力极大，几乎家传诵读。

(三)《唐诗三百首》

清孙洙(号蘅塘退士)编选的《唐诗三百首》是一部流传很广的唐诗选集，该书所选的诗多是精粹之作，在唐诗中具有一定的代表性。孙洙在《原序》中说："世俗儿童就学，即授《千家诗》，取其易于成诵。故流传不废，但其诗随手掇拾，工拙莫辨。且止五七律绝二体。而唐宋人又杂出其间，殊乖体制。"③所以，他选录唐诗中脍炙人口之作，如五古、七古、五(七)律、五(七)绝、乐府，共三百一十首，分体编排，"为家塾课本，俾童而习之，白首亦莫能废"。后来四藤吟社本增补了杜甫咏

---

① 齐豫生，夏于全.白话四库全书[M].长春：北方妇女儿童出版社，2006：151.

② 熊承涤.明代的蒙学教材[J].课程·教材·教法，1991(10).

③ (清)蘅塘退士著，钟雷主编.唐诗三百首[M].哈尔滨：黑龙江出版社，2003：3.

怀《古迹》三首。光绪年间四藤吟社主人谓该书风行海内"几至家置一编"。可见这是清代一本流行最广、影响很大的唐诗选本。

(四)《古文观止》

《古文观止》是清康熙年间吴楚材、吴调侯编选的文学教材。选文时限上起先秦，从《左传》《国语》开始直至明代共十二卷，选文二百二十二篇。绝大部分选的是散文，也收了极少数骈文。每篇有简要评注。按时代先后编排。吴兴祚在《序言》中说："阅其选简而赅，评注详而不繁，其审音辩无不精当。"又称楚材二人才气过人，下笔洒洒，数千言无懈慢，盖其得力于古者深矣。① 可见编者古文根柢颇深，所以取材较恰当，作为少年儿童读本，繁简适中，流传较广。书中选司马迁文15篇、韩愈文24篇、柳宗元文11篇、苏轼文17篇、欧阳修文13篇。选文大多是名家名作，深受读者的欢迎，成为清代学子的必读教材。直到今天，其价值更是历久弥新。

(五)《日用杂字》《日用俗字》

蒲松龄作为清代民间文人的代表，以《聊斋志异》小说著名。作为基层私塾蒙师的他也编写了一些杂字教材。《日用杂字》是他在借鉴其他杂字书籍《农用杂字》并吸取了其在流传过程中"脱漏""杜撰"等缺点亲自编写而成。他在《自序》中说："每需一物，若不能书其名。旧有《农庄杂字》村童多诵之。无论其脱漏甚多，而即其所有者，考其点画，率皆杜撰。故立意详查字汇，编为此书。"②

《日用俗字》融合了其他杂字书籍(叶韵、词语分类编排，运用口语俗字将识字、知识技能教育、思想道德教育相结合等)的优点；又避免了其他杂字教材(杜撰字多，字形及读音不规范等)缺点。整本教材共

---

① 熊承涤. 中国古代学校教材研究[M]. 北京：人民教育出版社，1996：325.

② 朱一玄编，朱天吉校. 明清小说资料选编(下)[M]. 天津：南开大学出版社，2012：1004.

14000 余字，以七言韵语的形式编写，其中新颖之处在于读音编写，读音皆从正字通，而难识者皆注以切音。体例共分身体章、农庄章、养蚕章、饮食章等 31 章，包括了世间生物、社会行当等多领域常用的俗字。

杂字教材在内容上贴近儿童生活，以韵语为形式，朗朗上口，不仅成为儿童的识字启蒙教材，也称为乡里百姓的识字范本，堪称当时教育中最有特色的一部分，体现着民间智慧①。

(六)《小学稽业》

《小学稽业》由清代李塨(1657—1733 年)撰，依据朱熹的《小学》改编而成。编书的目的是："朱子小学所载天道、性命……诸条皆非幼童事，且无分于《大学》，乃别辑此编。"②其中也蕴含颜李学派的思想。该教材提出关于 6~14 岁儿童分年教学的设想，记述了儿童学习幼仪、书、数、乐、舞等内容，是小学课程教材方面的名作。全书共 5 卷，第 1 卷编录"四字韵语"，包括其总纲，以便于儿童诵读；第 2 卷编辑诸如"食食能言""六年教数方名""七年别男女""八年入小学""九年教数目""十年学幼仪"诸目；第 3 卷编录"学书(法)"；第 4 卷编录"学记"，其中包括"九九歌"等；第 5 卷编录"学乐""诵诗""舞蹈"等。该教材留存今天有《李恕谷遗书》本、《畿辅丛书》本、《丛书集成初编》本。《小学稽业》具有近代课程分年教学的萌芽，虽然其内容缺乏丰富的科学技术知识，但在清代启蒙教育中具有创新意义。

(七)《童蒙观鉴》

《童蒙观鉴》由清丁有美编撰，是一本有关名人故事的童蒙读物。全书分"志学""孝友""高洁""智识""才力""颖敏"六类，共 649 个故事，还精选了富有教育意义的名人轶事③。清代如《童蒙观鉴》的蒙学教

---

① 毛礼锐. 中国教育通史[M]. 济南：山东教育出版社，1987.

② 张详浩. 中国传统思想教育理论[M]. 南京：东南大学出版社，2011：327-328.

③ 吴洪成，李文慧. 清代前期蒙学教材研究[J]. 广州大学学报(社会科学版)，2007(9).

材，根据儿童的可接受程度编写，字数均在几十字、百十字以内，文字简洁，故事性强，儿童爱读。古人采取的这种形象化的教育手段，具有近代儿童教育激发兴趣、生动活泼的色彩。当然，其内容的丰富性，也在学子启蒙阶段发挥促进作用。

(八)《女四书》

《女四书》是清代常用的女子蒙学教材。该教材从东汉到明末陆续问世，流传甚少，明代经王相一一加以笺注，合刻为《闺阁女四书集注》，简称《女四书》。该教材篇章统合包括王相辑东汉班昭的《女诫》、唐宋若华的《女论语》、明成祖后徐氏的《内训》、王相母刘氏的《女范捷录》四种女子教育书籍。

整本教材对女子宣扬封建统治思想——"三纲五常"、"三从四德"、贤妻良母、男尊女卑、贞妇烈女、柔顺之道等。《女诫》为东汉女史学家班昭为教育女儿而作，全书分卑弱、夫妇、敬顺、妇行、专心、曲从和叔妹7篇，称："幽闲贞静，守节整齐，行己有耻，动静有法，是谓妇德"；"择辞而说，不道恶语，时然后言，不厌于人，是谓妇言"；"盥浣尘秽，服饰鲜洁，沐浴以时，身不垢辱，是谓妇容"；"专心纺绩，不好戏笑，絜齐酒食，以奉宾客，是谓妇功"。认为"此四者，女子之大节，而不可乏无者也。"《女论语》为唐朝女学士宋若莘撰著，体例仿效《论语》，用问答体阐述妇道。现今保存的《女论语》署名曹大家撰，在"序言"中就申明了四德三贞是女教大义。有立身、学作、学礼、早起、事父母、事舅姑、事夫、训男女、营家、待客、柔和、守节共12章，为四言韵文，与史载问答体有异，恐非宋若莘原著。《内训》是明成祖的徐皇后为教育宫中妇女所作，开篇即讲女子的德性在于孝敬、柔顺而"能配君子"。要求女子"仁以居之，义以行之，智以烛之，信以守之，礼以体之"[①]。有德行、修身、慎言、谨行、勤励、节俭、警戒、积善、迁善、崇圣训、景贤范、事父母、事君、事舅姑、奉祭祀、母

---

① 李秀忠. 名人家训[M]. 济南：山东友谊出版社，1998：167.

仪、睦亲、慈幼、逮下、待外戚等 20 章。《女范捷录》为明末儒学者王相之母刘氏所作，开宗明义便讲夫妇之道是"五常之德著而大本以敦，三纲之义明而人伦以正"。全书分《统论》《后德》《母仪》《孝行》《贞烈》《忠义》《慈爱》《秉礼》《智慧》《勤俭》《才德》等 11 篇①。

《女四书》虽然大部分内容属于限制女性发展，但其中提倡勤俭持家、尊老爱幼等观点有一定合理因素。采取易于上口、易于记忆的韵语编写教材也有可取之处。作为清代主要的女子教育教材，甚至还流传到日本、朝鲜以及东南亚诸国，对东南亚文化圈的文化特征及礼仪风格产生一定影响。

---

① 　顾明远. 教育大辞典［M］. 上海：上海教育出版社，1991：217.

附录一 宋元明清的书院教材

书院是中国古代教育机构，具有讲学、质疑、辩难学风的性质与职能，是当时创新时代学术思潮、引领学术进步的场所。钱穆先生曾说："中国传统教育制度，最好的莫过于书院制度。"书院起源于唐代。唐开元六年(718年)，最早出现了"书院"的名称，最早的书院为东都洛阳紫微城的丽正书院，当时书院的主要功能是收藏、校勘书籍，还不是一种教育机构。在宋代才真正建立起具有固定学制和教学内容的书院，如白鹿洞书院、岳麓书院、河南登封太室山的嵩阳书院、湖南衡阳石鼓山的石鼓书院、江西上饶的鹅湖书院等。书院的发展在南宋时期与理学紧紧相依，周敦颐、程颐、程颢、朱熹、陆九渊等理学大师都开设书院，授徒讲学，书院主要有三大功能，讲学、藏书、供祀。宋代书院形成了古代学术的高峰，奠定了书院的基本架构。元朝政府出于吸引汉族士人的目的，对书院给以资助，并且加以管理。为了巩固政权、发展教育，书院数量进一步扩展，趁势扩张到了南宋之外的地方，过去没有书院的云南、甘肃等西南、西北地区都开始兴建书院，理学的影响进一步扩大，一些蒙古人、色目人也开始进书院读书。明、清时期书院制度延续，在王朝变化更替中曲折前行，达到鼎盛时期层次。清代后期戊戌维新以后书院走向改制转型新教育的轨道。书院教材是书院教学的依托、课程实施的媒介、学习文本资源的主要工具，既有别于官学教材，又在私学教材中别出心裁。

一、宋元时期书院教材

宋代书院以私学性质为主，但不时涌现出官学化书院。不同类型书院其学术旨意有别，课程与教材的确有所差异。元代在经历了30年改权建立的反复取舍后，行汉代政策，沿袭宋代文教典章、学校制度、理学思想，取舍中略有调整，书院教材亦是如此。

（一）宋代书院类型

宋朝建立之后，汲取了唐末五代近两个世纪藩镇割据、权臣悍将篡位的教训，采取了一系列政治、经济、军事措施以维护中央集权的君主统治。在此背景下，宋太祖赵匡胤实施以文治国的方略，推崇儒家的伦理纲常，使得推行科举尊孔崇儒成为宋代文教政策的核心。这一文教政策对于学校教育、学术文化都产生较大影响。官学、私学课程与教材都带有儒家思想的烙印。这烙印自然就深深体现在科举制度中，科举取士"须懂经义，遵周孔之礼"。书院作为宋代学校的补充，也充满了儒家思想，并且起到服务科举的职责。宋代书院既有专门讲授课考的书院，也有讲授理学、心学为主的书院，还有讲会为主的书院。

1. 讲授课考的书院

科举制度起源于隋，发展于唐，北宋对之前的科举制度进行了多方面的调整，大力鼓励士人通过科举入仕，一方面增大科举取士的数量，一方面提高科举选官的比例与政治地位，科举成了宋代官员的主要选拔来源。由于宋代官学教育并不稳定，所以书院作为官学的补充，承担了官学的职责，即为学生参加科举考试提供教育、为读书人提供应举求学场所，并为国家培养人才。在科举制度的倡导下，形成了"遗子黄金满籯，不如一经"①的社会价值观。这类书院数量较多，著名者如宋初四大书院之一的河南商丘应天府书院，还有湖南濂溪、东湖、清湘书院等。这类书院官学与书院两者界限模糊，教师、学生出入于州县官学与书院之中，其制度、教学方法也互相影响、互为借鉴。

这类书院以教书育人、应试科举为教育目标。书院教材及教学内容和科举考试的内容大致相同，据相关文献记载，北宋前期，官学的教材

---

① 班固.汉书·韦贤传[M].北京：中华书局，1978：3107.

主要有:《诗》、《书》、《易》、《左传》、《仪礼》、孔颖达的《五经正义》、徐彦的《公羊传疏》、杨士勋的《穀梁传疏》、贾公彦的《周礼注疏》和《仪礼注疏》①,而政府颁发给地方官学和书院教材则分别包括:《诗》《书》《易》《左传》《穀梁传》《公羊传》《礼记》《周礼》《仪礼》,两者使用的教材极相近。在师资力量上,这类书院尽量延揽有科举考试经验的名师传教,大多数书院是进士出身的官员或者等候任职进士创办或任教,如岳麓书院的首任山长张栻、泰山书院的创始人孙复。两宋期间,书院作为主要的教育机构,将传授儒家经典,助力生徒科举应试作为自身教学活动目标。书院也部分实践学术研究、方法应用、道德修养,以及社会服务的教学活动,这在一定程度上修缮了科举制的不足,帮助学子树立了正确的科举观,发挥了积极的作用。

2. 传授理学和心学为主的书院

理学与书院的结合经历了曲折的发展过程,书院教育与理学传播的结合,是在北宋中期儒学复兴运动中实现的。这一时期儒学复兴,程颐、程颢("二程")、张载等人吸收宋初儒学家治学的经验,打破传注训诂的传统治学方法,创立了以"天理"为中心、富于思辨的理学思想体系。他们以"性"与"天道"为探讨的核心命题,从世界本体论到万物生化论,从人性善恶论到穷理治国论,形成了一套严密的逻辑体系,以不同方式论证了儒家伦理、纲常的合理性,以实现儒家圣人的精神境界为人生的终极目的。"二程"希望以理学来回应来自佛学的强烈挑战,重新确立儒家学说在思想界的主流地位,并以此"正人心,固根本",找到解决当时激化的复杂的社会矛盾的出路,求得天下的治平。但是由于遭到当时占主流学术地位的王安石"新学"的排斥、压制,其生存和延续面临危机和挑战,理学在书院中影响力大大下降。

南宋时期,以朱熹、张栻为代表的理学大儒充分发挥书院的文教功能,将书院教育与理学教育充分融合。

---

① 李兵. 官学的替代机构——北宋前期的书院[J]. 河北师范大学学报(教育科学版),2003(4).

南宋中期，书院的规章制度得到了完善。这类书院的教育目的是引导学生求道和学习圣人，不让学生为科举而学习，"二程"主张"言学"必以道为志，"言人"便以圣为志。把求道与学为圣人相提并论，同时设置了山长、堂长、讲书、学正、学录，建立了比较完善的教育管理体制。此类书院的教材凸显理学特色，重视"四书""五经"，其中"四书"的地位往往高于"五经"，是当时理学家讲学的重要教材。同时也确定了后世理学书院课程设置和教学秩序。在学习传统儒家经典的同时也注重学习朱熹、"二程"以及其他理学家的经典著作，以其作为书院师生使用的教材。

南宋后期，统治者认识到了理学对于稳定社会秩序、维护君主专制集权具有明显作用，于是确立了理学在官方统治思想的地位，理学书院讲学和探讨内容以讲授科举为主，导致学术发展减弱。只有那些坚持讲学、追求学术真理的私立或者半私立的书院，才维系了理学书院的讲学精神，如朱熹三传弟子王柏的上蔡书院、方逢辰的石峡书院，为后世所继承。①

与理学相对的另一种思想是心学，南宋的心学家以陆九渊为代表，陆九渊（1139—1193 年），金溪人，为"心学"的开山之祖，与朱熹齐名，其学与兄九韶、九龄并称"三陆子之学"。他创"心学"于槐堂，弟子数千人。著名的弟子有"槐堂诸儒"——傅梦泉、邓约礼、傅子云等，"甬上四先生"——杨简、袁燮、舒璘、沈焕。其弟子亦纷纷创办或讲学于书院，积极传播"心学"思想。如临川晃百谈建碧涧书院，吴绍古则讲学于玉真书院。②

以陆九渊为代表的心学家提出了"人生天地间，为人自当尽人道，学者所以为学，学为人而已"（《陆九渊集》卷35）的思想。这类书院秉承"以仁德为本为先"的道德教育思想，以培养学生明"理"，遵循"仁、

---

① 王晓龙，张春生. 宋代书院教育与宋代理学的传播[J]. 贵州社会科学，2005(1).

② 张发祥. 宋代抚州书院繁盛及其原因分析[J]. 东华理工大学学报(社会科学版)，2012(3).

义、礼、智、信"的道德规范和道德品质为教育目的，力求达到"明人伦"。①这类书院在教育内容上具有多元性，著名的心学书院莫过于陆九渊的象山书院，即以"六经"(诗经、书经、礼记、易经、乐经、春秋)和"论孟"(论语、孟子)为主课，但又兼设"簿学"(会计)、"吐纳"(澄内观、气功)、"骑射""琴艺""弈道"等副课。显然，这使课程教材实具教材性质或类似角色功能。

3. 讲会为主的书院

以讲会为主的书院最早由会讲学术活动发展而来，南宋时期就出现了最早的会讲——张栻、朱熹的岳麓之会探讨"仁""综合"和"太极"等，东南三贤朱熹、陆九渊、吕祖谦在江西信州鹅湖寺会讲。这两次著名的会讲对理学和书院的发展起到了明显的促进作用，会讲逐渐形成制度成为讲会。讲会制度繁荣在南宋中期，这一时期理学传播活动兴盛，甚至超越了浙东事功、新学、蜀学等其他派别。到了南宋后期，理学甚至入侵到两浙、四川等地，对于当地学者的学术信仰都起到了改变作用。②

书院教育引起了宋代教育的深刻变革，使宋代教育达到中国古代教育的鼎盛时期。同样，其教材的运用和变革也是以拓展或扭转古代教材的经学、文学为主导记诵应试等为目的。

(二)宋代书院课程与教材

由于书院受中国古代传统文化的影响较深，尤其是儒家的熏陶时间较长，所以在课程设置上主要是儒家学说。除了儒家学说、历史、诗词、诸子百家实用技术之外，还有严格的学规、严谨的学风、融洽的师生关系、宽容的学术环境等。丰富多样的课程决定了书院教材的丰富性，除了以上教材还包括书院自身藏书与刻书，来源丰富，种类繁多。

---

① 李育富. 南宋书院的哲学特色及其现代价值[J]. 安阳师范学院学报，2010(4).

② 王晓龙，张春生. 宋代书院教育与宋代理学的传播[J]. 贵州社会科学，2005(1).

1. 通用型教材

受儒学思想熏陶，在唐宋社会文化环境变化之际，宋代社会崇尚儒术科举、佛教禅林氛围浓厚，加上印刷术的迅速发展，书院以儒家经典为教材，如"四书""五经"成为统一教材。同时，又由于受理学影响，各书院在使用教材中又有一定变化。"四书"即《大学》《中庸》《论语》《孟子》。"五经"即《诗》《书》《礼》《易》《春秋》。在宋代学生要先学习《论语》《孟子》等"四书"后再学习"五经"；理学兴盛后，张载、"二程"等教育家重视学习《中庸》《大学》；朱熹将这一思想不断完善，将"四书""五经"作为书院的基本课程，但在讲授时不一一陈述，而是择其重点篇章而讲之。

2. 理学、心学著作选为教材

宋代理学大师的著作、讲义、语录、注疏数量较多，包括周敦颐的《太极图说》和《通书》、程颢的《明道学案语录》、程颐的《伊川语录》、张载的《正蒙》和《西铭》以及朱熹的《小学集注》《近思录》和《朱子语类》等，特别是朱熹的《四书章句集注》成了南宋及其后历代书院必学的课程内容。除了这些著作还有书院主讲者的自编教材，书院主讲者乐于把自己的著作作为书院的教材，讲述独到的学术见解，与学生分享自己的研究成果。这一点，重庆市涪陵区北岩书院表现得尤为明显。朱熹著有《四书章句集注》后，该书便成为宋代重庆书院的主要教材，其地位也超过了《诗》《书》《礼》《易》《春秋》等传统儒家经典。程颐于北岩书院讲学时，也曾专门讲述自己的著作《伊川易传》。[①]　其弟子胡安国在自己创建的碧泉书堂(后改为碧泉书院)讲授自己所著的《春秋传》《宋元学案补遗序录》。

3. 服务科举的教材

朱熹作为南宋时期理学教育的集大成者，其思想对于科举教材也有一定影响，他为大学阶段的学子重新编著《四书章句集注》，后来成为

---

① 吴洪成，王培培，王亚平. 宋代重庆书院探析[J]. 重庆高教研究，2016(1).

科举考试的标准和各级各类学校必读的教材，影响中国封建社会后期教育长达数百年，颠覆了宋以前以经学为主的科举教材选择。除了《四书章句集注》外，参加科举考试还需要读"四书""五经"等儒家经典教材，此类教材也演变为通用型教材在各书院广泛传播，便不赘述。

4. 讲会式书院为主的教材

这类书院的教材既包括传统儒家经典教材，又设有其他实用技能课程。如陆九渊创办的象山精舍传授"六经"（《诗》《书》《礼》《易》《乐》《春秋》）和"论孟"（《论语》《孟子》）为主课，但又兼设"簿学"（会计），"吐纳"（澄内观、气功）、"骑射""琴艺""弈道"等副课，这些课程门类等。此类书院在实用性课程上教材较少，大多靠言传身教。

5. 历史类教材

历史教学是书院的重要组成部分，强调通过历史教育明理修性和经世致用，历史教材发挥道德教化、资政鉴戒和民生实用的多重作用。历史教材，实行史籍与经籍相融，引入宋代学者，尤其是书院学者自己的史著作品。在教学方法上也颇有特色，如提倡"自学辅导法""质疑问难法""会讲论辩法"等。受科举制设立三科的影响，宋代书院普遍将《史记》《汉书》和《后汉书》作为专门的历史教学素材。朱熹曾言："先读《史记》及《左传》，却看《西汉》《东汉》及《三国志》。次看《通鉴》。"[①]《左传》《三国志》《资治通鉴》等也是书院的历史素材。但书院主要以研习儒家经典为主，"四书"和"五经"记载政治制度、社会生活、思想文化、伦理道德等历史。《书》《礼》《诗》《易》分别是政治类、礼仪制度类、诗歌类、占卜哲理类的历史文献，《春秋》则是一部编年体史书。书院教师不仅重视吸取已有研究成果，还身体力行展开历史研究，并将自己的研究成果引入历史教学。如陈亮在浙江永康方岩办书院时著有《酌古论》《三国纪年》《中兴五论》等治史之作，吕祖谦在浙江金华办书院撰有《大事记通释》《大事记解题》《左氏传说》《左氏传续说》《历代制

---

① （宋）黎靖德. 朱子语类·卷11·学五[M]. 王星贤，点校. 北京：中华书局，1986：195.

度详说》《通鉴详节》《唐鉴音注》等。无疑，这些著作都是各自书院教历史的可选教材。

6. 实用知识类教材

宋代一些书院在教学形式上采用北宋教育家胡瑗的"分斋教学"方式，将教学分为"经义"和"治事"两斋。但客观而论，生徒治民、武术、水利、数学(主要是算术)等方面实用技术的比例少，而且在当时远不如儒家经典的地位高，所以教材也较少。

7. 道德教育教材

道德教育作为宋代书院的核心内容，其为代表性的便是《白鹿洞书院学规》作为书院教育的纲领，旨在通过道德教育培养明人伦的个体。朱熹说："先王之学以名人伦为本。"①书院道德教育的主要内容是宣扬传统的仁义礼智信忠孝敬悌恕等内容，以教师教授的形式以及祭祀的形式进行道德教育。在书院中道德教育也制定了原则和方法，如制定了相应的学规学则，订立学习和生活制度、设置良好的德育环境，同时要求教师以身作则，学生也要笃行礼仪道德，知行一致。其中有关言行举止的规定较多，现摘录如下：

> 父子有亲，君臣有义，夫妇有别，长幼有序，朋友有信。右五教之目。尧舜使契为司徒，敬敷五教，即此是也。学者学此而已。而其所以学之之序，亦有五焉，其别如左：博学之。审问之。慎思之。明辨之。笃行之。右为学之序。学、问、思、辨四者，所以穷理也。若夫笃行之事，则自修身以至于处事接物，亦各有要，其别如左：言忠信，行笃敬。惩忿窒欲，迁善改过。右修身之要。正其义不谋其利，明其道不计其功。右处事之要。己所不欲，勿施于人。行有不得，反求诸己。右接物之要。②

---

① 《近思录》(卷9)注文.
② (宋)朱熹. 晦庵集(卷74)[M]. 文渊阁《四库全书》本.

可见，宋代书院非常注重学生的道德修养，主持书院的理学家们严格要求学生检查自身的行为是否符合君子的标准，即所谓的"日三省吾身"。书院每年都要进行道德方面的考核，检查学生有没有达到要求，如果在考察中没有通过，将会受到严厉的惩罚。①

(三) 宋代书院教材举要

宋代书院教材复杂多元、丰富广泛，以下就其中典型教材加以呈现。其中需说明的是，一些教材或许在上文已有介绍，我觉得交叉是必然的，教材在学校、书院中共同是常态，而且此处分析视角、维度也有别于前述内容。

1. "四书""五经"

"四书""五经"作为通用教材在宋代占有重要位置，成为官学以及书院的统一教材。受理学影响，各书院在使用这些教材时又有一定变化，张载、"二程"等人重视学习《中庸》《大学》，其他篇章则不一一讲述，而是择其重点讲之。

自宋代开始，《中庸》在儒家经典中的地位日益提升，至南宋朱熹以《中庸》为本，加之以《大学》《论语》和《孟子》，一同构筑了以"四书学"为核心的理学体系，影响广泛而深远。关于本书的作者，学术界上也颇有争议，宋代学者认为子思为《中庸》作者。整本书是孔子吸收了西周、春秋时代的"中正""中和"观念提出来的，是儒家经典中思辨性强、义理深远的作品，主要阐明了天、道、性、中和、诚等思想，主张慎独、忠恕、至诚尽性，同时又重视礼制、修身和治国。"中庸"意谓不偏不倚地把握"中"这个事物的总原则，尊重规律，言行要合于礼，既不能过，也不能不及，在哲学上讲就是那个最合适的"度"。《中庸》包括教育思想和制度，尤其是道德教育，整体内涵丰富。在教育思想中，《中庸》开头便提道："天命之谓性，率性之谓道，修道之谓教"，

① 邓洪波. 中国书院的教学管理制度[J]. 河北师范大学学报(教育科学版)，2005(3).

既强调天命对于人性的作用，又承认个体的努力和后天教育的重要性，是一种思想的进步。在教育理论上，《中庸》强调"知"与"行"理论的结合，并且主张知行合一，只要从这三方面做起，就能培养出具有智、仁、勇"三达德"的圣贤和人才。

《大学》为儒家经典之一，约为战国末期思孟学派的作品，相传作者为战国时期的曾子，原为《小戴礼记》中第 42 篇，后司马光著《大学广义》，《大学》遂成单行本。宋代儒者将之与《中庸》《论语》《孟子》并列称为"四书"，作为教育伦理、政治、哲学的基本纲领，宋、元以后，《大学》成为学校官定的教科书和科举考试的必读书，对中国古代教育产生了极大的影响。因《大学》为初学者修德之门，故列为"四书"之首。《大学》命题围绕修身、齐家、治国、平天下，讨论教育哲学理论的重要命题。其中包括教育的基本宗旨和为学次序，即"三纲领"（明明德、亲民、止于至善）和"八条目"（格物、致知、诚意、正心、修身、齐家、治国、平天下），修己是治人的前提，修己的目的是为了治国平天下，说明治国平天下和个人道德修养的一致性。《大学》全文文辞简约，内涵深刻，影响深远，主要概括总结了先秦儒家道德修养理论，以及关于道德修养的基本原则和方法。

2.《四书章句集注》

《四书章句集注》由南宋学者朱熹编写，是集《大学》《中庸》《论语》《孟子》于一体的力作，士人举子科考的教材，被誉为"圣书"。该教材共 19 卷，内容分为《大学章句》（1 卷）、《中庸章句》（1 卷）、《论语集注》（10 卷）以及《孟子集注》（14 卷）。因《大学》《中庸》的注释纯系朱熹自己所作，故称为"章句"。《论语》《孟子》的注释除朱熹自注外，又酌用了"二程"、程门弟子以及他人的注释，故称"集注"。朱熹注释四书的特点即是以程朱理学的特有概念和观点解释经文的义理，力求从整体上把握原书的义旨，而不拘泥于字义、名物、制度的孤立繁琐的考证，即清代学者吴英在《四书章句附考序》中称："在于大本大源，而不在于一字一句之间也。"如将《大学》的"明德"解释为"具众理而应万事"的虚灵之心。如将《中庸》的"天命之谓性"解释为人物各得天所赋之理，

"性，即理也"。将《论语》的"仁"解释为"仁者，爱之理，心之德也"。

《四书章句集注》被中国历代王朝统治者所推崇，宋以后，元、明、清三朝都以《四书章句》为学官教科书和科举考试的标准答案。理学成为官方哲学，占据着封建思想的统治地位，而《四书章句》作为理学的重要著作，也被统治者捧到了一句一字皆为真理的高度，对中国封建社会后期思想产生了的影响。

3.《小学集注》

《小学集注》由朱熹撰写，又简称为《小学》，是蒙童修身养性教育的补阙之作，与《大学》相呼应，构成一个由小学再入大学的儒家思想教育体系。

《小学》正文共 385 章，分内、外两篇，其中以《内篇》为主，"皆述虞夏商周圣贤之言"①，追溯上古、远续道统，以收化民成俗之效。《外篇》为辅，《外篇》首页有一个序，讲明"道"之无处不在，"述嘉言，纪善行"②，是为扩展学子的视野，充实《内篇》讲述的道理。具体来讲，《内篇》有"立教、明伦、敬身、稽古"四个类目，《外篇》有"嘉言、善行"两个类目。《小学·内篇》引用儒家经典为主，而又以《礼记》居多，如 212 章中引用了《礼记》共 108 条、《论语》54 条、《孝经》12 条、《孟子》9 条、《左传》6 条、《国语》5 条、《列女传》5 条……《外篇》共 173章。其中，来自宋代的资料多达 108 章，体现了《小学》述古与论今的有机结合，有利于学子阅读理解和学以致用。《外篇》以程颢、程颐、张载等北宋理学家以及古代先贤的言行为主。资料来源于宋代"二程"《文集》《遗书》、司马光《书仪》《家范》、吕祖谦《少仪外传》、颜之推《颜氏家训》、吕本中《童蒙训》等。

《小学》各章长短不一，有的只有寥寥数字，有的多达几百字。在宋代，《小学》作为理学经典教材的基础读本、学童的入门之书被统治者和书院教学所推崇，明清时期更是进行了不同的改造，出现了注解本、删

---

① 吴枫，宋一夫. 中华儒学通典[M]. 海口：南海出版公司，1992：1355.
② 江先忠，王维建. 朱子《小学》详解[M]. 长沙：岳麓书社，2017：223.

节本等形式，甚至还流传到朝鲜、日本、越南等国家，在海外广泛传播。《小学》作为体例完备、内容精当的教科书，历来为学界所认可。

4.《白鹿洞书院学规》

《白鹿洞书院学规》，又称《白鹿洞书院教条》或《白鹿洞书院揭示》，由宋代理学家、政治家朱熹撰写，此学规是为培养人才制定的教育目的和学生守则。整本书集儒家经典语句而成，字字隽洁、内核深奥。其中篇章内容包括教育的目标和课程，为学的程序，修身、处事和接物的纲领。在教育内容上注重道德教育、读书治学、修身处事接物。"学规"的整体教育目标是教导学生明确"义理"，并以之作用身心修养，以达到自觉遵守的高度。以"父子有亲，君臣有义，夫妇有别，长幼有序，朋友有信"为"五教之目"；以"博学之，审问之，慎思之，明辨之，笃行之"为"为学之序"；以"言忠信，行笃敬，惩忿窒欲，迁善改过"为"修身之要"；以"正其谊不谋其利，明其道不计其功"为"处事之要"；以"己所不欲，勿施于人。行有不得，反求诸己"为"接物之要"，完全体现自孔门儒学人才培养方向。《白鹿洞书院学规》成为封建社会后期办学的依据和准则。

5.《资治通鉴》

《资治通鉴》由北宋政治家、史学家司马光历时 19 年编修而成，是我国第一部编年体通史。该书自治平三年（1066 年）受诏编纂，至元丰七年（1084 年）书成。全书共 294 卷，该书仿效《左传》体例与笔法，上起周威烈王二十三年（公元前 403 年）韩、赵、魏三家分晋，下至后周世宗显德六年（公元 959 年），贯串 1362 年史事。取材除"十七史"外，尚及野史、传状、文集、谱录等 222 种，内容以政治、军事为主，略于经济、文化。书名为"资治"，目的在于供封建统治者从历代治乱兴亡中取得借鉴。《资治通鉴》范围广博、繁简适宜、组织精密、条理清晰，为宋代史学名著，赋予了编年史体以新的生命力，对后来史学界影响很大，包括李焘、朱熹、袁枢、胡三省、王夫之、毕沅、陈垣在内的古今学问名家都有围绕着《通鉴》而创作的著述出版。目前主要流行的注本有宋史焯的《通鉴释文》30 卷、南宋王应麟《通鉴地理通释》、宋末元初胡三省《资治通鉴音注》等。

6.《大事记通释》

《大事记通释》由南宋著名史学家吕祖谦所著，是一部编年体史书。整本书包括"大事记""通释""解题"三个部分："大事记"12卷、"通释"3卷、"解题"12卷。该书名之由来，乃效仿"司马子长《年表·大事记》，盖古策书遗法"①。该书纪事以《春秋》之后的周敬王三十九年（公元前418年）为始，采取了《鲁史》《左传》《战国策》《吕氏春秋》《史记》《汉书》《通鉴》《稽古录》《通鉴外纪》等书中的资源，至武帝征和三年（公元前90年）而止，其述"不以笔削而自任，故每条之下各注从某书修云云，以自附于'述而不作'之义"②；整体编撰体例独特，融合了编年与纪传叙事方法于其中；在编年方法中以年月系事，并标明每一条材料所出之处，图谋于纷繁史料中辨明去取之义，与"十表"旨趣类似；在专，其中的史法多遵循《史记》叙事方法。吕祖谦在书序中说："书法视太史公，所录不尽用策书凡例云。"③。该书对《左传》编年叙事法进行发展与创新，其主要表现一是通过合理分类事目，从而完整展现史事；二是重视"论事"，所谓"据事发挥，据陈得失"；三是突破编年叙事法，对编年、纪传体裁进行融合；四是重视实用，表现在取材上兼综百家、融会文史，叙述上务求通俗。"大事记""通释""解题"吸取了编年、纪传二体所长，"大事记"列出事目；"通释"以简短篇幅反映一代政治、社会风貌；"解题"则以初涉史学的学子为对象，务求通俗，以普及基本的史学知识。作者在书中对于诸家史书的异同优劣之处多有辨析，同时对于典章制度等亦用心颇多。

（四）元代书院教材

元代的书院教材在理学教育为主导的背景下，呈现实用技术、数理

---

① （宋）吕祖谦.吕祖谦全集（第8册）[M].杭州：浙江古籍出版社，2008：3.
② （清）纪昀.四库全书总目提要[M].石家庄：河北人民出版社，2000：1306.
③ （宋）吕祖谦.吕祖谦全集（第8册）[M].杭州：浙江古籍出版社，2008：3.

天文、医学宗教以及文学诗歌多元并举的多彩图谱。元朝是由蒙古族建立的少数民族统治中国的统一的封建王朝，元朝统治者为了缓和民族矛盾，稳固统治政权实施怀柔政策，广开入仕之路，笼络知识分子。为此，除了在中央官学、地方官学各类教育机构中增加汉族知识分子的名额外，对于保留讲学风格的书院也采取默认或提倡的态度，但又因势利导地使之走向官学化。

元代书院主要以程朱理学为教材，元太宗八年（1236 年），行中书省事杨惟中随皇子征宋时，就收集了大批宋儒著作送回燕元大都，供士子研读，并立宋儒周敦颐祠，称"周子祠"，以纪念理学鼻祖周敦颐，并以理学宗师程颢、程颐、张载、杨时、游酢、朱熹"六君子"配飨。他又与昭文馆大学士姚枢建立太极书院，选宋儒著作 8000 卷，聘请北方著名理学家赵复在书院讲授。

元代书院传播程朱理学大约有三种情况：第一，完全传播程朱理学。赵复是其代表人物。元代在北京首创的太极书院，是理学在北方传播的第一个基地，其主持人赵复为当时名儒，他自编三部书作为教材：一是《传道图》，主要阐述从孔子、颜渊、孟子到周敦颐、二程、张载、朱熹等人的道学传统；二是《伊洛发挥》，列举朱熹门徒五十三人的行迹，作师友图，并寓私淑之志；三是作《希贤录》，记伊尹、颜渊等圣贤的言行，使生徒倾心向慕①。第二，具有"融合朱陆"的讲学特色。元代的理学潮流是融合朱陆，其代表人物是吴澄和许衡，他们当时有"南吴北许"之称。吴澄既强调朱熹的泛观博览，又强调陆九渊的"以德性为本""先发明本心"，以至于当时有"宗陆背朱"之嫌。吴澄认为，理学中的朱陆之争，实际上是朱陆的门徒们制造出来的，朱熹与陆九渊其实是一脉相承、一师所授。第三，具有"通过学习陆学而转向朱学"的讲学倾向。有一批主张"融合朱陆"的学者，是由陆入朱的。他们认为陆学有很多弊端，因此想用朱学的优点去弥补和填充陆学的不足与短处，以此发展和弘扬陆学。但在后来的讲学过程中，他们的思想由重陆学而

---

① 白新良. 中国古代书院发展史［M］. 天津：天津大学出版社，1995：37.

转为重朱学,这类代表人物有史蒙卿、郑玉等。

由于元代统治者对发展汉化教育与蒙古教育的矛盾心理,以及对知识分子们的招募与怀柔,在书院的发展过程中,元朝统治者为了加强对书院的控制,采取了一系列有效措施,如:由各级官府委任书院的山长、对书院大小官员进行任命和晋升、官方控制书院经费的使用,最终使书院官学化,并在教学中以传播程朱理学为宗旨。此外,书院在发展过程中,理学逐渐北移。

需要说明的是,元代书院教材具体而微、色彩斑斓的丰富内容,限于作者已有资料,准备不足,行文局促,尚不及呈现,容后补充丰富。

二、明代书院教材

明代共历 277 年(1368—1644 年),有书院 1962 所,唐、五代、宋、辽、金、元所有书院的总和也不及其数的一半。明代的书院经历一个很复杂的发展历程,即沉寂——勃兴——禁毁的曲折过程,也是书院在官方政策中地位的变化过程。明代,科举制已经进入稳定时期,为了加强对国家的中央集权统治,将以官学为代表的学校纳入科举考试,形成了科举—官学人才培养模式。在此背景下,洪武元年(1368 年)和洪武五年(公元 1372 年)朝廷两次下令,改天下山长为训导,书院直接入地方官学或社学,书院经历着沉寂的过程。明代中后期统治者内部斗争对科举选拔制度产生一定的影响,当时国子监由于朝廷实施纳银、纳粟入监的制度进一步加速了国子监的衰败,同时地方官学教官教学极不负责甚至连考课和监督的基本职责都放弃,官学培养科举人才功能有所丧失,科举—官学人才培养模式逐渐松弛,士人为求学必然寻求另外的求学场所,科举—书院人才培养模式便有所抬头、兴起。明政府通过下诏修建、赐额、赐匾等形式支持书院发展,地方官学中不少官吏将书院等同于官学,为创建和修复书院投入大量人力物力,王阳明、湛若水等学者在各地纷纷兴建书院,深入乡村开展书院讲会,提携后辈人才,重视藏书,书院开始勃兴。书院官学化倾向日益明显①。

在明代，书院是官学为主，兼有私学特征的一种形式，程度水平则以大学的性质为目标，承担着授业、传书、育人、科举的重要责任。为了应对书院教学日益的需要，政府和书院都编制了一些教材，如明代胡广等人纂修的《五经大全》《四书大全》《性理大全》，主要涉及语言、历史、文学、法律等，如不断完善的《十三经》《古文词类纂》《古文观止》以及历代法律诰令等。明末清初资本主义的萌芽和"经世致用"思潮的兴起，教材涉及范围也随之逐渐扩大，包括农学、水利、历学、象数、地理、律令等，不仅引入了自然科学方面的教材，社会科学方面也日益增多②。整体上呈现出古代贤哲所称道的那种"为天地立心，为生民立命，为往圣继绝学，为万世开太平"的精神。

(一)明代书院类型

明代社会背景比较复杂，封建专制主义统治更加严重，封建社会日渐低落衰微；程朱理学在封建统治地位上更加强化，占据学校教材的指导思想和主要内容；明清八股取士导致学校教材经学内容日益僵化，同时西方科技知识进入学校教材，提供新的教材素材；印刷术快速发展，私家刻书兴盛，书院开始为学生提供时代场域下的适用教材。

明代书院包括重授课、考试的考课书院、教学与研究的书院、各学派在此互相讲会、问难、论辩的讲会式书院。考课式和理学式数量较多，讲会式以东林书院为代表，大多被统治者禁毁。

1. 讲授课考的书院

明代的科举制度处于鼎盛时期，科举取士制度更加规范化与制度化。科举制度相比于前朝而言，明代实施了十分严格的科举程序，健全了三级考试制度；考试文体以八股文为答题形式；考试内容也严加限

---

① 李兵. 明代人才选拔、培养模式与书院发展关系探析[J]. 湖南大学学报(社会科学版)，2006(6).

② 张传燧，钟伟春. 明清书院教材的类型、建设逻辑及其特点[J]. 教育史研究，2021(3).

制。其中授课考类型书院主要是为了应对科举考试，弥补地方儒学在教育上的不足，也是书院逐渐官学化的重要表现。明代书院实行考课的先声，出现在一些私立乡邑小书院中，据刘伯骥《广东书院制度沿革》中记载：在广东，诸如龙山、翁山、桃溪等一些"乡邑私立的书院，因经费关系，既无掌教，亦乏膏火，却有月课之制。每月或望或朔，聚集士子课文，评定甲乙，奖以笔金"。书院主要的学习内容与科举考试内容相对应，主要有"四书""五经"，明开国帝王洪武大帝朱元璋还增加了自己的著作《御制大诰》，宣扬绝对君权，要求臣民服从，同时朱元璋还剥夺了《孟子》的地位，不仅下令从孔庙中逐出孟子牌位，还要求国子监和科举考试禁用《孟子》。又还授意翰林学士刘三吾对《孟子》进行删节，删去"民为贵，社稷次之，君为轻"和"君有大过则谏，反复之二不听，则易位"等八十五条等《孟子》及儒家思想的精华内容①。

　　明代书院实行山长负责制，院生试卷要经过山长评价后送到官府审查再确定名次、发放奖金。书院考试形式多样，分为官课和私课，有月考、月课等。官课由政府拨款、私课由书院拨款。其中官课由于受到政府的支持占据重要的地位。为了鼓励考生参加科举，对于考生还设置奖金(膏火)，获得名次时根据等级授予不同的奖金，对于家境贫寒的学生也可以依据较好的课考成绩获得奖金以维持求学费用，乃至于生计底线。这类书院在明代数量也很多，如弘道书院、蒙泉书院、湖南书院、益津书院等，可观出"学而优则仕"的思想，也具有一定的人文关怀。

　　2. 传授理学和心学为主的书院

　　在明代理学思想主要包括程朱理学和陆王心学，二者虽然在部分思想上具有对立的观点存在，但是在实质上仍然以儒家思想为要旨精神和核心内容，在明清时期的书院中具有明显地位。

　　陆王心学的书院以王守仁和湛若水为代表，陆王心学是站在程朱理学的对立面从而发展起来的，这类书院课程以"心学"为主要内容，具体又分三种：一是诗歌，二是习礼，三是读书。据史料记载，明代中后

①　金铮. 科举制度与中国文化［M］. 上海：上海人民出版社，1990.

期重庆书院的发展与新的学术思想、传播密切相关，在一定程度上推动了阳明心学的发展，在重庆府武隆县白云书院曾招收各地生徒、讲授儒学经典，以传授王守仁"致良知"与"知行合一"为主要内容的学说。

讲授程朱理学的书院以朱熹、周敦颐、张载、邵雍、"二程"等书院教育家为代表。程朱理学，又称义理学或道学，主张"存天理、灭人欲"，把孔孟学说置于正宗，又把董仲舒阴阳五行，张载、周敦颐、"二程"的教育观点，以及佛教的哲学与思辨精神，加以统合，小心而细致地构造出内容精深的新儒学体系。

在这两种思想的冲击和主导下，有很多著名的书院，如大科、石泉、云谷、四峰书院并称为明代西樵四大书院。书院内的主要教材有"四书""五经"《性理》《史记》及五伦书，秦汉上古文、汉魏以前诗可读，对于仙佛庄列诸书不可泛滥，以免搅乱名教。

3. 讲会为主的书院

讲会式书院作为明代书院中的一股"清流"，是针对科举考试制度以及部分学校、书院只注重科举考试、八股制艺，忽视对士人探究精神、内心修养、治学不足而有针对性设立的。

王阳明论证科举应试的偏差："夫自科举之业盛，士皆驰骛于记颂辞章，而功利得丧，分惑其心，于是师之所教，弟子之所学者，遂不复知有明伦之意矣！"①明代正德年间，一些地方官员建立了一些讲会式书院，以弥补科举制度取向身心性命之学的弊病，作为官学教育的补充。即以救科举之弊，使之反求而得其本心；"匡正学校之不逮"。

这类书院多建在风景优美之处，以陶冶学子性情，以讲授理学思想为主，并且追求士人身心的自我体验与反省。其中最突出的便是讲会制度，此类书院代表性的有湖南醴陵平山书院、四川大益书院、浙江稽山书院、陕西的关中书院以及一些理学家建立的书院，如王守仁和湛若水在全国建立的一些书院，如浙江阳明书院、广东韶州明经书院、江苏溧

----

① （明）王守仁著，《文白对照王阳明全集》编委会主编. 文白对照王阳明全集5［M］. 北京：团结出版社，2020：700.

阳嘉义书院、安徽宣城志学书院等。以东林书院最典型，在东林书院的讲会制度愈加制度化，每年设有两次大会、每月设有一次小会，每次讲会各三天，远近明贤以及学士，无不毕至。① 其中最著名的便是"风声、雨声、读书声，声声入耳；家事、国事、天下事，事事关心"成为讲会制度思想内核的核心所在。虽然东林书院最后被官方禁毁，但这类书院最后均有官学化的倾向，但这种讲会式书院注重讲学传道、提倡民主精神、注重失学、关心朝政和民生，书院与政治建立起联系，推动了文化学术的传播。

(二)明代书院的各类教材

明代以上三种类型书院的课程和教材多有重合，传统的"四书"、"五经"、理学、心学著作和讲义均占据着重要的位置。书院办学因其宗旨不同、思想流派差异，课程纷繁众多、类型丰富，经学、道德、历史、天文、历法、数学、医学、天文、宗教课程、书法课程林林总总。部分书院还设有选修和必修课程，课程又分为一日之程——日程，一月之程——月程，甚至还有一季之课程，一年之课程。文献记载中，常常有"日有课程，不中程不止"，"日有程限"，"日有程期"。"程法"，"日明程度"，"日有程，月有试"，"日有程，月有稽"等词汇，称赞学习的计划性，或赞扬教学得法如此云云。不同的课程与教材在大多数书院中融通，一体化较强，若有分化，也是在课程计划下，显示教材的多样性选择与开发，此处将从明代书院的通用教材、理学教材、心学教材、考课教材等方面分别论述。在整体上呈现出课程的丰富性与教材的多样化。

1. 通用教材

通用教材是指普遍使用的教材，体现了国家教育发展走向以及学术沟通默认的特点。通用教材大多由明朝政府和重要官员组织编撰，如明朝永乐十二年(1414年)，明成祖就曾下令翰林学士胡广、侍讲杨荣、

---

① 　(明)顾宪成：东林会约·无锡金匮县志·学校[M]．光绪刻本(卷6).

金幼孜等人纂修《五经大全》《四书大全》《性理大全》。张居正在执政时期，也曾规定书院使用的教材："今后务将颁降"四书"、"五经"、《性理》、《通鉴纲目》、《大学衍义》、历代名臣奏议、文章正宗，及历代诰律、典制等书，课令生徒诵习讲解。"①这些官学教材也沿用至清代书院教学活动中，如诸代政府为了加强统治、巩固政权，于雍正十一年（1733 年）下令在总督、巡抚驻扎地建立省会书院，并对省会书院的教材作了相应的规定："各省学官陆续颁到圣祖仁皇帝钦定《易》《书》《诗》《春秋传说汇纂》及《性理精义》《通鉴纲目》《御纂三礼》诸书，各书院院长自可恭请讲解。至《三通》等书，未经备办者，饬督抚行令司道各员，于公用内酌量置办，以资诸生诵读。"②

书院教材经过官方修订，便具有了政治性色彩。除了基本的"四书""五经"之外，以"仁"与"礼"为核心的道德教育内容是书院教材中的重点，教材有《朱子家礼》《仪礼》《周礼》《性理大全》《近思录》等。在"四书""五经"中也有"德"与"礼"道德教育的体现。

历史教育也是书院课程必须的部分。"以史为鉴"是历朝历代君王以及学子明晓的道理。明代以程朱理学作为官方学说，程颐曾言："凡读史，不徒要记事迹，须要识治乱安危、兴废存亡之理。"③明代的历史教材种类丰富，包括以"五经"为主的历史教材以及以通鉴类和纲目体为主的历史教材，例如，《资治通鉴纲目》《皇明正要》《春秋》《通鉴纲目》等都是基本的历史教材。

明弘治年间，杨茂元以长沙同知之衔，为岳麓书院置《四书大全》《书经大全》《易经大全》《诗经大全》《礼记大全》《春秋大全》及《性理大全》各一部，以备院生随时观览阅读，"五经"的历史教材包含丰富的知识信息与思想内容，客观上推动了历史教育的开展。

明代科举考试以八股取士为主要形式，这就要求考生不仅要阐述自己对题目的观点与看法，还要把议论和历史相结合，使之论述更有说服力。所以，有些书院以《左传》《国语》《史记》《汉书》为教材。陕西弘道书院不但令学生每日熟记《通鉴纲目》《续通鉴纲目》《通鉴节要》《续通鉴节要》《史略》《史断》等书籍，还要求学生平时要广泛涉猎《贞观政要》《唐鉴》等书。① 明代书院也为学生购买有关历史书籍，课外自学或作教材参考之用。例如，万历年间，河南百泉书院为学生购求的史籍有：《资治通鉴纲目》《宋元资治通鉴》《史记》《汉书》《后汉书》《三国志》《晋书》《宋书》《南齐书》《梁书》《陈书》《魏书》《北齐书》《周书》《隋书》《唐书》《五代史》《宋史》《元史》等。② 在教育方法中也强调力所能及和由主到次、引导、自学与督查相结合等方式。

书院教育既承接了蒙学教育中的蒙学教育识字、写字等内容，也有所升华，在书院中也设置了书法教育，以陶冶学子性情，如在弘道书院教材列表中出现了作字内容的教材，有欧(阳询)、虞(世南)、颜(真卿)、柳(公权)字帖，体现了古代学者对于自身书艺水平的要求。

2. 讲学为主书院的课程与教材

在明代讲学为主的书院包括程朱理学和陆王心学这两类。理学和心学教育的内容在传统的通用教材基础上，增设了具有理学和心学特色的教材。讲求理学的书院教材以程朱理学为宗，主要涉及宋明理学大儒的经典著作，如周敦颐的《太极图说》、张载的《西铭》、程颐的《识仁篇》、冯从吾的《关学编》、孙奇逢的《理学宗传》等。讲求心学的书院，其宗旨就是陆王、阳明心学，因此教材以王阳明和湛若水等的心学著作为主，如王阳明的《传习录》《〈大学〉问》和湛若水的《心性图说》等。同时也有一些科学技术的课程设置，如明代万历年间，白鹿洞书院还多次邀请外国传教士利玛窦来院讲授天文、历法、数学、机械等理工知识，

---

① 来时熙. 弘道书院志[A]. 赵所生，薛正兴. 中国历代书院志(第6册)[C].南京：江苏教育出版社，1995：489-490.

② 聂良杞. 百泉书院志：学约志[A]. 赵所生，薛正兴. 中国历代书院志(第6册)[C]. 南京：江苏教育出版社，1995：117.

洞主章潢、舒曰敬(宋应星的老师)也与利玛窦有过亲密交往。舒曰敬还为传播西学的《绿雪楼集》写序,大为推广。此类相应的教材有李时珍的《本草纲目》、徐光启的《农政全书》、宋应星的《天工开物》、徐霞客的《徐霞客游记》等,它们经常被书院,乃至明清私学用为教材。

3. 科举考试为主的教材

明代的科举制度已经到达十分完善的程度。科举类书院在课程设置、教材教学中紧跟科举选拔的要求。其中既有选修与必修课程,也有传统课程和明代私设课程,教材的内容也与此协调配合。

首先是传统的"四书""五经"课程。书院教材除了采用汉、唐诸儒所重的《诗》《书》《礼》《易》及《春秋》等"五经"之外,还继承宋元传统地从《礼记》中取出《大学》《中庸》二篇,并与《论语》和《孟子》并列为"四书",甚至从儒学义理的角度出发,将它们的地位提到"五经"之上。同时还有《孝经》《小学》等教材。

教师在实施教学中,即使是讲授传统经典,也常常注重从中发掘新的义理,这就有校本教材建设的价值。书院在读经书籍基础之上,鼓励学生博学多闻、知古通今。以湖南书院为例,除了基本的"四书""五经"外,还教授经部著作《孔子家语》《春秋繁露》《韩诗外传》,史部著作《左传》《国语》《国策》《二十一史》《通典》《通考》,子部包括《玉海》、佛、道诸家之书;集部包括四大家文集等,并将这些书籍采备于书院图书典藏,鼓励诸生阅览。

科举考试的书院教材内容也有少量实用知识技术,这是教育中"治事"科目目标的追求,与科举策论中现实问题化的素养培育并不矛盾,只不过范围及层次或深度不能作苛求责备。在"治事"上包括九边要塞、兵制、马政、屯田、水利、盐法、漕运、储蓄、赈济、王府禄粮、东南财赋、西北徭役,"以至形势险阻之地,战阵攻守之法,礼乐制度,刑名法律,皆须一一与师友潜心讲究,究利害臧否之源,讨通塞兴废之故,求变通宜民之方,广化裁尽利之用,使天下之事,运之掌上"①。

---

① 孟庆旭,王玉华. 山东教育史[M]. 济南:山东教育出版社 2015:250.

　　为贴近科举考试的需要，书院开设政法类课程以使学生通晓"明治"之道，通过此类相应教材培养学者理政能力，为巩固统治政权服务。设置其中的教材主要有：《武经七书》、《武经总类》(以上兵戎)、《大明律》、《刑统赋》(以上刑名)、《救荒活民》、《荒政备考》(以上荒政)、《河防通议》、《泾渠图说》、《吴中水利》(以上治水)等教材，还包括治水、治政等多方面，主要目的是为国家培养多类型的理论与实际相结合的人才。

　　4. 讲会式书院为主的教材

　　讲会式书院以东林书院堪为代表，这类书院也是在传统课程的基础上，自行编写一些特色教材，如《东林林会会约》等，此处限于篇幅，不做多述。

(三) 明代书院教材举要

　　明代学校教材作为主流学术文化及新知识内容传承和延续的载体，集中体现着一定社会时代的文明成就。以下对明代影响较大的教材略举数例，以窥一斑。

　　1. "四书""五经"

　　"四书"包括《大学》《中庸》《论语》《孟子》，南宋朱熹将此四种书加以注释，合辑为《四书章句集注》，由此始立"四书"之名。

　　"五经"包括《诗》《书》《礼》《易》及《春秋》5 部儒学经典。汉武帝推崇"罢黜百家、独尊儒术"的文教政策后，这些教材便成了士人学子通往科举的必修课，在明代更是将八股文代入"四书""五经"的学习中。明永乐年间，胡广、侍讲杨荣、金幼孜等人纂修编印《四书五经大全》，作为学校的主要教材。朱熹认为"四书"是学习"五经"的阶梯，得"四书"要领后方可学习"五经"。因此，元明清士子多先读"四书"，以"五经"为可缓。科举考试要求"四书"必考，"五经"可专习其中一经。这些教材记载了中国古代的典章文物的历史资料，论述了儒家的哲学、政治、伦理、文化与教育等思想，是古代儒家学说的理论根据和道德伦理观代表。

2.《性理大全》

明胡广等奉敕编辑，又名《性理大全书》，70卷，宋代理学著作与理学家言论的汇编①。《性理大全》作为明代书院和官方学校的通用教材，其内容包括自然、人、历史等。全书共70卷，前25卷收录周敦颐《太极图说》《通书》、张载《西铭》《正蒙》、邵雍《皇极经世书》、朱熹《易学启蒙》《家礼》、蔡元定《律吕新书》和蔡忱《洪范皇极内篇》9部著作，26卷至70卷，分理气、鬼神、性理、道统、圣贤、诸儒、诸子、历代、君道、治道、诗、文、赋等13类，收录先儒有关性理内容的议论，旨在阐述程朱性命理气之学。可见，整部教材充满理学思想与儒家思想，是明代理学的典型教材。作为一种指导思想来说，程朱理学指导科举考试的价值取向，即"庠序之所教，制科之所取，一禀于是"。《性理大全》不仅作为明代官学书院教材广泛使用，还传播至朝鲜，成为朝鲜书院的主要教材之一。

3.《传习录》

《传习录》为明代心学思想的代表作，是王守仁的语录和论学书信汇集。全书分上、中、下三卷。卷上为王守仁讲学答疑的语录，卷中是写给别人的七封书信，卷下一部分是语录，一部分是王守仁编的《朱子晚年定论》。其中大量陈述，王守仁的学术思想，如卷上记王守仁对"经"与"史"的看法："以事言曰史，以道言曰经。事即道，道即事。"书中充满了心学思想色彩，以"吾心"为主宰；"夫学，贵得之于心。求之于心而非也，虽其言出于孔子，不敢以为是也，而况其未及孔子者乎！""夫道，天下之公道也；学，天下之公学也。非朱子可得而私也，非孔子可得而私也。"值得赞赏的是，这本书中还是最早出现的反权威色彩，王守仁为之写了一篇短序，说朱熹晚年"大悟旧说之非"，极为后悔"自诳诳人之罪"，称世上流行的《四书章句集注》是朱熹"中年未定之论"，不能代表朱熹的真正思想；而《朱子语类》则是门人按自己的意见汇集的，更不足为训。《传习录》作为程朱理学、记载心学思想的重

---

① 邓洪波. 中国书院学规［M］. 长沙：湖南大学出版社，2000：197.

要教材，不仅具有记录、答疑辩难的特征，还具有积极和进步意义。

4.《资治通鉴纲目》

《资治通鉴纲目》共 59 卷，是朱熹所著的编年体历史散文集，依据司马光《资治通鉴》、儒家纲常名教，简化内容，增损改编而成，该书体例分别仿照《春秋》《左传》。以"纲目"为体，纲仿《春秋》，目仿《左传》。纲为朱熹自作，用《春秋》笔法，寓褒贬之意。其中所记内容上起周威烈王二十三年（公元前 403 年），下迄五代后周世宗显德六年（959年），贯穿 1362 年史事，表面上看此书属于历史教材范畴，但本质上是朱熹以形而上的理学体系，或曰新儒学体系为标准，去重新审视《资治通鉴》新创的论著，这本论著充满了朱熹理学、天命的哲学、道德和历史思想，在明代理学书院教材中有一定作用①。

5.《大明律》

《大明律》共 30 卷，7 篇，460 条，是明代的刑法法典。明太祖朱元璋钦命编定，于洪武三十年（1397 年）完成，并颁行全国。

该书仿照唐朝法律体系，总结元末法条繁冗的不足，本着"法贵简当，使人易晓"的原则制定，以法律调整对象的社会分工为分类标准，其中内容包括，明朝律法类型、内容以及如何判定。如名例律、吏律、户律、礼律、兵律、刑律、工律等，具体规定刑名和法例。以下各篇的总则，包括五刑、十恶、八议以及其他判刑原则，该法学教材法律内容条目简练，结构严谨。

虽然存有刑民不分、程序法与实体法不分等许多缺点，但对传统法律分类方法的创新，对清代立法产生了深刻影响。②

(六)《大学衍义》

《大学衍义》是南宋理学家真德秀的政治哲学著作，共 43 卷。同朝

---

① 刘荣.道德史观的强化——从《资治通鉴》到《资治通鉴纲目》[J].江南大学学报（人文社会科学版），2017(5).

② 陈远，于首奎，梅良模，孟庆仁.世界百科名著大辞典[M].济南：山东教育出版社，1992：473.

代丘濬在该书基础上作《大学衍义补》，增加了治国平天下的内容，成了包含160卷、119个细目的体系，堪称治国之学的重要参考书，受到统治者的重视。该教材以白鹿洞书院揭示为指导作为整本书的纲目，包括"帝王为治之序""帝王为学之本""格物致知之要""诚意正心之要""修身之要""齐家之要"。在每条纲下又有细致的目，即"每条之中，首之以圣贤典训，次之以古今之迹、诸儒之释经论史，有所发明者录之"。作为对《大学》思想的延伸，故称"衍义"。

该书教人大学之道是有体有用，"本之一身者，体也；达天下者，用也"。故主张以心为本，要求修身为学莫不自身心开始，在此基础上学会实用的经史知识，治理国家。

这部教材不仅在官学中成君臣学习的读物，同时也是私学读物，书院学子学习理学、治理国家的学习教材。

三、清代书院教材

清代为了继续加强封建统治，从学校、科举制度，以及课程、教材等方面加强规范化管理。首先建立一套完善的官学教育体系，设置不同的教育机构，加强对中央—地方的控制；其次，继续沿用明代科举制度，并严加控制，科举制度日益僵化；再次，在学习内容上，采用国家编写教材的方式引导教材内容建设；最后，除了官学教育得到恢复之外，以书院和私塾为代表的私学教育也得到一定的发展。

在此背景下，清代书院经历了禁止、限制、鼓励、扶持的过程。逐渐形成书院层级网络——省会城市为中心，府级和县级书院为次中心的结构。清代书院大部分走向官学化，成为统治者宣扬封建伦理思想、培养国家服务人才的场所。然而，其中实学类的书院在促进教育的近代化进展中还是做出了一定的贡献。清代书院教材依托在书院教育，又作为主要因素在书院办学中发挥应有的角色作用。

（一）清代书院类型

清代书院相较于明代而言，类型更加多样、思想更加丰富。实学教育类书院从萌芽到系统性发展，学术研究类的书院内涵也更加丰富，不仅突破了讲会制度，还更加专注于学术研究。总体来讲，清代的书院既保留了传统书院的形式与内容，又突破了传统书院和科举的束缚，展示出传统教育逐渐走向近代化的自我内在力量。清代书院有四种类型，分别为：

1. 以理学为主的书院

清代康熙王朝中晚期，程朱理学开始逐渐取代心学成为时代的主要思潮。理学作为清代统治者指定的官方思想，在官学、私学中占据着重要的地位。这时期的理学教育突破了明代对理学、心学形而上学的探讨，以实现儒家道德的实践为主要教育目的，又以程朱的理学为主要课程。清代以理学为主的书院很多，例如关中书院、鳌峰书院、紫阳书院等，与书院相关一些学派也在宣传程朱理学思想，如以戴名世、方苞、刘大櫆、姚鼐为代表的桐城学派，文章内容多是宣传儒家思想，尤其是程朱理学，语言则力求简明达意，条理清晰，"清真雅正"。他们的许多散文都体现了这一特点。还有一些明代遗民学者继承书院讲授理学的传统，并对明代理学教育思想进行批判，如孙奇逢、黄宗羲、颜元等学者，转而提倡经史致用之学。他们对宋明理学的批判继承，旨在矫枉理学过多重视道德说教的弊端。但由于时代局限性，这类书院主要依附于科举，从事读书应试教育的各项课程教材教学和训练。

2. 以制艺为主的书院

制艺是指八股文，亦作"制义"，是古代在考试时作的文章。它的文体在科举考试中有明确规定，在明清两代也称作八股文。所以制艺类书院起到了为科举制度输送人才的作用。如钟山书院、经川书院等，都是其中的代表。为此，书院以传统的"四书"、"五经"、程朱理学等为主要课程和教材。这类书院已经完全官学化，失去了书院自身的精神所在，其僵化的教学内容、考试制度使得当时的学风也渐渐失去了生命力、学子也只读经史，并非通百家之知识，思想逐渐僵化。

3. 以实学为主的书院

明末清初，利玛窦访华带来了大量的西方新潮知识，同时商品经济的进一步发展、西学东渐及教育思想自身的演进，形成了普遍性的带有启蒙意义的实学教育思潮，对我国传统儒家教育思想产生冲击。实学教育萌芽在明代兴起，在清代以颜元和黄宗羲等教育家为代表，实学教育逐渐形成潮流。实学书院便随之兴起。清代实学是中国封建政治经济文化百病丛生、社会历史由古代向近代转型、欧洲殖民主义东来和西学东渐的学术应急反映，其思想建构则突出以实气、实有、实理、实心、实体、实用、实证、实测、实行、实践、实事、实业为基本范畴，以明体达用、崇实黜虚为理论旨归，主要内容由反省理学、反思传统、史学经世、经学经世、理学经世、新学经世等思想观点所组成，先后形成了明末清初启蒙实学、乾嘉考据实学、晚清经世实学三大社会思潮，是中国古代儒学史区别先秦子学、汉唐经学、魏晋玄学、宋明理学的基本学术范式①。

实学书院批判宋明书院只注重读书静坐，与佛老之学并无二致，程朱理学、心学皆违背了周孔正学。清代实学以颜元的漳南书院为代表，打破了宋明以来的书院教育，注重农、工、水、电等有实用价值的学科教学，开创了书院教学经世致用之学为主要教育内容的先河。

4. 以经史词章为主的书院

经史词章为主的书院兴起于清初，清代中叶兴盛，一直延续到清末。这类书院是乾嘉考据学派的产物，乾嘉学派学术研究方法，主要采用汉学训诂、考据的方法，也称汉学，同时又因文风简洁、重逻辑实证而称考据学派。这类书院以阮元创建的诂经精舍和学海堂为代表，教育目的是"以励品学，非以弋科名"，所以以经史词赋等为主要教学内容。批判理学和科举类书院，以考据学和文学为主要教学内容，其他如上海龙门书院、江阴南菁书院等。在经史词章为主的书院影响下，改变了当时只重读经等僵化的学风，形成了注重考据、训诂等学习风气，也为社会培养了大量的通经人才，保存了大量的历史古籍。

_____

① 章启辉. 传统儒家实学与新实学建构[A]. 实学文化丛书：传统实学与现代新实学文化(一)[M]. 北京：中国言实出版社，2017：92-100.

5. 西学书院

西学书院是由于特定历史原因所建立。清代后期西方列强对中国虎视眈眈，国家面临生死存亡关头，西学东渐成为大势所趋，为了救亡图存、对传统书院进行革新，以西方近代科学知识为主要教学内容。这类书院以经世致用为宗旨、关注时务、学习近代西方科学，考试以策论为主要方式，其中尤以上海格致书院和中西书院为代表，其办学主体不仅有国人自办还有中西合办。上海格致书院，于同治十三年（1874）建成，由江苏无锡徐寿和英国人傅兰雅等捐资创办，延聘西方人士教授格致之学（即自然科学），王韬曾任监院。上海格致书院附设博物院，陈列工业、交通、天文、地理、枪炮等模型和样品。它是晚清最具特色的书院，也是近代传播西学，特别是科学技术的重要基地。书院执教授业的有西学大师傅兰雅、新学领袖徐寿和王韬等人，又由于有自强运动领袖李鸿章等人鼎力支持和积极参与，格致书院办学影响力不断上升。书院课试内容以自然科学为主，涉及化学、物理、天文、历算、地理、医学等西学各科，教学中重视培养学生对有关国计民生现实问题的关注，并思考与讨论国家民族的前途和命运。

（二）清代书院的课程与教材

清代书院课程经历了三个阶段的变化过程，在清初，书院课程与明代书院课程相衔接，既有理学色彩又有实学因素；清朝中期，理学类、实学类、经史类、科举类书院均有所扩展，呈现多样化的特色；晚清时期，清政府内忧外患，传统的理学教育无法应对世界发展潮流，涉及天文、科技地理等西学课程教材便随之出现。这时期的教材仍然存在着传统理学书院的顽固捍卫问题，教材内容出现历史复归，对于经学、理学教材的恪守十分明显。清政府下令编纂书院经学、理学教材，如《春秋传说汇纂》《性理精义》《通鉴纲目》《御纂三礼》等。

1. 理学教育教材

理学教育是明清书院教育的重要内容。清军入关，作为少数民族政权的清廷对讲求道统纲常的程朱理学依旧大力推崇。顺康至乾隆中期，程朱理学重新成为官方的主流思想，在性礼心道的讨论方面因循宋儒的基本观点，核心主张是"居敬穷理"和道统论。但需要说明的一点是，清初的理学在实学教育的影响下，具有一定经世致用的学风，但尚未突破儒家思想学说的桎梏，这在整体上是一种进步。在清代，书院理学课程主要包括理学著作和讲义，到后期逐渐演变成学习八股文及应对科举。此类教材也是十分多样，有"四书""五经"，即《大学》《中庸》《论语》《孟子》，《诗》《书》《礼》《易》及《春秋》，《五经大全》《四书大全》《性理大全》等，除此之外，清代统治下令编撰新教材，如《春秋传说汇纂》《性理精义》《通鉴纲目》《御纂三礼》等。

2. 科举教育教材

清代社会"学而优则仕"的思想极其浓厚，科举是社会精英人才选拔的主要途径。科举教育，也称"制艺"，主要的课程内容是儒家经典、经史子集、制艺帖括等，其考试中心环节核心是围绕"四书""五经"命题，此外，还有《古文辞类纂》也作为书院的特色教材，《钦定四书文》《御纂四经》《钦定三礼》等作为八股文写作的资源参考，《性理大全》《太极图说》《通书》《西铭》《正蒙》等作为答题伦理的思想伦理来源。可见，科举考试参考教材不同。

3. 道德教育教材

清代书院将道德教育放到重中之重的位置。据《清朝文献通考》所载，乾隆帝就曾经赦令："居讲席者固宜老成宿望，而从游之士亦必立品勤学，争自濯磨，俾相观而善，庶人材成就，足备朝廷任使，不负教育之意。"[①]清代书院的道德教育体现在对教师、学生以及学堂规章当中，如在教师聘任上，对山长、教师品德修养要求较高；通过祭祀活加强对学生品德潜移默化的培养与影响；在规章中对学生品德也有细致的要求。清代书院对学生加强道德教育，试图通过道德的纯洁性、崇高性入手，来转变人们对程朱理学的态度，从而与清朝的统治思想和社会意识形态相适应。书院道德教育教材主要有"四书""五经"《小学》《孝经》

---

① 高宗敕. 清朝文献通考[M]. 台北：新兴书局，1965.

《性理》等儒学家、理学家伦理经典。

4. 历史教育教材

在清代书院史上，涌现出黄宗羲、李颙、孙奇逢、邵念鲁、全祖望、戴震等一大批历史学家，从中证明清代的历史教育是辉煌的。在清代书院办学中历史教育受到很高的追捧，如浙东学派、考据汉学、今文经学等都很重视历史教育。因此，清代历史教育教材较前代更显丰富，又根据时势变化，将方志和外国史内容纳入书院课程与教材。书院历史教育相关的课程与教材各有特色。如实学类书院设有"十三经""历代史""诰制""奏章"等课程；经史词章的书院要求士子从《十三经注疏》《史记》《汉书》《后汉书》等经史著作中选择一书专习，"或先句读，或加评校，或抄录精要，或著述发明"。西学类书院教授《春秋》《通鉴纲目》《九朝东华录》等史学教材，"兼习外洋各国历史，审其治乱兴衰之故"，并与中国相印证。遗憾的是历史教材长期依附于经学教材存在，并受科举制度的控制。

5. 实学教育教材

实学教育是针对与宋明理学和心学逐渐走向空疏和蒙昧主义而产生的，经过明末东林学派和明清之际的启蒙学派、颜李学派的提倡和建议，实学教育在理论上建立了一套成熟的经世致用之学，其中以戴震皖派集团为代表的乾嘉学派集中在社会文献上进一步推动实学教育的发展。明中叶以来大量传教士来华传教，无意之间传播了大量科学知识，如物理、测绘、算法、历算等内容。实学教育在理论、思想、内容上发展到较成熟的阶段。顺康年间实学教育在理论和实践上突破了一些传统的观点，如主张义利并重、求真务实、普及教育、经世致用，增加自然学科教学，注重知行合一等。以颜元为例，他在书院内容设置上根据经世致用的目标，强调"三事"（正德、利用、厚生），"六府"（水、火、金、木、土、谷），"六德"（知、仁、圣、义、忠、和），"六行"（孝、友、睦、姻、任、恤），"六艺"（礼、乐、射、御、书、数）的教育。颜元自述："三事、六府，尧舜之道也。六德、六行、六艺，周孔之学也。古师者以是教，弟子以是学，居以养德，出以辅政，朝廷以取士，百官以奉职。"实学类书院不仅有丰富的课程，还有丰富的教材、藏书，如薛风柞著的《天学会通》，王锡阐会通中西之学，著有《晓庵新法》，西方传教士南怀仁撰《坤舆图说》，蒋有仁进《增补坤舆全图》，其中的《坤舆全图》是一部以实测为基础的重要的地理学著作。

6. 西学教材

清代西学东渐的过程并不顺利，明末清初由于国家内忧外患，统治者们对于西学学习的热情以及巨大的社会责任感促使当时的西学学习成为社会思潮。康熙年间，由于康熙帝对西学兴趣很浓厚，西学发展较顺利。在康熙辞世后，西学在清代经历了一段短暂的低沉期。道光二十年（1840），在英国坚船利炮的轰炸下。清政府面临着国内外双重危机，西学又成为晚清书院学习的主要课程。当时的西学书院如格致书院、求是书院等，以西方的科学技术、语言文字、医疗教育为主要教育内容，还有传统的书院也增设西学课程，成为当时的普遍现象，如岳麓书院增设算学、译学①；求是书院增设格致、算学、舆地、英文等课程。西学书院教材大多是译本，如我国第一本法学译著——惠顿的国家法著作《万国公法》、第一本经济学著作——《富国策》、还有《教化议》《新学》《文学兴国策》等。除此之外，还有传教士自编的书籍，如丁韪良编的教材《格物入门》《西学考略》等。这时期的西学书院科技教育是清政府应对民族危机向教育近代化走出的重要一步，以此为支点培养了大量的人才，推动了传统教育改革的步伐。

（三）清代书院教材举要

以下对清代书院主要书院教材加以简述。以窥其一斑。

1.《四库全书》

《四库全书》被誉为"百科全书"，是清朝最大的一部丛书。"四库"是因为在编写方式上沿用了隋唐图书经史、子集的部分分类名称而得

---

① 王先谦. 岳麓书院月课改章手谕［A］. 邓洪波. 中国书院学规集成：第2卷［M］. 上海：中西书局，2011：1061.

名；又因所收录的书籍比较完备，包括了各方面的知识和许多学术流派，所以称为"全书"。"此书"包含的图书十分广泛，共收录著作3500多种，在经、史、子、集四大部类下，又各分若干类，包括经部十类、小学类、乐类、史部十五类、子部十四类等内容，但有关科举考试的图书却很少，只示范性地收录了两种八股文集，即《经义模范》《钦定四书文》。这与"四库"产生期乾隆朝科举"制艺"的风潮形成鲜明反差，个中缘由耐人寻味，颇费思量。与生产技术相关的著作，除农、医、天文算法外，所收录的科学技术的书籍也相对较少，显然这是传统儒学价值观的限制所导致的。例如，明末宋应星《天工开物》一书，总结了当时劳动群众在工艺方面的种种成就，竟然未被收录，以致在国内的流传几乎绝迹。对于戏曲小说，在搜集遗书中趁机禁毁，根本不予收录。这些都表现了纂修工作中清朝统治者的偏见，其后果是削弱了中国18世纪以后科学技术和文学艺术的发展。

虽然"丛书"的修订带有统治者的偏见，但它不仅作为官学的官方教材具有重大意义，也推动了私人藏书目录的编写，推动了私学教材的进步。

2.《古文辞类纂》

《古文辞类纂》由清代著名桐学派学者姚鼐编写。本书是一部符合统治者思想的理学教材，提倡"学行在程朱之后，文章在韩欧之间"，在文统和道统的度量上具有自己的态度。该书共75卷，选有古文与古辞共663篇，上自战国，下迄清代，共有十三类：论辨类、序跋类、奏议类、书说类、赠序类、诏令类、传状类、碑志类、杂记类、箴铭类、颂赞类、辞赋类、哀祭类。在"序文"里，姚鼐提出为文"八字诀"：神、理、气、味、格、律、声、色，以教学生们怎样读、写、评古文。从姚鼐所总结的"八字诀"来看，要求学生们读古文先从格、律、声、色入手，再达到文章的神、理、气、味，从而使学生也懂得怎样作文、鉴赏。"凡文之体类十三，而所以为文者八，曰：神、理、气、味、格、律、声、色。神、理、气、味者，文之精也；格、律、声、色者，文之粗也。然苟舍其粗，则精者亦胡以寓焉。学者之于古人，必始而遇其粗，中而遇其精，终则御其精者而遗其粗者。文士之效法古人莫善于退之，尽变古人之形貌，虽有摹拟，不可得而寻其迹也。其他虽工于学古而迹不能忘，扬子云、柳子厚于斯盖尤甚焉，以其形貌之过于似古人也。而遽摈之，谓不足与于文章之事，则过矣。然遂谓非学者之一病，则不可也。"①全书以古文和古辞为主要内容，涉及整个古代历史，内容丰富，旨在让学生通过学习古文学会写作古文、文章的目的。这本书作为书院理学类教材，反映了书院教材与理学、辞词之间密不可分的关系，具有很强的代表性。

3.《格物入门》

《格物入门》是美国新教传教士丁韪良与我国学者合编的科学教育教材，是晚清第一部自然科学教材。该书全面引进了西方科学，共分为七册：《力学》《水学》《气学》《火学》《电学》《化学》《测算举偶》，除了第七卷为化学外，剩余均为物理学科教材。《格物入门》编写体例均采用问答体，并以眉批的形式标注其纲领，几次重印还加上了注释，语言通俗，条理清晰，说理有据，便于初学，为同类书中之佳作。由于内容新颖丰富，受到清政府的重视，沿用了几十年，甚至还出现专供皇帝御用版，推动了中国自然科学教材的进步。

4.《皇舆全览图》

《皇舆全览图》是康熙四十七年(1708)命传教士白晋(1656—1730年)、雷孝思(1663—1738年)、杜德美(1668—1720年)等人合撰的地理学教材。为了著作成功，他们先赴北京长城，次及东北、华北、西北，东南沿海、华南、华中和西南等地，历时10年，至康熙五十七年(1718年)测绘而成，是我国第一次采用经纬图法和梯形投影等新法绘制的大型地理地图集。该图以经过北京经线为本初子午线，比例尺1：1400000~1：500000。图幅范围含东北三省、蒙古、关内诸省、台湾及哈密以东地区，甚至还将喜马拉雅山脉纳入测绘地图，为当时的地理学、测绘学等实学科技做出了应有的贡献。

5.《通鉴纲目》

《通鉴纲目》由南宋朱熹撰，五十九卷，序例一卷。朱熹与其门人

① 　(清)姚鼐. 古文辞类纂・序目[M]. 中国书店，1986.

赵师渊等，据北宋史学家司马光的《资治通鉴》和思想家胡安国的《举要补遗》等书，以儒家纲常名教为主，简化内容，编为纲目。纲为提要，模仿《春秋》；目以叙事，模仿《左传》，用意在于用《春秋》笔法，"辨名分，正纲常"，以维护封建礼法。司马光的《资治通鉴》对三国史事，本据魏国纪年，朱熹改据蜀汉纪年，以宣扬正统观念。其后，尹起莘等又为此书阐明义旨，清康熙帝更加上"御批"，使之进一步成为封建统治的思想工具。该教材除了政治上的影响，学术上也完善了通鉴学这一学科和教材，包括续作、改作，如徐乾学的《资治通鉴后编》、李焘的《续资治通鉴长编》同记宋元史事，万斯同的《明通鉴》、乾隆敕撰的《御定资治通鉴纲目三编》、夏燮的《明通鉴》同记明朝史事，齐召南撰《明鉴前纪》专记明太祖开基之事；之后，又陆续有类似的教材，如沈尚仁撰《通鉴韵书》32卷附1卷、潘永圆撰《续书堂纲鉴定本》卷、松椿的《通鉴类纂》等。这类教材在治学精神上虽然仍保持着传统儒家思想，但其精神内核有所改变，经世致用思想逐渐深入，时代特征愈益显著。

6.《钦定春秋传说汇纂》

《钦定春秋传说汇纂》是康熙末年"汇纂"著作系列之一，共三十八卷，卷首二卷，康熙五十四年大学士王掞等奉敕撰，康熙帝亲自作序，康熙六十年武英殿刊刻。全书以《左传》《公羊传》《穀梁传》以及宋胡安国《春秋传》为主，兼采汉至明诸家之说，折中荟萃，汇为一编。

《御纂春秋直解》由乾隆二十三年敕令大学士傅恒等撰成，乾隆帝亲撰序文，同年即由武英殿刊刻，凡十二卷，该书在康熙末年《钦定春秋传说汇纂》的基础上，融会各家之说而去其穿凿附会之处，简明扼要，直接阐发经书意旨，故名"直解"。康熙晚年，康熙帝因不满自明以来《五经大全》等皇家颁布的科举用书专以宋代传注为准，所以主张搜集科举考试中被宋注日益湮没的各家传注，以使士子探求经书的本来面目，《钦定春秋传说汇纂》即针对胡传的一统地位做出反拨，搜采自《春秋》三传以来各家传注达134家之多，而胡传只是作为其中一种附赘在三传之后，"汇纂"使胡传之外的其他传注走入经义阐释的体系之中，而欲对明《五经大全》对清代的科举考试发生过多影响一种纠偏。

附录二　中国古代数学教材史略

中国古代数学学科极其发达，"从前 3 世纪至 14 世纪初居于世界先进水平 1700 余年，属当时世界数学发展的主流"①，因此，数学教育也卓有成就。先秦时期，数学教育初现萌芽，西周，在田园、作坊、家庭等实践应用基础上，数学教育作为礼、乐、射、御、书、数"六艺"之一得以产生；秦汉时期，数学教育有了初步发展，虽然尚没有明确的教学目的、教育制度和必要的教学手段，但太学和书馆、乡塾等中央和地方官学已将《九章算术》作为数学教育的教材。《九章算术》这部中国古代数学著作，自汉代至清代中叶，其间近两千年，都是中国古代数学教育的核心教材；魏晋南北朝时期，教育体制冲破"独尊儒术"藩篱，先后建立史学、文学、律学、书学、医学、数学、玄学、道学等专科学校，其中数学专科教育从形式、规模及体制上都有创新，其教育成果已十分突出，除《九章算术》外，《海岛算经》《缀术》《五经算术》等数学教材编纂完成；唐宋时期，数学教育得到空前发展，历史上著名的《算经十书》得以产生，成为此后一千多年被广泛使用的教材；明清时期，数学教育得到普及，且这一时期西方文化已逐渐输入，其对中国数学教育的影响日渐显现。这一时期的数学著作和教材，如比较具代表性的《几何原本》和《数理精蕴》，既有体现中国传统数学教育的成果，也有西方数学文化的借鉴。

一、先秦数学教育及数学教材

先秦时期是中国古代数学教育的萌芽时期。夏、商及西周数学教育

---

① 郭书春. 算经之首.《九章算术》[M]. 深圳：海天出版社，2016：3.

已具雏形，春秋战国时期初步定型，数学成为学校必修课之一。商代教育中就有了数学元素，学校除了教授音乐、舞蹈、军事以及宗教、伦理和其他文化知识，还包括数学。从河南安阳殷墟出土的甲骨残片上，可以清楚地看到十进位值制记数法，殷墟甲骨卜辞中有很多记数的文字，大于 10 的自然数都用十进位制，用一、二、三、四、五、六、七、八、九、十、百、千、万十三个单字记十万以内的任何自然数，如 2656 记作"二千六百五十六"。十进位值制记数法确立了我国古代数学教育以计算为中心的传统。另外，刻有十进位值制记数法的甲骨片上有反复练习刻写数字的痕迹，这表明商代学校师生已经传授和学习十进位值制记数法了。

西周时期，学校正式开设"礼、乐、射、御、书、数""六艺"课程，其中的"数"指的就是"数术"。不论是国学的辟雍、泮宫和小学还是地方民间的乡学，都以"六艺"为基本课程。《周礼·地官司徒·保氏》记载："保氏掌谏王恶，而养国子以道，乃教之六艺：一曰五礼，二曰六乐，三曰五射，四曰五御，五曰六书，六曰九数。"只是大学和小学教学内容的侧重点有所不同，大学以礼、乐为重点，小学以书、数为重点。前者称为"大艺"，后者称为"小艺"。贵族子弟 6 岁开始学习数数，9 岁教数日，即数六十甲子，10 岁学习大数计算。"'六年，教数与方名。'数者，一至十也。方名，《汉志》所谓五方也。'九年，教数日。'《汉志》所谓六甲也。'十年，学书计。'六书、九数也；计者，数之详，百千万亿也。《汉志》六甲、五方、书计，皆以八岁学之，与此不同。"①这里记载的"数日"指干支记日法；"书计"的"计"是指一般计算能力的培养。②

此外，西周时期数学教育的内容也包括基础几何知识。《周髀算经》就载有："昔者周公问于商高曰：……请问数安从出？商高曰：数之法出于圆方。……圆出于方，方出于矩，圆规之数，理之以方，方周

①　（宋）王应麟. 困学纪闻[M]. 上海：上海古籍出版社，2015：113.
②　李俨等. 中国古代数学简史(上)[M]. 北京：中华书局，1963：30.

匜也。方正之物，出之以矩，矩广长也。矩出于九九八十一。……故折矩……以为勾广三……股修四……径隅五……故禹之所以治天下者，此数之所由生也。"①这说明，西周时已经有了勾股定理等几何知识的教育。可见，西周时期作为课程的"数"主要指的是数学教育及数学的实践应用，也包括数学在天文、历法学科知识中的延伸。

春秋战国时期，官学衰落，私学兴起。私学仍以"六艺"作为教学内容的重要组成部分。孔子是最早的私学教育家，他在提倡以礼教治天下，把礼和乐作为治理天下的政治手段的同时，也讲授"六艺"课程，自然包括了"数"的知识技能。孔子又以《诗》《书》《礼》《乐》《易》《春秋》"六经"教学，他所撰写的著作《春秋》多有天文记载和数理推算。墨子是另一位早期的私学教育家，他及他的后学建立的墨学派重视科学教育，《墨经》中的《经上》和《经说上》部分就记载了约十九条几何学问题，涉及"部分和整体的关系问题，'端'的问题，有穷无穷问题，同异问题，加倍问题，圆与方的问题，间与有间的问题，虚实问题，相交、相比、相次问题，建位问题，极限问题等"②。虽然多是比较简单的数学名词界定，没有现代几何学中的数学符号、方程式和几何图解，但其"分析与论证都具有严密的逻辑推理，构成了相当缜密的逻辑体系，……与西方大约同时期的欧几里得所著《几何原本》极相符合"③。

二、汉代数学教育及数学教材

汉代在"罢黜百家，独尊儒术"的背景下构建学校制度，分为太学为代表的中央官学、地方官学及私学。学校课程教学尽管突出儒学经典及伦理纲常，但并非排斥数理科技的知识内容。

太学是中央官学，汉代的高等教育机构，对数学"汉魏名儒明经术者多兼通之"，④"汉儒用数理讲《周易》，经书兼讲天文历数学，因之

---

① 赵爽，李淳风.周髀算经[M].上海：上海古籍出版社，1990：4.
② 方孝博.墨经中的数学和物理学[M].北京：中国社会科学出版社，1983：1.
③ 方孝博.墨经中的数学和物理学[M].北京：中国社会科学出版社，1983：1.
④ 钱宝琮.科学史论文选集[M].北京：科学出版社，1983：317.

数学成为儒学的一部分"①。"经师传经也常常是兼传人文科学和自然科学知识。"②如东汉太学生崔瑗，"年十八，至京师，从侍中贾逵质正大义，逵善待之，瑗因留游学，遂明天官、历数、京房易传、六日七分"③；再如经学教育家郑玄"师事京兆第五元先，始通京氏易、公羊春秋、三统历、九章算术"④。科学家张衡也"因入京师，观太学，遂通《五经》，贯六艺。……衡善机巧，尤致思于天文、阴阳、历算"⑤。

汉代地方官学是在太学建立以后，地方为向太学举荐人才而建立起来的。地方官学以推行社会教化为宗旨，也认识到了数学在社会生活与生产实践中的重要价值，如汉代数学家所言："夫推历生律制器，规圆矩方，权重衡平，准绳嘉量，探赜索隐，钩深致远，莫不用焉。度长短者不失毫厘，量多少者不失圭撮。权轻重者不失黍累，纪于一，协于十，长于百，大于千，衍于万，其法在算术。"⑥刘歆由此提倡在全国地方官学开设数学课程："宜于天下，小学是则。职在太史，羲和掌之。"⑦在此思想影响下，"汉时小学，兼授算术"⑧，地方官学小学已开设了日常生活所需和经书所讲的简单数学和启蒙算术课程。

汉代私学包括书馆和乡塾。书馆是初等教育的初级阶段，乡塾是初等教育的高级阶段，类似于今天的初级小学与高级小学。书馆和乡塾在识字、习字教育和诵读《孝经》《论语》阶段完成后，也教授数学课程，让学生学习演算并实地练习、运用数学知识及技能。

《九章算术》是汉代数学教育的主要教材，《九章算术》成书年代大约在公元前 1 世纪，经过西汉早期丞相张苍(约公元前 200 年)和后期大司农中丞耿寿昌(约公元前 50 年)的整理，大体成为定本。三国曹魏

① 范文澜. 中国通史简编(第二编)[M]. 北京：人民出版社，1964：235.
② 毛礼锐. 中国教育通史(二)[M]. 济南：山东教育出版社，1987：70.
③ (宋)范晔. 后汉书·崔瑗传[M]. 北京：中华书局，1982：1722.
④ (宋)范晔. 后汉书·郑玄传[M]. 北京：中华书局，1982：1207.
⑤ (宋)范晔. 后汉书·张衡[M]. 北京：中华书局，1982：1897.
⑥ (汉)班固. 汉书·律历志[M]. 北京：中华书局，1982：956.
⑦ (汉)班固. 汉书·律历志[M]. 北京：中华书局，1982：956.
⑧ 柳诒徵. 中国文化史[M]. 北京：中国大百科全书出版社，1988：324.

时数学家刘徽在《九章算术注》的序言中曾讲："周公制礼有九数，九数之流，则《九章》是矣。往者暴秦焚书，经术散坏。自时厥后，汉张苍、耿寿昌皆善算，因旧文删补，故校其目，与古或异，而所论多近语。"①可见，《九章算术》是在《周礼》"九数"的基础上发展起来的，在东周列国时已经成书，经过秦火后已经残缺不全，经过张苍、耿寿昌等整理，可能做些补充，遂成定稿，即《九章算术》。②该书总结了秦汉的主要数学成就，也记录了秦汉社会经济活动中数学的广泛应用。《九章算术》共9章246个例题，内容大致包括土地田亩、粮食交换比例、等差和等比数列、开平方与开立方、各种土木工程体积、纳税和运输、盈亏、线性方程式、勾股定理等的计算问题。

三、魏晋南北朝数学教育与数学教材

魏晋南北朝时期，征战连年，政权更迭频繁，儒学独尊地位丧失，学术风尚由注重章句、训诂，逐渐转向崇尚义理、玄学。教育则呈现官学时兴时废，私学兴盛，家学发达的状况，但在官学体制中又萌生了新的教育类型，如国子学、四门学、律学等，所有这些都深深地影响了学校教材。

魏晋南北朝教育体制的一个重要特点是冲破了"独尊儒术"的藩篱，先后涌现了史学、文学、律学、书学、医学、数学、玄学、道学等专科教育学校，形成了多学科并存的教育格局。其中数学专科教育从形式、规模及体制上均不够成熟或完善，但其科技教育的意义十分突出，由此促进了数学学科的研究及教材的编纂。北朝的官学已有了数学的专科教育和数学教材。以北魏为例，北魏的太学设有算生博士和算生，讲授《九章算术》，开数学专业教育先声，如《魏书》所记："殷绍，长乐人也。少聪敏，好阴阳术数，游学诸方，达九章、七曜。世祖时为算生博

① （宋）王应麟.困学纪闻[M].上海：上海古籍出版社，2015：88.

② 马忠林.数学教育史（新版）[M].南宁：广西教育出版社，2001：23.

士，给事东宫西曹，以艺术为恭宗所知。太安四年夏，上《四序堪舆》，表曰：臣以姚氏之世，行学伊川，时遇游遁大儒成公兴，从求九章要术。兴字广明，自云胶东人也。山居隐迹，希在人间。兴时将臣南到阳翟九崖岩沙门释昙影间。兴即北还，臣独留住，依止影所，求请九章。影复将臣向长广东山见道人法穆，法穆时共影为臣开述九章数家杂要，披释章次意况大旨。又演隐审五脏六腑心髓血脉，商功大算端部，变化玄象，土圭、周髀。练精锐思，蕴习四年，从穆所闻，粗皆仿佛。"①可见，北朝时期数学教育为官学所重视，专门设置了算生博士，不仅《九章算术》，记述勾股定理及其在测量上应用的《周髀算经》都成了官学数学教育的主要教材。

除了《九章算术》《周髀算经》之外，还有几部数学著作也是魏晋南北朝时期成书，虽然魏晋南北朝时期这些著作是否作为数学教材使用尚缺乏明确记载，但为后来数学教育发展和学校教材的选用奠定了基础。

《海岛算经》，魏晋时期刘徽撰，初名《重差》，附于《九章算术注》。《重差》一卷九题，记古时测望之术，因第一题以海岛立表设问测量高远，唐朝时遂改称《海岛算经》，独立成书，列为数学教材《算经十书》中的一部。《海岛算经》以应用问题集为体例，用垂直关系连接起来的测竿与横棒，通过两次或多次测量所得数据，推算物体的高度和距离。

《缀术》，南齐祖冲之撰。祖冲之是一位伟大的数学家、科学家。早年便以博学著称，其最大的贡献就是将圆周率计算为 3.1415926 与 3.1415927 之间。《缀术》主要记载观察与计算天象历法的算法，唐朝时被收录于《算经十书》，成为官学数学教材。

《五经算术》，北周甄鸾撰。甄鸾对《易》《诗》《书》《周礼》《仪礼》《左传》《论语》等儒家经典中有关数学知识、计算方法的原文加以注释、解读，编纂独立的数学著作。全书共四十条数学解释，在隋唐以后被列为官学数学教材。

---

① （北齐）魏收. 魏书·列传·术艺[M]. 北京：中华书局，1974：1955-1956.

上述数学著作彰显了魏晋南北朝数学教育的成就，这些著作大多在唐代被纳入了传统数学教育百科全书式教材——《算经十书》中，成了唐代及之后中国传统数学教育的重要教材。

四、隋唐数学教育及数学教材

隋唐时期是中国封建社会的上升阶段，尤其是唐代的政治、经济改革使社会综合实力显著上升。反映在科技教育上，数学教育已具规模。隋开皇初，于国子寺设算学，有算学博士2人，助教2人，学生80人。唐贞观二年(628年)于国子监设算学，有算学博士2人，助教1人，典学2人，学生30人，文武八品以下子弟及庶人善算者可入学，年龄限在1~19岁。数学课程分两组：第一组习《九章》《海岛》3年、《孙子》《五曹》1年、《张邱建》《夏侯阳》各1年、《周髀》《五经算术》1年；第二组习《缀术》4年、《缉古》3年。每组15人，《纪遗》《三等数》为共同必修。学习期限最长不得超过9年。学生毕业后可参加明算科考试。[①]国子监算学可谓唐代的数学专科学校，它的建立具有重要意义和深远影响。它标志着数学教育在官学中有了合法地位，这对数学教育地位的提高和数学人才的培养有直接的推动作用。后世也大多采用唐代的算学教育模式，直至清末兴办新教育为止，可以说，它直接推动了古代数学教育制度化的形成。

隋唐除官学数学教育之外，还有多种形式的私学数学教育，例如私学家传、经师兼授数学等。唐太史令庾俭出身于天文历算世家，先祖庾洗是著名数学家，曾祖庾曼倩曾注《七曜历术》和一些数学古籍，祖父庾季才曾为北周太史，后为隋代著名数学家。李淳风祖上四代都长于天文历算，而他幼年就在家教之下博览群书，尤其擅长天文历算。而经师在私人讲学中也兼授数学。隋代的刘焯熟读"九章算术、周髀、七曜历书十余部，推步日月之经，量度山海之术，莫不核其根本，穷其秘奥。

---

① 顾明远. 教育大辞典(第8卷)[M]. 上海：上海教育出版社，1991：46-47.

著稽极十卷，历书十卷，五经述议，并行于世。刘炫聪明博学，名亚于焯，故时人称二刘焉。天下名儒后进，质疑受业，不远千里而至者，不可胜数。论者以为数百年已来，博学通儒，无能出其右者"①。

隋唐数学教材编纂成就突出的应推《算经十书》。该书经唐代数学家李淳风等注释、编定。包括《九章算经》9卷、《海岛算经》1卷、《孙子算经》3卷、《五曹算经》5卷、《张邱建算经》3卷、《夏侯阳算经》3卷、《周髀算经》2卷、《五经算术》2卷、《缀术》5卷、《三等数》1卷、《数术纪遗》1卷、《缉古算经》4卷。唐高宗时令国子监算学等官学教育机构教学中采用，这是我国历史上第一次由皇帝下令颁行的数学教材。这套系列教材虽然并非完全唐代原创，是自西周以来1600年左右的长期探索、积累而成的数理知识及技能的集大成。但最终成书于唐代，这是不争的史实，是唐代经济实力强大和科技成就辉煌的综合反映。虽然各册教材之间的衔接以及数学知识内容逻辑体系尚不严密、清晰，但通过唐代数学家的加工、整理，使之便于数学课程的教学及实践，是数学教育史上的一大贡献。

五、宋代数学教育及数学教材

宋代是我国封建社会成熟、教育发展的时期。在隋唐教育基础上，宋朝扩大了科举取士的规模，重文兴学，官学增招学员，私学有所发展，书院制度初步建立。元代重视"汉化"教育，延续唐宋时期的文教政策和教育制度，开设中央和地方官学，倡兴私学，奖掖书院，由此，宋元时期教育继隋唐之后又达到了一个高峰，数学教育也有显著成就。

宋代虽然不像唐朝科举考试设明算科，但中央官学和数学专科学校的学生可不经科举考试直接授官，这大大促进了数学教育的发展。一方面数学知识得以继承、积累下去，并在前人的基础上取得新的成绩。另一方面许多人对学习数学、研究数学有了较大的兴趣。同时，开设数学

---

① （唐）魏征. 隋书·刘焯传［M］. 北京：中华书局，1982：1719.

专科学校，还集中了一批学者，重印了许多数学著作，这有利于学术的交流和共同提高。正是这些措施大大促进了数学教育的发展，使宋代数学教育达到了前所未有的辉煌，涌现出了一大批著名数学家写的数学著作，如贾宪和的《黄帝九章算法细草》，刘益的《议古根源》，秦九韶的《数书九章》，李冶的《测圆海镜》《益古演段》，杨辉的《详解九章算法》《日用算法》《杨辉算法》，朱世杰的《算学启蒙》《四元玉鉴》，其中一些成就也是当时世界数学的顶峰。

宋代官学设立数学专科学校。宋徽宗崇宁三年（1104年）在官学中设立了算学，学生定额为210人，入学资格分命官及庶人两种，相比唐代几十人的数额扩大了数倍之多。宋代数学教学内容丰富，注重专业技能培养，学生除了学习《算经十书》之外，还要学习天文、历算所需的相关数学知识和运算技巧，注重天文、历算实践所需数学运算技能的训练。宋代官学数学教育建制完善，教师分科教学，学生按照培养计划和教学要求，经过课程考试合格以上升级。

宋代私学的数学教育比较发达。儒学名师兼授数学的现象更为常见。如王应麟因写作《六经天文篇》而讲授与天文相关的数学知识；有的数学家专门开设私学传授数学，南宋数学家秦九韶、杨辉曾聚众授徒，讲解数学。秦九韶的成才，便是得益于私学求学的经历。"早岁侍亲中都，因得访习于太史，又尝从隐君子受数学。"[①]他自己就是在私学接受的数学教育。另外，家学往往也传授数学技艺，如王熙元"幼习父业，开宝中，补司天历算"[②]。

宋代书院以理学课程教学为主，但同时交织着进行一定程度的数学教育，常常出现的教学情形是理学教学和研究中交融数学。如理学大师朱熹主持白鹿洞书院和岳麓书院讲习理学的同时，也重视、研究和教授与《周易》有关的数学知识，以这样的数学知识研究天文、历法、音律、测量等。书院的数学教育也成了宋代数学教育的组成部分。

①　秦九韶. 数书九章[M]. 北京：商务印书馆，1937：1.
②　杨倩描. 宋代人物辞典（下）[M]. 保定：河北大学出版社，2015：824.

宋代数学教育的教材继承唐代传统，以《九章算经》《周髀算经》《海岛算经》《孙子算经》《五曹算经》《张邱建算经》《夏侯阳算经》等为主。除此之外，南宋数学家杨辉编纂的《习算纲目》可称为这一时期数学教材的突出成就，"是世界上已知的、现存的最早的数学教学大纲和教学法指导书，堪称古代的数学教育学"①。《习算纲目》作为凝练杨辉数学教育思想的一本数学教学大纲，主要有几个方面的特点：①完善的数学知识体系。由"九九合数"开始，将加减乘除四种算术运算以及开方等运算组成一个完整有序的知识体系；②可行的学习进度日程。不仅安排了各个学习阶段的"温习"项目，还在每一学习课题中都明确标有时间进度，甚至温习项目也有日常进度；③明确规定的教材。以《五曹算经》《应用算法》《详解九章算法》作为基本教材；④精辟的教材层次分析。呈现数学知识内容的纲要，对教学内容做了教学法分析，学习方法指导，提出学习数学要循序渐进、熟思、熟读、精思。⑤加强计算能力提升。重视培养学生一丝不苟的学习态度。由此可见，"《习算纲目》是古代数学教育的一份不可多得的数学课程指导教科书"②，它对现代中小学的数学教育仍具有一定的指导意义。

六、元代数学教育及教材

元代重视汉化教育，尊孔崇儒，克服民族文化习俗差异，致力传播理学，兴学设教，以儒学经典为主要教材，并开设了一些具有特色的学校。中央设太学、国子学，教学内容以经学为主，因此，中央官学的数学教育只限于经书中所涉及的内容。地方官学为社学和阴阳学，社学教育中包括数学启蒙内容，而直接进行数学教育的是阴阳学。阴阳学设于路、府、州，开设天文和数术学科，学习《占算》《三式》《五星》《六壬》《周易》等著作或教材以及所涉及的数学知识。

---

① 马忠林.数学教育史(新版)[M].南宁：广西教育出版社，2001：99.
② 钱宝琮等.宋元数学史论文集[M].北京：科学出版社，1985：159-160.

元代对于书院采取奖励政策，宽松的政策环境对书院的创建与发展创造有利的气候和条件。书院讲授内容以程朱理学为主，也讲授天文、数学等自然科学知识。如李冶主持的封龙山书院，主要向学生传授赵复（元代大儒）、许衡（赵复传人）之学，并旁及天文、数学。在封龙山书院，李冶教学相长，学术传授与专业研究紧密结合，相互促进，相得益彰。他进一步总结研究中国古代天元术（列方程的方法），并有所发展创新，对他在山西撰注的《测圆海镜》一书进行补充、修订，集中国天元术之大成，并加以弘扬普及。又用通俗朴实的语言著成《益古衍段》一书，讲授不辍。在天元术、几何学（关于直角三角形和内接圆所造成的各线段间关系）上有卓越成就。李冶所创立的天元数代数，不仅是对中国古代独创的半符号代数的重大发展，而且比欧洲代数的产生早至少300年左右，在当时世界数学史上具有尖端地位。他的两部天元术著作，奠定了他在13世纪世界数学史和中国自然科学史上的重要地位，封龙山书院也因李冶在此集中国天元术之大成，并加以推广，成为我国古代自然科学教育史上的一处圣地。

元代私学数学教育比较盛行。数学家刘秉忠精通天文、律历、地理之学，培养出了王洵、张文谦、郭守敬等数学、天文历学以及水利工程学家。他们成了元代研制《授时历》的核心人物，是元代私学所造就的杰出人才。朱世杰也是元代私学教育中最出色且著名的专业数学教育家。美国著名的科学史家 G·萨顿称"是他所生存时代的，同时也是贯穿古今的一位最杰出的数学家"[1]，其所作《四元玉鉴》是中国数学史同时也是整个世界中世纪最杰出的数学著作之一。为了给数学初学者讲授数学知识，朱世杰又专门编著了《算学启蒙》教材，共 3 卷 20 门，259 个问题。其知识内容大多与当时的社会生活有关。从数学学科分析，从简单的四则运算入手，逐步深入，直到高次开方、天元术等较高深的内容，形成了比较完整的体系，是很好的一部数学启蒙教材。

---

① 钱宝琮等. 宋元数学史论文集[M]. 北京：科学出版社，1985：859.

七、明清(鸦片战争之前)数学教育及数学教材

明清(鸦片战争之前)作为封建社会最后的专制统治王朝，也是中国社会近代化转型的前夕，以明代徐光启、李之藻和清代梅毂成等为代表的一批数学家开始对古代传统科学遗产进行总结性的研究，并在明清之际第一次西学东渐过程中，顺应历史潮流，努力将眼光投向西方古希腊、中世纪大学和近代人文主义教育的科学成就，从中吸取先进的、与我国传统科学成果相补充的因素。

明代从中央官学到地方官学都比较健全，但为了加强中央集权的专制统治，文化专制大大加强，学校教育推崇程朱理学，重视纲常道德教育，以致数学教育远不及唐代和宋代。中央官学不再设算学教育机构，也不再开设数学专科学校，仅限于钦天监的宦学为了保证天文历法的官府研究而进行数学教育。明代后期，以徐光启、李之藻等为代表的数学家对钦天监的数学教育进行改革，一方面招收学生学习天文、数学、历法知识。另一方面翻译欧几里得的《几何原本》，引进了欧洲的几何学、三角学、筹算等数学知识和思想方法，使西方数学成为明末数学教育重要组成部分。明代地方官学以礼、乐、射、御、书、数分科教学，开设的数学课程内容也只是启蒙的"六艺"之一。但洪武之初，科举中试后还要加试骑、射、书、算、律，因而数学仍有学生学习，但因属"加试"，要求不高，教授的内容应该也不会很系统。

明代私学数学教育除小学数学启蒙外，也有私学讲授较高深数学知识及家学数学教育，如明代著名律历学家、音乐家朱载堉自小即对数学、音乐感兴趣，"儿时即悟先天学。稍长，无师授，辄能累黍定黄钟，演为象法、算经、审律、制器，音节协和，妙有神解"①。通过家学，朱载堉少时就学习了儒学、音乐和数学知识，"弱冠之时，读《性

---

① 戴念祖，朱载堉. 明代的科学和艺术巨星[M]. 北京：人民出版社，2011：24.

理大全》，见宋儒邵雍《皇极经世》书，朱熹《易学启蒙》、蔡元定父子《律吕新书》《洪范皇极内篇》等而悦之，口不绝诵，手不停披，研究既久，数学之旨颇得其要"①。

清代的官学设置如明代，包括国子监中央官学和府、州、县学及社学，中央还设有宗学和八旗官学。官学仍以经学，特别是程朱理学为主要教学内容。国子监和八旗官学都设立算学科，以《数理精蕴》为主要教材。学生在学习天文历算的同时还拓展了西方数学知识学习。清代官学数学教育着重教授天文历法，主要是侧重于数学的社会应用教育，这是清代数学教育的中心。所以，清代算学的发展仍符合中国历代数学教育的传统。清代地方官学仍按明制开设"六艺"，并在阴阳学中讲授一定的数学知识和方法。清初至清代中期，比较重视任命精通数学的官员担任算学、历学教职，如著名数学家明安图长期在钦天监任职，著名考据学派代表学者阮元为"经筵讲官"，同时监管国子监算学，都曾极大地促进了清代数学教育的发展，在清初即康乾嘉庆年间，培养了一大批数学人才，如数学家梅毂成、张耘、陈际新等。

清代私学数学教育比较兴盛，很多数学家、历学家都接受过私学数学教育，也曾私授数学。如"梅文鼎……儿时侍父士昌，及塾师罗王宾，仰观星气，辄了然于次舍运转大意。年二十七，师事竹冠道士倪观湖，受麻孟璇所藏台官交食法"②。梅文鼎学成之后，广授门徒，曾自言："吾无为此学，竭力最艰苦之后，而后得简易。有从吾游者，坐进此道，而吾一生勤苦，皆为若用矣。吾惟求此理大显，使古绝学不致无传，则死且无憾，不必身擅其名也。"③体现了这位清代数学家为数学教育竭心尽力、义不容辞的精神。正因为梅文鼎致力私学数学教育，才培

---

① 载念祖，朱载堉. 明代的科学和艺术巨星[M]. 北京：人民出版社，2011：24.

② 阮元. 畴人传[A]. 王云五. 万有文库第二集七百种[M]. 北京：商务印书馆，1935：459.

③ 阮元. 畴人传[A]. 王云五. 万有文库第二集七百种[M]. 北京：商务印书馆，1935：465.

养了李焕斗、潘天成，刘介锡、李光地等数学人才。另外，乾嘉学派的代表人物戴震在数学教育方面也颇有成就。他一方面赐惠后学，培养了像阮元、焦循、汪莱等很多的数学人才。另一方面，在任《四库全书》天文算法类的分校官时，先后校对编刻了《海岛算经》《五经算术》《周髀算经》《九章算术》《孙子算经》《五曹算经》《夏侯阳算经》《张丘建算经》《缉古算经》《数术记遗》等数学著作，并将之合编在一起成了清代的《算经十书》。通过戴震的努力，中国传统数学在清代又重新受到重视，也为清代数学教育提供了教材。由此可见，清代私学数学教育之盛。

明清时期编著的数学教材既传承了中国传统数学教育优秀成果，也吸取了西方数学思想文化，其中比较具代表性的是《几何原本》和《数理精蕴》两部著作。《几何原本》是古希腊数学家欧几里得撰写的数学专著。明代时由利玛窦口译、徐光启笔录将其前六卷翻译刊刻，成了明代重要的数学教材。《数理精蕴》是我国古代著名的数学百科全书，是清代数学家梅毂成、陈厚耀、何国宗等人奉康熙帝玄烨之命编纂的。成书之后即为清代的数学教材。

后　记

对中国古代学校教材史的专题探讨建立在古代学校教育制度、科举考试以及学术思想文化的历史场域下进行，在教材历史时期普遍的内容呈现基础上，试图加强专题聚焦分析。这种设计构成本书的一种愿景和追求。但实际进行的研究摸索并不如愿，两者的差距常常使我感到不安和惶恐。但总应该聊以自慰，交出了书稿，算是一种内心的释怀与轻松。我想本书应该是有所追求和局部目标的达成的，大约有如下几点：

1. 清晰认识中国古代学校教材与古代社会政治经济文化制约、影响与反作用的基本原理。在此基础上，思考古代文教政策、经学教育及科举考试与学校教材的互动关系，并就中国古代学校教育八大类专门性学科教材的层次、阶段、历史、内容、特点、影响及体例风格等加以分章研讨。

2. 按照研究对象及内容要求，运用相关技术方法搜寻有关中国古代学校教材史资料，并加以分类、比较，有针对性地跟踪、深入搜求新颖和缺乏的教材文本或其他实物记录。

3. 按照学校教材的普遍内容和学科专业分化设计古代学校教材的主体内容架构；同时，将各级各类学校教育目标内容编制下的学校教材加以转化与重组，体现程度高低的差异、历史阶段的变化、思想方法的发展。

4. 遵循全体一般与样本个别相统一的原则，对中国古代学校教材史中各种层次、类型、学科及门类的典型教材个案加以解读及分析。

由于我的工作繁忙，包括教学、研究生培养、其他课题研究，以及个人的年老和体衰等原因，独立完成已成一厢情愿，因此，组织了我所指导的校外及在校研究生参加写作，共同完成。具体分工如下：

本书主要由吴洪成（河北大学教育学院教授、博士生导师），张美玲（河北大学教育学原理专业硕士、保定市徐水区巩固庄中学英语教师）共同完成；吴洪成，张敏（河北大学教育学院、教育学原理专业硕士研究生），魏春玲（河北大学教育学院、教育学原理专业硕士研究生）共同完成附录一；吴洪成、张敏共同完成宋代的蒙学、私学教材，明代的蒙学、私学教材，清代的蒙学、私学教材；吴洪成、敖锐（河北大学教育学院、教育学原理专业硕士研究生）共同完成元代的官、私学教材；吴洪成、朱清兰（河北大学教育学院、教育学原理专业硕士研究生）共同完成明代的科技教材；吴洪成、魏春玲（河北大学教育学院、教育学原理专业硕士研究生）共同完成清代的官学教材；吴洪成、郭婷婷（河北大学教育学院、教育学原理专业硕士研究生）共同完成秦汉时期的学校教材；吴洪成、邓倩（河北大学教育学院、教育学原理专业硕士研究生）共同完成元代的科技教材。

本书是河北大学哲学社会科学重点培育项目"中国古代学校教材史专题研究"研究成果（项目编号：2019HPY034）。学术著作的出版来之不易，在此我代表本书团队，感谢河北大学高等研究院和教育学院相关领导的支持与提携，给予我们从事本项研究的机会。武汉大学出版社是国内一流大学出版社，将本书纳入出版计划，这是对学术专业和我校学科发展的积极支持，尤其是郭静编辑认真负责，精心编校，为作者排忧解难，工作过程中一丝不苟的态度和敬业精神，让我们深受感动。在此一并致谢。

吴洪成

2023 年 4 月 21 日于河北大学教学主楼校史研究室